老子他说

初续合集

上

南怀瑾 讲述

人民东方出版传媒
東方出版社

图书在版编目(CIP)数据

老子他说:初续合集/南怀瑾讲述.—北京:东方出版社,2021.8

ISBN 978-7-5207-2264-3

Ⅰ.①老…　Ⅱ.①南…　Ⅲ.①道家②《道德经》-研究　Ⅳ.①B223.15

中国版本图书馆 CIP 数据核字(2021)第 127616 号

老子他说:初续合集

南怀瑾　讲述

责任编辑: 王夕月　杨　灿
出　　版: 东方出版社
发　　行: 人民东方出版传媒有限公司
地　　址: 北京市西城区北三环中路 6 号
邮　　编: 100120
印　　刷: 北京市大兴县新魏印刷厂
版　　次: 2021 年 8 月第 1 版
印　　次: 2021 年 8 月第 1 次印刷
开　　本: 640 毫米×960 毫米　1/16
印　　张: 55.5
字　　数: 577 千字
书　　号: ISBN 978-7-5207-2264-3
定　　价: 106.00 元(全二册)
发行电话: (010)85924663　85924644　85924641

编者的话

南怀瑾先生是近年来享誉国内外，特别是华人读者中的文化大师、国学大家。先生出身于世代书香门第，自幼饱读诗书，遍览经史子集，为其终身学业打下了扎实的基础；而其一生从军、执教、经商、游历、考察、讲学的人生经历又是不可复制的特殊经验，使得先生对国学钻研精深，体认深刻，于中华传统文化之儒、道、佛皆有造诣，更兼通诸子百家、诗词曲赋、天文历法、医学养生等等，对西方文化亦有深刻体认，在中西文化界均为人敬重，堪称“一代宗师”。书剑飘零大半生后，先生终于寻根问源回到故土，建立学堂，亲自讲解传授，为弘扬、传承和复兴民族文化精华和人文精神不遗余力，其情可感，其心可佩。

二十世纪八十年代初，南怀瑾先生在台北十方书院开始讲解《道德经》，其中前二十六章的讲稿于一九八七年结集为《老子他说》在台湾出版，旋即引起强烈的社会反响，成为南师的代表作之一。一九九六年大陆出版了简体字版。二〇〇九年，《道德经》第二十七章至八十一章讲稿在南先生的指导下全部完成，命名为《老子他说续集》，蒙南怀瑾先生独家授权，二〇一〇年我社首次出版该书的简体字版。由于《老子他说》与《老子他说续集》的推出时间前后间隔长达二十多年，且由不同出版社出版，不免使读者产生版本上的混乱，且影响读者对南师讲解《道德经》的整体理解。因此，此次经南先生法定继承人独家授权出版《老子他说》，特遵照南先生生前的愿望，将《老子他说》和《老子他说续集》合订为一集，命名为《老子他说（初续合集）》，一则全其貌，二则便读者。

此外尚需特加说明的是，本版《老子他说》前二十六章与之前大陆出版的简体字版有文字上的差异。我们遵循南师嘱托，在主持整理工作的刘雨虹老师的指导下，根据其最早的《老子他说》底本进行了重新整理，恢复了原本的真实风貌。

老子《道德经》，短短五千言，以“道”为核心，建构了独特而又丰富的哲理体系。此一哲理体系，不仅是中国道家学派的核心，也是整个中华文明的源头之一，与儒家学派等一起塑造了中国文化和中国人的精神。两千多年来，古今中外对《老子》一书的解说不下七百余种。不同于大多数研究者“依文释义”的解读方式，南怀瑾先生主张经史相参、以经注经，将《老子》上、下经的篇章相互对照，以“知人论世”的思想为指导，融会儒、释、道三家之学，将老子之玄妙深邃通过一个个生动的历史故事向读者娓娓道来，有洞明深意、启迪智慧之效；更向读者展示了一个真实鲜活、满怀忧国忧民之念的老人和智者的形象。可以说，南怀瑾先生道家“全生保真”的生命哲学、儒家“经世致用”的济世情怀和佛家“普度众生”的修持理念在本书中有着很好的体现。

我社与南怀瑾先生结缘于太湖大学堂。出于对中华优秀传统文化的共同认识和传扬中华文明的强烈社会责任感、紧迫感，承蒙南怀瑾先生及其后人的信任和厚爱，独家授权，我社遵南师遗愿，对已在大陆出版过的简体字版作品进行重新整理和修订，陆续推出，力求贴近原讲原述，还原作品原貌。作为一代国学宗师，南怀瑾先生“通古今之变，成一家之言”，毕生致力于民族振兴和改善社会人心。我社深感于南先生的大爱之心，谨遵学术文化“百花齐放，百家争鸣”之原则，牢记出版人的立场和使命，尽力将大师思想和著述如实呈现读者。其妙法得失，还望读者自己领会。

南先生一生从发愿到功德圆满于前年中秋，殚精竭虑，矢志不移，辛苦操劳，无怨无悔，诚如他的秘书马先生所说，南师是一个点灯的人，他来这个世上，是希望点亮越来越多人的心灯。而我们要做的就是点亮自己这盏灯，自然会照亮周围。这才是对他最好的怀念和祭奠！

太湖茫茫，雁荡苍苍，大师云逝，百代留芳。书剑飘零，道德文章，惠泽后世，桃李芬芳。

谨以此作为对大师的致敬！

东方出版社

二〇一四年七月

目　录

出版说明

一九八〇年三月，南师怀瑾先生在台北十方书院开始老子《道德经》的课程。当时由蔡策记录，再经编辑及南师先后整理，随即每期于《知见》月刊发表。

五年后（一九八五年），南师应邀赴美，当时《道德经》已全部讲解完毕，所发表者仅廿六章，后因故暂停，以致上篇未能全部刊登完毕。

由于读者的反应，企盼成书出版，故于一九八七年将已刊登的廿六章集结印行，书名为《老子他说》上集，时在南师赴美两年之后。

自从该书出版后，读者陆续催问下集者不绝，二十年来，未能接续印行出版，究其根源，实因文稿随同南师资料书籍运赴国外，数年后又辗转运回香港，直至二〇〇七年始再运转国内，落脚太湖之滨。

整理工作于焉开始，在南师指导下终于全部完成，因内容包括部分上篇及全部下篇，故特定名为《老子他说续集》。

总括《老子他说》上集一册及续集一册，合为《道德经》一书的全部讲记。

此书自一九八七年先行部分出版后，又历经二十余载，于五年前（二〇〇九年）始将所余部分付印发行，现又重新修订，将全部《道德经》编为一集，分上下两册，以方便读者，并完成南师怀瑾先生讲经之初愿。

刘雨虹　记

二〇一四年七月

由老子到孙子

《老子》一书，原著不过五千言，可以说，几乎是一字就涵盖一个观念的好文章，一句就涵盖有三玄三要的妙义。它告诉了我们许多法则。几千年来，大家都在研究老子，而有研究著作流传下来的，古今名家的著作，有数十家之多，如果搜罗广泛一点，也许可到达百家以上；其文字也到达了数百万字，好像一直研究不完，解释不尽。而各人的说法，又各不相同，似乎有了“各家老子”或“老学的各家”。例如：某某研究老子的著作，便成了“某老子”；某某解释老子的著作，又成为“某家老子”；某某诠释了一番，又成为“老子某诠”。各说杂陈，见解不一，读来似有治丝益棼之感。

近代以来，许多外国人，包括近如日、韩，远如欧、美，乃至于大洋洲的人，亦都喜欢研究起老子来了。他们都翘起大拇指说：“中国的《老子》很好。”问他们好在哪里，亦自有一番说辞。或不免拾人牙慧，道前人之所道。但毕竟能重视而称誉我们的文化，这是值得我们自豪的、可喜的；同时亦是值得我们反省的，而一味崇洋媚外，忘记乃至排斥自己文化的人，更应该为之赧颜的。

老子被誉为道家的宗师，道教的教主。道家为中国文化主流之一，人们每提及道家，则必说到老子，但多半亦仅仅说到老子而已，最多并称“老庄”。其实，道家的“巨擘”，不止这一二人。尝与朋友说笑：道家有三代人物，老子、儿（兒）子——倪子与孙子。当然，这只是说笑，他们并没有血缘的祖孙父子关系。

不过孙子——春秋时齐国人孙武，他的军事哲学思想，正是由道家思想而来，所著《兵法》十三篇，处处表现了道家的哲学，曾经帮助吴王阖闾，击破强楚，而称霸诸侯，充分显示了道家思想在事功上的伟大；而所著的十三篇中的军事哲学思想，可以说超越了时空，直到几千年后的现代，人类已登上月球，武器已发展到太空，到生化战，而仍离不开他的军事哲学的范围。

倪子，本姓倪，而倪字原有儿子的含义。一说倪子就是计然子，究竟确否？后世很难考证。但可以确定的，计然子实有其人。又有说他是范蠡的老师。范蠡助越王句践复国，所用就是道家的学说，而且句践复国以后，论功行赏，他自然可以获得高官厚爵，可是他并不在乎富贵，带了西施，一叶扁舟，飘然于太湖之上。这正是道家“功成，名遂，身退，天之道也”的风范。所以老子、儿子、孙子三代的笑话，尽管是游戏之言，也非凭空虚构。事实上，如果把老子、倪子、孙子三人的著作、思想研究得透彻清楚了，差不多对中国文化中“治道”的精要，已可掌握在自己的手中，这是值得注意的。

内用黄老 外示儒术

中国文化历史，在秦汉以前，由儒、墨、道三家，笼罩了全部的文化思想。到唐、宋以后，换了一家，成为儒、释、道三家，这三家又笼罩着中国文化思想，一直到中华民国立国初期。迨发生所谓“五四运动”，当时想“打倒孔家店”，而中国文化的主流上，起了一阵漪涟，一度有所变化，又影响了几十年。

对这三家，我经常比喻：儒家像粮食店，绝不能打。否则，打倒了儒家，我们就没有饭吃——没有精神粮食；佛家是百货店，像大都市的百货公司，各式各样的日用品俱备，随时可以去逛逛，有钱就选购一些回来，没有钱则观光一番，无人阻拦，但里面所有，都是人生必需的东西，也是不可缺少的；道家则是药店，如果不生病，一生也可以不必去理会它，可是一生病，就非自动找上门去不可。所以这三家，是碰不得的，是不可动摇的，更不必说“打倒”了。

这譬喻是有其理由的。

细读中国几千年的历史，会发现一个秘密。每一个朝代，在其鼎盛的时候，在政事的治理上，都有一个共同的秘诀，简言之，就是“内用黄老，外示儒术”。自汉、唐开始，接下来宋、元、明、清的创建时期，都是如此。内在真正实际的领导思想，是黄（黄帝）、老（老子）之学，即是中国传统文化中的道家思想。而在外面所标榜的，即在宣传教育上所表示的，则是孔孟的思想、儒家的文化。但是这只是口号，只是招牌而已，亦可以旁借“挂羊头卖狗肉”的市井俚语来勉强比拟，意思就是，讲的是一套，做的又另外是一套。

黄老的内涵

那么所谓黄老之学的道家学术，它的内容又如何？当然，最能代表道家思想的是老子，他所著《老子》（到了唐玄宗时代，又尊称它为《道德经》）一书，最能代表道家思想，最有系统，有最具体的叙述。而阐扬、诠解老子最清楚正确的，发扬道家思想最透彻的，则是庄子。庄周所著《庄子》一书，唐玄宗时代又尊称它为《南华经》。其中所论辩的道理，在政治、军事、教育、经济等等各方面，都可致用，它对历史人物的建功立业乃至对个人修养——修道、养气，以及立身、处世等等，都有大用处。

这不只是指《庄子》的内七篇而已，事实上，几千年来，历代所偷偷运用庄子的学术，都取《外篇》和《杂篇》中的精华。因此，真正把五千年来中国文化，发挥得光辉灿烂的，亦就是道家的老庄之学，尤其是《庄子》的《外篇》与《杂篇》部分最多，这是研究老子之前，也必需了解的一项事实。

现代人对道家的观念，是汉、唐以后的人所持的观念。在秦汉以前，现在所谓的“道家”与孔孟之学的所谓“儒家”，原本没有分开的，统统是一个“道”字，而这一个“道”字，代表了中国的宗教观，也代表了中国的哲学——包括人生哲学、政治哲学、军事哲学、经济哲学，乃至一切种种哲学，都涵在此一“道”字中。

清代乾隆年间，主编《四库全书》的著名学者纪晓岚曾经说过：“世间的道理与事情，都在古人的书中说尽，现在如再著述，仍超不过古人的范围，又何必再多著述。”这的确是一则名言。试看今日世界各国学者，对于思想学术方面的著作，无不拾古人之牙慧，甚之，强调来说，无不是中国古人已经说过的话。所以纪晓岚一生之中，从不著书，只是编书——整理前人的典籍，将中国文化系统地分类，以便于后来的学者们学习而已。他只有《阅微草堂笔记》一册著作而已。

就因为他倚此一态度而为学，自然的读书非常多，了解得亦较他人深刻而正确。他对道家的学术，就下了八个字的评语："综罗百代，广博精微。"意思是说，道家的文化思想，包括了中国上下五千年的整个文化。"广博"是包罗众多，"精微"是精细到极点，微妙到不可思议的境界。

但是，道家的流弊也很大，画符念咒、吞刀吐火之术，都变成了道家的文化，更且阴阳、风水、看相、算命、医药、武功等等，几乎无一不包括在内，都属于道家的学术，所以虽是"综罗百代，广博精微"，也因之产生了流弊。

拨乱反正的趣谈

《老子》这本只有五千字的书，从文字表面上看来，似乎很容易读懂，如果也用"综罗百代，广博精微"的眼光去读，那就够我们去探讨，去阐述了。

也有人说，提到我们的历史文化，所谓魏晋南北朝这一阶段，正是《易经》、《老子》、《庄子》"三玄"之学最流行的时代。但是，这个时代的历史背景，是一个变动不安、非常混乱，社会政治、经济、文化最衰败的两百多年。可是在哲学思想方面，由于知识分子的高谈阔论，也提升到极点。

于是有人说，“三玄”之学，是衰乱之书，因为每到一个衰乱的时代，“三玄”之学就会特别受人欢迎。这是在动乱不安中，人们的精神失去寄托，便希望从这方面，找到一条出路。他们更进一步，回过来说，目前这个世纪中，这三样东西，很受欢迎，可见这个时代，当然的是衰乱的时代。

其实，并不一定如他们所说的那样。凡是对任何一样东西，立场不同，观点就两样。自己站的角度不同，看到的印象就各异。我们看中国历史，汉、唐、宋、元、明、清开基立业的鼎盛时期，都是由“三玄”之学出来用世。而且在中国历史文化上，有一个不易的法则，每当时代变乱到极点，无可救药时，出来“拨乱反正”的都是道家人物。不过，他们有他们的一贯作风——“功成，名遂，身退，天之道也”。帮助人家打好天下，成功了，或在私人事业上，帮助别人发财，当上了老板，然后自己飘然而去。如商汤时的伊尹、傅说，周朝开国时的姜太公，春秋战国时期的范蠡，汉朝开国时的张良、陈平，三国时的诸葛亮，都是道家人物。姜太公与范蠡，完全做到了“功成，名遂，身退”的“天之道”；张良则差一点，最后欲退而不能，本事不算大；至于诸葛亮，他的立身处事，完全是儒家的态度，“鞠躬尽瘁，死而后已”，恰如其分。

次如唐代的魏徵，明代的刘伯温，清朝的范文程等等，还有许多不可知、不可数的道家人物。

数十年前，国内流行一股研究明史的风气，其实研究断代史，以明史最难研究。如果以明代开国皇帝朱元璋为研究对象的中心，那就要注意一般编史书的人不大采用、而是朱元璋亲自写的几篇文章，的确具有重大的历史价值。在这几篇文章中指出，帮助朱元璋打天下的，有几个道人。实际上，他们都是表面上装疯卖傻的道家人物。其中一个是周颠，江西建昌人，人们只知道他姓周，不知道他的名字，因常在市街上疯疯癫癫，便叫他周颠，实际是一位学道家神仙之道的人物。朱元璋曾多次试验他，一次把他放在蒸笼里，再罩上一口大缸，用热水蒸了半天，朱元璋认为该已经蒸熟了，移缸揭开蒸笼观察，不料他竟在里面作蒸汽浴，和现在流行的三温暖或土耳其浴一样，满身大汗，对朱元璋说："你好！你的事业可以完成了。好舒服啊！"朱元璋对他无可奈何。但朱元璋每次遇有困难，他都会出现，助一臂之力。像打陈友谅的时候，他也跟着一路去，朱元璋心想，这疯子出现就会遇上麻烦，这次去打陈友谅，本来是一场艰苦而危险的战争，他又来了，可真讨厌，于是想把周颠沉到江里去。朱元璋带兵到了南昌，他还是不知从哪里冒出来了。果然，在战场上千钧一发之际，他又帮了朱元璋的大忙。

这些人物，因为太神话化了，而编写正史的，多为儒家人物，由于他们的传统观念，对于这许多史实，都不收罗进去。事实上，朱元璋本人的著作中，所描写的这类史料很多，这里只是举一个例子而已。

太上老君与李老子

现在再循历史时代回溯上去。例如最著名的汉的"文景之治"，汉文帝与景帝父子相继，为汉朝鼎盛的尖峰时期；唐朝的"贞观之治"；乃至于唐玄宗——白居易《长恨歌》

词中所描写的夜半与杨贵妃窃窃私语，发誓“在天愿作比翼鸟，在地愿为连理枝”的唐明皇。他们年轻时代，初期开创基业所用的都是道家学术——也就是“内用黄老，外示儒术”。而汉、唐这两个时代，亦就是整个历史上，算来是最可观的时代。

由此可以证明，道家学术在“拨乱反正”的机运上，具有最重要的价值，我们不能不知。

再看近代的史实，清兵入关，统治了当时拥有上亿人口的中华民族，成立大清帝国。所用的方略，领导政治的最高哲学思想，就是《老子》的学术，他所用的兵法，也不讲究《孙子》，也不用其他兵书，就干脆研究《三国演义》。

研究《老子》的学术，用之于政治、经济、教育、军事、社会等等方面，尤其与开国创业时期的关系，就要把康熙以来历朝事物，研究得清楚，那大概可以知道老庄哲学的运用了。

清康熙在八岁的幼年，就登位当皇帝了。当时中国的版图，实际上并没有完全受他统治，外面有四个强有力的藩镇、诸侯，内在有掌握了大权的权臣，他的帝位还在摇摇欲坠。可是他在以后的几年中，能够把内在的障碍排除，外在的势力削平，进一步，奠定大清二百余年的基础，都由于他六十余年的努力，打好了升平治世的根基，这都不是偶然得来。可以说有清一代的成就，上比汉、唐两朝还更兴隆，还更鼎盛。

回顾历史的陈迹，展望未来，我们现在所处的这个动乱的时代，大概不会再延续太久了。照历史法则的推演，应该是丁卯年（一九八七）以后，我们的民族气运与国运，正好开始回转走向康熙、乾隆那样的盛世，而且可以持续两三百年之久，希望现代青年，好好把握这个机会，那么，就更要懂老子的思想学说。

现代一般人对《老子》一书，名之为《道德经》或《老子道德经》，因为这部书，前面部分论“道”，后半部谈“德”，所以又有此别名，而且远自汉、唐，就有此分法。据唐中宗景龙二年（公元七〇八年）易州龙兴观建立的《道德经》碑，内容即是《老子》这部书。碑的正面刻的是《道经》三十七章，背面刻的《德经》四十四章。另外在《弘明集》所载牟子《理惑论》中，有“所理正于三十七条，兼法老氏道经三十七篇”的话，而牟子为汉代人。由此可知，远在汉代，已有人将《老子》一书分作道、德二经了。不过以《道德经》三字统称《老子》一书的，可能自沿用唐代开始的习惯。

这些属于考据上的事情，暂不去深究。

在唐朝更有一个有趣的故事，从这故事中，更可看到人性的另一面。

英明如唐太宗，他当皇帝以后，因为自己的姓氏——“李”的来由，在传说中非常稀奇古怪。照古老神话的传说，李姓的第一代始祖就是老子，远在尧舜时代的人，因为在李树下出生，所以就姓李。更传说他母亲怀胎了八十一年之久，因此生下来时，须发皆白，立刻就成为太上老君，这是关于老子诞生和姓氏来源的传说。

唐太宗之姓李的来由，研究起中国姓氏源流和宗族渊源来，又有各种说法。可是他当了皇帝以后，一定要把家族祖先的血统，追溯得更光辉一些。正如世界上任何民族，如果在人群社会中有了事功上的成就，一定要找“根”，而且一定要使那“根”整饰、塑造得光辉一点。这是人性必然的道理。同样地，唐太宗也要找根，也要找一个光辉的根。追溯历史，李姓人物，以老子最好，在学术上的成就很了不起，所以他设法说成是老子的后代。但是老子只是在学说上有成就，还要把他再捧高一点，后来李唐子孙便把他捧为教主，变成“太上老君”，封为道教的教主。道教实际上也成为唐朝正式的国教，只是当时没有“国教”的名称，而事实上唐朝历代的帝王、皇后、嫔妃都要像佛教的受戒一样，去受“符箓”。如唐玄宗、杨贵妃这些人，都曾受“符箓”。

明代的开国皇帝朱元璋，也有同样的想法，而他选择了朱熹，所以大捧朱熹。本来，他想把祖宗和朱熹扯上关系，可是自己毕竟是一代帝王，这种事不能太过分勉强。只有如张献忠，在到处流窜为害时，一天打到张飞庙，问得庙中供奉的神像是张飞，于是一时兴起，居然懂得姓氏宗族的人伦道理，要到庙里祭拜，下令部下作祭文。可是那些被胁在帐下的穷酸文人作的祭文，引经据典，他自己看不懂，大为不满，一连杀了几个文人，最后还是自己动手写道：“你姓张，咱老子也姓张，咱俩连宗吧!”就这样连起宗来了，成为千秋的笑柄。

可是，朱元璋打算把朱熹拉进自己祖先行列的时候，有一天碰到一个理发的也姓朱，就问理发匠是不是朱熹的后代，这理发匠说：“我不是朱熹的后代，朱熹绝对不是我的祖先。”朱元璋说：“朱熹是前辈大学问家，你就认了罢！”理发匠说：“绝对不是。”这一来，朱元璋“攀亲”的思想发生了动摇，他转念之下，觉得一个平民中的理发匠，尚且不肯乱认祖宗，而自己当了皇帝，又何必认朱熹为祖先，因此打消了原有的念头。可是对于朱熹，还是极力地捧起来。例如，在明朝应试求功名，非读朱熹注解的“四书”不可，后来演变到清朝，承袭明代故事，便以朱注“四书”为考试制度中评判高下、决定取舍的标准本。

汉文帝善用老子的法宝

老子《道德经》，自唐代开始，加上由皇帝的提倡，因此更被重视，而流行，而风行，而盛行。但《道德经》的“道”与“德”二字的正确含义是什么？等讨论到原文时再申述。

现在来看一个历史故事，以了解黄老之学在中国历史上所以占有重要地位的原因，使研究黄老的人，掌握到研究的正确方向，然后，再由黄老之学的应用方面，进入到形而上的个人自己修养的“养生之道”，以及与孔孟学说的汇流。

道家在中国历史上，最初发生最大影响的，是在汉朝。汉高祖刘邦在创业之初，所用建立功业最大的人才，便是张良、陈平这些人，而他们都是学道家的人物。

在历史上标榜汉初的盛世，“文景之治”，汉文与汉景父子两代的思想领导，都是用“黄老”的道家学说。另一方面也可以说，和母教有密切的关系，因为汉文帝与汉景帝的母亲，都喜欢研究《老子》而受其影响很大。在如此的家庭教育和时代潮流中，周围环境的巨大影响下，黄老之学成为政治哲学的最高领导学说，而表现得最深刻的便是汉文帝。

大汉一代的开基皇帝高祖刘邦，在位不过几年就死了，政权则落到他妻子吕雉的手中，天下最诱惑人的权势，极少有人摆脱得开，因此吕后便想因势乘便，要把帝位转给娘家的人。但是，当年跟刘邦一起打天下的文臣武将们，袍泽情深，都不以为然，所以等吕后一死，便起来削清吕家的权力。在这一段时间中，政治、经济、社会等等，都非常混乱。

吕家的权力虽然削平，大臣们就要找出刘邦的儿子来接皇帝位。可是刘邦的儿子已被吕后杀得差不多了，只有一个儿子刘恒，被分封在西北边塞为代王，毗邻匈奴——内蒙的荒漠贫瘠地带。因为他母亲薄氏，喜欢走道家“清净无为”的路线，近似现代只敲敲木鱼、念念佛的人，防意如城，无欲无争，吕后没有把她放在眼里，才保全了性命。这时大臣们商议，就找到了这位远在边塞、性情朴实、清心寡欲、守道尚德的代王，迎请到首都长安来，继承汉祚，便是后来的汉文帝。

研究这段历史，在黄老之学方面的运用，是很有意思的。

刘恒，顶了一个代王的头衔，被冷落在边塞，突然传说长安有人来，请他回中央当皇帝，真是福从天降，人世间没有更好的事了。可是，他知道这个消息后，就请示于母亲，该不该应邀。这时刘恒有两个重要干部，一个是郎中令——相近现代的秘书长——张武，一个是中尉——类似现代的参谋长——宋昌。张武认为，此时正是中央政府最混乱的时候，而且朝中的一班大臣，都是跟刘邦一起打天下的人物，是刘恒的父执辈，很难驾御，所以不能去，必须打听清楚。而宋昌则反对此说，他分析情势，认为可以去。他说，自秦始皇暴虐以来，天下大乱，各地英雄纷起抗暴，而最后统一天下的，是你的父亲刘邦。天下的老百姓都认为天下是你刘家的，虽然有吕后这一次夺权，但为时很短，天下人心仍然归刘。现在大臣们把政权动乱的局面安定下来以后，如果不是看清楚民心归趋所在，亦不会到遥远的边塞来迎请你回去当皇帝。既然天下归心，那么大势已在掌握，为什么不去？两人的意见恰恰相反，很难下一决定，最后请示母亲时，这位深通《老子》的老太太，运用了无为之道、用而不用的原理说：“先派舅舅薄昭到长安去看看吧！”意思是先派一位大使前往观察一下形势，搜集些情报资料。这位大使舅爷自长安回来，报告情况，可以去接位，于是刘恒才带领张武、宋昌等一些干部，前往长安，准备承接皇位。

这时刘恒的身份，还是代王，不算是皇帝，不过是刘邦几个儿子中的一个，连太子的名分也很勉强，最多只能说他同等于一位太子而已。在另一方面，这时汉朝中央政府的权力，实际上早已掌握在周勃一人手中。当刘恒从边塞来到了首都长安城外的渭桥地方，周勃早率领了文武百官，跪下来接驾，刘恒也立即跪下来还礼。这就是刘恒之成为汉文帝。他深知此时的局势非常微妙，进退应对之间很难处理，何况自己还没有接位，所以立即下跪回拜，这也就是老子的精神——“谦德”。《老子》中说：“我有三宝，持而保之：一曰慈，二曰俭，三曰不敢为天下先。”这是老子的三件法宝。汉文帝的一生，就实践了老子这三件法宝。

可是在刘恒左右的张武和宋昌，亦是了不起的重要干部，都曾深习黄老之学。在渭桥行过礼后，周勃向刘恒说：“代王！我和你退一步，单独说几句话。”这时宋昌就出来说：“不可以。请问周相公，你要向代王报告的，是公事？还是私事？如果是私话，则今日无私。如果是公事，则请你当众说，何必退一步说？”宋昌确实是一位好“参谋长”，这也是老子之道无私的反面运用。

周勃被他说得没办法，就说：“没有别的，只是公事。”宋昌说：“什么事？”周勃说：“是皇帝的玉玺在此，特别送上。”于是将玉玺送给代王。刘恒接过玉玺，照常情，他就是皇帝了，他却说：“这不可以，今天我初到，还不了解情形，天下之事，不一定由我来当皇帝，可以当皇帝的人很多，我现只是先代为把玉玺保管起来，过些时日再说。”这就是黄老之道的“用而不用”，要而不要了。谦虚是谦虚，该要的还是要。

他收下玉玺以后，还是没有立刻即皇帝位，住在宾馆九个月，没有办事，等一切都观察清楚了，才宣布接位当皇帝，这时年纪还很轻，政事还是很难为。第一，他的同宗兄弟中，还有年纪比他大的，还有一些远房伯伯叔叔的孩子，亦算是刘家的宗室。第二，以前曾跟刘邦一同起来创业、掌有兵权的老将军们，分在四面八方，人数很多。内在的政治基础不够稳固，外面的实力空虚，自己手上没有一个兵，只是手里拿到一颗玉石刻的大印，能印得了什么？

可是他考察了九个月以后，发现最难对付的，是长江以南的地方势力，包括了缘湘、赣五岭以南的广东、广西、福建乃至云南、贵州等地，其中的南越王赵佗，在吕后乱政的时候，他听说在故乡的兄弟被诛，祖坟被挖，对汉朝非常怨恨。吕后死后，他见汉朝中央主政无人，便自称皇帝，而且兴兵到了湖南长沙的边境，准备向北进攻。

赵佗原来是河北人，是与汉高祖同时起来，反抗暴秦的英雄好汉之一。秦始皇被打垮以后，他未能在北方发展，就到南方在广东当县尉令，任上县令死时，把县政交给了他，他便自称南越王。那时五岭以南地区，尚未开发，为边远的蛮荒烟瘴之地，汉高祖亦奈何他不得，派了一位亦道亦儒的能员陆贾当大使，干脆承认了南越王的地位。后来因为吕后对他不起，所以在吕后死后，他也自认为有资格接皇帝位，窥伺汉室。

半壁江山一纸书

像这样一个局面，该怎么办呢？如果说出兵与赵佗一战，这一主战思想，将使问题更见严重，决策不能偶有疏失，内战结果，胜败不可知，天下属于谁家，就很难说了！因此只有另作他图。汉文帝有鉴于此，所以他在就皇帝职位后，除了修明内政以外，便只有用黄老之道了。

在历史的记载上，有关于汉文帝处理这个大难题的两封信，其中一封是汉文帝给赵佗的，一封是赵佗答复汉文帝的，这样两封往来的信件，消弭一场大战于无形，亦拯救了无数生灵。

当然，事情并不如此简单。汉文帝在写这封信之外，还有内政上的措施，军事上的部署等等，并且遴选了一位老谋深算的特使，便是赵佗的老朋友陆贾。各方面都有了妥善的安排，摆好了一个有利的形势，增加了这封信的力量，于是收到宏大的预期效果。

但是，从这两封信上，我们不难窥见黄、老之道的精神与内涵。现在，我们先在这里介绍两信的原文，然后再作一概略的分析：

汉文帝赐南越王赵佗书

皇帝谨问南越王甚苦心劳意。朕高皇帝侧室之子，弃外奉北藩于代，道里辽远，壅蔽朴愚，未尝致书。高皇帝弃群臣，孝惠皇帝即世，高后自临事，不幸有疾，日进不衰，以故誖乎治。诸吕为变故乱法，不能独制，乃取他姓子为孝惠皇帝嗣。赖宗庙之灵，功臣之力，诛之已毕。朕以王侯吏不释之故，不得不立，今即位。

乃者闻王遗将军隆虑侯书，求亲昆弟，请罢长沙两将军。朕以王书，罢将军博阳侯；亲昆在真定者，已遣人存问，修治先人冢。

前日闻王发兵于边，为寇灾不止。当其时，长沙苦之，南郡尤甚。虽王之国，庸独利乎？必多杀士卒，伤良将吏。寡人之妻，孤人之子，独人之父母，得一亡十，朕不忍为也。

朕欲定地犬牙相入者，以问吏。吏曰：高皇帝所以介长沙土地。朕不能擅变焉。吏曰：得王之土，不足以为大；得王之财，不足以为富；服领以南，王自治之。虽然，王之号为帝。两帝并立，亡一乘之使以通其道，是争也。争而不让，仁者不为也。愿与王分弃前患，终今以来，通使如故。

故使贾，谕告王朕意，王亦受之，毋为寇灾矣，上褚五十衣，中褚三十衣，遗王，愿王听乐娱忧，存问邻国。

南越王赵佗上汉文帝书

蛮夷大长老臣佗，昧死再拜上书皇帝陛下：老夫故越吏也。高皇帝幸赐臣佗玺，以为南越王，孝惠皇帝义不忍绝，所赐老夫者甚厚。

高后用事，别异蛮夷，出令曰：毋与越金铁、田器、马牛羊。老夫僻处，马牛羊齿日长，自己祭祀不修，有死罪，使凡三辈上书谢过，终不反。又风闻父母坟墓已坏削，兄弟宗族已诛论。吏相与议曰：今内不得振于汉，外亡以自高异。故更号为帝，自帝其国，非有害天下也。高皇帝闻之大怒，削南越之籍，使使不通。老夫窃疑长沙王谗臣，故发兵以伐其边。

老夫处越四十九年，今抱孙焉。然夙兴夜寐，寝不安席，食不甘味者，以不得事汉也。今陛下幸哀怜，复故号，通使如故，老夫死骨不腐，改号不敢为帝矣。

现在，且分析一下这两封信。

汉文帝给南越王赵佗的这封信，用文学的眼光，从文字上看它的写作技巧，可以判断，也许不是出于“秘书长”这一类的人物所写，而是由汉文帝自己动手写的亲笔信，这也就表示了出于他的诚恳。

再仔细研究它的文字。从“皇帝谨问南越王甚苦心劳意，……不得不立，今即位”这一段，一开头“甚苦心劳意”这一句，就是带刺的，他向南越王问候说：“你用心良苦，太辛苦了。”又说他自己没什么了不起，只不过是我父亲刘邦——汉高祖小太太的儿子，素来被人家看不起，送到北方的边塞，路途遥远，交通更不方便，“壅蔽朴愚”，那时知识不够又愚蠢，所以很抱歉，平常没有写信向你问候。就这样一句话，把赵佗笼络住了。假定写成现代的白话信，就是说：“赵伯伯，你好，你很辛苦哦！很伤脑筋吧？我没有什么了不起，不过他们硬要叫我坐上这个位子当皇帝，弄得我不能不当，现在我已经即位了。以前很少向你送礼，现在寄一只火腿，专程叫一个人代表我去看看你。”这样一个大意。

再看他第二和第三段，从“乃者闻王遗将军隆虑侯书……朕不忍为也”这两段的主旨。

他先说：我现在当了皇帝，知道你曾经写过一封信给隆虑侯将军，因为你与先父一起革命而离开家乡的，如今你不知道留在北方故乡家属以及同宗兄弟们的情形，所以写信给他，为你联络，并且希望中央政府，把湖南长沙方面的两位边防司令，给予免职的处分。隆虑侯将军已向我报告了你的来信，我已经准许了你的要求，调动了你所要求撤换两位将军中的一位，你在北方的家属和同宗兄弟，我亦已经派兵保护得好好的，并且对你祖先的坟墓，派人修过了。

这一小段话，表面上看来，是一番温语，诚恳的安抚。实际上也等于说：“你不要乱动。否则，我可以把你的家人族众都灭绝了，连你的祖坟也可挖了。”先来一个“下马威”。这些话虽然没有明白写出来，而字里行间，隐然可见，赵佗是感受得到的。

然后又晓以利害，在第三段说，你发兵于边，为寇灾不止，南方边界上长沙一带的人，被你扰得痛苦极了，就是在东南一带，你的心腹之地如广东、广西等地的百姓，可不也因你发动战争而痛苦极了么？战争对你又有什么好处呢？结果只是“多杀士卒，伤良将吏”，一个战役下来，损失许多你自己多方培养而成的优良军事干部，兵员的死亡，更不计其数。于是许多人，丈夫死了，太太守寡；父亲死了，孩子成孤儿；儿子死了，父母无依成独夫。最后可能你的国土也完了，像这样悲惨残酷的事，在我则是不忍心去做的。

第四段，他更进一步，借“吏曰”的话，就自己的利害立场，表达了自己的宽宏大度，而且在无责备的言语中，责备了赵佗的擅自称帝与不仁。因此说：我本来要整理内政，将边界上与你犬牙相错的领土，重新勘定规划，我问管内政的大臣，他们报告说，高祖在位时，就分封了湖南以南的土地，归你管理。这是老太爷留下来的制度，不能随便变更。依据他们的意见，中国本来是我刘家的，纵然把你现在所管理的土地归并过来，在我也并没有增加多少，因之，这湘、赣以南的地区，我还是要委托你去统治。不过你也自称皇帝，使一个国家有两个元首，是你有意造反嘛！这就不对了。你只晓得讲斗争，谁又不懂斗争呢？你却不懂仁而谦让的更高政治哲学。希望你放弃过去的意见，好好听中央的指挥，从今天起，恢复以前的政治关系，治理好你的地区。

汉文帝亦很会用人，他所派送这封信的大使，选择了陆贾，这位老先生是汉高祖以来，专门作特使的人，而且每次都能完成任务。第一次说服赵佗的就是他。汉文帝因此在信上最后说：我叫你的老朋友陆贾来告诉你我的意思，希望你立刻接受，不要造反。另外送给你在中原最贵重的礼物，愿意你“听乐娱忧，存问邻国”。这八个字的结语，在作文的文法上，正和开始的“甚苦心劳意”五个字，遥遥相应，首尾相接，妙到毫颠。而其内容含意，更见深厚，就是说：你也年纪大了，不要野心勃勃，想当什么皇帝。年纪大的人，每天玩玩，听听音乐，喝喝咖啡，或者打太极拳，游山玩水，下盘棋乃至打八圈卫生麻将也无妨，再不然去邻国访问，做些睦邻工作也好，这样安安分分多好，大可不必自寻烦恼啦！

综读全文，真是好厉害的一封信，字字谦和，可字字锋利如刃。南越王赵佗读了，自然心里有他的盘算：如今刘邦有了一位如此厉害的儿子即位，自己万万不如他，看来这天下不可能属于自己的，只有赶快见风转舵，退步，撤兵。

赵佗比汉文帝大几十岁，已经自称皇帝。这一来又自己取消了皇帝的名号，回一封信给汉文帝，可也是用的道家手段，试看赵佗回信的原文就知道。

他一开始，就对于汉文帝自称只是刘邦侧室所生小儿子、没有什么了不起的谦辞，说道：“我也没有什么了不起，不过是蛮子里的一个头目，而且是一个年纪大了的糟老头子，我该死，对不起你，向你再拜叩。不是我造反，而是你的那位大妈——吕后，如何如何不对，才逼我做的。”

看这赵佗，好伶俐的口齿，这么轻轻一拨，把一件诛灭九族的叛逆弥天大罪，推到一个已死的老太婆身上，而且这个老太婆，亦是汉文帝心目中深恶痛绝的人，赵佗所说的也是事实。

接着他说：“老夫处越四十九年”，暗示我是与你父亲刘邦同时起来革命的人，现在统治两广四十九年了。“今抱孙焉”，我孙子都很大了。可是，我这大把年纪，还要训练部队，准备作战，“夙兴夜寐”，睡也睡不好，吃也吃不好，实在太辛苦了，这都是你大妈做的那些事情，使我没有办法投效中央，不得已才如此做的，并不是我想造反。现在你大皇帝如此之好，又怜悯我这老人，送了这许多珍贵的东西，恢复我的王位，这样我就放心了，相信死了以后，也不会被锉骨扬灰，我当然听话，绝不自称皇帝。

就这样往来的两封信，消弭了一场可怕的大战，这就是黄老之道。所以深懂得黄老之道的人，其运用之妙，能兵不血刃而使天下太平。

实际上，赵佗行文到中央时，绝对不称王，只称老夫是蛮子的头目，在他自己的领域内，还是当他的皇帝，自称不误。汉文帝也不是不知道，只是睁只眼，闭只眼，大家过得去，就暂时算了。因为自春秋战国以来，五百年左右的战乱结果，全国民穷财尽，不但是财富光了，人才也没有了，这时最重要的，是培养国家的元气。但这不是短时可以办到，所以对赵佗在南方的闭关自守，暂不过问。

此后，没有几年，北方的匈奴作乱，汉文帝也是写了一封比给赵佗还更简短的信，只对匈奴的领袖说了几句话，就把一场战争化解了。所以，从汉文帝在位的二十三年，他儿子景帝——刘启在位十六年，一直到他孙子武帝——刘彻初期的一共五六十年间，国家民族安定，成就了汉代辉煌的文化，奠定了汉朝四百年政权的深厚基础。

汉文帝个人的道德修养，当然是学老子，行黄老之道。例如：他即皇帝位后，所穿的一件袍子，一直穿了二十年，补了又补，就没有换一件新的。这不是矫揉造作，完全出于道德修养，老子“慈”、“俭”、“不敢为天下先”三宝之一的奉行。然后，又尽量减轻刑罚，更改法律与社会制度，财经上减轻税赋，种种改变，宽大到极点。历史的记载，汉文帝当了二十几年皇帝，监狱中几乎没有犯人，这是著名的“文景之治”的景象。

老子吃瘪

当然，历史上运用道家思想，以“拨乱反正”的，不止是汉文帝这一幕，在其他朝代也非常多，这是有关经国大势的作为。

在个人修养方面，运用黄老之道立身处世，有一个大原则，就是：“功成，名遂，身退，天之道也。”从这里又要想起道家的另一个大原则，但这另一原则，如果讲起理论来，或者作一学术性的文字报告，那就太多了，不是这里所能尽述，现在只好举出一个人的故事来作说明。

前面曾经说过，老子的著作只有五千字，而后世研究老子的著作，可能有几千万字，倘使老子今日犹在，看了这些后辈们洋洋洒洒的大作，说不定他老人家一生下地来就白了的胡须，要笑得变黑了。当然包括现在我的《他说》。

可是唐朝著名的大诗人白居易，曾经写了一首七言绝句，严格地批判老子，而且用老子的手打老子的嘴巴。他用二十八个字批判道：

言者不如知者默，此语吾闻于老君；
若道老君是知者，缘何自著五千文？

老子《道德经》中说，有智慧的人，必定是沉默寡言的。像我现在又讲说关于老子的书，不必问，也知道是绝对没有学问、没有智慧的乱吹。“言者不如知者默”，这话意是老子自己说的。白居易说，老子既然如此说，那他本身自然是智慧很高了，可是他为什么自己还是写了那么多个字呢？世界上打老子耳光，打得最好的，是白居易这首诗，纵然老子当时尚在，亲耳亲见，也只当充耳不闻，哈哈一笑，无所反驳了。

白居易的一生，学问好，名气大，官位亦很高，留名后世，没有人能够和他比的，而他常想从政治舞台上退出来，优游林下。不像苏东坡，曾经吃了很多苦。他享了一辈子福，临老还享福，就因为他学道，这从他一首读《老子》后的七律可以知道。原诗是：

吉凶祸福有来由，但要深知不要忧；

只见火光烧润屋，不闻风浪覆虚舟。
名为公器无多取，利是身灾合少求；
虽异匏瓜谁不食？大都食足早宜休。

他说，人生的遭遇，成功与失败、吉、凶、祸、福，都有它的原因，真有智慧的人，要知道它的原因，不需要烦恼，不需要忧愁。

项联两句，引用了庄子“覆虚舟”的典故。他说，我们只看到世间上富贵人家多财润饰华丽的房屋，仍会被大火烧毁，却从未见到空船在水上被风浪吞没的。装了东西的船，遇到风浪，才会在风浪中沉没，而且装得愈重，沉没的危险愈大。虚舟本来就是空的，纵会翻覆，亦仍浮在水面，这是说人的修养，应该无所求、无所得，愈空虚愈好。曾子说：“富润屋，德润身。”

腹联两句更指出，人世间“名”与“利”两件事不宜贪求以免招灾祸。可是现代青年，都在那里拓展自己的“知名度”。要知道。“名”是社会的公器，孟子亦说：“有天爵者，有人爵者。”“天爵”就是名气。仔细研究起来，不管任何一种“名”，如果太高了，不符实际，对于此人的人生与福祉，就会发生非常大的障碍，如“誉满天下，谤亦随之”，就是这个道理。

再如，大家都知道汉高祖名字叫刘邦，而著名的汉代“文景之治”的汉文帝叫刘恒，汉景帝叫刘启，知道的人就少了。可见“名”也者，也只是一时的空事而已。

说到利，最具代表性，普遍为人所求的，当然是钱，人人都想发财，钱愈多愈好。除非在生命垂危时，宁可减少自己的财富，以挽救生命使之延续，可是当生命救回来了，寿命可以延长了，却又会贪财舍命，所谓“人为财死”。白居易说“利是身灾”。人的钱多了，烦恼更大，钱与烦恼，如形之与影，且大小成正比。清代的有名学者赵翼诗说：“美人绝色原妖物，乱世多财是祸胎。”他所指的“美人”不一定指女性，世间也有美男子。古人又说：“一家饱暖千家怨，半世功名百世愆。”这些都是有了很多的钱后，在生活上所表现出来的形态。有钱的人家，全家都吃得饱，穿得暖，锦衣玉食；可是，旁边就有千户人家，歪着眼睛在看你，眼神中包含了羡慕、嫉妒、怨尤、鄙夷，乃至于愤恨。这是人类的习性。犹记得几十年前，汽车刚传入中国不久，在泥路上疾驶，坐车的人颇为得意，可是弄得路上尘土飞扬，雨天更是泥浆四溅，靠近的行人被溅得满身污泥。这一来连在旁看见的人，都侧目而视，心里则诅咒着最脏、最恶毒的话。

所以，白居易这首诗的结尾语说：“虽异匏瓜谁不食？大都食足早宜休。”世界上谁不好名贪利？佛教劝人们绝对放弃名利，这是做不到的。老子就不然，他只是教人“少私寡欲”，少一点就好了。所以白居易说，名利像匏一样，实在好吃，叫人绝对不要吃，是做不到的，但是吃了以后，很有可能会拉肚子的。深懂了黄老之道，那就“大都食足早宜休”，不要吃得过分了。这就是老子之道在个人修养上的基本原则。

要研究老子之道的这一原则，最好先读庄子的《天下篇》与《让王篇》。

老庄之道，起用时，是帝王的最大亦最佳的权谋。庄子在《应帝王篇》上说："帝王之功，圣人之余事。"一个有了道的人，对于帝王领导术，帝王谋略学，那在他不过是一件轻而易举的小事而已。换言之，一个学道的人，如果只是求为帝王师，志在懂得帝王谋略，那是下等的。

他又在《让王篇》中说："虽富贵，不以养伤身；虽贫贱，不以利累形。"这就是老庄之道的人生大原则。懂了老庄之道的人，就知道富贵是舒服的事，但因而得意，就会是短命的事，太得意了，则缩短寿命，比流行性感冒更厉害，简直无药可救。所以处富贵中时，不以养而伤害自己。相反的，在贫贱之间"不以利累形"。人在贫贱中，就要为生活而赚钱，可也不能过分的贪求，所谓"人为财死"，过分的贪求，过分的劳累，同样地会损害身体的健康，而危及生命。

这是老庄的基本原则，先要了解这项基本原则，才可以深入地研究老庄之道。

曾国藩与屠羊说

在这里，可作一个小段落，下一小结论。

我国自唐、宋以后，以儒、释、道三家的哲学，作为文化的主流。在这三家中，佛家是偏重于出世的，虽然佛家的大乘道，也主张入世，普救众生，但出家学道、修道的人，本身还是偏重于出世。而且佛家的学问，从心理入手，然后进入形而上道；儒家的学问，又以孔孟之学为其归趋，则是偏重于入世的，像《大学》、《中庸》，亦有一部分儒家思想，但是到底是偏重入世，从伦理入手，然后进入形而上道；道家的学问，老庄之道就更妙了，可以出世，亦可以入世，或出或入，都任其所欲。像一个人，跨了门槛站在那里，一只脚在门里，一只脚在门外，让人去猜他将入或将出，而别人也永远没有办法去猜，所以道家的学问，是出世的，亦是入世的，可出可入，能出能入。在个人的养生之道上，亦有如此之妙。

了解这些精神以后，欲懂得老庄的运用之道，在“用”上发挥老庄的哲学，那必须先读庄子的《天下篇》与《让王篇》。且举历史上一个人物的行径来说明，也许比理论上的阐述，让大家体会得更深切。

清代的中兴名臣曾国藩，大家都知道，他是近代史中一位大政治家，不必多介绍他的身世功业了。后世的人，说他建功立业，一共有十三套本领，但是其中有十一套大的谋略之学，都未曾流传下来，只留了两套本领给后世的人。其中一套，是著了一部《冰鉴》，把相人之术——这是他老师教给他的，他又传给后世的人。自他以后，有许多政治的、军事的乃至经济等方面的领导人，运用他这部《冰鉴》所述的相人术，选才用人，的确收到了一些效果。

另一套本领，就是他的日记和家书。或者问：曾国藩的日记和家书，不外乎告诉家人，怎样弄好鸡窝，怎样整理菜园，表示很快要回家种田等等，这些琐屑小事，老农老圃也懂，算得什么大本领，值得留传给后人？

这只是一种皮毛的肤浅看法而已。如果进一步去分析曾国藩、曾国荃弟兄当时所建的功业，所处的环境，时代的政治的背景，历史的轨迹，就可以了解到曾国藩絮絮于这些琐屑细事，实际上正深厚地运用了老庄之道。

曾国藩弟兄，经过了九年的艰苦战争，终于将曾经占领了半壁江山、摇撼京师、几乎取得政权的太平天国打垮，所建立的“功绩”是清兵入关以来，前所未有，到达了“功高震主”的程度。

“功高震主”的情况，可能有许多人，体会不到，试以创办一家公司为比喻。一位公司老板，找到了一位很能干的干部，由于这位干部精明能干，而且很努力，于是因其良好的功劳业绩，由一名小小的业务员，逐步上升，而股长，而主任，而经理，一直升到总经理。到了这个阶段，公司的一切业务，许多事情，他比老板还更了解与熟练，对下面的人缘又好极了，那么，这种情况下，当老板的就会担起心来。这就“功高震主”了，地位就危险了。在政治上，一个功高震主的大臣，危险与荣誉是成正比的，获得的荣耀勋奖愈多，危险也愈大。不但随时有失去权势财富的可能，甚至生命也往往旦夕不保。

清朝以特务手段驾驭大臣和各级官吏，雍正皇帝是用得最著名而收效的，以后历代的帝王，均未放弃这一手法。慈禧太后以一女人而专政，就用得更多更厉害，所以曾国藩的日记与家书，写这些个鸡栏、菜圃小事，与其说是给家人子弟看，无宁说是给慈禧太后看，期在无形中消除老板的疑心，认为自己不过是一个求田问舍的乡巴佬，以保全首领而已。

再从曾国藩给他弟弟国荃的一首诗中，也可很明显地看到他深切的了解老庄思想，灵活运用老庄之道。这首诗说：

左列钟铭右谤书，人间随处有乘除；
低头一拜屠羊说，万事浮云过太虚。

诗中“屠羊说”的典故，就出在庄子的《让王篇》。屠羊说，本来是楚昭王时，市场中一个卖羊肉的屠夫，大家都叫他屠羊说，事实上是一位隐士。“说”是古字，古音通“悦”字。当时，因为伍员为了报杀父兄之仇，帮助吴国攻打楚国，楚国败亡。昭王逃难出奔到随国。屠羊说便跟着昭王逃亡。在流浪途中，昭王的许多问题，乃至生活上衣食住行，都是他帮忙解决，功劳很大。后来楚国复国，昭王派大臣去问屠羊说希望做什么官。屠羊说答复道：楚王失去了他的故国，我也跟着失去了卖羊肉的摊位，现在楚王恢复了国土，我也恢复了我的羊肉摊，这样便等于恢复了我固有的爵禄，还要什么赏赐呢？昭王再下命令，一定要他接受，于是屠羊说更进一步说：这次楚国失败，不是我的过错，所以我没有请罪杀了我；现在复国了，也不是我的功劳，所以也不能领赏。

他这话是多少带刺的，弦外之音就是说，你当国王失败了，才弄得逃亡。现在你把国家救回来了，亦是你的努力和福气。所以楚昭王从大臣那里听到他这样的话，知道这个摆羊肉摊子的，并不是普通人物，于是叫大臣召他来见面。不料屠羊说更乖巧，他回答说：依照我们楚国的政治体制，一定要有很大的功劳，受过重赏的人，才可以面对面见到国王。现在我屠羊说，在文的方面，没有保存国家的知识学问，在武的方面，也没有和敌人拼死一战的勇气。当吴国的军队打进我们首都来的时候，我只因为怕死，而急急慌慌逃走，并不是为了效忠而跟随国王一路逃的。现在国王要召见我，是一件违背政体的事，我不愿意天下人来讥笑楚国没有法制。

楚昭王听了这番理论，更觉得这个羊肉摊子老板非等闲之辈，于是派了一位更高级的大臣，官司马，名子綦——相近于现代的国防部长，吩咐子綦说，这个羊肉摊的老板，虽然没有什么地位，可是他所说的道理非常高明，现在由你去请他来，说我要请他做国家的三公高位。想想看，由一位全国的三军统帅出面来请，这中间有些什么意味。可是屠羊说还是不吃这一套，他说我知道三公的地位，比我一个羊肉摊老板不知要高贵到多少倍，这个位置上的薪水，万钟之禄，恐怕我卖一辈子羊肉也赚不了那么多。可是，我怎么可以因为自己贪图高官厚禄，而使我的君主得一个滥行奖赏的恶名呢？我还是不能够这样做的，请你把我的羊肉摊子还给我吧！

当然事实上，楚昭王的能复国，许多主意并非都是由这位羊肉摊老板提出来的。后来他再三再四地不肯作官，就是“功成，名遂，身退，天之道也”的老庄精神，正是最有学问的人。

王阳明与曾国藩

曾国藩写这首诗，引用屠羊说的典故，是对他的弟弟曾国荃下警告。他知道，这时的客观环境，对他的危险性非常大。不但上面那位老太太——慈禧太后，非常厉害，难侍候之至，自己不能不居高思危。而外面议论他，批评他，讲他坏话的人也很多。尤其曾国荃打进南京的时候，太平天国的王宫里面，有许多金银财宝，都被曾国荃搬走了。这件事，连曾国藩的同乡至交好友王湘绮，亦大为不满，在写《湘军志》时，固然有许多赞扬，但是把曾氏兄弟以及湘军的坏处，也写进去了。这时曾国藩兄弟也很难过。曾国荃的修养，到底不如哥哥。还有一些重要干部，对于外来的批评，都受不了，向曾国藩进言，何不推翻清朝，进兵到北京，把天下拿过来，更曾有人把这意见写字条提出。曾国藩看了，口里对那人说："你太辛苦了，疲累了，先去睡一下。"打发那人走了，将字条吞到肚中，连撕碎丢入字纸篓都不敢，以期保全自己的性命。

同时，他训练出来的子弟兵，也已经变成"骄兵悍将"。打下太平天国以后，个个都有功劳，都有得意自满的心理，很容易骄横，所以又教他的学生李鸿章，赶快训练淮军，来接他的手，冲淡湘军的自满骄横。

事实上，如果曾国荃与湘军一冲动，半个中国已经是他的，似乎进一步就可以把大好河山拿下来。但真的拿不拿得下来呢？亦自有拿不下来的道理。我们现在来仔细研究当时的情况，的确有拿不下来的理由。到底还是曾国藩了不起，宁可不做这件事，所以写了这样一首诗，要曾国荃"低头一拜屠羊说"。他说：尽管左面挂满了中央政府——朝廷的褒奖状，可是要知道"功高震主"的道理，不必因此自满自傲。右边放了毁谤、诋骂我们的文件，这也同样没有什么了不起，不必生气，“人间到处有乘除”，人世间本来就如天秤一样，这头高了那头低，这头低了那头高，不必去看不开。“低头一拜屠羊说”，只要效法屠羊说的精神与做法，学习这位世上第一高人，那么“万事浮云过太虚”。荣誉也好，毁谤也好，都不过是碧天之上的一片浮云，一忽儿就要被风吹散，成为过去的，澄湛的碧天，依然还是澄清湛蓝的。

在近代史上，明朝平宸濠之乱的王阳明，清朝打败太平天国的曾国藩，都是精通老庄之学，擅用老庄之学，但都是“内用黄老，外示儒术”的作风。如果硬把他们打入儒家，认为他们只知道在那里讲讲理学，打打坐而已，这种看法，不是欺人，便是自欺，否则，便真的要“悔读南华庄子文”了！

这是中国近代史上重要的一页，先懂了这一史实的道理以后，再来研究老子，就更容易了解到老子哲学思想。在用的方面——大而用之于天下国家的大事，小而用之于个人立身处世之道，乃至于由平日的为人，进一步升华到形而上修养之道了。

阴柔不是阴谋

现代学术界，研究《老子》的趋向，归纳起来，大概可分为三个路线：

第一类：纯粹走哲学思想的研究路线。作这方向研究的人，各有各的心得，各有自己的见解。乃至有人以西方哲学来批评《老子》，或者以西方文化来与《老子》比较。这是学术性的一类。

第二类：就是把《老子》，单纯地归到个人修养，做工夫，所谓修神仙的丹道上去。这一类自几千年前，直到现在，自成一个系统。

第三类：是把《老子》归到谋略学的主流，而且习惯上，有一个很严重的错误观念：认为老子的谋略学是阴谋，是阴谋之术。于是，一说到老庄，就联想到谋略；一说到谋略，就联想到老子是很阴险的学问，是搞阴谋的。

这种观念，错误得很严重。

老子是主张用阴、用柔。但是，不要忘记，它和我们固有的文化、远古的源流——阴阳五行与《易经》诸子等系统，是同一个来源的。阴与阳，是一体的两面，只是在用上有正面与反面的不同而已，无论用阴用阳，都要活用。换言之，要用活的，不用死的。所谓用阴柔，即不用刚强，不是勉强而为。一件事物的成就，是顺势而来的。因此亦可以说，他是用顺道，不是用相反的逆道。过去以文字表达意义的方法，常用“阴”字来表达“顺道”，例如《周易》的“坤”卦，代表“阴”的“顺道”。因此后世的人，误以为老庄的阴柔之学，就是阴谋之学；学老庄的人，用老庄之学的人，都是阴谋家。

从历史上看，大家都熟悉的汉史，如道家出身的人物——陈平，他帮助刘邦，奠定汉朝四百年基业，汉高祖刘邦有六次关系到成败的决策，都是采用陈平的主意而获致成功的。但是历史记载，陈平自己说：“我多阴谋，道家之所禁，其无后乎?”足见道家是最忌讳阴谋的。因此，他断定自己将没有后代，至少后代的富贵不会久。后来果然如此。据汉代史书记载，陈平的后人，到他孙子这一代，所谓功名富贵，一刀而斩，就此断了，后来他的曾孙陈掌，以卫氏亲贵戚，要求续封而不可得。

从此一史实可以说明，道家并不专主阴谋。误会道家是阴谋家，尤其是误会老庄思想是阴谋之学，是一种最大的错误观念。这是今日研究老庄，必先了解的。

老子还他老样子

《老子》一书的章节划分，各章的句法排列，每句的句读，是千古以来被人怀疑的问题，而且很难下一个确切不移的答案。因为秦汉以前的书籍，到秦汉以后，都重新整理过。秦汉以前，纸、墨、笔、砚还未流行，当时书籍，连牛皮、羊皮写字也没有，更谈不上线装书，大多数都是刻在竹片上的所谓“竹简”，放置时，东一堆，西一堆，很不方便。如果因为搬动、毁坏等等事件，后来加以整理，就难免章节上的前后倒置，文字上的讹误遗漏。希望整理得和原来一样，丝毫不变，实在相当困难，而且年代久远，难于考证。不过，这本《老子》，已经整理得很好了，并且已经流传了好几千年，现在若再整理，移动章节，不但困难，亦徒然增加研究者的困扰。试观现在大家通用的《老子》，它每一章节，都衔接得很紧凑，都能贯串起来，中间并没有松弛或断裂之处，第二章就是第一章的申述，第三章又紧接着第二章的后面继续发挥。如是一章接着一章地连续下去，内容上脉络分明，气势上绵延不辍。

对全书，姑作一整体分类。前面七八章，由形而上的道体，谈到人事与物理的现象与必定的法则，使我们知道如何做事、处世，如何在人世间作一辈子的人，在物理世界的自处之道。最后告诉我们如何修道——修道是后世的观念，在老子本意，是使我们的人生，自然与天然法则相吻合。这是《老子》一书的体系。

老子五千文过关

研究老子写这本书的动机。前面曾介绍白居易那首幽默老子的诗，说老子主张大智慧的不说话，不写文章。可是他自己写了五千字，究竟老子是愚笨，还是有智慧？这首诗读来真是耐人寻味，不禁发会心之微笑。

另一方面，在历史文献资料上有关老子的记载说，《老子》这本书，是被逼写出来的。

说到这里，有一段可叙的插曲。

自古以来，有一个关于老子的问题：他晚年究竟到哪里去了？不知道。他死在哪里？不知道。在历史文献的资料上，只说他西度流沙，过了新疆以北，一直过了沙漠，到西域去了。究竟是往中东或者到印度去了？不知道。在他离开中国时，有没有领到关牒——相当于现在的护照和出入境证，也不知道。

但是，历史上提到一个人物——关吏尹喜，大概像现在机场、码头海关的联检处长，知道这位过关老人，是修道之士。据《神仙传》上记载：有一天，这位函谷关的守关官员，早晨起来望气——中国古代有一种望气之学——他看到紫气东来，有一股紫色的气氛，从东方的中国本土，向西部边疆而来，因此断定，这天必定有圣人过关。心下打定主意，非向他求道不可。

果然，一位须发皆白的老头子，骑了一条青牛，慢慢地踱到函谷关来了。关员向他索取关牒，他却拿不出来。这一下，可正给了关吏一个机会，他本色当行地说："没有关牒，是依法不能过关的。不过嘛，你一定要过关，也可以设法通融，你可也得懂规矩。"所谓"规矩"就是陋规，送贿赂。这时，老子似乎连买马的钱也没有，哪儿凑得出"规矩"。好在这位关吏，对于老子的规矩，志不在钱，所以对他说："只要你传道给我。"老子没法，只好认了，于是被逼写了这部五千字的《道德经》，然后才得出关去。

老子以"变相红包"，留下了这部著作，西度流沙不知所终，而他的这部著作，再流传下来，到了唐代，道家鼎盛起来，道教变成国教。这时，道教的人，要抗拒佛教，就有一个进士，也是五代时的宰相，名叫杜光庭的，依据佛经的义理，写了很多道经。（有一说，后世对于没有事实根据而胡凑的著作，叫作"杜撰"，即由此而来。）其中有一部叫作《老子化胡经》，说老子到了印度以后，摇身一变，成了释迦牟尼。在佛教中，也有些伪经，说中国孔子是文殊菩萨摇身一变而成。宗教方面，这些扯来扯去，有趣的无稽之谈，古往今来，不可胜数。

关于老子本身的这些说法，不管最后的结论如何，但有一事实，他的生死是"不知所终"，查不出结果的。倘使根据《神仙传》上古神话来说，那么，老子的寿命就更长到不死的境地了！

那些神仙故事，我们暂且不去讨论。他的这部著作，则确实是被徒弟所逼，一定要得到他的道，因此，只好留下这部著作来。尹喜得到老子的传授，亦即是得到了这五千字的《道德经》以后，自己果然也成道了。因此，连官也不要做，或者连移交也没有办，就挂冠而去，也不知所终。

道教就是这样传说，由老子传给关尹子，继续往下传，更是壶子、列子、庄子。一路传下去，到了唐朝，便摇身一变而成为国教，而《老子》一书，也成了道教的三经之首。道教三经，是道教主要的三部经典，包括：由《老子》改称的《道德经》，《庄子》改称的《南华经》与《列子》改称的《冲虚经》。

最近，有些上古的东西出土，如帛书《老子》等等。由这些文献资料中，更显示了老子学说思想的体系，是继承了殷商以上的文化系统，亦证明了古人所说的话，没有撒谎，是真实的。

上　经

《老子》上下篇，整个连起来，上经讲“道”，勉强给它一个范围，是讲“道之体”，讲“道”的根本。下经讲“德”，“德”是讲用，在古代文学上解释“德”为“得”，好像一个东西得到手里，所以是“德者得也”。现代的名词是说其成果、效用。

第一章

头头是道 有无主宾 玄元之妙

> 道可道，非常道。名可名，非常名。无，名天地之始。有，名万物之母。故常无，欲以观其妙。常有，欲以观其徼。此两者，同出而异名，同谓之玄。玄之又玄，众妙之门。

本文第一章，首先提出老子《道德经》的“道”与“名”两个关键名词，也是连串贯通全书八十一章脉络的线索。而且也是千古以来，研究老子学术的争端之所在。

头头是道

现在我们也来凑热闹，讲老子，首先要不怕老子笑掉他的长眉，更要向研究老子的学者们，道歉万分，以外行人妄说内行话，滥竽充数，不足为凭。但是我们又不得不把传统文化中的“道”字与“天”字先讲清楚，才好开始。

读中国书，认中国字，不管时代怎样演变，对于中国文字的六书——象形、指事、会意、形声、转注、假借，不能不留意。至少，读古代文字章法所写成的古书，必须具备有《说文》六书的常识。

在古书中，“道”与“天”字，到处可以看到。但因上古文字以简化为原则，一个方块的中文字，便包涵人们意识思想中的一个整体观念；有时只用一个中文字，但透过假借、转注的作用，又另外包涵了好几个观念。不像外文或现代语文，用好几个，甚之一二十个字，才表达出一个观念。因此，以现代人来读古书，难免会增加不少思索和考据上的麻烦。同样地，我们用现代语体写出的文字，自以为很明白，恐怕将来也要增加后世人的许多麻烦。不过，人如不做这些琐碎的事，自找麻烦，那就也太无聊，会觉得活着没事可做似的。

例如“道”字。在传统的古书中，大约便有三种意义与用法。

（一）“道”就是道，也便是人世间所要行走的道路的道。犹如元人马致远在《秋思曲》中所写的“枯藤老树昏鸦，小桥流水人家，古道西风瘦马，夕阳西下，断肠人在天涯。”这个“古道西风瘦马”的道，便是道路的道。照《说文》意义的注释就是：“道者，径路也。”

（二）“道”是代表抽象的法则、规律，以及实际的规矩，也可以说是学理上或理论上不可变易的原则性的道。如子产在《左传》所说的：“天道远，人道迩。”如子思在《中庸》首章所说：“天命之谓性，率性之谓道。”孙子所说：“兵者，诡道也。”等等。

（三）“道”是指形而上的道。如《易·系传》所说：“形而上者谓之道，形而下者谓之器。”又如道书所说：“离有离无之谓道。”这便同于佛经上所说的：“即有即空，即空即有。”玄妙幽微，深不可测了！

有人解释《老子》第一章首句的第二个“道”字，便是一般所谓“常言道”的意思。那么，这个“道”字，也便是代表了说话的意义。其实，这是不很妥当的。因为把说话或话说用“道”字来代表，那是唐宋才较为普遍的口头语。如客家话、粤语中便保留得有。至于唐宋间的著作，在语录中经常出现有：“道来！道来！”“速道！速道！”等句子。明人小说上，更多“某某道”或“某人说道”等用语。如果上溯到春秋战国时代，时隔几千年，口语完全与后世不同。那个时候表示说话的用字，都用“曰”字，如“子曰”、“孟子曰”等等。如此，《老子》原文“道可道”的第二个“道”字是否可作“说”字解释，诸位应可触类旁通，不待细说了。

讲到这里，顺便也把古书上的“天”字提一提。古书上的“天”字，大约也概括了五类内涵：（一）天文学上物理世界的天体之天，如《周易》乾卦卦辞“天行健”的“天”。（二）具有宗教色彩，信仰上的主宰之天，如《左传》所说的“昊天不吊”。（三）理性上的天，如《诗经》小节的“苍天苍天”。（四）心理性情上的天，如《泰誓》和《孟子》的“天视自我民视，天听自我民听”。（五）形而上的天，如《中庸》所谓“天命之谓性”。

首先了解了这些用字，那么，当我们看到古书的“道”与“天”，甚之，在同一句中，有时把它当动词或形容词用，有时又把它当名词用，就不会太过混淆不清了。

假定我们要问，《老子》本书第一章首句中两个“道”字，应当作哪种解释才恰当？我只能说：只有亲见老子，来问个清楚。不然都是他说老子，或我说老子，姑且备此一格，别成一家一言，能说到理事通达，也就差不多了，何必固执成见，追究不休呢！你千万不要忘记老子自说的“道常无为”、“道常无名”，以及“道法自然”等的观念。

有无主宾

关于宇宙万物的“有生于无，无中生有”的形上与形下问题，以西洋哲学的治学习惯来说，其中就包涵了宗教哲学中宇宙万有的来源论，以及纯粹哲学的唯心、唯物、一元、多元、有神、无神等学说的寻探。

假定宇宙万物确是从本无中而生出万有万类。无中何以生有？便是一个莫大的问题。以宗教神学的立论，从无生有，是由第一因的主宰的神所变生。但在佛学中，既不承认神我是第一因，也不承认有一情绪化的权威主宰所能左右；可是又不否认形而下神我的存在。只说“因中有果，果即为因”的因果互变。万有的形成，有生于空，空即是有，因缘和合，“缘起性空，性空缘起”。因此，与老子的有、无互为因果论，恰恰相近。所以后来佛学输入中国，与老庄学说一拍即合，相互共存了。

这个有无互为生灭的观念，从周末而到现代，几千年来，一直成为中国文化中普遍平民化的哲学思想，在中国历代的文学诗词或学术史上，到处可见，尤其明、清以后有名的小说，如《红楼梦》、《西游记》等等。《红楼梦》开头的一僧一道的开场白，与有名的梦游太虚幻境，以及“假作真时真亦假，无为有处有还无”，乃至假托林黛玉的笔下反骂贾宝玉："无端弄笔是何人？剿袭南华庄子文。不悔自家无见识，却将丑语诋他人"等等老庄与禅道思想，几乎俯拾皆是。难怪后人有强调《红楼梦》是一部道书。甚之，赶上现代的时髦，又说是一部禅学了！

闲话不说，书归正传，由《老子》第一章的"有、无"与"有名、无名"问题告一段落，跟着而来的，便是"常无、常有"的附带问题。我们既已认可首章的"无"与"有"两个字各自标成一句，构成一个观念。当然文从字顺，下面句读，也便承认是"常无"与"常有"，而不照一般传习，读成"常无欲"与"常有欲"了。不过，以一般从事学习修道或专讲修心养性之道的立场来讲，认定"常无欲"与"常有欲"的句读才是对的。那也不错，反正增增减减，都在寻章摘句之间玩弄文字的把戏，如以老子看来，应当是"知者不言，言者不知"了！

前面已经说到本无是天地的原始，妙有是万物万有的来源。因此，他跟着就说："故常无，欲以观其妙。常有，欲以观其徼。""故"字，当然便是文章句法的介词，也就是现代语文惯用的"所以"的意思。老子这句话用白话文来说，就是：人们要想体认大道有无之际，必须要修养到常无的境界，才能观察，体察到有生于无的妙用。再说，如果要想体认到无中如何生有，又必须要加工，但从有处来观察这个"有"而终归于本来"无"的边际。"徼"字，就是边际的意思。

玄元之妙

好了，到此我们已经看出《老子》本书在第一章中的三段要点。真有一语中具备三玄门，一玄门具备三要义的深不可测。

首段，他提出“道”，同时提示我们，不可执著道是一般的常道。在后语中又附带说明，在不得已的表达中，提出了一个“道”字；接着又强调，不可执著名相而寻道。其次，便说到形而上道与形而下万有名器的关系，是有无相生，绵绵不断的。

第二段，告诉我们，在形而下的情况下而要体认形而上道，必须从常无的境界中去体认它的道体。但是如要更透彻精辟，又需要在常有之中领悟它的无边无际。

第三段，再反复说明有无之间的互为因果，如一呼一吸之自然往复。因此而说出：“此两者同出而异名，同谓之玄。玄之又玄，众妙之门。”讲到这里，又要让我们慢慢来，先解决其中一个字和一个句读的问题了。

古书的“玄”字，从唐、宋以后，往往与“元”字混用互见，很多年轻人大为困惑。其实，“玄”字是正写，“元”字是替代品，是通用字。因为在家族帝王专制时代的历史上，作兴对皇上名字和庙号的尊敬，人们不可随便直呼，也不可低写。不然，就犯了“大不敬”的律令，甚之，杀头。杀了头，当然不能说话吃饭了。唐明皇的庙号叫“玄宗”，所以在唐玄宗以后，所有书写“玄”字的地方，一律要改作“元”字，以免犯“大不敬”的忌讳。因此，后世所见的古书，“玄”“元”不分，或者“玄”“元”同用了。

再者，有关这几句的句读，从前我有一位老师对我说："此两者同"应读成一句，"出而异名"读成一句，不可读作"此两者同出而异名"。问老师为什么要这样读？他说：这种句读才能显出有无同源的妙用与深意，而且在文气来讲，透彻而有力。如此云云，当然有他的独到见解。后来，我也看到经古人圈点过的几本古本《老子》，也是这样句读。但我却认为这是习惯作古文文章的手法，意义并无太多差别。要"同"便"同"，要"同出"也可以。这里我没有固执定见，学老子的语气说一句："无可无不可。"

交代了这些意见，再来讲老子首章原文的第三段。他再说明有无相生互用的道妙。便说"无"之与"有"，这两者是一体同源，因为作用与现象不同，所以从无名之始而到有名之际，必须要各以不同的命名加以分别。如果要追溯有无同体，究竟是怎样同中有异的？那便愈钻愈深，永远也说不完。所以，在它同体同源的异同妙用之际，给它下个形容词，便叫作"玄"。说了一个玄，又不是一元、两元可以究尽的，所以又再三反复地说，玄的里面还有玄，分析到空无的里面还有空无，妙有之中还有妙有。由这样去体认道的体用，有无相生，真是妙中有妙，妙到极点更有妙处。

但也有不走哲学思辨的路线，只从文字结构的内涵去了解，也就可通它的大义了！"玄"字的本身，它便是象形字，包括了会意的作用。

依照古写，它是形态，也等于一个环节接连一个环节，前因后果，互为因缘，永远是无始无终，无穷无尽。因此，后世由道家一变而成为道教的道士们，手里拿着一个

连环圈在玩，等于佛教和尚们手里拿着的念佛珠，一念接着一念，同样都是代表如环之无端，永无穷尽的标记。

又有只从“玄”字训诂的内涵作解释，认为“玄”字是极其细小的生物，几乎细小到渺不可见的程度。因此又有加上现代的新观念，认为“玄”字的内涵，等于是细胞或微生物的形容字。便把已出函谷关以外的老子，轻轻一扯，向西方的唯物思想去归队，硬说老子的《道德经》基本上是建立在唯物哲学的基础上的。

第二章

真善美的价值定论何在？

善反而不美

有无相生

老子背上历史的烂账

流水行云永不居

天下皆知美之为美，斯恶已。皆知善之为善，斯不善已。故有无相生，难易相成，长短相较，高下相倾，音声相和，前后相随。是以圣人处无为之事，行不言之教，万物作焉而不辞。生而不有，为而不恃，功成而弗居。夫唯弗居，是以不去。

真善美的价值定论何在？

《老子》首章既提出“道”与“名”的涵义，但同时又相同于“因明”的法则，能建能破，自说了一个道，自又推翻了道的名相。也如同正反合的“逻辑”辩证，不自立于不变的肯定与否定形态。如珠走盘，无有方所。所谓的“道”，乃至“道”的定名，都是为了表达的方便，姑且名之为“道”而已。“道”是“变动不居，周流六虚”的，名相只是人为意识的塑造而已。叫它是“道”，已经是头上安头，早已着相了。要想明白这个不可见、不可得的“道”，只有在用上去体会，才能了解有无同出而异名的道妙。因此第二章便推出美与善的道理，加以阐发。

美与善，本来是古今中外人所景仰、崇拜，极力追求的境界。如西洋文化渊源的希腊哲学中，便以真善美为哲学的鹄的。中国的上古文化，也有同样的标榜，尤其对人生哲学的要求，必须达于至善，生活与行为，必须要求到至美的境界。甚至散于诸子百家的学术思想中，也都随处可见，不须一一胪列，另加介绍。

现在但从后世道家所标榜的修道，与学术思想上的应用两面来讲，也便可以知道它的大要。至于进而多方发明，以各种不同的角度来说明各个触角，那就在神而明之，无往而不自得了。

先从修道方面来讲。无论后世哪一种宗教，或教育哲学，都会树立一个美和善的架构（标的）。殊不知变生于定，二由一起。凡是人为所谓的美与善的道，一落痕迹，早已成为不美不善的先驱了。修道的人，大多数都把道的境界，先由自己的主观观念，建立起一个至真、至善、至美的构想。也可以说是自己首先建立起一个道的幻境，妄自追求。其实，一存此念，早已离道太远了。因此老子便说："美之为美，斯恶已。善之为善，斯不善已。"

随老子之后，后来从印度传来的佛家学说，也同样有此理论。例如大乘佛学所谓道体的"真如"，这个名词本身便自说明只是名言的建立，不可认为确有一个固定不变的"真如"存在。真者如也，如其真也。如果把"真如"确定在美善的范畴，这个真也就不如如自在了。这是许多修道者在思想观念与见解上难以避免的大问题。因此佛学以解脱"见惑"——理解上的困扰；"思惑"——观念上的困扰，为无为法，为见道的重心所在。譬如五种"见惑"中的"见取见"与"禁戒取见"，就都属于思想见解上的迷惑。由此可见佛家学说与老子相提并论，并非偶然。老子是用归纳方法来简单指示，佛家则用演绎方法来精详分析。无怪宋儒中的反对派，就佛老并称，同时排斥了。

善反而不美

大道无名，并非如一般凡夫俗子们所认为的常道。什么是常道呢？便是平常人们为形而上道所建立起的至真、至善、至美的名相境界。这样一来，早已离道更远了。

有个真善美的天堂，便有丑陋、罪恶、虚伪的地狱与它对立。天堂固然好，但却有人偏要死也不厌地狱。极乐世界固然使人羡慕，心向往之，但却有人愿意永远沐浴在无边苦海中，以苦为乐。与其舍一而取一，早已背道而驰。不如两两相忘，不执著于真假、善恶、美丑，便可得其道妙而逍遥自在了。

如果从学术思想上的观点来讲，既然美与丑、善与恶，都是形而下人为的相对假立，根本即无绝对标准。那么，建立一个善的典型，那个善便会为人利用，成为作恶多端的挡箭牌了。建立一个美的标准，那个美便会闹出“东施效颦”的陋习。有两则历史故事，浓缩成四句名言，就可说明“美之为美，斯恶已。善之为善，斯不善已”的道理，那就是“纣为长夜之饮，通国之人皆失日”，“楚王好细腰，宫人多饿死”。现在引用它来作为经验哲学的明确写照，说明为人上者，无论在哪一方面，都不可有偏好与偏爱的趋向。即使是偏重于仁义道德、自由民主，也会被人利用而假冒为善，变为造孽作恶的借口了。

同样地，爱美成癖，癖好便是大病。从历史经验的个人故事来说：

元朝末期的一位大名士——大画家倪云林。他非常爱美、好洁。他自己所用的文房四宝——笔、墨、纸、砚，每天都要有两位专人来经管，随时负责擦洗干净。庭院前面栽的梧桐树，每天早晚也要派人挑水揩洗干净，因此硬把梧桐树干净死了。有一次，他留一位好朋友在家里住宿，但又怕那个朋友不干净，一夜之间，亲自起来视察三四次。忽然听到朋友在床上咳嗽了一声，于是担心得通宵不能成眠。等到天亮，便叫佣人寻找这位朋友吐的痰在哪里，要清理干净。佣人们找遍了所有地方，也找不出那位先生吐痰的痕迹，又怕他生气骂人，只好找了一片落叶，稍微有点脏的痕迹，拿给他看说找到了。他便立刻闭上眼睛，蒙住鼻子，叫佣人把这片树叶送到三里外去丢掉。

元末起义的张士诚的兄弟张士信，因为仰慕倪云林的画，特地派人送了绢和厚重的金币去，请他画一张画。谁知倪云林大发脾气说：“倪瓒（云林名）不能为王门画师。”当场撕裂了送来的绢。弄得士信大怒，怀恨在心。有一天，士信和一班文人到太湖上游乐。泛舟中流，另外一只小船上传来一股特别的香味。士信说：“这只船上，必有高人雅士。”立刻靠拢去看个清楚，不料正是倪云林。士信一见，便叫从人抓他过来，要拔刀杀了他。经大家恳求请免，才大打一顿鞭子了事。倪云林被打得很痛，但却始终一声不吭。后来有人问他说：“打得痛了，也应该叫一声。”倪云林便说：“一出声，便太俗了。”

倪云林因为太爱美好洁了，所以对于女色，平常很少接近。这正如清初名士袁枚所说的："选诗如选色，总觉动心难。"但有一次，他忽然看中了金陵的一位姓赵的歌姬，就把她约到别墅来留宿。但是，又怕她不清洁，先叫她洗个好好的澡。洗完了，上了床，用手从头摸到脚，一边摸，一边闻，始终认为她哪里不干净，要她再洗澡。洗好了又摸又闻，还是认为不干净，要再洗。洗来洗去，天也亮了，他也算了。

上面随便举例来说"美之为美，斯恶已"的故事。现在再列举一则故事来说明"善之为善，斯不善已"。

宋代的大儒程颐，在哲宗时代，出任讲官。有一天上殿为哲宗皇帝讲完了书，还未辞退，哲宗偶然站起休息一下，靠在栏杆上，看到柳条摇曳生姿，便顺手折了一枝柳条把玩。程颐看到了，立刻对哲宗说："方春发生，不可无故摧折。"弄得哲宗啼笑皆非，很不高兴，随即把柳条掷在地上，回到内宫去了。

因此后来有人说，讲孔门的道理，无论怎样说，也不致超过孟子。而孟子对齐宣王说，好色、好货也都无妨，只要扩充所好的心与天下同乐就对了。偏是倒楣的宋哲宗，遇到了程夫子，一根柳条也不许动。当了皇帝的，碰到如此这般的大儒，真是苦哉！

由于这些历史故事的启发，便可了解庄子所说的"为善无近名，为恶无近刑"的道理，也正是"善之为善，斯不善已"的另一面引申了。

再从人类心态的广义来讲。爱美，是享受欲的必然趋向。向善，是要好心理的自然表现。“愿天常生好人，愿人常做好事”，那是理想国中所有真善美的愿望。可不可能在这个人文世界上出现，却是一个天大的问题。我们顺便翻开历史一看，秦始皇的“阿房宫”，隋炀帝的“迷楼”和他所开启的运河两岸的隋堤，李后主的凤阁龙楼，以及他极力求工求美的词句，宋徽宗的“艮岳”与他的书笔和书法，慈禧太后的“圆明园”和她的花鸟，罗马帝国盛极时期的雕刻、建筑，甚至驰名当世如纽约的摩天大厦，华盛顿的白宫，莫斯科的克里姆林宫，也都是被世人认为是一代的美或权力的标记。但从人类的历史经验来瞻前顾后，谁能保证将来是否还算是至善至美的尤物呢？唐人韩琮有一首柳枝词说：

梁苑隋堤事已空，万条犹舞旧春风。
何须思想千年事，谁见杨花入汉宫。

老子却用更深刻而尖锐的笔触指出：“故有无相生，难易相成，长短相较，高下相倾，音声相和，前后相随。是以圣人处无为之事，行不言之教，万物作焉而不辞。生而不有，为而不恃，功成而弗居。夫唯弗居，是以不去。”

由《老子》的首章而接连这一章的全段，很明显地看出他说自形而上道的无名开始，一直到形而下的名实相杂，再到“同出而异名”因果相对的道理，自始至终，是要人勿作祸首、莫为罪魁的教示。但是，他说归说，后世的用归用，完全不是老子他说的那样。

有无相生

从人类的经验来讲，天地万物的从有还无，是很自然的事实。但是要说到万物的有，是从无中出生，实在是一件不可思议的事。因此，古今中外的崇信唯物论者，除了绝对否定无中生有之外，便把老子加上顶“虚无主义”的帽子。尤有甚者，把老子归到唯物思想的范围，断定老子的“无”便是没有，更不管他“相生”两字的内涵。不过，真要指出有与无是怎样相生的道理，综合东西文化数千年的哲学，也实在做不了一个明确的结论。除非将来的理论物理与哲学汇合，或者会有个明确的交代。如果勉强用现代物理知识来解释，认为质能互变的原理，便是有无相生的说明，那也是并不透彻，而难以肯定的说明。况且物理学上的定律，还是未定之天，它随时在再求深入。

倘使只从传统道家观念来说明“有无相生”的原理，自庄子、列子等开始，都是用神化、气化来作说明。至于神与气的问题，究竟属于物质？或是物理功能的作用？便又牵涉到另一问题上去了，暂且不说。在道家中，比较接近理论物理思想的，应当以五代谭峭的《化书》为首。谭子的《道化》说：

> 道之委也，虚化神，神化气，气化形，形生而万物所以塞也。
>
> 道之用也，形化气，气化神，神化虚，虚明而万物所以通也。
>
> 是以古圣人穷通塞之端，得造化之源，忘形以养

气，忘气以养神，忘神以养虚，虚实相通，是谓大同。

故藏之为元精，用之为万灵，合之为太一，放之为太清。是以坎离消长于一身，风云发泄于七窍，真气薰蒸而时无寒暑，纯阳流注而民无死生，是谓神化之道者也。

谭子的“道化”学说，也可以说是代表了历来道家的一贯思想。如果说他是唯物论，但他所提出的神，非物理，神与物是有明显的界说。如果说他是唯心论，神与心的关系，究竟如何？神与心是一或二？亦成为后世佛道两家争端的症结。可是这些讲来讲去，到底都牵涉到“道通天地有形外，思入风云变态中”的形而上学，而且都是幸或不幸去做神仙们的大事。至于一般凡夫俗子们对老子的“有无相生”等道理，却老老实实反用为帝王术的万灵丹，因此千古以来，便使老子背上阴谋与欺世盗名的大黑锅，那是事实俱在，证据确切的。

老子背上历史的烂账

现在我们再回转来看看这位先圣——老子的哲学大道理，如何被历世的大国手——帝王们用到大政治、大谋略上去。三代以上，历史久远，资料不太完全，姑且置而不论。三代以下，从商汤、周武的征诛开始，一直到秦汉以后，凡是创业的大国手——建立统一世系的帝王，没有哪个不深通老子，或暗合黄老之道“有无相生……前后相随”的路线的。

大舜起自田间，赤手空拳，以重孝道德行的成就，继承帝尧而有天下。大禹是以为父赎罪的心情，胼手胝足，治河治水的劳苦功高，又继大舜之后而有天下。这当然都是无中生有，“难易相成”白手创业的圣帝明王行道的大榜样。

跟着而来的，汤以一旅之师，文王以百里之地，以积德行仁为大谋略，因此而“难易相成，长短相较，高下相倾，音声相和，前后相随”而揜有天下，开启德治的长远规模。

从此以后，划分时代的春秋霸主们，都是走“有无相生，难易相成，长短相较，高下相倾，音声相和，前后相随”权术纷争的路线，互争雄长。所谓上古的道化与德治，早已成为历史上的陈迹，学术上的名词，徒有空言，皆无实义了！因此都享国不久，世系也屡易不定。

等次以降，秦始皇的蚕食吞并六国的谋略；汉高祖刘邦的手提三尺剑，起自草莽，降秦灭楚；甚之，曹操父子的阴谋篡位，刘裕的效法曹瞒，以及唐太宗李世民的反隋，赵匡胤的黄袍加身，忽必烈的声东击西，朱元璋的奋起淮泗，多尔衮的乘机入关，康熙的帝王术，都是深明黄老，用作韬略的大原则，师承老子的“有无相生，难易相成”等原理而建立世系基业。

在这些历来大国手的创业名王当中，最坦率而肯说出老实话的，有两个人，一个是曹丕，一个是唐太宗的父亲李渊。当曹丕硬迫刘邦的末代子孙汉献帝禅位的时候，他志得意满地说：“舜禹受禅，我今方知。”我到现在，才真正知道上古舜禹的禅让是怎么回事。同一道理，当年李世民再三强迫他的父亲李渊起来造反，甚之，不择手段利用女色迫使他父亲上当。李渊只好对李世民说："破家亡躯，由汝为之。化家为国，亦由汝为之。"要把天下国家变成李氏的世系，只好由你去做主；或者把我们弄得家破人亡，也只好由你去负责了。

其实，老子虽然说的是天地间因果循环往复的大原则，但很不幸的，被聪明狡狯者用作欺世盗国的大阴谋，实在和老子毫不相干，老子实在不应负此责难的。

总之，历史上这些代代相仿的阴谋或大谋略的哲学内涵，早已由庄子的笔下揭穿。庄子说："窃钩者诛，窃国者为诸侯，诸侯之门而仁义存焉。""故曰：鱼不可脱于渊，国之利器，不可以示人。"

其次，在唐代诗人们的词章哲学中，也可见其梗概。如唐彦谦的《过长陵》："耳闻明主提三尺，眼见愚民盗一抔。千古腐儒骑瘦马，灞陵残日重回头。"章碣的《焚书坑》："竹帛烟销帝业虚，关河空锁祖龙居。坑灰未冷山东乱，刘项原来不读书。"又有《毗陵登高》："尘土十分归举子，乾坤大半属偷儿。长扬羽猎须留本，开济重为阙下期。"

好的诗词文学，都富于哲学的启示，所以孔子要儿子孔鲤学诗，并非是要他钻牛角尖去做个诗人而已。了解了这些道理，当然也读通了《庄子·杂篇》中的《盗跖》篇，并非讽刺。同时也可知石达开的"起自匹夫方见异，遇非天子不为隆"的思想，同样都是"乾坤大半属偷儿"的偷儿哲学所演变出来的。

此外在西方如罗马的凯撒（Caesar）大帝、亚历山大（Alexander）大帝、屋大维（Octavius）大帝、拿破仑

(Napoleon)等，也都不出此例。虽然他们不知道东方有道家的老子，但东方有凡人，西方有凡人，人同此心，心同此理，如出一辙。如果说这些都是人类历史的荣耀，或者认为是人文文化的悲哀，也都无可无不可。但总不能叫老子背此黑锅，加以欺世盗名的罪过吧！（一笑）

其实，由道的衍化而为德，德再衍化而为仁、义、礼、乐，再由仁义礼乐衍化而为权术，正表示人类的心路历程，每下愈况，陷溺愈深。但所谓“术化”的妙用，亦是“有无相生”，“同出而异名”。谭峭的《化书》论“术化”，便是很好的说明。如云：

> 水窦可以下溺，杵糠可以疗噎。斯物也，始制于人，又复用于人。法本无祖，术本无状，师之于心，得之于象。
>
> 阳为阴所伏，男为女所制，刚为柔所克，智为愚所得。以是用之则钟鼓可使之哑，车毂可使之斗，妻子可使之改易，君臣可使之离合。
>
> 万物本虚，万法本无，得虚无之窍者，知法术之要乎！

流水行云永不居

如果从中国传统文化思想的本义来看老子，他所说的，完全相同于周文王、周公（姬旦）、孔子等祖述传统文化的思想。在《周易》的卦、爻辞中，再三申述宇宙的一切法则，始终不离循环往复的因果定律。

有与无，是彼此互为因果，相生互变的。它的重点，在相生的这个“生”字。当然也可以说是互为相灭，但我们的传统文化是采用生的一面，并不采用灭的一面。

难与易，本来互为成功的原则，它的重点在难易相成的这个“成”字。天下没有容易成就的事，但天下事当在成功的一刹那，是非常容易的，而且凡事的开始，看来都很容易，做来却都大难。但“图难于易”，却正是成功的要诀。

高与下，本来就是相倾而自然归于平等的。它的重点，在相倾的这个“倾”字。高高在上，低低在下，从表面看来，绝对不是齐一平等的。但天地宇宙，本来便在周圆旋转中。凡事崇高必有倾倒，复归于平。即使不倾倒而归于平，在弧形的回旋律中，高下本来同归于一律，佛说：“是法平等，无有高下”，也便是同此意义。《易经·泰卦》九三爻的爻辞上说：“无平不陂，无往不复”，也同此理。

音与声相和，才构成自然界和谐的音律。因此又有“禽无声，兽无音”的说法。《礼记》中的《乐经》说：“感于物而动，故形为声。声相应，故生变，变成方谓之音。”

前与后，本来是相随而来，相随而去，没有界限的，无论是时间的或空间的前后，都是人为的界别。它的重点，在这个相随的“随”字。前去后来，后来又前去，时空人物的脚步，永远是不断地追随回转，而无休止。

总之，老子指出无论有无、难易、高下、音声、前后等现象界的种种，都在自然回旋的规律中相互为用，互为因果。没有一个绝对的善或不善，美或不美的界限。因此，他教人要认识道的妙用，效法天地宇宙的自然法则，不执着，不落偏，不自私，不占有，为而无为。所以他便说：“是以圣人处无为之事，行不言之教，万物作焉而不辞。生而不有，为而不恃，功成而弗居。夫唯弗居，是以不去。”

所谓“处无为之事”，是说为而无为的原则，一切作为，应如行云流水，义所当为，理所应为，作应当作的事。作过了，如雁过长空，风来竹面，不着丝毫痕迹，不有纤芥在胸中。

所谓“行不言之教”，是说万事以言教不如身教，光说不作，或作而后说，往往都是徒费唇舌而已。因此，如推崇道家，善学老子之教的司马子长（迁），在他的自序中，引用孔子之意说：“我欲载之空言，不如见之于行事之深切著明也。”都是同一道理。

引而申之，老子又说：“万物作焉而不辞，生而不有，为而不恃。”比如这个天地间的万物，它们都不辞劳瘁地在造作。但造作了以后，虽然生长不已而并不据为己有，作了也不自恃有功于人，或自恃有功于天地。它们总不把造作成功的成果据为己有。“弗居”的“居”字，便是占住的意思。正因为天地万物如此这般，不自占为已有的在作为，反而使人们更尊敬，更体任自然的伟大，始终不能离开它而另谋生存。所以上古圣人，悟到此理，便效法自然法则，用来处理人事，“处无为之事，行不言之教”，是为上智。

第三章

不尚贤，使民不争；不贵难得之货，使民不为盗；不见可欲，使民心不乱。

是以圣人之治，虚其心，实其腹，弱其志，强其骨。常使民无知、无欲。使夫智者不敢为也，为无为，则无不治。

老子薄视时贤

第三章是将天地自然的法则，引申应用到人世间的治道的发挥。这章的文字，明白畅晓，都很容易懂得，很好解释。但其中有三个要点，须特别注意，那便是“不尚贤，使民不争；不贵难得之货，使民不为盗；不见可欲，使民心不乱”。

读秦汉以上的书，有关于这个“民”字，要小心求解，慎思明辨，不要以为“民”字就是老百姓，联想到现代语中“国民”的涵义。如果这样认定，观念就完全错了。古书上的“民”，就是现代语的“人们”，或者是“人类”的意思。那个时候辞汇不多，每有转注及假借的用法。其实“民”字是代表所有人们的一个代号。如果对这个观念认识不清楚，就很容易误会是上对下的一种称谓，而变成古代帝王统治者的口气了。

第二章讲到我们做人处世，要效法天道，“作焉而不辞，生而不有”，尽量地贡献出来，而不辞劳瘁。但是自己却绝不计较名利，功成而弗据为己有。这是禀承天地生生不已，长养万物万类的精神，只有施出，而没有丝毫占为己有的倾向，更没有相对地要求回报。人们如能效法天地存心而作人处事，这才是最高道德的风范。如果认为我所贡献的太多，别人所得的也太过便宜，而我收回的却太少了，这就是有辞于劳瘁，有怨天尤人的怨恨心理，即非效法天道自然的精神。

由于这一原理的发挥运用，而讲到人世间的人事治道，首先便提出“不尚贤，使民不争”这个原则。但我们需要了解，在老子那个时候，是春秋时代，那时的社会形态在改变。周朝初期的井田制度，已不适应于当时社会的发展。因此，春秋时代已经进入争权夺利，社会大动乱的时期。我们研究历史，很明显地看出，每当在乱变时代中的社会，所谓道德仁义，这些人伦的规范，必然会受影响，而惨遭破坏。相反地，乱世也是人才辈出，孕育学术思想的摇篮。拿西方的名词来说，所谓“哲学家”与“思想家”，也都在这种变乱的时代中产生，这几乎是古往今来历史上的通例。

同时，正当大动乱如春秋战国时期，每个国家的诸侯，每个地区的领导者，随时随地都在网罗人才，起用贤士，作为争权夺利，称王称霸的资本。所以那个时候的“士之贤者”——有才能、有学识、有了不起本领的人，当然受人重视。尚，就是重视推崇的意思。贤，就是才、德、学三者兼备的通称。

例如代表儒者的孔子，虽然不特别推重贤者，但却标榜“君子”。孔子笔下的“君子”观念，是否概括贤者，却难以遽下定论。但后来的孟子，非常明显地提出贤者与能者的重要。所谓“贤者在位，能者在职”，便是他的名言。

老子为什么要有这样的主张？我们如果了解秦汉以上与道家、儒家并列的墨翟——墨子思想，自然容易领会其中的关键所在。

我们都知道，秦汉以前的中国文化，有巨大影响作用的，便是儒、墨、道等三家。而墨子对当时社会政治的哲学思想，是特别强调“尚贤”的。主张起用贤人来主政、当政。因为他所看到当时社会的衰乱，处处霸道横行，争权夺利而胡作非为，大多不是有道德、有学问的人来统领政治的治道，所以他主张要“尚贤”与“尚同”。他这个“同”，又与孔子记述在《礼运篇》中“大同”思想的“同”不尽相关，但也略有连带关系。他的“同”，与后世所讲的平等观念相类似。现代大家所侈言的平等主张，在中国上古文化中，战国初期的墨子，早已提出。但在印度，释迦牟尼则更早地提出了一切众生平等的理论。

现在我们不是讨论墨子这个主题，而是在这里特别注意墨子的“尚贤”主张，为什么也与儒家孟子的观念很相近，而与道家老子的思想却完全相反呢？这就是因历史时代的演变，而刺激思想学术的异同。墨子是春秋战国时期的宋国人，宋国是殷商的后裔。而且以墨子当时宋国的国情来看，比照一般诸侯之国的衰乱，只有过之而无不及。但所以造成一个社会、一个国家、一个时代的变乱，在许多错综复杂的原因当中，最大的乱源，便是人为的人事问题。尤其是主政或当政的人，都是小人而非君子，那么天下事，不问便可知矣。

此所以后世诗人有“自从鲁国潸然后，不是奸人即妇人”的深长叹息了！鲁国潸然，是指孔子眼见由三代而到“郁郁乎文哉”周代的中国文化大系，在他父母之邦的鲁国，已经开始变质而衰败，周公后裔的鲁国政权，又都操在奸党的手里，因此他无可奈何潸然含泪而身离祖国，远游他方。自此以后的历史，再也不能恢复如三代以上的太平景象。同样地，历代史实告诉我们，所有破坏社会的安定，引起历史文化一再变乱的，大概都是“不是奸人即妇人”所造成。因此，墨子的主张，是针对当时他所立身处地所知、所见、所感受到的结论，而大声疾呼要“尚贤”与“尚同”了。

而在老子呢？他所看到的春秋时代，正是开始衰乱的时期，乱象已萌，人为之过。因此，他更进一层而深刻地指出，当时应病与药的“尚贤”偏方，其后果是有莫大的后遗症的。贤能的标准，千古难下定论。但是推崇贤者的结果，却会导致许多伪装的言行。当时各国的诸侯，为了争地称霸，不惜任何代价来网罗天下才能的智士。凡是才智之士，便统称为“贤者”。而这一类的贤者愈多，则天下的乱源也就越难弭平。所以他指出“不尚贤，使民不争”的主张。

贤与不贤的君子小人之辨

讲到这里，让我们暂时推开老子，而另外介绍后世的三则故事，便更容易明白老子立言的用意了。

一是南宋名儒张南轩（栻）和宋孝宗的对答：宋孝宗言：难得办事之臣。右文殿修撰张栻对曰：陛下当求晓事之臣，不当求办事之臣。若但求办事之臣，则他日败陛下事者，未必非此人也。

晓事，是唐宋时代的白话，也就是现代语“懂事”的意思。张南轩对宋孝宗建议，要起用懂事的人，并非只用能办事而不懂事的人，的确是语重心长的名言。也是领导为政者所必须了解的重点。

一是明人冯梦龙自叙《古今谭概》所记：昔富平孙冢宰（孙丕扬，富平人，字叔孝，嘉靖进士，拜吏部尚书，追谥恭介）在位日，诸进士谒请，齐往受教。孙曰：“做官无大难事，只莫作怪。”真名臣之言，岂唯做官乎！

天下人才，贤士固然难得。贤而且能的人才，又具有高明晓事的智慧，不炫耀自己的所长，不标奇立异，针对危难的弊端，因势利导而致治平的大贤，实在难得。以诸葛亮之贤，一死即后继无人，永留遗憾。虽然，魏延、李严也是人才，但诸葛亮就是怕他们多作怪，因此不敢重用，此为明证。

一是清末刘鹗在所著《老残游记》中记述的一则故事。他因久仰一位清官的大名，不惜亲自出京去游览求证。但所得的结果，使他大失所望。因此，他得一结论说：“天下事误于奸慝者，十有三四。误于不通世故之君子者，十有六七。”这又是从另一角度描述贤而且能的人才难得。

对于这个问题，清初乾隆时代的监察御史熊学鹏，就张栻（南轩）对宋孝宗的回答，写了一篇更深入的论文，可以暂借作为结案：

臣谨按：张栻立言之心，非不甚善。而其所谓“不当求办事之臣”数语，则未能无过也。

天下有欲办事而不晓事者，固足以启纷扰之患。天下有虽晓事而不办事者，尤足以贻废弛之忧。

盖人臣敬事后食，见事欲其明，而任事更欲其勇；明而不勇，则是任事时，先无敬事之心，又安望其事之有济，且以奏厥成效哉。

况“敬事”二字，有正有伪，不可不于办事求之也。在老成慎重通达治体之人，其于一事之是非曲直，前后左右，无不筹划万全，而后举而行之。官民胥受其福。朝廷因赖其功，以为晓事，是诚无愧于晓事之名矣。

若夫自负才智，睥睨一世者，当其未得进用，亦尝举在廷之事业而权其轻重，酌其是非，每谓异日必当奋然有为。一旦身任其责，未几而观望之念生，未几而因循之念起，苟且迁就，漫无措置。

彼非不知事中之可否，而或有所惮而不敢发，或有所碍而不肯行，于是托晓事之说以自便其身家，而巧为文饰。

是人也，用之为小臣，在一邑则一邑之事因之而懈弛。在一郡，则一郡之事因之而阘茸。效奔走，则不能必其勇往而直前。司案牍，则不能必其综核而悉当。至用之为大臣，而其流弊更不可胜言矣。

夫大臣者，膺朝廷股肱心膂之寄，所当毅然以天下事为己责，与人君一德一心，以成泰交之盛者也。如不得实心办事之人，而但以敷衍塞责者，外示安静以为晓事，国家亦乌赖有是人为哉。

且以是人而当重任，任其相与附和者，必取疲懦软熟，平日再不敢直言正色之辈，而后引为同类，谬为荐扬，久而相习成风，率皆顽钝无耻，而士气因以扫地矣。

所以《易》曰：“王臣蹇蹇，匪躬之故”，“夙夜匪懈，以事一人。”

夫为王臣，而至以匪躬自励，事一人，而必以夙夜自警，是岂徒晓事而不办事者所得与哉。

要之，事不外乎理。不审乎理之所当然，而妄逞意见，以事纷更者，乃生事之臣，究非办事之臣也。

所谓办事者，以其能办是事而不愧，则非不晓事之臣，明矣。

臣愚以为张栻恐宋孝宗误以生事之臣，为办事之臣，只当对曰：陛下固欲求办事之臣，更于办事之臣中，而求晓事之臣。则心足以晓事，而身足以办事。心与身皆为国用，于以共勷政治，庶乎其得人矣。

由于前面引用了历史上这三则故事，更进一层，便可知对于“选贤与能”的贤能标准，很难遽下定义。以道德作标准吗？以仁义作标准吗？或以才能作标准呢？无论如何，结果都会被坏人所利用，有了正面标准的建立，就有反面作伪模式的出现。所以古人说：“一句合头语，千古系驴橛。”说一句话，一个道理，就好比你打了一个固定的桩在那里，以为拴宝贵东西所用。但用来用去用惯了，无论是驴或是鹰犬，也都可以拴挂上去。那是事所必至，理有固然的。

实际上，我们晓得，“尚贤”“不尚贤”到底哪一样好，都不是关键所在。它的重点在于一个领导阶层，不管对政治也好，对教育或任何事，如果不特别标榜某一个标准，某一个典型，那么有才智的人，会依着自然的趋势发展。才能不足的人，也就安安稳稳地过日子。倘使是标榜怎样作法才是好人，大家为了争取这种做好人的目标，终至不择手段去争取那个“好人”的模式。如果用手段而去争到好人的模式，在“争”的过程中，反而使人事起了紊乱。所以，老子提出来“不尚贤，使民不争”，并非是消极思想的讽刺。

此外，法家学说，是出于道家的支流，它与老庄思想，也息息相通。法家最有名的韩非子，提出一个理论，可以说，相同于老子“不尚贤，使民不争”这个观念的引申发挥，但他提倡用法治领导社会，并不一定需要标榜圣贤道德的政治。他说：

> 相爱者则比周而相誉，相憎者则比党而相非，诽誉交争，则主惑矣。家有常业，虽饥不饿；国有常法，虽危不亡。若舍法从私意，则臣下饰其智能，饰其智能则法禁不立矣。

他说，人类社会的心理很怪，彼此喜欢“比周”，大家在一起肩比肩。（“比”字就好像一个人在前面走，我从后面跟上来，叫做“比”。“比”字方向相反的话，就成为“背”。你向这面走，我向那面走，便是“背道而驰”。懂了这个字的写法，便可了解后世称“朋比为奸”的意义。“周”是圈圈。）彼此两三个人情投意合的，就成为一个无形的小圈子。若有人问到自己的朋友说：“老张好吗？”就说：“我那个朋友不得了，好得很。”如果有人说他朋友不好，就会与人吵起架来。相反地，“相憎者，则比党而相非”，对自己所讨厌的人，就会联合其他人予以攻击。

其实，人类社会对人与人之间的是非毁誉，很难有绝对的标准。站在领导地位的人，对于互相怨憎的诽谤，和互相爱护的称誉，都要小心明辨，不可偏听而受其迷惑。如果先入为主，一落此偏差，“诽誉交争”，则人主惑矣。

过去有人批评我们中国人和华侨社会说：“两个中国人在一起，就有三派意见。由此可见中国民族性不团结的最大缺点。”我说：“这也不一定，只要是人类，两个人在一起，就会有三派意见。”譬如一对夫妻，有时就有几种不同的意见，只是为情为爱的牵就，以致调和，或一方舍弃自我的意见。又例如一个大家庭里有许多兄弟姊妹，有时意气用事，互相争吵，实在难以确定谁是谁非。只可引用一个原则，凡是相争者，双方都早已有过错了。因此法家主张领导地位的人，对左派右派之间的诽誉，只有依法专断，不受偏爱所惑，就算是秉公无私了。

韩非由家庭现象，扩而充之，推及一个国家，便说：

“家有常业，虽饥不饿。国有常法，虽危不亡。若舍法从私意，则臣下饰其智能，饰其智能则法禁不立矣。”这就是代表法家思想的一个关键，不特别标榜圣贤政治。他们认为人毕竟都是平常人，一律平等，应该以法治为根本才对。这种道理，正是与老子的“不尚贤，使民不争”互为表里，相互衬托。由此可知，法家思想确实出于道家。

道家与法家的辨贤

人文历史的演变，与学术思想相互并行，看来非常有趣，也的确是不可思议的事：有正必有反，有是就有非。正反是非，统统因时间、空间加上人事演变的不同而互有出入。同样也属于道家的鬻子——鬻熊，如果只依照传统的说法而不谈考证他的生平，那么，他比老子还要老了，应该属于周文王时代，与姜太公——吕尚齐名并驾的人物，也是周文王的军师或政略咨议的角色。但他却主张需要起用“贤”者，而且提出“贤士”的重要性。如说：

> 圣王在位，百里有一士，犹无有也。王道衰，千里一士，则犹比肩也。

他的意思是说，在上古的时代，人心都很朴实，不需要标榜什么道理等等名号。上古时代，圣王在位，纵然百里之内，有一个道德学问很好的人，也是枉自虚生，好比没有用的人一样。因为在那种时代，个个都是好人，人人都差不多，又何必特地请一些贤人来治世呢！好比说，一个社会，完全安分守法，既无作奸犯科的人和事，便不需要有防止、管理作奸犯科的警察了。但他又说，后来王道衰落，社会变乱，千里之外如有一贤士，也要立刻找来，与他并肩同事以治天下。

从鬻子的理论观点来看历史，一点也不错。例如生在盛唐时代的赵蕤，也是道家人物。他纵有一肚子的谋略学问，但生在升平时代，又有什么用处？只有著书立说，写了一部《长短经》传世，自己去修道当隐士。虽受朝廷征召，始终不肯出山，因此在历史上，称他赵征君。他虽然传了一个徒弟李白——诗人李太白，晚年用非其时，又用得不得当，结果几遭身首异处之祸。好在他年轻时代帮忙过危难中的郭子仪，因此后来得郭子仪力保，才得不死。如果再迟一点，在安禄山、史思明以后的乱局，也许李白可与中唐拨乱反正的名相李泌并驾齐驱，各展所长，在历史上便不只属于诗人文士之流，或者可有名臣大臣的辉煌功业呢！

鬻子他本身，就是一个很好的比例。

> 昔文王见鬻子年九十。文王曰：嘻！老矣！鬻子曰：若使臣捕虎逐鹿，臣已老矣。坐策国事，臣年尚少。

其实，文王说的“老矣”，是一句故意说的笑话，而且也有些为自己感慨的味道。文王用姜太公时，吕尚的年龄，已过了八十岁。他与文王的年龄不相上下。当然，文王作为九十以外的人，明知兴邦大业，已非自己的年龄所能做到，有如清人赵翼的诗："风云帐下奇儿在，鼓角灯前老泪多。"因此对鬻子开了一句玩笑——"嘻！老矣！"是鬻子老了？还是他感慨自己也老了？只有他自心知之。可是鬻子的答案，也正合文王的心意，彼此知心，一拍即合，一个是求贤若渴，一个是贤良待沽，因此而各取所需，各得其所。这岂不是"尚贤"的明证？况且法家如韩非，他虽然主张法治而不重人治，但用法者是"人"，不是法。人不用法，法是废物。韩非自荐，正是自认为是贤才，因此而求鬻卖于帝王。如果人主不"尚贤"，韩非又向哪里去卖弄他自己的贤能呢？

且让我们再来看看前汉时代，崇拜道家学术的淮南子，他提出了与法家主张相反的意见，如说：

> 鸟穷则啄，兽穷则触，人穷则诈。峻刑严法，不可以禁奸。

淮南子这里所提出的相反道理，正如老子所说："长短相较，高下相倾。"有正面就有反面，淮南子是道家，他以道家的思想，又反对法家。而法家原也出于道家，这是一个颇为有趣的问题。

淮南子说："鸟穷则啄，兽穷则触，人穷则诈。"鸟饿了抓不到虫吃的时候，看到木头，不管什么都啄来吃。野兽真的饿了，为了获得食物，管你是人或是别的什么都敢去碰。"人穷则诈"，人到穷的时候，就想尽办法，以谋生存，骗人也得要骗。如法家的韩非子说："国有常法，虽危不亡。"淮南子却说不见得："峻刑严法，不可以禁奸。"纵使法令非常严格，动不动就判死刑，然而众生业海，照样犯罪杀人。这就是“人穷志短，马瘦毛长”的道理，也是没有办法的事。真到穷凶极恶的时候，就胡作非为。因此而又否定法治的功能，还是要以道德的感化，才能够使天下真正地太平。

不管如何说，各家的思想，都有专长。尤其在春秋战国的时候，诸子百家的书籍，多得不可数计，有着说不完的意见。著作之多，多到令人真想推开不看了。往往我们觉得自己有一点聪明，想的道理颇有独到之处。但是，凑巧读到一本古书，脸就红了。因为自己想到的道理，古人已经说过了，几千年前就有了，自己现在才想到，实在不足为贵。总之，像上面讨论的这些正反资料，在书中多得很。

再回过来讲老子所说的“不尚贤，使民不争”。此处之贤，是指何种贤人而说？真正所标榜的贤人，又贤到何种程度？很难有标准。不论孔孟学说，或者老庄言论，各家所指的圣贤，要到达何种标准？都很难确定。所以，属于道家一派的抱朴子说：“白石似玉，奸佞似贤。”一方白色的好石头，晶莹剔透，看起来好像一块白玉，但是就它的质地来看，不论硬度、密度，都不够真玉的标准。如果拿世界宝石标准来评定，充其量只能叫它什么“石”。如“青田石”、“猫眼石”等，实际上只是一种质地较好的石头而已。至于人，也是如此。有时候大奸大恶的人，看起来却像个大好的贤人。所以贤与不贤很难鉴定。我们用这些观点来解释老子的“不尚贤，使民不争”的道理，对大家研究老子这句话的内涵，相信会更有帮助。

现代化好人与老人的表扬法

老子的本书，毫无疑问，是经人重新整理过，但大体上，已整理得很好，把每一句话的含义性质分别归类。如果各抒己见，认为它原文排列有错误，那就各成一家之言，很难下一定论。

我在介绍第一章的时候，曾首先指出，老子往往将道的体相与作用，混合在一起讨论。而且在作用方面，有关所谓老庄的道，都是出世的修道，和入世的行道，相互掺杂，应用无方，妙用无穷，甚之，妙不可言。所以，读老庄如读《孙子兵法》一样，所谓“运用之妙，存乎一心”。那么，要想把《老子》的内涵，完全表达出来，是很费事的。尤其在入世应用之道方面，常常牵涉到许多历史哲学。利用史实，加以选择，透过超越事实的表面层，寻求接近形而上道理的讨论，这在一般学府中应该属于一门专门课程。但是许多地方，牵涉到历史事实的时候，就很难畅所欲言了。比如说“不尚贤，使民不争”这句话，尚贤与不尚贤怎样才对，就很难定论。换一句话说，一个真正太平的盛世，就没有什么标榜好人的必要，我们只列举现代化的一两个故事，大概可以增加些许“不尚贤，使民不争”的趣味性。

几年前，社会上发起一个“敬老会”，对于老人，表扬其年高德劭。第一次举办时，我就发现，这简直是在玩弄老人，为老人早点送终的办法。叫年纪那么大的老人坐在那儿听训、领奖，还要带去各地游览。实际上，对于老人是一种辛苦的负担，我想那些老人可能累坏了，而且更因为这种风气一开之后，就有许多人也不免想进入被“敬老”的行列，这样就变成有所争了。岂不见老子说“不见可欲，使民心不乱”吗？又如，我们标榜好人，让好人受奖，开始动机没有什么不对，但是形成风气后，社会上就有人想办法去争取表扬。那么，表扬好人的原意，也就变质了。我每年也接到推荐好人好事的公文，但我看来，好人好事太多，推荐谁去好呢？而且征求一下，大家只对我一笑，摇摇手，摆摆头，谁也不肯接受推荐。我常常笑着说：有两个好人，我想推荐，可惜一个已经死了，一个还未投生。大概我还勉强像小半个好人，只是我也同大家一样，讨厌人家推荐我，更怕自己推荐自己。还是相应不理，让贤去吧（一笑）。我们由这两个故事，大概就可以知道，所谓“不尚贤，使民不争”。在老子当时的社会，在那个历史政治的形态中，“尚贤”已经是一种毛病，因此，他提出这句话来。

闲话少说，书归正传。其实，人类历史上千古兴亡的人物，从做人与做事两个立场来讲，贤与不肖，君子与小人，忠与奸，在纯粹哲学的角度来看，很难下一确切的定论。如果单从用人行政的立场来讲，清初名臣孙嘉淦的“三习一弊”奏疏中，已经讲得相当透彻了！其中如说：

> 夫进君子而退小人，岂独三代以上知之哉！虽叔季之世（衰乱的末代时势），临政愿治，孰不思用君子？且自智之君（自信为很高明的领袖们），各贤其臣（各人都认为自己所选拔的干部都是贤者），孰不以为吾所用者必君子，而决非小人。乃卒于小人进而君子退者，无他，用才而不用德故也。

德者，君子之所独。才则小人与君子共之，而且胜焉。语言奏对，君子讷而小人佞谀，则与耳习投矣。奔走周旋，君子拙而小人便辟，则与目习投矣。即课事（工作的考核）考劳（勤惰的审查），君子孤行其意而耻于言功，小人巧于迎合而工于显勤，则与心习又投矣。

小人挟其所长以善投，人君溺于所习而不觉。审听之而其言入耳，谛观之而其貌悦目，历试之而其才称乎心也。于是乎小人不约而自合，君子不逐而自离。夫至于小人合而君子离，其患岂可胜言哉！

盗机与哲学

其次，老子主张“不贵难得之货，使民不为盗”。这两句话，可说“文从字顺”，读来很容易了解。但说对于稀奇难得的财物，不要去珍重宝贵它，便可使大家不会生起盗心。这就颇有问题。“盗”字有抢劫的强盗、偷窃的小盗等区别。要详细解释“盗”字，也不是容易的事。

如果以纯粹哲学的观念作解释，什么是盗贼行为的内涵？我们可以引用佛家的一个名词，凡是“不与取”的便是盗。广泛地说，“不与取”就是盗的行为，这种定义比世界上任何一种法律更为严密。所谓“与取”，是指必须得到第二人的同意给予。“不与取”，就是没有经过第二者的同意，就取为己有的意思。那么，我们就是在地下捡一块泥土回来，没有土地所有者在场，也已经属于“不与取”的行为，也犯了盗戒。所以，人要不犯盗戒，只有餐风饮露，享受“江上之清风与山间之明月”，才算是清白。

在道家的学术思想里，对于这一点，和佛学有同样意义，道家讲“道”便是“盗机”。《阴符经》说：“天地，万物之盗。万物，人之盗。人，万物之盗。”修道者也就是利用盗机。我们人活着是天地之盗，都是偷了天地自然的东西，偷太阳的光，偷土壤的功能，侵害万物的生命给自己当饭吃，把动物的肉和青菜萝卜吞到胃肠里去，自己还认为理所当然，这都是占了天地万物的便宜，便是盗机。所以说修道的人，也是偷盗天地的精华到我的身上来。好比用一个聚光的凸透镜，放在太阳光下，把阳光聚在一起，成一焦点，摆一根草在焦点上，到了某个程度，就烧起来，然后引火做熟食，这也是偷盗了太阳的热能来自利。修道人的偷盗天地精华之机，也是如此。所以说“人，万物之盗”。但“天地，万物之盗”，人固然是偷取天地精华，天地也是偷了万物和我们的生命，才显现出天地存在的威德功能。

这样一来，照道家的看法，这个世界本来就是互相偷盗的世界，彼此相偷，互相混水摸鱼。然后又说自己很仁慈，这真是滑稽之至。比如，我们人叫人类，依上古传统文化中道家的看法，叫我们人是“倮虫”，老虎是“大虫”，蛇是“长虫”，小的爬行生物是“毛毛虫”。所谓“倮虫”的人们，也只是天地间一个生物而已。但又大言不惭地拿其他生物来披毛遮羞，然后夸耀自己为万物之灵，有的是衣冠礼仪，岂非是大盗的行为。

但在老子以及庄子等道家人物的思想中，已经从上古传统广义的盗机理论，缩小范围，归到人文世界的范畴，只讲人类社会的“盗机”了。最明显地，无过于庄子《胠箧篇》

中的危言耸听。同时也指出最稀有最难得之货是什么东西。他说：

> 然而田成子一旦杀齐君而盗其国，所盗者岂独其国耶！并与其圣知之法而盗之。故田成子有乎盗贼之名，而身处尧舜之安，小国不敢非，大国不敢诛，十二世有齐国。则是不乃窃齐国，并与其圣知之法以守其盗贼之身乎？
>
> 尝试论之，世俗之所谓至知者，有不为大盗积者乎？所谓至圣者，有不为大盗守者乎？
>
> 何以知其然耶？彼窃钩者诛，窃国者为诸侯，诸侯之门而仁义存焉。

同样地，生存多灾多难乱世中的释迦牟尼，在他所说的经典中，有的地方，也是“王贼并称”，揭穿人类贪嗔不已的变态心理。

因为《胠箧篇》对人类历史的诛心之论太透彻了，比之孔子的著《春秋》而责备贤者，使乱臣贼子惧，还要来得干脆明白，所以使千古以下的帝王们，不敢面对，不能卒读，也不可以让别人去读，只能自己偷着来读，用为谋生。用之成功的如曹操，便是“胠箧”系的毕业生；用之失败的如桓温，便是“胠箧”系考试不及格，没有毕业的学生。

在历史的经验上，从唐末天下大乱，形成五代的纷争局面，便有道家哲学思想诗的小品出现，如说：“中原莫遣生强盗，强盗生时不可除。一盗既除群盗起，功臣多是盗根株。”这首是唐末的白话诗，虽然说得很明白，到底缺乏诗人的“温柔敦厚”风格，因此我再三提到，非常欣赏近代诗人易实甫的“江山只合生名士，莫遣英雄作帝王”的含容浑厚。

历史上严禁工业科技发展的死结

有关大盗窃国、小盗窃货等的哲学观念，大概已如上述，暂时不必再加讨论，到此打住。从另一方面来看，我们三千年来的历史经验，素来朝儒道并不分家的传统思想方向施政，固守以农立国，兼及畜牧渔猎盐铁等天然资源的利便以外，一向都用重农轻商的政策，既不重视工业，当然蔑视科（学）技（术）的发展。甚之，还严加禁止，对于科技的发明，认为是“奇技淫巧”，列为禁令。因此，近代和现代的知识分子，接触西方文化的科学、哲学等学识之外，眼见外国人“富国强兵”的成效，反观自己国家民族的积弱落后，便痛心疾首地抨击传统文化的一无是处。如代表儒家的孔孟伦理学说，与代表道家的老庄自然思想，尤其被认为是罪魁祸首，不值一顾。

从表面看来，这种思想的反动，并非完全不对。例如老子的“不贵难得之货，使民不为盗。不见可欲，使民心不乱”等等告诫，便是铁证如山，不可否认。而且由秦汉以后，历代的帝王政权，几乎都奉为圭臬，一直信守不渝。其实，大家都忘记了，如老子的这些说法，都是当时临病对症的药方，等于某一时期流行了哪种病症，时医就对症处方，构成病案。不幸后世的医生，不再研究医理病理，不问病源所在，只是照方抓药，死活全靠病人自己的命运。因此，便变成“单方气死名医”的因医致病了！

我们至少必须要了解自春秋、战国以来的历史社会，由周代初期所建立的文治政权，已经由于时代的迭更，人口的增加，公室社会的畸形膨胀，早已鞭长莫及，虚有其表了。这个时期，也正如太公望所说的“取天下者若逐野鹿，而天下共分其肉”。一般强权胜于公理的诸侯，个个想要称王称帝，达到独霸天下的目的，只顾政治权力上的斗争，财货取予的自恣。谁又管得了什么经纶天下，长治久安的真正策略。因此，如老子他们，针对这种自私自利的心理病态、社会病态，便说出“不尚贤，使民不争。不贵难得之货，使民不为盗。不见可欲，使民心不乱”的近似讽刺的名言。后来虽然变成犹如医药上的单方，但运用方伎的恰当与否，须由大政治家而兼哲学家的临机应变，对症抓药。至于一味地盲目信守成方，吃错了药，医错了病的责任，完全与药方药物无关。

例如我们过去历史上所讴歌颂扬的汉代文景之治，大家都知道，是熟读《老子》的汉文帝母子，信守道家的黄老之道的时代。老子传了三件法宝：“曰慈，曰俭，曰不敢为天下先。”汉文帝自始至终，都一一做到了。汉文帝的俭约是出了名的，“不贵难得之货”，也是有事实证明的。他自己穿了二十年的袍子，舍不得丢掉，还要补起来穿。从个人的行为道德来说，一个“贵为天子，富有四海”的皇帝，能够如此俭约，当然是难能可贵。又有人献上一匹千里马给皇帝，他便下了一道诏书，命令四方，再也不要来献难得的货物。

这是他继承帝位的第二年，有献千里马者的历史名诏。他说：

> “鸾旗在前，属车在后，吉行日五十里，师行三十里。朕乘千里之马，独先安之？”于是还马，与道里费。而下诏曰：“朕不受献也，其令四方毋求来献。”

在我们的历史与辑著史书者的观念里，郑重记载其事的本意，就是极力宣扬汉文帝的个人行为道德，如此高尚而节俭，希望后世的帝王者效法。如用现代语体来表达这段史实，是说汉文帝知道了有人来献千里马，便说：此风不可长，此例不可开。我已经当了皇帝，要出去有所行动的时候，前面有擎着刺绣飞鸾的旗队，正步开道。后面又跟着侍候的宫人们，坐着刻画祥凤的车队，带着御厨房，平平稳稳，浩浩荡荡地向前推进，大约每天只走五十华里就要休息了。如果带着警卫的部队，加上军事设备等后勤辎重车队，大约每天只走三十华里便要休息了。那么，我当皇帝的，单独一个人骑上千里马要到哪里去呢？

无论是达官显要，乃至贵为帝王，没有周围的排场，没有军警保护的威风，也只是一个普通的人而已，并无其他的奇特之处。甚之，遇到危难，还很可能正如民间俗话所说“凤凰失势不如鸡”呢！因此，他退还了这匹奉献上来的千里马，并且交代下去，还要算还送马来的来回路费和开支。同时又下了一道命令——当时对皇帝的命令叫诏书。宣布说：朕（过去历史上皇帝们的自称）不接受任何名贵稀奇的奉献，要地方官们通知四方，以后不要打主意奉献什么东西上来。

这在汉文帝当时的政策作为，的确是很贤明的作风，不只是因为他的个性好尚节俭的关系。在那个时候，从战国以来到秦汉纷争的局面，长达两百余年，可以说中国的人民，长期生活在战争的苦难中。缩短来说，由秦始皇到楚汉纷争以后，直到汉文帝的时代，也有五六十年的离乱岁月。这个时候的社会人民，极其需要的便是“休养生息”，其余都是不急之务。所以他的政策，一上来便采用了道家无为之治，以“慈”、“俭”、“不敢为天下先”（不要主动去生事）为建国原则。首先建立宽厚的法治精神，废除一人犯罪，并坐全家的严刑。跟着便制定福利社会人民的制度，“诏定振穷、养老之令”。

> 诏曰：方春和时，草木群生之物，皆有以自乐。而吾百姓鳏寡孤独穷困之人，或阽于死亡而莫之省忧。为民父母将何如？其议所以振贷之。
>
> 又曰：“老者非帛不暖，非肉不饱，今岁首，不时（注：年初及随时的意思）使人存问长老。又无布帛酒肉之赐，将何以佐天下子孙孝养其亲？今闻吏禀当鬻者，或以陈粟，岂称养老之意哉！具为令。”有司请令县道，年八十以上，赐米人月一石，肉二十斤，酒五斗。其九十以上，又赐帛人二疋，絮三斤。赐物及当禀鬻者，长吏阅视，丞若尉（丞、尉都是地方基层官职名称）致。不满九十，啬夫、令史致。二千石（地区主政

官职称谓）遣都吏循行，不称者督之。刑者及有罪耐以上，不用此令。

学老子的汉文帝绝对没有错。但是后代有些假冒为善，画虎不成反类犬的帝王们，却错学了汉文帝。例如以欺诈起家，取天下于孤儿寡妇之手的晋武帝司马炎，在他篡位当上晋朝开国皇帝的第四年，有一位拍错马屁的太医司马程，特别精心设计，用精工绝巧的手工艺，制作了一件“雉头裘”，奉献上去。司马炎便立刻把它在殿前烧了，并且下了诏书，认为“奇技、异服，典礼（传统文化的精神）所禁”。敕令内外臣民，敢有再犯此禁令的，便是犯法，有罪。读中国的历史，姑且不论司马氏的天下是好是坏，以及对司马炎的个人道德和政治行为又作什么评价；但历来对奇技淫巧、精密工业以及科技发展的严禁，大体上，都是效法司马炎这一道命令的精神。因此，便使中国的学术思想，在工商科技发展上驻足不前，永远停留在靠天吃饭的农业社会的形态上。

劫灰和人类的物质文明

其实，回转来追溯我们在科学发展的学术思想史上，历代并非无人，只是都怕背上传统观念中玩弄“奇技淫巧”的恶名。同时，更受到混合儒道两家思想的“玩人丧德，玩物丧志”等似是而非的解释所限制。

姑且不说老祖宗黄帝如何发明指南针、指南车，或者更早的老祖宗们在天文和数学方面，又如何一马当先地居于世界科学史上的先导地位。至于战国时代，方士们的炼丹术，成为世界科学史上化学的鼻祖。甚之，五行学说的运用，在天文、地理和克服沙漠与航海等困难上，也有相当的贡献。只以科技工业来说，在战国前期，最著名的便有墨子与公输般在军事武器上的彼此互相斗巧。除此之外，《墨子·鲁问篇》与《韩非子·外储篇》上，还分别记载着墨子曾经用木材制造一个飞鸟。公输般也有用竹子、木材制造一只鸟鹊，放在空中飞了三天不掉下来的记录。还有，南北朝时期，有一位和尚，也用木材造了一个飞鸟，在空中飞翔好几天，最后又回转原处降落。不幸的是，这些比发明飞机还早的发明，受到“奇技淫巧”观念的影响，被埋没了，没有受到如西洋思想中的重视，再加研究，再加改进而成为人类实用的科学技能。

至于明代初期郑和所制造远航的大楼船，以及宋、元时代在战争中运用的大炮，是否学自西洋，或是中国的发明，辗转传到欧洲而加以改良，考证起来，实在也很困难。因此也不敢轻信一般的定论，贸然地认为自西洋传来。

总之，在我们的历史上，自战国以下，科技的发展，都被“奇技淫巧，典礼所禁”这个观念所扼杀，那也是事实。而这个观念，是否受老子的“不贵难得之货，使民不为盗”的思想所影响，却很难肯定。老子所指的“难得之货”，正如吕不韦思想中的“奇货可居”的大货。换言之，他的内涵，多半是指天下国家的名器——权力，并非狭小到像他自己——老子一样，只愿意骑上一条青牛过函谷关，决不肯坐大马车去西渡流沙。

因为讲到古代科学技术的发展、机械的发明，以及工商货品的开发，几乎每一样事物都和道家的方伎有关。例如在十九世纪最为重视的动力能源，便是煤炭。在我们的历史上，最初发现煤炭的趣话，是在汉武帝时代。汉武帝为了教练水师——海军而开凿昆明池。因为开凿昆明池这个大水库，便挖到煤炭。但是当时的人们不知道这块黑而发亮又坚硬的石头是什么古怪的东西，便呈献上来给皇帝。汉武帝看了当然也不知道，只好找以滑稽出名的东方朔来问。东方朔耍了一个关子，推说他自己也不知道，就顺水推舟说：正好西域来了一位胡僧，请他来，一定可以找到答案。这样一来，更引起汉武帝的兴趣了。找来了胡僧，问他这块黑石头一样的是什么东西？胡僧便说："此乃前劫之劫灰也。"一块煤炭，叫它做"劫灰"，多么富有神秘性的文学笔调啊！

其实，劫灰的典故，出在佛经。佛说物质世界的存在，也和人的生命一样，有他固定的变化法则。在人的一生而到死亡，有四大过程，叫做"生、老、病、死"，谁也逃避不了。但就物质世界的地球和其他星球而言，它的存在寿命，虽然比人的身体寿命长，结果也免不了死亡的毁灭，不过把物质世界由存在到毁灭的四大过程，叫它"成、住、坏、空"。当上一次这个地球上的人类世界被毁灭的时候，火山爆发，天翻地覆的，在高温高压下，经过长时间的化学变化，没有烧化的，还保有原来形状的，就是化石。至于烧成灰块的，就是煤矿、铁矿之类。熔成浆的，就是石油。佛学中的"前劫之劫灰"，也就是我们所说的煤炭。佛学的这种说法，是被现代科学——地质学的理论所认同的。但在西汉武帝的时代，这种理论，就很新奇了。

那么，我们的古人，既然知道了煤炭，为什么不早早开发来应用，却始终上山打柴，拿草木来做燃料呢？这又是另一个有趣而具意义的问题。这个思想，也出在道家的学术思想。道家认为天地是一大宇宙，人身是一小天地。地球也是一个有生机的大生命，就如人身一样。人体有骨骼、血脉、五脏、六腑、耳目口鼻以及大小便等等，地球也是一样，它有生机，不可轻易毁伤它。不然，对人类的生存，反有大害。因此，虽然知道有“天材地宝”的矿藏，也决不肯轻易去挖掘。即使挖掘，也要祭告天地神祇，得到允许。不然，只有偷偷地在地层表面上捡点便宜。其实，哪个神祇又管得了那么多？但是人心即天心，人们的传统思想是如此，神祇的权威就起了作用了。

正因为这种思想，使得我们全国的丰富的煤矿等宝藏，才保留到现在，作为未来子孙们生存的资财。例如现在人所用的能源——石油，在道家的观念来讲，是万万不敢轻易多用的，因为那是地球自身营卫的脂肪或者就同人体的骨髓。如果挖掘过分了，这个地球生命受到危害，就会增速它的毁灭。

这种思想，这种观念，看来多么可笑，而且极富于儿童神话式的浓厚幽默感。因为我们现在是科技的时代，决不肯冒昧地轻信旧说。但是，我们不要不了解，现代真正的大科学家们，他们反而惊奇佩服我们的祖先，远在十几个世纪以前，早已有类似现代科学文明的地质学和矿藏学的理论和认识。

世上无如人欲险

接着“不尚贤”、“不贵难得之货”而来的，便是“不见可欲，使民心不乱”作为总结。换言之，“不尚贤，使民不争”是消极的避免好名的争斗，“不贵难得之货，使民不为盗”是消极的避免争利的后果。名与利，本来就是权势的必要工具，名利是因，权势是果。权与势，是人性中占有欲与支配欲的扩展。虽是贤者，亦在所难免。司马迁所谓“天下熙熙，皆为利来。天下攘攘，皆为利往”，是为不易的名言。固然也有人厌薄名利，唾责名利，认为不合于道，但“名利本为浮世重，古今能有几人抛”呢？除非真有如佛道两家混合思想的人，所谓“跳出三界外，不在五行中”，也许不在此例。也许，是未能确定之词。因为照一般宗教家们所说的超越人类以外的世界，也仍然脱不了权力支配的偶像，那么，无论在这个世间或是超越于这个世界，照样还是跳不出权势的圈套。这样看来，人欲真是可悲的心理行为。不过，也许有人会说，人欲正是可爱的动力，人类如果没有占有支配的欲望，这个世界岂不沉寂得像死亡一样的没有生气吗？是与非，真难说。且让我们转一个方向来反映老子的“不见可欲，使民心不乱”的说法吧！

首先，我们要确定“欲”是什么？很明显的答案，“欲”有广义和狭义两层涵义。广义的“欲”，便是生命存在的动力，包括生存和生活的一切需要。狭义的“欲”，一般来说，都是指向男女两性的关系和饮食的需求。

例如代表儒家的孔子，在《周易·序卦传》中便说：“有天地，然后有万物。有万物，然后有男女。有男女，然后有夫妇。有夫妇，然后有父子。有父子，然后有君臣。有君臣，然后有上下。有上下，然后礼义有所错。夫妇之道，不可以不久也。”他在《礼记》的说明中，又说：“男女饮食，人之大欲存焉。”孔子虽然不像后来的告子一样，强调“食色性也”，但很显然地，他把“喜、怒、哀、惧、爱、恶、欲”七情中的“欲”字，干脆了当地归到男女饮食的范围。人的生命的存在，除了吃饱喝足之外，跟着而来的，便是男女两性的关系了。因此，他删订《诗经》开端的第一篇，便采用了《关雎》。孔子并不讳言男女饮食，只是强调在男女饮食之际，需要建立人伦的伦理秩序，要“发乎情，止乎礼”。

上面的举例，就是把“欲”的涵义，归纳到狭义的色欲范畴。此外，历来儒道两家的著述，厌薄色欲，畏惧色欲攫人的可怕说法，多到不胜枚举。宋代五大儒中，程明道的“座中有妓，心中无妓”的名言，一直为后世儒者所赞扬的至高修养境界。乃至朱熹的“十年浮海一身轻，乍睹黎涡却有情。世上无如人欲险，几人到此误平生”等等，似乎都是切合老子的“不见可欲，使民心不乱”的名言。

到了魏晋以后，随着佛家学说的输入，非常明显地，“欲”的涵义，扩充到广义的范畴。凡是对一切人世间或物质世界的事物，沾染执著，产生贪爱而留恋不舍的心理作用，都认为是欲。情欲、爱欲、物欲、色欲，以及贪名、贪利，凡有贪图的都算是欲。不过，它把欲剖析有善与恶的层次。善的欲行可与信愿并称，恶的欲行就与堕落衔接。对于欲乐的思辨分析，极其精详，在此暂且不论。尤其佛家的小乘戒律，视色欲、物欲如毒蛇猛兽，足以妨碍生命与道业，避之唯恐不及，与老子的“不见可欲，使民心不乱”又似如出一辙。因此，从魏晋以后，由儒释道三家文化的结合，汇成中国文化的主流，轻视物欲的发展，偏重乐天知命而安于自然生活的思想，便普遍生根。有人说，此所以儒道两家思想——老子、孔子的学说，历来都被聪明黠慧的帝王们，用作统治的工具。这其间的是非曲直，细说明，实在太过复杂，也到此打住不说。

反正人类总是一个很矛盾的生物，在道理上，都是要求别人能做到无欲无私，以符合圣人的标准。在行为上，自己总难免在私欲的缠缚中打转。不过，自己都有另一套理由可为自己辩白。如果老子的本意，真要人们做到“不见可欲，使民心不乱”，“虚其心，实其腹，弱其志，强其骨。常使民无知无欲”。事实上，在人世间的现实社会里，是绝不可能的事。除非天地再来一次混沌，人类重返原始的时代，如道家所说的“葛天氏之民，无怀氏之民”的初古时期，那时或者可以如此。

虚心实腹与鼓气

可是在秦汉以后修学神仙丹道的道家方士们，大多都遵守老子的告诫，要极力做到“绝嗜禁欲，所以除累”的功夫，以便具有学仙得道的资格。不过，请注意我所说的“大多”这个概念，当然不包括自认为是黄帝传承的“黄老之道”的全部道家神仙方术。这些大多数的学道的人们，在基本上，除了希望自己严谨地做到“离情弃欲”为入道之门以外，最重要的，便要做到如老子所说的“虚心实腹，弱志强骨”的实证境界。尤其发展到后世，修道学神仙的，都在修练如何虚心，如何实腹，如何弱志，如何强骨。再配上老子在后面所说的“专气致柔，能婴儿乎”等等说法，不但使修道的人都致力于追求这种境况，即如练习拳术武功的人，乃至讲究读书做学问、注意修心养性的人们，也在或明或暗地，努力于虚心实腹的功夫。

最有趣的，大家明知“绝嗜禁欲”的涵义，如果这一步做不到，根本就没有办法再继续进修到什么“虚其心”的程度。既然心不能虚，下一步的“实其腹，弱其志，强其骨”的境界，岂非纯是一片空谈。可是谁又自肯承认不对呢？于是一概不管老子前言的“弃欲虚心”的先决条件，便只从“实其腹”的守神、练气、存想、守丹田等等五花八门的方法上去修炼，于是弄得大腹便便如富家翁，一副满面红光的发财相。就算有道之士，到了最后，仍然跳不出一般常人的轨则，还不是落在高血压或心脏病等的老病死亡之列。

讲到这里，且让我们轻松一下，先来看看一些通人达士的说法，免得使一般学道修仙的人听了太过紧张，那就罪过不浅。其实，我也很相信幼年课外读物有关人道的升华，可以达到神仙的境界。这些当年幼少时期的读物，便有：“王子去求仙，丹成上九天。洞中方七日，世上已千年。”以及“三十三天天重天，白云里面出神仙。神仙本是凡人做，只怕凡人心不坚。”但到后来渐渐长大，又读过许多更深入的丹经道书，甚之全部《道藏》，真有如入“山阴道上，目不暇给”的气势。只是相反地，历观许多修道学仙人们的结果，以及一般通人达士的著作，那又不免会心一笑，黄粱梦醒，仍然回到人的本位里来。例如司马迁，曾经亲访修道学仙的人们，而有“山泽列仙之俦，其形清癯”的记载。可见并不是都像元朝以后画家们想象的八仙中的汉钟离，活像一个鱼翅燕窝吃多了的大腹贾的样子。此外，历代文人“反游仙”之类的诗词作品也很多。例如辛稼轩调寄“卜算子”的《饮酒》词，便是从人道的本位立言，不敢妄想成仙学佛：“一个去学仙，一个去学佛。仙饮千杯醉似泥，皮骨如金石。不饮便康强，佛寿须千百。八十余年入涅槃，且进杯中物。”读了辛稼轩这首词，真可使人仰天狂笑，浮一大白。不过，我们同时要知道，这是他的牢骚，借题发挥，借酒浇愁而已。同样地，他另有一首枉读圣贤书，不能发挥忠诚爱国抱负，而借酒抒怀的名词：“盗跖倘名丘，孔子如名跖，跖圣丘愚直到今，美恶无真实。简册写虚名，蝼蚁侵枯骨。千古光阴一霎时，且进杯中物。”其余如清人的反游仙诗也很多，如借用吕纯阳做题目的：“十年槖笔走神京，一遇钟离盖便倾。不是无心唐社稷，金丹一粒误先生”，“妾夫真薄命，不幸做神仙”等，到处可见。

道家虚心养气的真传

尽管历来的通人达士们，口头笔下，都在反对神仙佛道，但是遇到无可奈何之处，在潜在的意识里，何尝不憧憬超越人间，徜徉于天人的美景。所以练气行功，讲究气住丹田的人们，依旧多如过江之鲫，趋之若鹜。我常常碰到有些倾心修道的人来问，如何气住丹田等等问题。我总是反问，你为什么要气住丹田来作实腹的功夫？如照道家所说的“气”，有三种不同的写法和定义，必须知道。古代道书上的“气”写作“炁”。“炁”这个字的上半部“旡”就是后世的“无”字，下面四点则代表了火。那么，无火之谓气，并非指空气的气，也不是呼吸的气。现在用的这个“氣”字，下面有一个米字，是指人们吃了米谷等食物后所化生的气。还有一个好像简体字的“气”，是指空气的气，姑且不管它是哪个气，一个人的身躯，犹如一具装有各种零件的皮囊。假如我们把气体打入一个皮袋里，然后要叫这股气呆板固定，永久停留在某一部位，是有可能吗？很明显的答案，气是不会凝固停留在某一部位的。如果说有可能，那已经不是气体，它已变化成为一个固体的东西。在我们的身躯内，另外装进一样固体的东西，那就太可怕了，岂不成了一个瘤吗？气，本来就是“变动不居，周流六虚”的能量，你要气住丹田，充实腹部的下丹田，那只能说“徒有空言，都无实义”。如果真有如此感觉，那是注意力集中，心理控制作用所引发的感受反应而已，并非真有一样东西。

那么，老子所讲的“虚其心，实其腹”就没有它的事实根据吗？其实，老子讲的是修养上的真实功夫，绝对是真有其事。但它的先决条件，便是从无欲虚心入门。一个人，如能真做到“离情弃欲”，心如止水澄波，那么，自然而然就可达到吕纯阳《百字铭》的修养境界了：

养气忘言守，降心为不为。动静知宗祖，无事更寻谁。真常须应物，应物要不迷。不迷性自住，性住气自回。气回丹自结，壶中配坎离。阴阳生反复，普化一声雷。白云朝顶上，甘露洒须弥。自饮长生酒，逍遥谁得知。坐听无弦曲，明通造化机。都来二十句，端的上天梯。

事实上，难就难在无欲与虚心。正因为不能无欲，因此老子才教人一个消极的办法，只好尽量避免，“不见可欲，使民心不乱”。能够利用消极的办法做到也就不错。然后再求虚心，自然可以充实内体。养之既久，也就自然可以“弱其志，强其骨”了。如果有心求之，早已背道而驰，违反“道法自然”的原则了。因此唐宋以后禅宗大师们呵斥狂妄之徒的习惯语，便反用老子所说的“虚心实腹”，认为是“空腹高心”之辈，不足以言了。其实，要明白老子的“虚其心，实其腹”的真实功夫，不如引用孟子的“其生色也，睟然见于面，盎于背，施于四体，四体不言而喻”最为确实。我们现在不是专讲秦汉以后道家神仙派的丹道方术，只因老子本文的“虚心实腹，弱志强骨”的道理，牵涉到神仙丹道的养气、修气、练气等基本观念，略加说明，事关专题，不必细说，到此为止。

赵宋是再次的南北朝

至于由《老子》这章后半段所引起的“是以圣人之治，虚其心，实其腹，弱其志，强其骨，常使民无知无欲。使夫智者不敢为也。为无为，则无不治”的无为之治的政治思想，在已往的历史上，常被误解，乃至被有些领导一个时代的帝王们，有意或无意地歪曲它的作用，那就不能完全诿过在老子身上了。这种历史上的过谬，最明显的事实，便是宋真宗的故事。

当五代的末期，由赵匡胤的陈桥兵变，黄袍加身，跃登皇帝的大位以后，历来的传统历史学者，秉承一贯的正统观念，都以宋朝为主。如果我们从历史统一大业的观点来说，整个南北宋三百年间的政权，只是与辽、金，乃至西夏等共天下，彼此分庭抗礼，等于东晋以后第二个南北朝的局面。如果从中国文化的立场来看，南北宋与辽金元，都是服膺在中国文化的大纛之下，各有千秋。辽金的文治，比起宋朝，并无太大的逊色。这一观点，也许是我对历史的看法不同，但大致不会太离谱。尤其希望青年学者们，不要忽略了当时辽金的文化与中国文化大系的关系。

在我们的历史上，宋朝的建国，版图很小，治权所及的地区，实在少得可怜。只是有宋一代，在学术文化上，比较重视文人政治，尊重儒家学术的地位，因此颇受历来学者的讴歌赞扬而已。其实，当宋太祖赵匡胤当皇帝时，北方的燕云十六州，已非宋有。西南方的云南迤西、蒙自一带，又有以儒佛文化立国的大理国存在，也不尊奉赵宋的正朔。如果以汉唐的建国精神来讲，先武功而后文治，那么，赵宋的天下，实在不无惭色。他的基本原因，因为宋太祖赵匡胤、宋太宗赵匡义两弟兄，天生本质，都是军人而兼爱好读书的学者，因此对于军机兵略，深知利害，不敢轻举妄动。从好的方面来讲，天性比较仁厚，雄长的气魄就比较薄弱，大有如唐代诗人曹松非战诗所谓“泽国江山入战图，生民何计乐樵苏。劝君莫话封侯事，一将功成万骨枯”的慈悲怀抱。

因此，宋太祖赵匡胤的初期策略，极力从事休养生息，在安定中求俭约，希望利用北人的贪得心理，以钱财来麻醉北辽，渐次买回燕云十六州的一半版图。如果我们用现代的名词来说，他是想利用财政经济的策略，来统一全国。不幸的是，他的兄弟宋太宗赵匡义，没有全盘了解他哥哥的策略，继位不到几年，就把国库积存的财币，用去了大半。到了宋真宗手里，既不敢战，又不敢和，进退两难，非常棘手，好在肯接受名相寇准所坚持的决策，勉勉强强御驾亲征，博得“澶渊之役”一场军事外交的胜利战。但在当时，几乎已把宋真宗吓破了胆。这些事实，在历史的实录上，可以看得清清楚楚，明明白白。

寇准的胆识

讲到这里，再让我们多费些时间，稍微了解有宋一代名臣寇准的表儒内道的大手笔。同时也可了解一下，道家“无为而无不为”的精神，用之在臣道的精彩一幕。寇准确是一位深信黄老之道的学者，在他担当军国大事的任内，家里还隐密地供养着一位专修神仙丹道的道人。他的作风，大胆而缜密，豪放而平实，的确是深得黄老之道的三昧。他在澶渊之役中，勉强着皇帝宋真宗御驾亲征，兵临前线，在枪杆下办外交，实在相当冒险。而且当时在宋真宗的旁边，政府内部还有势力相当的反对派。他却不顾一切，谋定而动。这比起三国时代，魏延建议诸葛亮出兵子午谷，还要冒险十倍。但是他居然做了。在这一件史实上，宋真宗肯听寇准的意见，临事能够互相配合，固然也真的很可爱，但是他在前线，与敌人面对面的当时，却不免战战兢兢，实在也很害怕，很想知道寇准的行动究竟有多少把握。于是派人去侦察寇准在做什么，派去的人回来报告，这位身当重任的相爷，公然在这样危急的前方，正与一班幕僚宾客们喝酒赌钱，漫不在乎。真宗一听，总算放心了大半。寇准本来有好赌的习惯，但当时的赌局，真的是一场豪赌。他赌给敌人看，赌给宋真宗看，其实，他比诸葛亮在后花园钓鱼、五路退兵的心情，还更紧张沉重，只是不能不好整以暇而已。这就是道家的妙用，也就是老子的“欲取姑予”的姿态。因此，也就难怪他在政治上反对派的死对头王钦若，事后乘间在宋真宗面前用了一句挑拨的话，就使寇准再也不得重用。宋真宗在澶渊之役以后，因为有事而回想起与寇准当时的冒险，颇有复杂的矛盾心理，所以王钦若趁机便说，寇准在澶渊之役，不能算有大功，他只是拿陛下当一次大赌注而已。你看，只须一句便佞的口舌，就可害人不用刀，杀人不见血。好在赵宋的皇帝子孙们，本质上还很厚道，换了别的昏君，寇准的头，准会被他送到敌寇的手里去了。

宋真宗贿赂宰相

尽管宋真宗不敢再用寇准，不敢再谈统一的大业，运用输款和谈的政策，以图苟且偷安。但是他知道全国的人心，朝野的士气，并不甘心媚敌，更非心悦诚服这种半投降式的策略。那么，若要做到“使民无知无欲，使夫智者不敢为也。为无为，则无不治”，就要另想办法。结果，他接受王钦若的建议，利用宗教来迷醉朝野，安定人心，同时也可以自我安慰，仰仗神力来保佑平安。于是他就假托天神在梦中来降，要他在正殿建“黄箓道场”一个月，当降天书、大中、祥符三篇等等诡话。又使人谎报得天书于泰山，要群臣上表，推尊道号，自称为“崇文广武仪天尊道宝应章感圣明仁孝皇帝”。从此以后，北宋的三百年天下，便与道教的神秘政策结了不解之缘。后来自称为“道君皇帝”的迷信大师宋徽宗的北狩，何尝不是宋真宗的前因所误。

一个国家的大政，绝对不能与宗教的作为混为一体，从古今中外人文历史的纪录上去求证，凡是宗教与政治混合的时代，政教（宗教）不分的国土，结果没有一个不彻底失败的。不但污蔑了宗教，同时也断送了国家。政治，毕竟是现实智慧的实际成果。宗教，始终是升华现实的出世事业。如果强调宗教就是现实世间的事，那么不是别有用心，就非愚即狂了。所以，宋真宗要想利用宗教的迷信而“使民无知无欲，使夫智者不敢为也”的当时，最大的顾忌，就怕宰辅大臣——同平章事王旦不同意。开始是试探，结果没有办法沟通。于是一方面由王钦若来婉转疏通意见，一方面真宗派宫监夜里送重礼到王旦的相府上去，并不说明来意是为了什么要有这样重的赏赐。这是当皇帝的公然贿赂大臣的杰作。因此弄得公正持重的名臣王旦有口难言，只好随声附和。如果寇准不被挤出中朝政府，恐怕“神道设教”就无法作为这个豪赌的赌注。后来王旦在临终时，虽然宋真宗亲自到病床旁边探病，御手调药，每天还三四次派人询问病况，并由宫中送来薯蓣（山药）粥。但是王旦耿耿于怀的事，却无法因此释然。他在临死时，还吩咐家人要把他剃了须发，穿上和尚的僧衣，表示抗议，表示忏悔。自恨当时对“天书”的愚民政策，没有尽心竭力地劝谏，认为是一大罪过。

我们引用了这一段历史的事实，来说明《老子》这一章“使民无知无欲，使夫智者不敢为也。为无为，则无不治”被宋真宗反用的前因后果，当然并非老子的本意，更不可随便又给老子背上黑锅。

总之，我们不要忘了老子著述的本意，首重效法自然道德的原则，假如人们都在道德的生活中，既不尚贤，又无欲而不争，那当然合乎自然的规范，也就自然是太平无事的天下了。在《礼记·礼运》一篇的记载，首先说明孔子的叹息，也是如此。时代到了后世，人人不能自修道德，人人不能善自整治争心和欲望，只拿老子那些叹古惜今的话来当教条，那当然是背道而驰，愈说愈远了。

第四章

道冲而用之或不盈，渊兮似万物之宗。挫其锐，解其纷，和其光，同其尘。湛兮似或存，吾不知谁之子，象帝之先。

道与存在不存在间

紧接上章“为无为，则无不治”的用而勿用，勿用而用之后，便提出“道冲而用之或不盈，渊兮似万物之宗”，作为“用道而不为道所用”的更进一层发明。在这里首先要了解“冲”字与“盈”字是对等性的。“冲”字在《老子》这一章句中的意思，应该作为冲和谦虚的“谦冲”解释。换言之，冲，便是虚而不满，同时有源远流长、绵绵不绝的涵义。如果解释“冲”便是用中而不执一端或不执一边的意思，也可以相通。总之，知道道的妙用在于谦冲不已，犹如来自山长水远处的流泉，涓涓汩汩而流注不休，终而汇聚成无底的深渊，不拒倾注，永远没有满盈而无止境。如果了解道的冲而不盈的妙用，它便如生生不已，永无休止，能生万物的那个想象中的宗主功能一样，就可应用无方，量同太虚。

能够做到冲虚而不盈不满，自然可以顿挫坚锐，化解纷扰。然后参和它的光景，互同它的尘象。但它依然是澄澄湛湛，和而不杂，同而不流的若存若亡于其间。倘使真能做到这种造诣，完成这种素养，便无法知道它究竟是“谁”之子？似人而非人，似神而非神，实在无法比拟它像个什么。假使真有一个能主宰万有的大帝，那么，这个能创造大帝的又是谁？这个“谁之子”的“谁”，才是创造大帝与万物的根本功能，也姑且强名之叫它是“道”。但是道本无形，道本无名，叫它是“道”，便已非道。因此，只好形容它是“象帝之先”。

本章的原文，大意已经如前面所讲。但它内涵的流变，传到后世，便有从个人修养去体会它本意的一面；又有从对人处事等事功去领略它妙用的一面。从个人修养上去体会的，属于修习道术的神仙丹道派的居多。从事功与对人处事去领略的，则属于历来帝王或名臣将相们的行事。

从个人的修养来讲，修道的基本，首先要能冲虚谦下，无论是炼气或养神，都要如此，都要冲虚自然，永远不盈不满，来而不拒，去而不留，除故纳新，流存无碍而不住。凡是有太过尖锐，特别呆滞不化的心念，便须顿挫而使之平息。对于炼气修息，炼神养心，也都要如此。倘有纷纭扰乱、纠缠不清的思念，也必须要解脱。至于气息与精神，也须保养不拘，任其冲而不盈。如此存养纯熟，就可以和合自然的光景，与世俗同流而不合污，自掩光华，混迹尘境。但是此心此身，始终是“冲而用之或不盈”。一切不为太过，太甚。此心此身，仍然保合太和而澄澄湛湛，活活泼泼，周旋于尘境有无之间。但虽说是澄澄湛湛，必须若存若亡，不可执着。我即非我，谁亦非谁，只是应物无方，不留去来的痕迹，所谓“先天而弗违，后天而奉天时”，如此而已。

但在一般道家人物的行为来说，对于“和其光，同其尘”两句，尤其重视。同时配合魏伯阳真人所著《参同契》中“被褐怀玉，外为狂夫”的两句话，奉为典范，所以有道之士往往装疯卖呆，蓬头垢面混迹于尘世。这种思想和作为，到了后世，便更有甚焉，构成小说中许多故事，影响民俗思想甚巨，如济公活佛的喝酒吃狗肉，吕纯阳三戏白牡丹等等，都从“和光同尘”的观念而来，勾画出修道人的另一番面目。至于《高士传》、《高僧传》或《神仙传》的人物，典型各有不同，大体说来，真能“和光同尘”的实在太难，也并不多见。

汉文帝、康熙、郭子仪

从事功方面来讲，受到老子思想的影响，建立一代事功的帝王，严格说来，只有汉文帝和清初的康熙。尤其康熙善于运用黄老之道的成就，更有过于汉文帝的作为。

汉文帝是老老实实地实行老子的哲学来治国，奠定两汉四百年的刘家天下。康熙是灵活运用黄老的法则，开建清朝统一的局面。以十多岁的少年，处在内有权臣、外有强藩的局面，而能除鳌拜，平三藩，内开博学鸿词科以网罗前明遗老，外略蒙藏而开拓疆土，都自然而然地合于老子的“冲而用之或不盈”，“挫其锐，解其纷”的法则，深得老子的妙用。因此，他特地颁发《老子道德经》，嘱咐满族亲王们加以研读，奉为领导学的圣经宝典。

姑且不谈汉文帝与康熙的老子哲学。退而求其次，随便例举历史上名将相的事功，用来说明《老子》本章中的“冲而用之或不盈”，以及“挫其锐，解其纷”的作为。了解中唐名将郭子仪与名相李泌的故事，也可“得其圜中，应用无穷”了！

郭子仪，是道道地地，经过考试录取的武举异等出身，历任军职，到了唐玄宗（明皇）天宝十四年，安禄山造反，才开始诏命他为卫尉卿、灵武郡太守、克朔方节度使，屡战有功。当唐明皇仓皇入蜀，皇太子李亨在灵武即位，后来称号唐肃宗，拜郭子仪为兵部尚书、同中书门下平章事，乃总节度使的职权。转战两年之后，郭子仪从帝子出任元帅的广平王李豫，统率番汉兵将十五万，收复长安。肃宗曾亲自劳军灞上，并且对他说：“国家再造，卿力也。”但在战乱还未平靖，到处尚需用兵敉平的时候，恐怕郭子仪、李光弼等功劳太大，难以驾驭，便不立元帅，而派出太监鱼朝恩为观军容宣慰使来监军。

一个半男半女的太监，又懂得什么，但他却代表了朝廷（政府）和皇帝，处处加以阻挠，动辄掣肘，致使王师虽众而无统率。在战场上，各个将领就互相观望，进退失据。不得已，又诏郭子仪为东畿山南东道河南诸道行营元帅，鱼朝恩因此更加忌嫉，密告郭子仪许多不是，因此又召郭子仪交卸兵权，回归京师。郭子仪接到命令，不顾将士的反对，瞒过部下，独自溜走，奉命回京闲居，一点也没有怨尤的表示。

跟着，史思明再陷河洛，西戎又逼据首都，经朝廷（政府）的公议，认为郭子仪有功于国家，现在正当大乱未靖，不应该让他闲居散地。肃宗才有所感悟，不得已，诏他为诸道兵马都统，后来又赐爵为汾阳王。可是这时候的唐肃宗已经病得快死了，一般臣子都无法见到。郭子仪便再三请求说："老臣受命，将死于外，不见陛下，目不瞑。"因此才得引见于内寝，此时肃宗亲自对郭子仪说：河东的事，完全委托你了！

肃宗死后，当时和郭子仪并肩作战、收复两京的广平王李豫继位，后来称号为唐代宗。又因亲信程元振的谗言，暗忌宿将功大难制，罢免了郭子仪的一切兵权职务，只派他为监督修造肃宗坟墓的山陵使而已。郭子仪愈看愈不对，一面尽力修筑好肃宗的陵寝——坟墓，一面把肃宗当时所赐给他的诏书敕命千余篇（当然包括机密不可外泄的文件），统统都缴还上去，才使代宗有所感悟，心生惭愧，自诏说："朕不德，诒大臣忧，朕甚自愧，自今公毋有疑。"

跟着，梁崇义窃据襄州，叛将仆固怀恩屯汾州，暗中约召回纥、吐蕃，寇河西，残泾州，犯奉天、武功。代宗也同他的祖父唐明皇一样，离京避难到陕州。不得已，又匆匆忙忙拜郭子仪为关内副元帅，坐镇咸阳。这个时候，郭子仪因罢官回京以后，平常所带的将士，都已离散，身边只有老部下数十个骑士。他一接到诏命，只好临时凑合出发，藉民兵来补充队伍，一路南下，收集逃兵败将，加以整编，到了武关，又收编驻关防的部队，凑了几千人。后来总算碰到旧日的部将张知节来迎接他，才在洛南扩大阅兵，屯于商丘。因此，又是军威大震，使得吐蕃夜溃遁去，再次收复两京。

大概介绍了郭子仪个人历史的几个重点，就可以看出他的立身处事，真正做到“用之则行，舍之则藏”，不怨天，不尤人的风格。他带兵素来以宽厚著称，对人也很忠恕。在战场上，沉着而有谋略，而且很勇敢。朝廷（政府）需要他时，一接到命令，不顾一切，马上行动。等到上面怀疑他，要罢免他时，也是不顾一切，马上就回家吃老米饭。所以屡黜屡起，国家不能没有他。像郭子仪这样作为，处处合于老子的“冲而用之或不盈”的大经大法，无怪其生前享有令名，死后成为历史上“富贵寿考”四字俱全的绝少数名臣之一。

郭子仪与鱼朝恩

另外两件有关于他个人的行谊，足以说明“挫其锐，解其纷”作法的。一是有关于他与监军太监鱼朝恩的恩怨，在当时的政治态势上，是相当严重的。鱼朝恩曾经派人暗地挖了郭子仪父亲的坟墓。当唐代宗大历四年的春天，郭子仪奉命入朝。到了郭子仪回朝，朝野人士都恐怕要掀起一场大风暴，代宗也为了这件事，特别吊唁慰问。郭子仪却哭着说：我在外面带兵打仗，士兵们破坏别人的坟墓，也无法完全照顾得到，现在我父亲的坟墓被人挖了，这是报应，不必怪人。

鱼朝恩便来邀请他同游章敬寺，表示尊敬和友好。这个时候的宰相是元载，也不是一位太高尚的人物。元载知道了这个消息，怕鱼朝恩拉拢郭子仪，问题就大了。这种政坛上的人事纠纷，古今中外，都是很头痛的事。因此，元载派人秘密通知郭子仪，说鱼朝恩的邀请，是对他有大不利的企图，要想谋杀他。郭子仪的门下将士，听到这个消息，极力主张要带一批武装卫队去赴约。郭子仪却毅然决定不听这些谣传，只带了几个必要的家僮，很轻松地去赴会。他对部将们说："我是国家的大臣，他没有皇帝的命令，怎么敢来害我。假使受皇帝的密令要对付我，你们怎么可以反抗呢？"就这样他到了章敬寺，鱼朝恩看见他带来的几个家僮们戒备性的神情，就非常奇怪地问他有什么事。于是郭子仪老老实实告诉他外面有这样的谣传，所以我只带了八个老家人来，如果真有其事，免得你动手时，还要煞费苦心地布置一番。他这样的坦然说明，感动得鱼朝恩掉下了眼泪说："非公长者，能无疑乎！"如果不是郭令公你这样长厚待人的大好人，这种谣言，实在叫人不能不起疑心的。

卢杞、李白与郭子仪

另有一则故事，是在郭子仪的晚年，他退休家居，忘情声色来排遣岁月。那个时候，后来在唐史《奸臣传》上出现的宰相卢杞，还未成名。有一天，卢杞来拜访他，他正被一班家里所养的歌伎们包围，正在得意地欣赏玩乐。一听到卢杞来了，马上命令所有女眷，包括歌伎，一律退到大会客室的屏风后面去，一个也不准出来见客。他单独和卢杞谈了很久，等到客人走了，家眷们问他："你平日接见客人，都不避讳我们在场，谈谈笑笑，为什么今天接见一个书生，却要这样的慎重？"郭子仪说："你们不知道，卢杞这个人，很有才干，但他心胸狭仄，睚眦必报。长相又不好看，半边脸是青的，好像庙里的鬼怪。你们女人们最爱笑，没有事也笑一笑。如果看见卢杞的半边蓝脸，一定要笑，他就会记恨在心，一旦得志，你们和我的儿孙，就没有一个活得成了!”不久卢杞果然作了宰相，凡是过去有人看不起他，得罪过他的，一律不能免掉杀身抄家的冤报。只有对郭子仪的全家，即使稍稍有些不合法的事情，他还是曲予保全，认为郭令公非常重视他，大有知遇感恩之意。

讲到这里，忽然想到另外一则李太白与郭子仪有关的故事。在郭子仪初出茅庐，担当小军官时候，因为不小心犯了军法，而被扣押。这件事情被李白知道了。李白早就非常器重这位少壮军官，一听到消息，就来找到郭子仪的长官说情。这个长官也是李白的朋友，因此就从轻处置，平安无事。等到后来安禄山造反以后，天宝十五年，李白在江西浔阳，却和另一位李家的帝子——永王李璘相识，拉他参加幕府。永王名义上是起兵勤王，实际上也想趁机上台当皇帝，因此而违抗肃宗的东巡诏命，结果兵败于丹阳，李白也受到牵累，在浔阳坐牢，后来又要被流放到夜郎。好在郭子仪已收复两京，名震一时，功劳又大，他知道李白受到牵连致罪，就拿他的战功极力保奏，李白才蒙赦免。这件历史故事记载在唐人的诗话中，是否真实，我们不讲考据。不过一个名士和名将的知遇结合，却是人们情愿相信确有其事，而且也显见古人长厚，好人好事的一报还一报，很是痛快淋漓。因此昔日女诗人汪小蕴，在论史诗中有关郭子仪的名句有：“一代威名迈光弼，千秋知己属青莲。”青莲是李白的别号。

史载郭子仪年八十五而终。他所提拔的部下幕府中，有六十多人，后来皆为将相。八子七婿，皆贵显于当代。“天下以其身为安危者殆三十年，功盖天下而主不疑，位极人臣而众不嫉，穷奢极欲而人不非之。”历代历史上的功臣，能够做到功盖天下而主不疑，位极人臣而众不嫉，穷奢极欲而人不非，实在太难而特难。这都是郭子仪一生的作人处事，自然合于“冲而用之或不盈”，“挫其锐，解其纷，和其光，同其尘，湛兮似或存”的原则。

半个芋头，十年宰相

李泌，也是中唐史上特出的人物，他几乎和郭子仪相终始，身经四朝——玄宗、肃宗、代宗和德宗，参与宫室大计，辅翼朝廷，运筹帷幄，对外策划战略，配合郭子仪等各个将领的步调，使其得致成功，也可以说是肃宗、代宗、德宗三朝天下的重要人物。只是因他一生爱好神仙佛道，被历来以儒家出身、执笔写历史的大儒们主观我见所摒弃，在一部中唐变乱史上，轻轻带过，实在不太公平。其实，古今历史，谁又敢说它是绝对公平的呢？说到他的淡泊明志，宁静致远，善于运用黄老拨乱反正之道的作为，实在是望之犹如神仙中人。

李泌幼年便有神童的称誉，已能粗通儒、佛、道三家的学识。在唐玄宗（明皇）政治最清明的开元时期，他只有七岁，已经受到玄宗与名相张说、张九龄的欣赏和奖爱。有一次，张九龄准备拔用一位才能不高，个性比较软弱，而且肯听话的高级臣僚。李泌虽然年少，跟在张九龄身边，便很率直地对张九龄说：“公起布衣，以直道至宰相，而喜软美者乎！”相公你自己也是平民出身，处理国家大事，素来便有正直无私的清誉，难道你也喜欢低声下气，而缺乏节操和能力的软性人才吗？张九龄听了他的话，非常惊讶，马上很慎重地认错，改口叫他小友。

李泌到了成年的时期，非常博学，而且对《易经》的学问，更有心得。他经常寻访嵩山、华山、终南等名山之间，希望求得神仙长生不死的方术。到了天宝时期，玄宗记起他的幼年早慧，特别召他来讲《老子》，任命他待诏翰林，供奉东宫，因而与皇太子兄弟等非常要好。在这个时候，他已经钻研于道家方术的修炼，很少吃烟火食物了。

有一天晚上，他在山寺里，听到一个和尚念经的声音，悲凉委婉而有遗世之响，他认为是一位有道的再来人。打听之下，才知道是一个做苦工的老僧，大家也不知道他叫什么名字。平常收拾吃过的残羹剩饭充饥，吃饱了就伸伸懒腰，找个角落去睡觉，因此大家便叫他懒残。李泌知道了懒残禅师的事迹，在一个寒冬深夜，独自一个人偷偷去找他，正碰到懒残把捡来的干牛粪，垒作一堆当柴烧，生起火来烤芋头。这个和尚在火堆旁缩做一团，面颊上挂着被冻得长流的清鼻水。李泌看了，一声不响，跪在他的旁边。懒残也好像没有看见他似的，一面在牛粪中捡起烤熟了的芋头，张口就吃，一面又自言自语地骂李泌是不安好心，要来偷他的东西。边骂边吃，忽然转过脸来，把吃过的半个芋头递给李泌。李泌很恭敬地接着，也不嫌它太脏，规规矩矩地吃了下去。懒残看他吃完了半个芋头便说：好！好！你不必多说了，看你很诚心的，许你将来做十年的太平宰相吧！道业却不说了！拍拍手就走了。

白衣山人——李泌

到了安禄山造反，唐明皇仓皇出走，皇太子李亨在灵武即位，是为肃宗，到处寻找李泌，恰好李泌也到了灵武。肃宗立刻和他商讨当前的局面，他便分析当时天下大势和成败的关键所在。肃宗要他帮忙，封他做官，他恳辞不干，只愿以客位的身份出力。肃宗也只好由他，碰到疑难的问题，常常和他商量，叫他先生而不名。这个时候，李泌已少吃烟火食。肃宗有一天夜里，高兴起来，找来兄弟三王和李泌就地炉吃火锅，因李泌不吃荤，便亲自烧梨二颗请他，三王争取，也不肯赐予。外出的时候，陪着肃宗一起坐车。大家都知道车上坐着那位穿黄袍的，便是皇帝，旁边那位穿白衣的，便是山人李泌。肃宗听到了大家对李泌的称号，觉得不是办法，就特别赐金紫，拜他为广平王（皇太子李豫）行军司马，并且对他说：先生曾经侍从过上皇（玄宗），中间又作过我的师傅，现在要请你帮助我儿子作行军司马，我父子三代，都要借重你的帮忙了。谁知道他后来帮忙到子孙四代呢！

李泌看到肃宗当时对政略上的人事安排，将来可能影响太子的继位问题，便秘密建议肃宗使太子做元帅，把军政大权付托给他。他与肃宗争论了半天，结果肃宗接受了他的意见。

肃宗对玄宗的故相李林甫非常不满，认为天下大乱，都是这个奸臣所造成，要挖他的坟墓，烧他的尸骨。李泌力谏不可，肃宗气得问李泌，你难道忘了李林甫当时的情形吗？李泌却认为不管怎样，当年用错了人，是上皇（玄宗）的过失。但上皇治天下五十年，难免会有过错。你现在追究李林甫的罪行，加以严厉处分，间接地是给上皇极大的难堪，是揭玄宗的疮疤。你父亲年纪大了，现在又奔波出走，听到你这样做，他一定受不了。老年人感慨伤心，一旦病倒，别人会认为你身为天子，以天下之大，反不能安养老父。这样一来，父子之间就很难办了。肃宗经过他的劝说，不但不意气用事，反而抱着李泌的脖子，痛哭着说：我实在没有细想其中的利害。这就是李泌“冲而用之或不盈”的大手笔。唐明皇后来能够自蜀中还都，全靠他的周旋弥缝。

山人自有妙计

肃宗问李泌剿贼的战略，他就当时的情势，定出一套围剿的计划。首先他断定安禄山、史思明等的党羽，是一群没有宗旨的乌合之众，目的只在抢劫，“天下大计，非所知也。不出二年，无寇矣。陛下无欲速，夫王者之师，当务万全，图久安，使无后害。”因此，他拟定战略，使李光弼守太原，出井陉。郭子仪取冯翊，入河东，隔断盗魁四将，不敢南移一步。又密令郭子仪开放华阴一角，让盗众能通关中，使他们北守范阳，西救长安，奔命数千里，其精粹劲骑，不逾年而蔽。我常以逸待劳，来避其锋，去翦其疲。以所征各路之兵，会扶风，与太原朔方军互击之，徐命帝子建宁王李倓为范阳节度大使，北并塞，与李光弼相掎角以取范阳。贼失巢窟，当死河南诸将手。肃宗统统照他的计划行事，后来都不出其所料。这便是李泌的“挫其锐，解其纷”的战略运用。

后来最可惜的，是唐肃宗的急功近利，没有听信李泌的建议，致使河北没有彻底肃清，仍然沦陷于盗贼之手，便自粉饰太平，因此而造成历史上晚唐与五代之际，华夷战乱的后遗症。

为了特别褒扬久被埋没的李泌长才，再略加说明他的行谊事迹。肃宗为了尽快收复首都长安，等到郭子仪筹借到西北军大集合的时候，便对李泌说：“今战必胜，攻必取，何暇千里先事范阳乎！”李泌就说：如果动用大军，一定想要速得两京，那么贼势一定会重新强盛，我们日后会再受到困扰。现在我们有恃无恐的强大兵力，全靠碛西突骑（骑兵）、西北诸戎。假如一定要先取京师，大概在明年的春天，就可成功。但是关东的地理环境与气候等情况，春天来得较早，气候容易闷热，骑兵的战马也容易生病，战士们思春，也会想早点回家，便不愿再来辗转作战了。那么，沦陷中的敌人，又可休养士卒，整军经武以后，必复再度南来，这是很危险的办法。但是肃宗这次，却坚决地不听李泌的战略意见，急于收复两京，可以称帝坐朝，由此便有郭子仪借来回纥外兵，从元帅广平王等收复两京的一幕出现。

两京收复，唐明皇还都做太上皇，肃宗重用奸臣李辅国。李泌一看政局不对，怕有祸害，忽然又变得庸庸碌碌，请求隐退，遁避到衡山去修道。大概肃宗也认为天下已定，就准他退休，赏赐他隐士的服装和住宅，颁予三品禄位。

另有一说，李泌见到懒残禅师的一段因缘，是在他避隐衡山的时期。总之，“天道远而人道迩”，仙佛遇缘的传说，事近渺茫，也无法考据得确切，存疑可也。

英雄退步学神仙

李泌在衡山的隐士生活过不了多久，身为太上皇的唐明皇死了，肃宗跟着也死了，继位当皇帝的，便是李泌当年特别加以保存的皇太子广平王李豫，后来称号为唐代宗。代宗登上帝位，马上就召李泌回来，起先让他住在宫内蓬莱殿书阁，跟着就赐他府第，又强迫他不可素食，硬要他娶妻吃肉，这个时候，李泌却奉命照做了。但是宰相元载非常忌嫉他的不合作，找机会硬是外放他去做地方官。代宗暗地对他说，先生将就一点，外出走走也好。没多久，元载犯罪伏诛，代宗立即召他还京，准备重用。但又为奸臣常衮所忌，怕他在皇帝身边对自己不利，又再三设法外放他出任澧朗峡团练使，后再迁任杭州刺史。他虽贬任地方行政长官，到处仍有很好的政绩，这便是李泌的“和其光，同其尘，湛兮似或存”的自处之道。

当时奉命在奉天，后来继位当皇帝，称号为唐德宗的皇太子李适，知道李泌外放，便要他到行在（行辕），授以左散骑常侍。对于军国大事，李泌仍然不远千里地向代宗提出建议，代宗也必定采用照办。到了德宗继位后的第三年，正式出任宰相，又封为邺侯。勤修内政，充裕军政费用。保全功臣李晟、马燧，以调和将相。外结回纥、大食，以困吐蕃而安定边陲。常有与德宗政见不同之处，反复申辩上奏达十五次之多。总之，他对内政的处理，外交的策略，军事的部署，财经的筹划，都做到了安和的绩效。

但德宗却对他说：我要和你约法在先，因你历年来所受的委屈太多了，不要一旦当权，就记恨报仇，如对你有恩的，我会代你还报。李泌说："臣素奉道，不与人为仇。"害我的李辅国、元载他们，都自毙了。过去与我要好的，凡有才能的，也自然显达了。其余的，也都零落死亡了。我实在没什么恩怨可报的。但是如你方才所说，我可和你有所约言吗？德宗就说，有什么不可呢！于是李泌进言，希望德宗不要杀害功臣。"李晟、马燧有大功于国，闻有谗之者。陛下万一害之，则宿卫之士，方镇之臣，无不愤惋反仄，恐中外之变复生也！陛下诚不以二臣功大而忌之，二臣不以位高而自疑，则天下永无事矣。"德宗听了认为很对，接受了李泌的建议。李晟、马燧在旁听了，当着皇帝感泣而谢。

不但如此，他做起事来，非常认真负责，曾经与皇帝力争相权。因为德宗对他说："自今凡军旅粮储事，卿主之；吏、礼委延赏（张延赏），刑法委浑（柳浑）。"李泌就说："陛下不以臣不才，使待罪宰相。宰相之职，天下之事咸共平章，不可分也。若各有所主，是乃有司，非宰相矣。"德宗听了，便笑着说，我刚才说错了话，你说的完全对。

不幸的是，宫廷父子之间，又受人中伤而有极大的误会，几乎又与肃宗一样造成错误，李泌为调和德宗和太子之间的误会，触怒了德宗说："卿不爱家族乎？"意思是说，我可以杀你全家。李泌立刻就说："臣惟爱家族，故不敢不尽言。若畏陛下盛怒而为曲从，陛下明日悔之，必尤臣云：'吾独任汝为相，不力谏，使至此；必复杀而子。'臣老矣，余年不足惜，若冤杀臣子，使臣以侄为嗣，臣未知得歆其祀乎！”因呜咽流涕。上亦泣曰：“事已如此，奈何？”对曰：“此大事，愿陛下审图之。自古父子相疑，未有不亡国者。”

接着李泌又提出唐肃宗与代宗父子恩怨之间的往事说：“且陛下不记建宁之事乎？”（唐肃宗因受宠妃张良娣及奸臣李辅国的离间，杀了儿子建宁王李倓。）德宗说：“建宁叔实冤，肃宗性急故耳！”李泌说：“臣昔为此，故辞归，誓不近天子左右；不幸今日复为陛下相，又观兹事。且其时先帝（德宗的父亲代宗）常怀危惧。臣临辞日，因诵《黄台瓜辞》，肃宗乃悔而泣。”（《黄台瓜辞》，唐高宗太子李贤作。武则天篡位，杀太子贤等诸帝子，太子贤自恐不免故作：“种瓜黄台下，瓜熟子离离。一摘使瓜好，再摘令瓜稀。三摘犹自可，摘绝抱蔓归。”）

德宗听到这里，总算受到感动，但仍然说：“我的家事，为什么你要这样极力参与？”李泌说：“臣今独任宰相之重，四海之内，一物失所，责归于臣，况坐视太子冤横而不言，臣罪大矣。”甚之说到“臣敢以宗族保太子。”中间又往返辩论很多，并且还告诉德宗要极力保密，回到内宫，不要使左右知道如何处理此事。一面又安慰太子勿气馁，不可自裁，他对太子说：“必无此虑，愿太子起敬起孝，苟泌身不存，则事不可知耳！”最后总算解开德宗父子之间的死结。德宗特别开延英殿，独召李泌，对他哭着说：“非卿切言，朕今日悔无及矣！太子仁孝，实无他也。自今军国及朕家事，皆当谋于卿矣。”李泌听了，拜贺之外，便说：“臣报国毕矣。惊悸亡魂，不可复用，愿乞骸骨。”德宗除了道歉安慰，硬不准他辞职。过了一年多，李泌果然死了，好像他又有预知似的。

历来的帝王宫廷，一直都是天下是非最多、人事最复杂的场所。尤其王室中父子兄弟、家人骨肉之间权势利害的悲惨斗争，真是集人世间悲剧的大总汇。况且“疏不间亲”，古有明训。以诸葛亮的高明，他在荆州，便不敢正面答复刘琦问父子之间的问题。但在李泌，处于唐玄宗、肃宗、代宗、德宗四代父子骨肉之间，都挺身而出，仗义直言，排难解纷，调和其父子兄弟之间的祸害，实在是古今历史上的第一人。因此，汪小蕴女史咏史诗，论邺侯李泌，便有：“勋参郭令才原大，迹似留侯术更淳”的名句。郭令，是指郭子仪。郭子仪的成功，全靠李泌幕后的策划。留侯，是写他与张良对比。可惜在一般史书所载的偏见评语，轻轻一笔带过，还稍加轻视的色调，如史评说：“泌有谋略，而好谈神仙怪诞，故为世所轻。”其实，查遍正史，李泌从来便没有以神仙怪诞来立身处事。个性思想爱好仙佛，只是个人的好恶倾向，与经世学术，又有何妨？善用谋略来拨乱反正、安邦定国，谋略有什么不对？由此可见，史学家的论据，真是可信而不能尽信，大可耐人寻味。

总之，大略讲了中唐时期的郭子仪与李泌的历史经验，说明本章“冲而用之或不盈，渊兮似万物之宗。挫其锐，解其纷，和其光，同其尘”的效用，见之于文武将相在事功上的成就，可观可法之处甚多。这段的发挥就暂且到此为止。

第五章

圣人与刍狗

正言若反

风箱式的说话艺术

天地不仁，以万物为刍狗，圣人不仁，以百姓为刍狗。天地之间，其犹橐籥乎，虚而不屈，动而愈出。多言数穷，不如守中。

圣人与刍狗

由本书编排《老子》第一章“常无，欲以观其妙。常有，欲以观其徼。此两者同出而异名，同谓之玄。玄之又玄，众妙之门”，到“道冲而用之或不盈，渊兮似万物之宗”，都以似异实同，体同用异的表达中，说明道体的会同和作用的差别，由个人身心体会大道和立身处事的体同用异的层次。到了本章，又特别提出一则惊世骇俗的名言谠论，致使后世众说纷纷，各抒所见。甚之，因此确认老子为阴谋家的鼻祖，或者指老子鄙夷儒家，薄视仁义，将人文的一切道德观念，视为知识的伪装。见仁见智，各执一端。谁是异端，谁是正见，本来便是各个思想上主观的认定，也无足为怪。但老子在文言字句上，确是直截了当地说：“天地不仁，以万物为刍狗。圣人不仁，以百姓为刍狗。”文从字顺，难道这不是尖刻讽刺的语意吗？其实，并非如此，未必尽然。

为了说明其中的道理，必须先对本文中两个名词的内涵作个交代。一是“刍狗”，一是“仁”。“刍狗”，是草扎的狗，当然不是真的狗。说句老实话，我们的先民吃狗肉是很通常的事，直到现在，广东的同胞们还喜欢吃狗肉，并不为怪，那是先民习俗的遗风。古人所谓家有六畜以备馔食，狗便是六畜中之一。因此，上古的祭祀，用狗肉作祭品，是很普遍的事。大约到了商、周以后，在祭祀中，才渐渐免除了狗肉这项祭品。但在某些祀典中，仍然须用草扎一个象形的狗，替代杀一头真的活狗，这就是“刍狗”的来源。刍狗还未登上祭坛之前，仍是受人珍惜照顾，看得很重要。等到祭典完成，用过了的刍狗，就视同废物，任意抛弃，不值一顾了。这正如流传到现在的民俗祭神，有时简化一点，不杀活猪，便用米粉做一个猪头来拜拜，拜过以后，也就可以随便任人当副食，而不像供在祭坛上那么神圣不可侵犯了。“仁”字，在《老子》这章的本文中，当然是代表了周秦时代诸子百家所标榜的仁义的“仁”，换言之，也就是爱护人或万物的仁慈、仁爱等爱心的表相。

当在春秋战国之际，诸侯纷争，攫掠一般平民的生命财产、子女玉帛，割地称雄，残民以逞，原属常事。因此，知识分子的读书人，奔走呼吁，号召仁义，揭示上古圣君贤相，要人如何体认天心仁爱，如何以仁心仁术来治天下，才能使天下太平。不但儒者如此，其他诸子百家，大概也都不外以仁义为宣传，以仁义为号召。无论是哪一种高明的学说，或哪一种超然的思想，用之既久，就会产生相反的弊病，变为只有空壳的口号，并无真正的实义了。例如佛说“平等”，但经过几千年来的印度，阶级悬殊，仍然极不平等。同样地，我们先民教导了几千年的“仁义”，但很可惜的，又能有几多人的作为，几多时的历史，真正合于仁义之道！又如耶稣，大声疾呼要“博爱”，但在西方两千年来的文化，又有哪个时代真正出现对世界人类的博爱！此正是老子叹息“大道废，有仁义。慧智出，有大伪”的来由。

如果我们了解了这些反面的道理，便可知道老子所提出正面的哲学。天地生万物，本是自然而生，自然而有。生了万物是很自然的事，死杀万物，也是很自然的事。天地既不以生出万物为作好事，同时也不以死杀万物为做坏事。天地既生了长养万类的万物，同时，也生了看来似乎相反的毒杀万类的万物。生长了补药，也生长了毒药。补品不一定是补，因补可以致死。毒物也不一定是毒，以毒攻毒，可以活命。天地并不一定厚待于人类而轻薄了万物，只是人类予智自雄，自认为天地是为了人们而生长万物。人，自称为万物之灵。其实，人们随时随地，都在伤害残杀万物。假如万物有灵，一定会说人是万物的最大毒害。其实，天地无心而平等生发万物，万物亦无法自主而还归于天地。所以说：“天地不仁，以万物为刍狗。”这是说天地并没有自己立定一个仁爱万物的主观的天心而生万物。只是自然而生，自然而有，自然而归于还灭。假如从天地的立场，视万物与人类平等，都是自然的，偶然的，暂时存在，终归还灭的“刍狗”而已。生而称“有”，灭而称“无”，平等齐观，何尝有分别，有偏爱呢？只是人有人心，以人心自我的私识，认为天地有好生之德，因此发出天心仁爱的赞誉。如果天地有知，岂不大笑我辈痴儿痴女的痴言痴语吗？

明白了这个原理，便可了知真正有道的圣人，心如天地，明比日月，一切的所作所为，自视为理所当为，义所当为的事，便自然而然地做了。并不一定因为我要仁爱于世人，或我要爱护于你，才肯去做。如果圣人有此存心，即有偏私，即有自我，已非大公。再进一层来讲，一个有道的圣人，生当天下大乱的时代，他真要为了救世而救人，既然有所作为，就不免保存了一面，而有所伤害到另一面了。残杀天下而为我，决不可为。而杀一以儆百，亦等于杀百以存一的同是杀心，亦义所不忍为。那么，圣人而要救世，就只有自杀以救天下吗？自杀既不能救天下，天下亦非残杀可救得了！所以佛说愿度尽众生，方自成佛。但以众生界不可尽故，吾愿亦永无穷尽。耶稣被钉上了十字架，只有祈祷说："我为世人赎罪！"其实，罪在人心，谁也不能为谁赎罪，除非天下人人能自忏罪悔过。因此，老子对于当时现世的人们，自称为圣人之徒，号召以仁义救世者，认为他们徒托空言，都无实义。甚之，假借仁义为名，用以自逞一己私欲之辈，更是自欺欺人，大不应该。他希望人们真能效法天地自然而然的法则而存心用世，不必标榜高深而务求平实，才说出"天地不仁，以万物为刍狗。圣人不仁，以百姓为刍狗"的名言，藉以警世。但老子说归说，无奈周、秦以后的英雄帝王们，便真的以百姓为"刍狗"，达成一己的私欲。一旦身居王位之后，天下臣庶皆称誉之为"圣明天子"，或直接誉为"当今圣人"，不知"圣"从何来？"明"从何起？恐怕老子重生，也只有缄口结舌，再也不敢另加五千言，重写续本《道德经》了。

正言若反

为了重申“天地不仁，以万物为刍狗。圣人不仁，以百姓为刍狗”以及后面的“圣人不死，大盗不止”、“绝圣弃智，民利百倍”等的一贯涵义，且让我们引用《庄子·外篇·胠箧》篇中所说的话，便可了解老子当时所以菲薄圣人讥刺仁义，都是为了世间多假借圣人的虚名，以及伪装仁义的招牌。犹如近代和现代人，任意假托自由和民主为号召，实际是为了达成私欲的借口，醉心于独裁者如此，就连现在西式民主的真实内容，又何尝不是如此？举世滔滔，无可奈何。如庄子所说：

> 故跖之徒问於跖曰：盗亦有道乎？跖曰：何适而无有道耶！夫妄意室中之藏（事先推测估计他的财富储蓄），圣也。入先（在行动的时候，必身先士卒），勇也。出后（得手的时候，先要掩护同伴撤走，自己最后退却），义也。知可否（能判断可不可以行动），知也。分均（平均分配所得的利益），仁也。五者不备，而能成大盗者，天下未之有也。
>
> 由是观之，善人不得圣人之道不立；跖不得圣人之道不行。天下之善人少而不善人多，则圣人之利天下也少而害天下也多。

在《天运》篇中又提到：

> 仁义，先王之蘧庐也，止可以一宿，而不可以久

处，靓而多责。

从表面看来，老子和庄子这种思想言论，好像是一种反派的哲学，尤其为狭隘观念的宗教徒，并非大宗教家或教主，甚之，为走入儒家岔路的顽固派，或明知故犯，敢用而不肯说的事功派所深恶痛绝，认为是“不经之谈”。其实，这正是“天理”“良心”的公平哲学。公道自在人心，只是一般说不出所以然，或是不忍心说得太透彻，说穿了，反觉乏味。司马迁著《史记》，便用比较含蓄的论调来反映道家与老庄这类思想。到了元、明之间，民俗文学的小说家们，却在小说的著作里，表达了很多这方面的思想。说得痛快淋漓而有韵味的，如明末的贾凫西所作的《木皮散客鼓儿词》。他生当家破国亡的末造，秉着一腔忠义之忱，便借此道理而大发天地的牢骚，如说：

忠臣孝子是冤家，杀人放火享荣华。

太仓里的老鼠吃的撑撑饱，老牛耕地使死倒把皮来剥。

河里的游鱼犯下甚么罪？刮净鲜鳞还嫌刺扎！

那老虎前生修下几般福？生嚼人肉不怕塞牙！

野鸡兔子不敢惹祸，剁成肉酱还加上葱花！

古剑杀人还称至宝！垫脚的草鞋丢在山洼！

杀妻的吴起倒挂上元帅印！顶灯的裴瑾捱些嘴巴！

活吃人的盗跖得了好死！颜渊短命是为的甚么？

莫不是玉皇爷受了张三的哄？黑洞洞的本账簿哪里

去查？

好兴致来时顽铁黄金色！气杀人运去铜钟声也差！
世间事风里孤灯草头露！纵有那几串铜钱你慢觧沙！

风箱式的说话艺术

老子为了说明天理的公平，与真正圣人的无心而任负化育，便直接指出天地间万事万物的生灭变化，既不是谁所主宰，也不是天地的有心制作。万物的造化生灭，都是乘虚而来，还虚而去。暂时偶然存在的一刹那，只是有无相生的动态而已。因为有刹那绵延绝续常有的动，于是误认为动态即是存在，而不承认返有还无的静态也是存在的另一表相。所以他说："天地之间，其犹橐籥乎，虚而不屈，动而愈出。"

"橐籥"，是旧式农业社会用作鼓吹通气的工具，俗话叫作风箱。也就是《淮南子》本经所说的："鼓橐吹埵，以销铜铁"的冶炼金属的工具之一。"橐"，是指它的外形的箱椟。"籥"，是指它内在的往来活动的管片。但在旧式的农业社会里，用布缝成两头通，中间空，用来装置杂物的布袋，也叫做"橐"。至于"囊"，是三面密缝，一面通口的布袋。"籥"，便是后世的七孔笛。总之，"橐籥"，是老子用通俗习惯使用的东西，来说明这个物质世间的一切活动，只是气分的变化，动而用之便有，静而藏之，就好像停留在止息状态。

其实，这个天地的万物，都在永远不息的动态中循环旋转，并无真正的静止。所谓静止，也只是相似止息而偶无动态感觉的情景而已。因此，同样的原理，不同表达的《周易·系辞传》里便说："吉凶悔吝，生乎动者也。"万事万物，动必有咎。在动的作为里，所谓好的成分的吉，只占四分之一。不好的凶，和仅次于凶的不好——悔、吝，便占四分之三。

然而天地与万物，毕竟都在动态中生生不已地活着。活像是动，动是活力的表现。因此，愈动而愈生生不已。生生不已和永远活动互为因果，互为生活。

既然了解到天地之间气分的变化往来，变动不息，生生不已，有无相生，动静互为宗主。那么，就可进而了解到一切人事的作为、思想、言语，都同此例。是非，善恶，祸福，主观与客观，都是不能肯定的确有一绝对性的标准。如果一定要理论上争辩到有一个绝对的道理，这个绝对也只是在文字上，人为的，暂时裁定为穷尽之处而已。其实，在动态中，愈动而愈出，永无有穷尽的一点。犹如数理在开发中，也永无尽止。同样地，人世间的是非纷争，也是愈动而愈有各种不同方面的发展，并无一个绝对的标准。"才有是非，纷然失心。"只有中心虚灵常住，不落在有无、虚实的任何一面，自然可以不致屈曲一边，了了常明，洞然烛照。这便是"多言数穷，不如守中"的关键。但也有认为老子这两句话，是明哲保身、与世无争的教条，所谓"是非只为多开口，烦恼皆因强出头"。尤其是后世修炼神仙丹道学派的道家们，认为说话是最伤元气的行为，而且是促使短命，造成不好运气的最大原因。所谓"数穷"便是气数欠佳、运气坎坷的表示。因此修道之士，便有"开口神气散，意动火工寒"的严厉训诫了。这种说法，是否绝对合理，姑且引用古体文的“其然乎，其不然乎”两句话来做结论，由大家自去思考取决了。

如果转进一层，了解到“橐籥”与风箱的作用，那么，便可明白老子所说的“多言数穷，不如守中”的话，并不完全是教人不可开口说话。只是说所当说的，说过便休，不立涯岸。不可多说，不可不说。便是言满天下无口过，才是守中的道理，才与后文老子所说“善言无瑕谪”的意旨相符。否则，老子又何须多言自著五千文呢！譬如风箱，在当用的时候，便鼓动成风，助人成事。如不得其时，不需要的时候，便悠然止息，缄默无事。倘使如“灌夫骂座，祢衡击鼓”，说来无补于事，那便有违“多言数穷，不如守中”的明训了。

第六章

吹毛用了急须磨

人为神的守护人

谷神不死，是谓玄牝，玄牝之门，是谓天地根。绵绵若存，用之不勤。

承接上文“天地之间，其犹橐籥乎！虚而不屈，动而愈出。多言数穷，不如守中”的法则，说明天地万物与人我生命的作用，常在于一动一静之间。要善加把握，善加运用。因此而引用本章“谷神不死”的一段，似静而实动，虽动而似至静。似乎虚无而实在含有无穷的妙用，虽然妙用无穷，但同时也蕴藏了用而无用的善巧方便。

为了切实了解本章的内涵与后世一般修炼神仙丹道者的各种注释，首先需要解决两个关键性的名词，即所谓“谷神”与“玄牝”。

“谷神”：谷，当然是一般所谓山谷的简称。但是一般所谓的山谷，大致可以归纳成为两种形态。一是如袋形的山谷，有进路而无出口。二是两山夹峙，上仄中空而较隐蔽或者曲折的狭长形通道。

第一类型的山谷，大多空气不能对流，凡有声响动静，必然会有回声。这种回声是因为空气不能对流而产生。但在某些愚昧者的观念看来，便认为这样的空谷，必是神灵的窟宅，因此而有回声。其实回声是物理的作用，并非神灵的显赫威灵。可是在愚夫愚妇的心目中，往往因此而形成宗教式的神话，塑造了多少莫须有的传说，认为其中有神。更有甚者，便套用了道家代表人物老子的名词，称它为“谷神”。

第二类型的山谷，是隐晦曲折，两头相通的狭长通道，空气对流，由这一头的传呼，便很迅速地畅达遥远的那一头。因此，也成为被人编织成神话的题材，认为其中如有神助。实际上，也是空气的传声作用，并非真有不可思议的神秘存在。

首先了解“谷神”之所以为神的道理，便是因为它的中间空洞无物，因此而形成其中的空灵作用。正因其中空而无物，才能生起看似虚无，而蕴藏似乎妙有的功用。

其次，便是“玄牝”，“玄”字，也通作元始、元来、根元的“元”字。元，等于是万物的初始根元，是极其微妙的第一因的代名词。“牝”，在中国上古的文字中，是母性、雌性生殖机能的文雅代名词。相反的，“牡”字，便是男性、雄性生理机能的代号。在这个世界上，一切动植物，虽然由牝牡两性的结合而造成延续的生命，但个体生命绝大多数都是雌性，也就是阴性的生殖器官所出生的。因此，老子造了一个名词，叫做“玄牝”。后世的道家由此引申，认为大海荡荡的中心点有一“海眼”。“海眼”虽小，却是源源滚滚而出，成为大地层面的诸大海洋和江河的来源，它便是海的“玄牝”。至于北极，便是大地的“玄牝”。人体的“会阴”部分，则是人身生命源泉的“玄牝”之处。印度瑜伽术有关身瑜伽的术语，叫它“海底”，或视为“灵能”和“灵力”的窟穴。

了解了这两个名词的内涵，然后便可大致明白《老子》本章的意义，是要体会虚灵不昧的“谷神”境界，中空无物，而有感应无方的无限妙用。正因其虚无空冥，所以生生不已，生而无生，有而不有，因此而永恒不死。后来的道教，改头换面，称之谓“洞元”、“洞虚”，也就是由此而来。

“谷神”即空洞虚无而生妙有的功能，便是天地万物生命泉源的根本，取一个代名词，便叫它是“玄牝”。“玄牝”虽然中空无物，但却是孕育天地万物生命的窟宅，绵绵不绝，若存若亡。在这节文字里，必须特别留意老子行文的用字之妙——这个“若”字。“若”字和佛学的“如”字，都是同样的表相形容词，用现代语来讲，便是“好像”的意思。在虚无中生发妙有的功用，好像是绵绵不绝的存在，但并无一个实质的东西。如真有一实质，一切的有，最终总归之于元始的虚无，这是必然的法则。和现代物理学所讲的质能互变的原理相类同。

吹毛用了急须磨

在这一节里，老子又说了一句非常重要的名言，便是“用之不勤”。相反地说，用得太勤，便是多用、常用、久用。这样一来，就会违反“绵绵若存”的绵密的妙用了。那么，怎样才是“用之不勤”的道理？且让我们借用临济义玄禅师的一首诗偈，作为深入的说明。

沿流不止问如何？真照无边说似他。
离相离名人不禀，吹毛用了急须磨。

所谓沿流不止，是说我们的思想情绪、知觉感觉，素来都是随波逐流，被外境牵引着顺流而去，自己无法把握中止。

如果能虚怀若谷，对境无心，只有反求诸己，自心反观自心，照见心绪的波动起灭处，不增不减，不迎不拒而不着任何阻力或助力，一派纯真似的，那么，便稍有一点像是虚灵不昧的真照用了。

总之，"道"，本来便是离名离相的一个东西，用文字语言来说它，是这样是那样都不对。修它不对，不修它也不对。

但是在"绵绵若存"，沿流不止的功用上，却必须要随时随地照用同时，一点大意不得。好比有一把极其锋利的宝剑，拿一根毫毛，捱着它的锋刃吹一口气，这根毫毛立刻就可截断。虽然说它的锋刃快利，无以复加，但无论如何，一涉动用，必有些微的磨损，即非本相，何况久用、勤用、常用、多用，那当然会使利剑变成了钝铁。所以说，即便是吹毛可断的利剑，也要一用便加修整。随时保养，才能使它万古常新，"绵绵若存"。这就是"用之不勤"的最好说明。

人为神的守护人

话虽这样说，可是后世一般修炼玄宗的神仙丹道派的人们，却把老子的"谷神"之说改头换面，拉到道教的《黄庭内景经》里面，配合上古医学的《黄帝内经》等原理，把人身的头脑、心脏、小腹等体内的机能，各个派了一个守护的神人，配合天地日月时间空间方位等法则，随时随地加以特别保养，便是修炼神仙丹法的最基本的工夫。如果用西洋的文化分类观念，这当然属于神权思想时代的代表作。但是把老子的“谷神”之说，一变而为守护谷神，可以达到长生不死而羽化登仙，这却是老子的道家思想一变为道教太上老君的第一蜕变。

后来由道家的神仙丹道派，会合佛家修习念身的禅观方法，再变为“内照形躯”的修炼方术，把人体的头部、胸部、腹部三处，建立了上中下三丹田“守窍”等的导引方术，由此而有动转河车、打通奇经八脉、“炼精化气，炼气化神，炼神还虚”的三步功法。由老子的“谷神”不死之说，再度为“守窍通关”超神入化的第二蜕变。

于是，信奉《黄庭内景经》一派的神仙修法，与后世“守窍存神”的丹道修炼，又各主一端，互有异同。只是都忘了老子的“绵绵若存，用之不勤”的告诫，或者把“绵绵若存”又专用在炼气一步工夫上去。大家都在那里死守肉身，忙忙碌碌，战战兢兢地播弄精神，不免用之太勤，太过背道而驰，无怪老子早有前知，觉得不值后顾，只好骑了一头青牛出函谷关而西迈了。

其实，人身本来就是一个空谷，古人曾形容它叫臭皮囊，或臭皮袋，它是生命的所属，是生命的工具，并非生命永恒的所有。至于虚灵不昧，用之如神的生命元神，则借这往来只有一气如“橐籥”作用的空壳子以显灵。如能在一动一静之间，“寂然不动，感而遂通”，随时随地知时知量，知止知休，“吹毛用了急须磨”地“用之不勤”，“谷神”便自然不死。何况死也只是一番大休大息的作用，死即有生。

“谷神”本来就是不死的，又何必要你忙忙碌碌守护它，才能使此“谷神”不死呢？真是如此，那么神不如人，守此“谷神”，又何足可贵！这大概都是急于自求长生不死的观念太切，把《老子》断章取义，弄出来的花招。其实，再接下去，连着一读下文，便不致于被“谷神”所困，而且可以了解“用之不勤”也是天地万物自然的法则。

第七章

老子的不自偷生

天长地久，天地所以能长且久者，以其不自生，故能长生。是以圣人后其身而身先，外其身而身存。非以其无私邪？故能成其私。

老子的不自偷生

由“天地不仁，以万物为刍狗”，到“多言数穷，不如守中”，再到“谷神不死”、“用之不勤”，便进而说明天地与万物的生命所以自然而长生的道理。因此而有“天长地久，天地所以能长且久者，以其不自生，故能长生”的说明。

但是，老子用了一个天地与生命“不自生”，又播弄得后世的推理猜测，头昏脑胀，不堪纷扰了。

“不自生”，难道说，天地是由他生而来吗？如果天地真由他生而来，那么，与一般宗教学说中天地是神所创造的，便是同一论调。即如我们先民的传说，盘古开天地，也不是无稽的神话了。那么，可见天地之上，或者说天地之外，还另有一个能主宰天地的主人了。

如果说，天地之所以能长久存在，那是因为它生育长养万物，并不为自己的需要而生，因此说它是“不自生”。那么，天地既然好心而生万物，何必既生出来，又要消灭了它？弄得生生死死，死死生生，好不耐烦。如果掉一句古文的口语，“何天地之不惮烦也?”

老子说了一句天地之所以能长久存在的原因，是因为“不自生”，“故能长生”。既不说明是由他力而生，也不明显地说为万物而不得已不生。只是套上“是以圣人后其身而身先，外其身而身存，非以其无私邪？故能成其私”一段妙文，说明天地的“不自生”，正是天地极其自私的道理。天哪！如果说“不自生”还不能算是大公无私的表现，这样看来，这个世界，这个天地之间，就绝对没有一个真正的大公了。

到此，有关公和私的辨别问题，且让我们再看看所谓道家思想学术中另一有名的学说，那便是《阴符经》中一个类同的观念。不过，比老子所说更为深刻。《阴符经》说：“天之至私，用之至公。”这种理论，无异是说，大公与大私本无一定的界限。全体自私到极点，私极就是公。换言之，大公无私到极点，即是大私。不过，这样的大私，也可以叫他作大公了。因为大小粗细，公私是非，推理到了极点，都无一定的界限与标准。所有这些界限与标准，都是人为的分别而已。这在理论的基本上，是绝对可通的。但是，理极情忘，虽然可通，仍然不能完全妥恰。

再进一层来看，无论老子的天地“不自生”，或《阴符经》的“天之至私，用之至公”，说来说去，说了半天，只是在道的体和用上掉弄花枪，一时蒙人心目而已。如果用另一种语意来表达，便可说天地能长且久而生长万物，在人们的眼光中，只从万物个体、小体的生命看来，有生又有死，好像是很不幸的事。但在天地长生的本位来说，生生死死，只是万物表层形相的变相。其实，万物与天地本来便是一个整体、同体的生命，万物的生死只是表层现象的两头，天地的能生能死的功能，并没有随生死变相而消灭，它本来便是一个整体的大我，无形无相，生而不生，真若永恒似的存在。如此而已。

因此，而引出下文，得道的圣人能效法天地的法则立身处事，去掉自我人为的自私，把自己假相的身心摆在最后，把自我人为的身心，看成是外物一样，不值得过分自私。只要奋不顾身，为义所当为的需要而努力做去。那么，虽然看来是把自身的利益位居最后，其实恰好是一路领先，光耀千古。看来虽然是外忘此身而不顾自己，其实是自己把自己身存天下的最好安排。所以，结论便说“非以其无私邪”，岂不是因为他的没有自私表现，“故能成其私”，所以便完成他那真正整体的、同体的大私吗？当然，这个“私”字和大私，也可以说是以幽默的相反词，反衬出真正大公无私的理念。

明白了这个道理的奥妙，我们再来看看道家黄老的这种学说，在历史上作为成功的指标，到处可见。尤其用在领导军事的兵略上，用在领导为政的政略上，所谓“身先士卒”、“公而忘私”等等名言，便成为千古颠扑不破的无上法则。讲到这里，姑且让我们说一句古今不易的笑话真理：“千古文章一大偷”。我们在童年的时代，都读过范仲淹的《岳阳楼记》，范先生在这一篇大作中的名言，便有“先天下之忧而忧，后天下之乐而乐”的流传警句。文章的大手笔，范先生确实当之而不愧。但是却偷袭了老子的“后其身而身先，外其身而身存”的语意而加以引申，那是毫无疑问的。“千古文章一大抄”也好，“一大偷”也好，要偷得好，偷得妙。至于现代人，完全抄袭他人，却不注明出处，反以此自以鸣高，那真是违反“盗亦有道”的道理，不值明眼人的一笑，只好由他们瞎闹瞎起哄了。（一笑）

第八章

水的人生艺术

上善若水，水善利万物而不争，处众人之所恶，故几于道。居善地，心善渊，与善仁，言善信，正善治，事善能，动善时。夫唯不争，故无尤。

水的人生艺术

为了引申发挥道家的似私而实无私的妙用，进而刻画出如何才合于“后其身而身先，外其身而身存”的作用，因此便引出一段水之美的人生哲学。

在这节的开场，首先提出“上善若水”为提纲。一个人如要效法自然之道的无私善行，便要做到如水一样至柔之中的至刚、至净、能容、能大的胸襟和器度。

水，具有滋养万物生命的德性。它能使万物得它的利益，而不与万物争利。例如古人所说：“到江送客棹，出岳润民田。”只要能做到利他的事，就永不推辞地做。但是，它却永远不要占据高位，更不会把持要津。俗话说：“人往高处爬，水向低处流。”它在这个永远不平的物质的人世间，宁愿自居下流，藏垢纳污而包容一切。所以老子形容它，“处众人之所恶，故几于道”，以成大度能容的美德。因此，古人又有拿水形成的海洋和土形成的高山，写了一副对联，作为人生修为的指标："水唯能下方成海，山不矜高自及天。"

但在《老子》这一节的文言里，要注意它"几于道"的几字，并非说若水的德性，便合于道了。他只是拿水与物不争的善性一面，来说明它几乎近于道的修为而已。佛说"大海不容死尸"，这是说明水性至洁，从表面看，虽能藏垢纳污，其实它的本质，水净沙明，晶莹透剔，毕竟是至净至刚，而不为外物所污染。孔子的观水，却以它"逝者如斯夫"的前进，来说明虽是不断地过去，却具有永恒的"不舍昼夜"的勇迈古今的精神。我们若从儒、佛、道三家的代表圣哲来看水的赞语，也正好看出儒家的精进利生，道家的谦下养生，佛家的圣净无生三面古镜，可以自照自明人生的趋向，应当何去何从。或在某一时间，某一地位如何应用一面宝鉴以自照、自知、自处。

但在《老子》本章讲修水观的水道，除了特别提出它与物无争，谦下自处之外，又一再强调地说，一个人的行为如果能做到如水一样，善于自处而甘居下地，"居善地"；心境养到像水一样，善于容纳百川的深沉渊默，"心善渊"；行为修到同水一样助长万物的生命，"与善仁"；说话学到如潮水一样准则有信，"言善信"；立身处世做到像水一样持平正衡，"正善治"；担当作事像水一样调剂融和，"事善能"；把握机会，及时而动，做到同水一样随着动荡的趋势而动荡，跟着静止的状况而安详澄止，"动善时"；再配合最基本的原则，与物无争，与世不争，那便是永无过患而安然处顺，犹如天地之道的似乎至私而起无私的妙用了。

老子讲了这一连串人生哲学的行为大准则，如果集中在一个人的身上，就是完整而完美，实在太难了。除了历史上所标榜的尧、舜以外，几乎难得有一完人。不过，能有一项的美德，也就可以树立典范而垂千古了。我们来不及细数历史的古今人物，但从平常熟悉的偶忆中，顺便来说，由周太王的居邠，到周文王的以百里兴；老子自己的一生，始终以周守藏史的卑职自处；吴太伯的让国避地；张子房的自求封于“留”等等，都是效法“居善地”的道理。其余也有不少的圣君名臣，宽厚优容，做到“心善渊”的榜样。诸葛亮的三顾出山，终至于“鞠躬尽瘁，死而后已”，可以说是“与善仁，言善信”的楷模。汉代的文景之治，唐代的贞观之政，君臣上下，大体都有“正善治，事善能，动善时”的精神。只是人类历史的事迹太多，一时也讲说不完，姑且到此为止。此外，在东汉史上，有一段水的有名故事，那便是尚书仆射郑崇对汉哀帝质问“门庭如市”的对话。郑崇当时理直气壮地对答说：“臣门如市，臣心如水。”因此而成为千古的名言，常被直道以事人主的大臣们所引用。那真是水的妙语。但可惜郑崇的“臣心如水”，结果也难免死在昏君哀帝的手里，水也应为他呜咽兴悲了！

第九章

富贵难保的反面文章
中外历史上的悲剧
进退存亡之际
急流勇退的类型

持而盈之，不如其已；揣而棁之，不可长保。金玉满堂，莫之能守；富贵而骄，自遗其咎。功遂身退，天之道。

由“上善若水”到“不争故无尤”的用世无诤三昧，引而申之，说明天道自然的法则，因而引用在人生处世的哲学艺术上，便构成本章一连串“劝世文”式的老子格言。

首先他说：“持而盈之，不如其已。”可作两个层次来理解它：

（一）一个人，真能对天道自然的法则有所认识，那么，天赋人生，已够充实。能够将生命原有的真实性，善加利用，因应现实的世间，就能优游余裕而知足常乐了。如果忘记了原有生命的美善，反而利用原有生命的充裕，扩展欲望，希求永无止境的满足，那么，必定会遭来无限的苦果。还不如寡欲、知足，就此安于现实，便是最好的解脱自在。

（二）告诫在现实人生中的人们，若能保持已有的成就，便是最现实、最大的幸福。如果更有非分的欲望和希求，不安于现实，要在原已持有的成就上，更求扩展，在满足中还要追求进一步的盈裕，最后终归得不偿失，还不如就此保持已得的本位就算了。

总之，这种观念的重点，在于一个“持”字的诀窍。能不能持盈而保泰，那就要看当事人的智慧了。如果从第二层次来讲，老子这句话，是对当时在位的诸侯和权臣大夫们有所感而发的金玉良言。

因此便有“揣而棁之，不可长保。金玉满堂，莫之能守。富贵而骄，自遗其咎”等三联引申的说法。

“揣”，是比喻很突出，很尖锐的东西。“棁”，原本是梁上加楹的意思。用在这里，引申发挥，则和锐利的“锐”相通。一个人如果已经把握有锋锐的利器，但却仍然不满于现状，反要在锋刃上更加一重锐利，俗谚所谓“矢上加尖”，那么原有的锋刃就很难保了。这是形容一个人对聪明、权势、财富等等，都要知时知量，自保自持。如果已有聪慧而不知谦虚涵容，已有权势而不知肥遯退让，已有财富而不知适可而止，最后终归不能长保而自取毁灭。

例如财富到了金玉满堂的程度，不能透彻了解陶朱公（范蠡）三聚三散的哲学艺术，最后，要想守住已有的利益而不可得。人们常会讥笑某种程度的有钱人是“守财奴”。其实，有财而能“守”，谈何容易！“守”的学问，大矣哉！因此古人便有“创业难，守成不易”、“为君难，为臣不易”等永垂千古的名训。

等而下之，一个人在既有的富而且贵的环境中，却不知富与贵的本身，便是招来后祸的因素。如果持富而骄，因贵而傲，那便是自己对自己过不去，终会自招恶果，后患无穷。

讲到这里，使我们联想到许多历史故事，可以反证老子这些名言的真实性。现在只随便提出历史上的帝王、将相，以及一般所知道的资料，稍作启发。

富贵难保的反面文章

在我们的历史经验上，有关历代帝王创业与灭亡的兴衰成败史，悉心详读，完全是一套因果报应的记录。因此，守成之君，必须要“朝乾夕惕”，随时戒慎恐惧，记取《老子》本章所说的道理，才能长保基业，坐稳江山。春秋五霸之一的齐桓公，曾经对历史的怀疑，提出问题来问管仲：

> 昔三王者，既弑其君，今言仁义，则必以三王为法度，不识其故何也？
>
> 对曰（管仲说）：昔者，禹平治天下，及桀而乱之。汤放桀，以定禹功也。汤平治天下，及纣而乱之。武王伐纣，以定汤功也。且善之伐不善也，自古至今，未有改之。君何疑焉！
>
> 公（齐桓公）又问曰：古之亡国，其何失？
>
> 对曰（管仲说）：计得地与宝（只打算拥有国土与财富宝物的现有大业），而不计失（并不考虑将来失去的必然祸害）。诸侯计得财委（对于各地方的诸侯，只要求他输纳财物或奉献封地），而不计失（但不考虑地方诸侯怨愤反感的失策后果）。百姓计见亲（对于一般人民，只满足于目前臣服拥护的虚荣亲切），而不计见弃（并不考虑他们不是衷心悦服，将来会被大家所反对扬弃的悲惨下场）。

三者之属，一足以削。遍而有者，亡矣。古之隳国家，殒社稷者，非故且为之也。必少有乐焉，不知其陷于恶也。

这里管仲所说的“非故且为之也，必少有乐焉，不知其陷于恶也”的意义，就是指只见目前的小利，而不计后果的大恶。也就是董仲舒《春秋繁露》所指的“春秋二百四十年之中，弑君三十六，亡国五十二，细恶不绝之所致也”。“细恶”，是指小小的过错。小过不慎，终酿大祸，甚至于亡家亡国。

历代创业继统的皇王帝霸，如果不深明老子所说传统道家的哲学，到头来，便有如刘宋末代的十三岁小儿皇帝宋顺帝，与明思宗两人一样的悲惨下场，至死不明为什么遭遇有如此惨痛的前因与后果。

中外历史上的悲剧

法国大革命的远因，早自十八世纪（清朝康熙中叶）法国的中兴英主开始。他就是自称为“太阳王”的名王路易十四，穷兵黩武之外，又加上穷奢极欲，建筑了名城凡尔赛宫等处。五六十年之间，传位到曾孙路易十五手里，在极度的豪华以后，不知“持而盈之，不如其已”，反而变本加厉，“揣而棁之”。因此给后代子孙——路易十六留下国债四十亿之巨。如此局面，当然不可长保。但路易十六明知危殆，始终没有大刀阔斧的改革魄力，甚之，还要“矢上加尖”，终至“金玉满堂，莫之能守。富贵而骄，自遗其咎”。

路易十六在凡尔赛宫的宫廷生活，耗费国家金钱之多，令人叹为观止。每当有外国君主或重臣来访，路易十六都一定要在凡尔赛宫开设盛宴，一次宴会下来，动辄就是千万金元，笙歌达旦，作长夜之欢，戏子、歌女、舞妓，日夜不停地出入宫门，跳羽衣舞，唱霓裳曲。凡尔赛宫一年所喝过的葡萄酒，就有七十九万法郎之多。此外，单是鱼肉就多达三百四十七万法郎。还有点灯的蜡烛费用，也在五万法郎以上。至于王宫中所用的宫女、宫人，那更是多到令人难以置信。例如御膳房的厨师就有二五九人之多，其主任厨师的年薪是八万四千法郎。国王的秘书官将近千人之多，每个人的年薪是二十万法郎。王后的侍女也有五百人之多，每个人的年薪最少也有一万二千法郎。总计凡尔赛宫的宫女和侍臣是一万六千人，这里面还不包括一般贵族与朝臣。皇宫里的御用马匹是八千九百匹，御用车是两百多辆，所以每当路易十六出外巡幸，其行列之壮大有如祭典，无数车马排成一条长蛇阵，大臣们佩紫带黄，宫女们美服艳装，那种穷奢极欲的威风气派，真是有如天人一般。总计每年王室所花用的金钱竟达三千三百万法郎之多，相当国库总收入的五分之一。除此之外，还有将近一万的禁卫军，每年也要花费三百万元以上。王后安唐妮，那更是豪阔无度。她光是各种手镯，就能值到七八百万法郎，其他的首饰那就更不用说了。其总额相当于王室每年支出的三千三百万法郎。至于那些宫廷贵族的年金，还不包括在三千三百万法郎的王室经费以内。当时的凡尔赛宫，位于巴黎城郊，里面有二十九个庭园，四座瞭望台，台内有喷泉，有瀑布，四季都有鲜花盛开，极尽娱游之乐。

可惜路易十六不能“持盈保泰”，反而促成大革命的提早来临，徒使自己与安唐妮王后都上了断头台，留为后人唏嘘凭吊，寄予无限的同情。有人将路易十六的王后安唐妮的促成败亡之局，匹比清末的慈禧，虽不尽然，但都犯了“揣而棁之，不可长保”的错误，却是相同。其实，富贵易使人骄，得意容易忘形，这是人类心理的通病。尤其是以往历史上的帝后王孙，生育在深宫之中，长养于太监宫女之手，何尝备知人间社会的种种。因此，在我们的历史上，便常有自悲生为帝室儿孙的浩叹。

当萧道成迫使刘宋末代皇帝——十三岁小儿刘准让位的时候，可怜的小皇帝，已自知不免于死亡，惊惧万分，随口就问萧道成的帮凶大臣王敬则说：“今天就要杀我吗?”王敬则说：“不要怕，不过迁居别宫。官家（对皇帝的称呼）先世取司马家，也是如此。”刘准一边哭，一边说：“愿后身世世，勿复生帝王家!”

同样的问题，发生在明思宗（崇祯）的时代，当李闯王率兵入宫的时候，思宗用剑砍杀他的女儿长平公主，叹曰：“汝何故生我家!”

由此，更可明白深入传统道家哲学的历代隐士、高士们，薄帝王而不为，唯恐富贵来迫，于是便有“避世唯恐不早，入山唯恐不深”的思想了。

有关历史名人在富贵贫贱之际，这一类的人生经验典故，多到不胜枚举。现在我们姑且摘取数则就反面发挥的诗文，以发人深省。

仔细体会中国历史上第二个南北朝——宋、辽、金、元时期，几首名人的诗，便可了解《老子》本章有关人生哲学的深意。也许说，这些作品未免过于悲观低调。但人生必须要经历悲怆，才能激发建设的勇气，这便是清代史学家而兼大文学家的赵翼先生在《题元遗山诗集》中所谓的：

身阅兴亡浩劫空，两朝文献一衰翁。
无官未害餐周粟，有史深愁失楚弓。
行殿幽兰悲夜火，故都乔木泣秋风。
国家不幸诗家幸，赋到沧桑句便工。

以下便是反映辽、金、元三朝有关“金玉满堂，莫之能守。富贵而骄，自遗其咎”的哲学文艺作品。

辽·《伎者歌》

百尺竿头望九州，前人田土后人收。
后人收得休欢喜，更有收人在后头。

人生事，的确如此。无奈人们明知而不能解脱！

金·元遗山《秋夜》

九死余生气息存，萧条门巷似荒村。
春雷漫说惊坯户，皎日何曾入覆盆。
济水有情添别泪，吴云无梦寄归魂。
百年世事兼身事，樽酒何人与细论。

“百年世事兼身事”，到头来，谁都难免有此感受。无论清平世界或乱离时代，大概都是如此。只可惜元遗山亲身经历兴衰成败的哲学观点，却是“樽酒何人与细论”的感慨，除非与老子细斟浅酌，对饮一杯，或许可以粲然一笑。

元·刘从益《题闲闲公梦归诗》

学道几人知道味，谋生底物是生涯。
庄周枕上非真蝶，乐广杯中亦假蛇。
身后功名半张纸，夜来鼓吹一池蛙。
梦间说梦重重梦，家外忘家处处家。

“学道几人知道味”，可为世人读老子者下一总评。“谋生底物是生涯”，人人到头都是一样。若能了知“梦间说梦重重梦，家外忘家处处家”，又何必入山修道然后才能解脱自在呢？

元·密兰沙《求仙诗》

刀笔相从四十年，非非是是万千千。
一家富贵千家怨，半世功名百世愆。
牙笏紫袍今已矣，芒鞋竹杖任悠然。
有人问我蓬莱事，云在青山水在天。

“一家富贵千家怨，半世功名百世愆。”真是看透古今中外的人情世态。正因其如此，要想长保“金玉满堂”的富贵光景，必须深知“揣而棁之”的不得当，以及“富贵而骄，自遗其咎”，自取速亡的可畏。

进退存亡之际

“崇高必致堕落，积聚必有消散。缘会终须别离，有命咸归于死。”这是佛学洞穿世事聚散无常的名言，同时也是出世思想的基本观点。可是以老子所代表道家哲学的可以出世，可以入世，他却有“挫其锐，解其纷”的不死之药，长保“散而未尽”的七字真言：“功遂，身退，天之道。”其中去了一个助语词的之字，真正只有六字真言。但在后世许多文学家们，感受意犹未尽，又再插入两字一句，变成九字真言，而为“功成，名遂，身退，天之道”了。七字真言也好，九字真言也好，说尽管说，说来还很潇洒，可是在一般的观念里，总觉得消沉低调意味太浓。其实，大家只是忘记观察自然界的“天之道”，因此便觉低沉。如果仔细观察天道，日月经天，昼出夜沉，夜出昼没，寒来暑往，秋去冬来，都是很自然的“功遂、身退”的正常现象。植物世界如草木花果，都是默默无言完成了它的生命任务，便又静悄悄地消逝，了无痕迹。动物世界生生不已，一代交替一代，谁又能不自然地退出生命的行列呢！如果说有，只有人类的心不肯死，不肯甘休，永远想在不可把捉中冀求把捉，在不可能永久占有中妄图占有。妄想违反自然，何其可悲！

至于老子这些名言，究竟是正言天道不易法则的自然哲学？或是对他当时生存的时势，有感而发，用来警觉世人？似乎不须争论。但在我们的上古的历史文化上，原来儒道并不分家的共通观点来看，孔子、孟子，以及其他诸子之学，动称先王，也都极力推崇尧舜的作为。尧舜之道的值得赞扬，那便是“功遂，身退，天之道”的最好范例。至于三代以后，家世天下的推位让国，想要表现一下“功遂身退”，自称为太上皇的戏剧，则几乎没有一个是出于至诚，也没有一个有美好的收场。其次，如北魏文帝的退位出家，以及相传清初顺治入五台山的剃度，都是别有心事，绝非“功遂身退”的情怀。

急流勇退的类型

等而次之，从秦、汉之后，看历史上风云人物的作为风格，取其稍微类同于道家的，如汉代的张良与诸葛亮，原本存心都想“功遂身退”，但很可惜其遭遇仍然不能遂其所愿。张良虽然不肯居功，只自谦退求封于“留”地而为“留侯”，但却身不由己，不能再加上三点水而一“溜”了之，以已绝人间烟火食的半仙之分，结果仍免不了受吕后的饮食毒害而殁。与其如此，还不如诸葛武侯的“鞠躬尽瘁，死而后已”，身成绝代之功，更为划算。

也许由此历史经验的教训，致使后来道家人物的作为，如东晋的抱朴子——葛洪，南朝齐梁之际的陶弘景，更加小心谨慎。葛洪便早早抽身，自求出任为勾漏令，以宦途当隐遁，暗暗修他所认为的仙道以终。陶弘景则及早挂冠神武门，悠哉游哉，造成“山中宰相”的局面，作他的洞天《真诰》，自在精神领域了事。

到了隋唐之间，文中子以儒佛道三家通才的学养，讲学河汾，造成唐初开国一班文武兼资的盛世人才，在人文文化上立下莫大功德，但结果姓名隐没不彰，反令后世多方考据，是为退身幕后的旷代奇人，虽无赫赫事功，却真合于身退之道。

至于宋初，隐逸在华山的陈抟，已经完全走入道家的神仙行列，另当别论。南宋的韩世忠，知机早退，骑驴湖上，笑傲山林，可算明智之举，难能可贵。明初的诚意伯刘基，以亦儒亦道的姿态出山，辅助朱元璋而成功帝王事业，但结果仍然难逃被毒而亡。

此外，另如佛家出家的高僧而返还俗世初服，成功留名于历史的，如元初的刘秉忠，明永乐时期的少师姚广孝，可算切实做到了“功遂身退”。此外如帮助朱元璋，专任办理西番外交政治的高僧宗泐禅师，不论道业学问，或者事功，都是第一流的人物，但照样不能“功遂身退”而圆寂于西番任所。由此可见无论如何高明的人物，毕生能完全合于“功遂身退，天之道”的，确是不易了！难道“名缰利锁”，当真牢不可破吗？

但从唐宋以后儒家思想的观点来看，对于老子的这句名言，虽然并无非议之处，只是把它换了文字的表达，变成“谦让”或“谦光”的美德而已。其实，后世的儒家是心有不甘，不敢完全苟同老子的观念，尤其反对修仙成佛之说，因此而播弄文字的表相而已。这种思想，最有意趣的代表作品，莫如清人一首借题发挥咏吕纯阳的诗：

十年橐笔走神京，一遇钟离盖便倾。

不是无心唐社稷，金丹一粒误先生。

介于道家、儒家的风范，能够做到“功遂身退”，入世又似出世的，历史上有没有这一类的典型人物呢？我认为从两晋清谈玄学的影响，在南北朝之间，有着不少风流人物。风格最为标准的，要算梁武帝的名臣韦睿。他善于从政，也善于用兵作战，有诸葛亮纶巾羽扇、指挥若定的丰神，又有“上善若水”、“功成不居”的意境。如遇老子，或者肯收他为徒，较之函谷关的守吏关尹子，应无逊色。可惜南北朝这一时代，在历史上不大出色，因此南北朝的人物也都被人所遗忘埋没了。

韦睿，字怀文，京兆杜陵人。他是汉丞相韦贤的后裔，系出名门世族。自少即受郡守祖征的赏识，认为是“干国家，成功业”之才。当南齐紊乱之际，他盱衡人物，认为梁武帝萧衍还可算是命世之才，便决计辅从。历迁太子右卫率，出为辅国将军、豫州刺史，领历阳太守，后迁调合肥，以功进爵为侯。

梁武帝决心北伐，魏遣中山王元英为征南将军，率兵南来御敌。韦睿奉命统部北伐，屡建奇功。他素来体弱多病，虽在前线作战，也未尝骑马，只乘坐白木板舆，手执白如意，督厉将士，勇气无敌。平常与士卒同甘苦，极力爱护部下，令出必行，战无不胜。魏人军中有谣：“不畏萧娘与吕姥，但畏合肥有韦虎”，对他畏惧万分。

当前方军情紧急的时候，梁武帝遣亲信曹景宗与他会师，而且特别对景宗说：“韦睿，卿之乡望，宜善敬之。”因此，景宗见韦睿，执礼甚谨。但每当战胜，景宗与其他将领，都争先上报，独韦睿迟迟报告，不愿争功。有一次，在庆祝胜利的庆功宴会上，韦睿与景宗同席，酒酣兴至，大家倡议赌钱来作余兴，约定以二十万为赌注。景宗一掷便输，韦睿赶紧把一张骰子翻转，变成景宗是赢家，韦睿自己还连声说："奇怪！奇怪！"

其实，萧梁朝代开创之初，所有的臣僚将佐，莫过韦睿。梁武帝明知他的才能，但始终不委任他作统帅，反而用一个无大才略的宗室临川王萧宏来当元帅，而且又派曹景宗与他并肩作战，在在处处，都心存顾忌。好在韦睿自知苟全于乱世，隐避林下，并非上策，只有如此行其自处之道，不贪名利，不争功劳，而且还在功成之时，深自谦退，以免猜忌。因此他活到七十九岁而殁，遗嘱但穿常服薄葬便了。总算在他身死的时候，感动得梁武帝亲临恸哭，完结他一生苟全于乱世，"功遂身退，天之道"的名剧。

与韦睿行迹有所不同，便是后梁元帝萧绎的功臣——荆山居士陆法和。他先识侯景的必反，但没有人相信其言。到了侯景派兵攻击湘东，他自请统兵以解湘东之危，受任郢州刺史。后又向元帝建议大举定魏的政策，不为所用，自称："吾尝不希释梵天王生处，岂窥人王位耶！但于空王佛所，与王有因缘，如不能用，则奈业何！"及元帝失败，齐宣帝封他为太尉，赐甲第。他只求将府第作佛寺，终日焚香静坐偏室，预期死日。到时果然坐化，尸缩三尺如婴儿大小。这也是"功遂身退"、异常之道的一例，颇可耐人寻味。

附：怀师讲解"功遂身退，天之道"的穿插资料，爱不忍释，特此取存。

独庵老人——姚少师《自题像赞偈》

看破芭蕉拄杖子，等闲彻骨露风流。
有时摇动龟毛拂，直得虚空笑点头。

应枭姚少师影堂有《自题偈语》诗（明诗纪事）

冀北江南事已非，禅机未了说戎机。
止闻智者师黄石，曾见功臣着衲衣。
衫翠湿空春欲老，砌尘凝席客来稀。
一参偈语低徊久，飒飒灵风动素纬。

明·苍雪大师诗四首

鹤马遗踪自道林，相传野老尚堪寻。
花开不择贫家地，鸟宿偏投嘉树阴。
弃世久拼随世远，入山惟恐未山深。
命根断处名根断，十载应难负寸心。

山深麋鹿好为群，水草丰饶隔世氛。
牵犊饮流嫌污口，让王洗耳怪来闻。
鸿飞易远逃罗网，水草难求脱斧斤。
不是绝人何太甚，人情更薄是秋云。

匹夫有志实堪从，难夺三军气所钟。
圣代唐虞如在上，隐沦巢许亦相容。
楚狂昔日歌衰凤，汉室今谁起卧龙。
草木余年能遂养，大夫何必受秦封。

天子浔阳特诏宣，虎溪慧远志辞坚。
僧因赐号恩逾重，山不称臣怒受鞭。
狮子爪牙随踞地，象王鼻孔任撩天。
慧持入定今何在，老树枯禅不记年。

第十章

魂魄精神一担装
养气与修心
为政治国的哲学

> 载营魄抱一，能无离乎？专气致柔，能婴儿乎？涤除玄览，能无疵乎？爱民治国，能无知乎？天门开阖，能无雌乎？明白四达，能无为乎？生之，畜之，生而不有，为而不恃，长而不宰，是谓玄德。

《老子》的版本，一般习惯，都沿用王弼注的编排，九九八十一章，暗寓《易经》的象数。但是否就是《老子》原著的本来面目，问题太不简单，纵使有帛书《老子》等的出土，亦很难确定谁是谁非。这些工作，属于考据家的工夫学问，实在不敢妄加论断。

如果照惯用的王注版本来讲，也很有次序，寓意深远，不可厚非。例如由第一章所标示的道的体和用，“同功而异位”的内涵，一直到第九章的“功遂，身退，天之道”为止，似乎井然有条，已告一段落。第十章的内容，只是引申修习内养的超越现世之道，以及明了“同功而异位”的用世之道的发挥。

魂魄精神一担装

第十章的开始，从修习内养的超越现世之道来讲，有三个要点。第一，“载营魄抱一，能无离乎?”是第一步修身成就的要点。第二，“专气致柔，能婴儿乎?”是第二步修性命成就的要点。第三，“涤除玄览，能无疵乎?”是第三步修心智成就的要点。

从第一要点来讲，首先要解决一个问题，什么才是“营魄”?“营”和“卫”，在我们上古传统的医学，例如历来所标榜的《黄帝内经》——《灵枢》、《素问》等传述中，它便是人体生命的两大关键。“营”，是指人体生命中的血液和养分等作用。“卫”，是指人体生命中的本能活动，属于元气的功能。“营”中有“卫”，“卫”中有“营”，这两者必须调和均衡，一有偏差，就成为病象。

至于“魄”字和“魂”字的连合互用，也屡见于我们上古传统的神仙方伎诸书。普通合称，叫它“魂魄”。这两个字，都是从田从鬼的象形会意字。“魂”字左旁的“云”字，就是象征云气的简写。一个人的精神清明，如云气蒸蒸上升，便是“魂”的象征。在白天的活动，它就是精神，在睡梦中的变相活动，它便是灵魂。“魄”字，边旁是白，一半形声，一半会意。在肉体生命中的活动力，便是它的作用。所以俗说一个人的“气魄”、“魄力”等等，就是这个意思。

以神仙丹道家学说来讲，认为生而魄在肉体生命活力中普遍存在。不经修炼，不得和魂凝聚为一，死后魄就归沉于地。因此，魂是鬼影，魄是鬼形。到了宋代的理学家们，一变为张横渠的理论，便构成“鬼神者，二气之良能也”的说法。二气，是指抽象的阴阳二气。其实，都从道家的魂魄之说脱胎转变而来。

在《老子》的本章文言中，没有“营卫”的出现，却只有“营魄”的标示。因为“营卫”是人体医学的范畴，“营魄”便是神仙方伎的滥觞。或者如此，也许不然！

《老子》的原文在“营魄抱一”之上，首先加了一个“载”字，用字非常巧妙。人身如一部车乘，当然也如一具机器，其中装载了“营”和“魄”两样重要东西。一个平凡的普通人，长年累月，随时随地，都在使用这两样东西，而且它是各自为政，但又随时合作。

思想的纷烦，情感的嚣动，常使自己魂灵营营困扰，常在放射消散之中，散乱不堪。体能的劳动，生活的奔忙，常使精魄涣散，不可收拾。如此这般，动用不休，不能持盈保泰，终至死亡而后已。老子说，倘使人能将生命秉受中的营魄合抱为一，永不分离，便可得长生的希望了。因此说：“载营魄抱一，能无离乎！”

由这个理论和实际的经验，传到春秋、战国以后的方士者流（方伎之士），再一演变为神仙丹道的修炼方法，便摆脱老子所说的“营魄”古语，干干脆脆，用“神”“气”两种名词，取而代之。而且明白指出长生不老的方术，只需将生命中的“神”“气”两样东西，凝结为一，便可成功。神是能思虑的主体，气是活力的泉源。但最难的，便是这两种东西始终不听你的指挥，因此也永远不能合抱而为一体。所以后世的丹道家，便有种种方法，如何来炼气，如何来养神。甚之，把神譬喻是动物中的龙，是矿物中的汞。把气譬喻为虎、为铅。种种形容，种种妙譬，仍然不出老子的“载营魄抱一”而已。这便是第一步修身成就的要点。

养气与修心

其次，从另一角度来讲，假如一个人能够做到“专气致柔，能婴儿乎”，也就差不多可使“营魄抱一”了。然而老子这句名言，却使后世人为了想达到“专气致柔”的效果，想尽种种方法，建立了许多门道。尤其到了近代，自有武当派张三丰的太极拳流行普及以来，到处都可看到、听到“专气致柔”的论调。但很可惜的，谁又真能修气而达到专一的地步呢？心气既然不能专一，要想使它化刚为柔，以柔克刚，更所难能。气不能柔，哪里还能达到返老还童、状如婴儿的境界呢？

但是要从炼气而求得祛病延年、长生不老的方法，早已成为东方人文的专长。无论是中国道家的炼气功夫，或印度的瑜伽术等的炼气，都是靠一双鼻孔、一个嘴巴，加上动作来作呼吸。据我所知的统计，至少有两百多种不同的炼气法，当然也包括了道家和佛家的。

佛家自隋唐以来，由智者大师所创立天台宗的修持入门方法，便很注重用修气调息作为止观的入手法门，如《小止观》六妙门的数息、随息等基本方法。后来演变为天台宗山外的三十六步修炼气功程序，再传到了日本，便成为合气道、武士道等的功夫。又如西藏密宗的一部分修法，专门注重修气的成就，然后进到修脉、修光明而到达三昧真火的境界。总而言之，在人文的学术中，利用气息而修炼精神的，无非要做到“心息相依”、“心气合一”的程度，不谋而合于老子的“专气致柔，能婴儿乎”的原则。

其实，能从客观的立场研究养气或炼气之道，这种学理与方法，在春秋、战国之间，确已普遍地流行。不但道家者流、方士等辈，讲究其术，即如祖述儒家的孟子，也大受其道的影响。而且从古至今，一般对于养气修心的功夫，确能修到纯粹精湛的，很少能超过孟子的程度。以下便是孟子对养气修心的进度，作确切恰当的报道：

> 可欲之谓善，有诸己之谓信，充实之谓美，充实而有光辉之谓大，大而化之之谓圣，圣而不可知之之谓神。（《尽心篇》）

孟子首先指出养气修心之道，虽爱好其事，但一曝十寒，不能专一修养，只能算是但知有此一善而已。必须要在自己的身心上有了效验，方能生起正信，也可以说才算有了征验的信息。由此再进而“充实之谓美”，直到“圣而不可知之之谓神”，才算是“我善养吾浩然之气”（《公孙丑篇》）的成功果位。至于“其生色也，睟然见于面，盎于背，施于四体，四体不言而喻”（《尽心篇》），那是属于“有诸己之谓信”与“充实之谓美”之间所呈现的外形现象而已。

假如将孟子这些养气修心的成就之说，拿来与老子的“专气致柔，能婴儿乎”作一对比研究，是否完全一致？可以说，从表面看来，第一，一简一繁，已有不同。第二，孟子的神化，与老子的婴儿，似乎又有形而上与形而下的差别。但是，老子的简易浅显，用婴儿的境界来形容神完神旺的情况，看来容易，其实大难。孟子的详述进度，看来愈到后来愈难，事实上，修到了“充实而有光辉”之后，却是图难反易了。这便是《老子》本章所说第二步修性命成就的要点所在。

但是，身心性命的中心，并非在身心神气两者之间而已。神气，还只是道的用，“此两者同出而异名，同谓之玄。”能使身心神气相互发挥为用的，却是无名无相的道妙。为了使世俗观念的容易了解，也可勉强另为它取名叫“玄览”，叫它为睿智或慧智。因此，便有第三步修心智成就的说法，所谓“涤除玄览，能无疵乎！”这是说到了道智成就的时候，澡雪精神还须洗炼，必须达到法天法地而“曲成万物而不遗”的纯粹无疵，才能返还本初，合于自然之道。到此才能心如明镜，照见万象。物来则应，过去不留。洞烛机先，而心中不存丝毫物累。

为政治国的哲学

由载营魄抱一而无离，专气致柔如婴儿，到达涤除玄览而无疵的内养之道，已有所成，便可入于内圣境界。如能出而外王，转进“同功而异位”的用世之道，又有三个要点必须做到，才能构成整体工程系统。首先提出“爱民治国，能无知乎”第一问题。骤然看来，非常矛盾，而且也很有趣。既然要爱民治国，肩挑天下大任，岂是无知无识的人所能做得到的。即如上古儒道并不分家的历史文化所记载的黄帝或者尧、舜，都是标榜天纵神武睿知，或生而能言，或知周万物，哪里有一个无知的人而能完成爱民治国的重任？老子突然来上两句，“爱民治国，能无知乎？”岂不是有意刁难，故弄玄虚吗？

其实，这两句话的内涵，在《老子》本书第七十一章的全文，已经自作答案，不须我们另加发挥。

如说：“知不知，上。不知知，病。夫唯病病，是以不病。圣人不病，以其病病，是以不病。”这就是说明真是天纵睿知的人，决不轻用自己的知能来处理天下大事，再明显地说，必须集思广益，博采众议，然后有所取裁。所谓知者恰如不知者相似，才能领导多方，完成大业。这里所说的“知不知”，也正是老子思想学术中心的“为无为”，是同一道理。真能用世而成不朽的功业，正因他能善于运用众智而成功其大智。例如我们历史上最被人所喜爱的第一个平民皇帝汉高祖刘邦，只从表面看来，他是漫不在乎，大而化之的人物。但当他统一天下，登上皇帝的宝座以后，很坦白地说：

> 夫运筹帷幄之中，决胜千里之外，吾不如子房。镇国家，抚百姓，给饷馈，不绝粮道，吾不如萧何。连百万之众，战必胜，攻必取，吾不如韩信。三者皆人杰，吾能用之，此吾所以取天下者也。项羽有一范增而不能用，此所以为吾擒也。

这便是老子的“爱民治国，能无知乎”的一个比较接近的榜样。当然决不可以像他的曾孙刘彻——汉武帝一样，太好自知之明。或者同他末代裔孙刘禅——阿斗一样昏庸无知，那都是犯了基本原则的大过，不足为训。

同样的道理，在我们传统文化的诸子学说中，有关类似老子的“爱民治国，能无知乎”的名言，也随处可见，例如：

慎到曰：不聪不明，不能为王。不瞽不聋，不能为公。

鬼谷子曰：专用聪明，则功不成。专用晦昧，则事必悖。一明一晦，众之所载。

《吕氏春秋》引周公旦曰：君子屈于不己知而伸于知己。

傅子曰：智慧多，则引血气如灯火之脂膏，炷大而明，明则膏消。炷小而暗，暗则膏息。息则能长久也。

但能够透彻明白这些道理，用在济世之功的方面，千古以来，莫过于管仲。所以他能辅相太保型的齐桓公——小白，建立霸业，“一匡天下，九合诸侯”，确非偶然。那么管仲的“爱民治国，能无知乎”的表现，又在哪里呢？我们且看他对齐桓公的建议：

升降揖让，进退闲习，辩辞之刚柔，臣不如隰朋，请立为大行（主管外交使节）。

垦草入邑，辟土聚粟，多众尽地之利，臣不如宁戚，请立为大司田（主管农业水利垦殖开发）。

平原广牧，车不结辙，士不旋踵，鼓之而三军之士视死如归，臣不如王子城父，请立为大司马（主管军事）。

> 决狱折中，不杀不辜，不诬无罪，臣不如宾胥无，请立为大司理（主管司法）。
>
> 犯君颜色，进谏必忠，不辟死亡，不挠富贵，臣不如东郭牙，请立以为大谏之官（谏官）。
>
> 此五子者，夷吾（管仲自称名字）一不如。然而以易夷吾，夷吾不为也。君若欲治国强兵，则五子者存矣。若欲霸王，夷吾在此。桓公曰：善。

这便是臣道第一人的“爱民治国，能无知乎”的最好说明了。

老子的书，倘使照条分类列来读，看来只是一项一条的格言而已。如果按照王弼注的流行本的编排来读，有时好像很矛盾。当然，也可以把这种矛盾，认为是正反的排比。例如本章开头，刚刚说了一句“爱民治国，能无知乎？”跟着而来的第二要点，便是“天门开阖，能无雌乎？”但无知无识，正好是雌阴晦昧的境界。这与天门开阖而无雌的说法，恰好完全相反。无雌，当然是与阴柔反对的雄阳正格。雄阳，就是刚正的表相。天门是象征性的代名词，天圆盖覆，本自无门，哪里开阖？但道家却把人体的头颅顶盖天灵骨的中心点，古代医术所称的百会穴之处，叫作天门。也有别名叫“天囱”的。据说，修道的人，修到纯阳无杂的程度，天门就会自然开阖。到此程度，自然智周万物，神通天地，明达古今，超凡入圣。如果照我们上古历史类似神话的传说，自神农、黄帝以下，以及唐尧、虞舜等圣帝明王，都能在现生中修养到达这种境界。但皆退藏于密，深藏而不露，所以在爱民治国方面，都是表现其无知而知的大成就。

具备了这种知不知与天门开阖而无雌的最高修养，才能做到第三要点“明白四达，能无为乎！”为而不为，垂拱而治的德业。因此，从表面看来，虽然都是入世、治世的君主，但在实际上，同时就是超越世俗的圣哲——超人。因此，才能“生之，畜之”，而护佑万邦，安养百姓。

可是到了最后，却是“生而不有”，如天地一样，虽能生长万有，但不据为己有。“为而不恃”，虽然是因为他的德业作为而有此成功，但他却不自恃为己功。虽然雄长万方，但却不愿永久自居于主宰的地位。因此说“长而不宰，是为玄德”，“玄德”的意思，不只是大德而已。

由于道家圣人代表的老子，与儒家圣人代表的孔子等人，随处推崇以三代以上的圣帝明王作标样，用来阐扬上古传统文化君道的精神，因此而有宋代大儒邵康节写出微言大义的名句“唐虞揖让三杯酒，汤武征诛一局棋”的历史哲学。我们正好借来作为本章的结论，最为恰当。尧、舜都是内圣外王、出世而入世的得道明君，所以他们能在进退之间，互相揖让而禅位，杯酒言欢，坦率自然，绝无机诈之心。时代愈后，人心不古，到汤武革命，便用征诛手段，这便等于在棋盘之间的对弈，权谋策略，煞费心机，已与自然之道大相迳庭了。所以由这两句名言的内涵，便可了解老子的人生标准与历史哲学观点的玄言妙义了。

第十一章

三十辐共一毂，当其无，有车之用。埏埴以为器，当其无，有器之用。凿户牖以为室，当其无，有室之用。故有之以为利，无之以为用。

有上章“同功而异位”内圣外用的说法，便有本章申述道在有无动静之间的说明。

本文多用譬喻，首先提出担当任重道远的车毂，它能活用不休、轮转无穷的中心关键所在，便是中空无物，所以才能支持多方面的效用。同时也使多方面的力量，归到中心点而返还无用之用的大用，无为而无不为的要妙。

如“三十辐共一毂，当其无，有车之用。”古代造作大木车的车毂，它的中心支点只是一个小圆孔。由中心点小圆孔向外周延，共有三十根支柱辐凑，外包一个大圆圈，便构成一个内外圆圈的大车轮，由此而能担当任重道远的负载，旋转不休而到达目的地。以这种三十辐凑合而构成一个大车的轮子来讲，你能说哪一根支柱才是车轮载力的重点吗？每一根都很重要，也都不重要。它们是平均使力，根根都发挥了它的伟大功能而完成转轮的效用。但支持全体共力的中心点，却在中心的小圆孔。可是它的中心，却是空无一物，既不偏向支持任何一根支柱，也不做任何一根支柱的固定方向。因此才能活用不休，永无止境。

透过这种物理自然的法则，便可了解修身成就的要点："载营魄抱一，能无离乎"的修养，要在中心无物，任运于有无之间的妙用。如果用在施于大政，"爱民治国，能无知乎"，便须如此车毂的中心，虚怀无朕，合众辅而完成大力的全功。

其次，如"埏埴以为器，当其无，有器之用。"埏，是捏土。埴，是黏土。造作陶器，必须把泥土做成一个防范内外渗漏的周延外形，使它中间空空如也，才能在需要用它的时候，随意装载盛满，达到效果。

了解这种与其能空能无，才能具有盛满装载器物的容物价值。无论为后天修养性命之道的"专气致柔，能婴儿乎"，与出而用世的"天门开阖，能无雌乎"，都必须"虚怀若谷"，与天地精神往来而得大机大用。

再次，如"凿户牖以为室，当其无，有室之用。"户是室内的门，牖是窗窦。要建造一间巨大的房屋，必须要开辟门窗，以便光线空气的流通，才能住人而养人。使人胸襟开阔，内外畅达而无阻碍。由此而说明"涤除玄览，能无疵乎"的修习心智功夫，必须要开张灵明，静居其中，见闻不隔而清净无为。如要施之于用世之道，便是"明白四达，能无为乎"的楷模。

最后重复叮咛，无论是出世之道，与入世之用，必须要切实明白道在有无之间的窍妙。因此说："故有之以为利，无之以为用。"了解此理，才是真能懂得"利用安身"的大法则。后来到了五代，道家的神仙才子谭峭，发挥了道家学术思想的物化原理，与老庄的学说合流，写了一本名著《化书》。其中有关物理之际，有无之间的妙用，阐发得隽永透辟之至，如说：

> 搏空为块，见块而不见空，土在天地开辟后也。粉块为空，见空而不见块，土在天地混沌时也。神矣哉！

理解透辟如谭子的深度，真可说是“神矣哉”！既然是“神矣哉”的境界，我们所说的都是狂言空话，不如就此煞住，无话可说了！

第十二章

花花世界奈聋盲

五色令人目盲，五音令人耳聋，五味令人口爽。驰骋畋猎，令人心发狂。难得之货，令人行妨。是以圣人为腹不为目，故去彼取此。

花花世界奈聋盲

跟着前面所说“有之以为利，无之以为用”，因应运用的原则，顺理成章地说出善于用物，而不被物所用的重点。因此而提出严重的警告，要人们对于声、色、货、利，以及口腹之欲，加以节制，不要任性自欺而上当。本章原文，文从字顺，大家读了就很明白，用不着多加解释。现在我们只从实际的经验上，提供一些报告，以为大家的参考。

像我们这一时代的人，以现代人的眼光来看，大半是由古老的农村社会出身，从半落后的农业社会里长大，经过数十年时代潮流的冲激，在艰危困苦中，经历多次的惊涛骇浪而成长。从漫长曲折的人生道途上，一步一步走进科技密集、物质文明昌盛的今日世界。回首前尘，瞻顾未来，偶尔会发出思古之幽情，同时也正迷醉于物质文明的享受。

例如由我们所看到的长辈，以及我们这一代，从幼少的时期，在一盏半明半灭的青油灯下，“三更灯火五更鸡”地苦读诗书，慢慢到了有了洋油（煤气）灯，再进到电灯（日光灯），以及彩色电影和彩色电视的今天。

由惯听农村俚语的民俗歌谣，到达无线电的收音机，再进而发展到“身历声”的高级音响，播送出世界各地的名歌妙曲。

由穿钉鞋，打油纸雨伞，踩着泥泞的道路，上学堂读书，到达脚踏车、摩托车和私家轿车（汽车）亲自接送孩子们上学读书的场面。

由老牛拖车，瘦马蹇驴，单桨划船，到达机帆船、轮船、油轮货柜。由仰头上空看四翼飞轮机开始，到达随时可以乘坐喷射航机环游世界的今天。

由磨墨涂鸦到打字影印的数十年来，不敢说读万卷书，行万里路，但所读过的书，无论在白天或灯光下面，并不亚于现代青年的努力用功，可是用到现在，老眼还不太过昏花。当然在年轻的时候，也没有现代青年的近视水准。同时，也不会因噪音的干扰而造成听觉不灵。

但在物质文明的现代呢！由自然科学的进步，发展到精密科技以来，声、光、电、化等的科技进步，促使声、色、货、利的繁荣。满眼所见，传闻所及，由父母所生、血肉所成的五官机能，好像都已走样。无论眼睛、耳朵、鼻子、嘴巴，不另加上一些物质文明的成品，反而犹如怪物似的，而且应用失灵，大有不能全靠本来面目应世之慨。

因此反复忆及《老子》本章的话，常常使人低徊有感，不胜惆怅。由机器人来治事的日子，快要来临，甚之说，与外星人的交往，也不是幻想的虚言。那么，反观我们今日的人样，真真假假，也就不足为奇，只当大家都在活世的大银幕上一番表演而已。老子虽然为后人担忧，看来也是白费口舌，因为目盲自有眼镜架，耳聋自有耳听机，口爽自有营养片，发狂又有镇定剂。老子虽圣莫惊叹，一切无妨难得的。

本章所说的口爽的“爽”字，是指口腔舌头的味觉出了毛病。不是爽快的意义，这要特别说明。例如中国古代医书所称的口爽，便是口腔乏味、食欲不振的意思。

驰骋畋猎，是古代最富于刺激性的个人户外活动，以及群众野外活动。它正如现代人的观念，认为刺激才是享受，疯狂才够刺激。那么，这个老子，也就没得什么好说了！

第十三章

宠辱谁能不动心

天下由来轻两臂

宠辱若惊，贵大患若身。何谓宠辱若惊？宠为下，得之若惊，失之若惊，是谓宠辱若惊。何谓贵大患若身？吾所以有大患者，为吾有身。及吾无身，吾有何患？故贵以身为天下，若可寄天下。爱以身为天下，若可托天下。

宠辱谁能不动心

由十一章以来说明，人须能用物而不为物用，不为物累。但能利物，而成为无为的大用。因此再进而说明人生宠辱境界的根本症结所在，都因为我有身而来。

宠，是得意的总表相。辱，是失意的总代号。当一个人在成名、成功的时候，如非平素具有淡泊名利的真修养，一旦得意，便会欣喜若狂，喜极而泣，自然会有惊震心态，甚之，有所谓得意忘形者。

例如在前清的考试时代，民间相传一则笑话，便是很好的说明。有一个老童生，每次考试不中，但年纪已经步入中年了。这一次正好与儿子同科应考。到了放榜的一天，儿子看榜回来，知道已经录取，赶快回家报喜。他的父亲正好关在房里洗澡。儿子敲门大叫说：爸爸，我已考取第几名了！

老子在房里一听，便大声呵斥说：考取一个秀才，算得了什么，这样沉不住气，大声小叫！儿子一听，吓得不敢大叫，便轻轻地说：爸爸，你也是第几名考取了！老子一听，便打开房门，一冲而出，大声呵斥说：你为什么不先说。他忘了自己光着身子，连衣裤都还没穿上呢！这便是“宠为下，得之若惊，失之若惊”的一个写照。

“受宠若惊”，大家都有很多的经验，只是大小经历太多了，好像便成为自然的现象。相反的一面，便是失意若惊。在若干年前，我住的一条街巷里，隔邻有一家，便是一个主管官员，逢年过节，大有门庭若市之慨。有一年秋天，听说这家的主人，因事免职了，刚好接他位子的后任，便住在斜对门。到了中秋的时候，进出这条巷子送礼的人，照旧很多。有一天，前任主官的一个最小的孩子，站在门口玩耍，正好看到那些平时送礼来家的熟人，手提着东西，走向斜对门那边去了。孩子天真无邪的好心，大声叫着说：某伯伯，我们住在这里，你走错了！弄得客人好尴尬，只有向着孩子苦笑，招招手而已。有人看了很寒心，特来向我们说故事，感叹“人情冷暖，世态炎凉”。我说，这是古今中外一例的世间相，何足为奇。我们幼年的课外读物《昔时贤文》，便有：“有酒有肉皆兄弟，患难何曾见一人？”“贫居闹市无人问，富在深山有远亲。”不正是成年以后，勘破世俗常态的预告吗？在一般人来说，那是势利。其实，人与人的交往，人际事物的交流，势利是其常态。纯粹只讲道义，不顾势利，是非常的变态。物以稀为贵，此所以道义的绝对可贵了。

势利之交，古人有一特称，叫作“市道”之交。市道，等于商场上的生意买卖，只看是否有利可图而已。在战国的时候，赵国的名将廉颇，便有过“一贵一贱，交情乃见”的历史经验。如《史记》所载：

> 廉颇之免长平归也，失势之时，故客尽去。及复用为将，客又复至。廉颇曰：客退矣！客曰：吁！君何见之晚也。夫天下以市道交。君有势，我则从君。君无势，则去。此固其理也，有何怨乎！

廉颇平常所豢养的宾客们的对话，一点都没有错。天下人与你廉大将军的交往，本来就都为利害关系而来的。你有权势，而且也养得起我们，我们就都来追随你。你一失势，当然就望望然而他去了。这是世态的当然道理，“君何见之晚也”，你怎么到现在才知道，那未免太迟了一点吧！

有关人生的得意与失意，荣宠与羞辱之间的感受，古今中外，在官场，在商场，在情场，都如剧场一样，是看得最明显的地方。以男女的情场而言，如所周知唐明皇最先宠爱的梅妃，后来冷落在长门永巷之中，要想再见一面都不可能。世间多少的痴男怨女，因此一结而不能解脱，于是构成了无数哀艳恋情的文学作品！因此宋代诗人便有“羡他村落无盐女，不宠无惊过一生”的故作解脱语！无盐是指齐宣王的丑妃无盐君，历来都把她用作丑陋妇女的代名词。其实，无盐也好，西施也好，不经绚烂，哪里知道平淡的可贵。不经过荣耀，又哪里知道平凡的可爱。这两句名诗，当然是出在久历风波，遍尝荣华而归于平淡以后的感言。从文字的艺术看来，的确很美。但从人生的实际经验来讲，谁又肯“知足常乐”而甘于淡泊呢！除非生而知之的圣哲如老子等辈。其次，在人际关系上，不因荣辱而保持道义的，诸葛亮曾有一则名言，可为人们学习修养的最好座右铭，如云：

势利之交，难以经远。士之相知，温不增华，寒不改叶，贯四时而不衰，历夷险而益固。

天下由来轻两臂

在我们旧式文学与人生的名言里，时常听到人们劝告别人的话，如“身外之物，何足挂齿”。由于得意而受到的荣宠，与失意所遭遇的羞辱来讲，利害、得失，毕竟还只是人我生命的身外之物，在利害关头的时候，慷慨舍物买命，那是很常见的事。除非有人把身外物看得比生命还更重要，那就不可以常理论了！

前十多年，有一个学生在课堂上问我，爱情哲学的内涵是什么？我的答复，人最爱的是我。所谓“我爱你”，那是因为我要爱你才爱你。当我不想，或不需要爱你的时候便不爱你。因此，爱，便是自我自私最极端的表达。其实，人所最爱的既不是你，当然更不是他人，最爱的还是我自己。

那么，我是什么？是身体吗？答案：不是的。当你患重病的时候，医生宣告必须去了你某一部分重要的肢体或器官，你才能再活下去。于是，差不多都会同意医生的意见，宁愿忍痛割舍从有生命以来，同甘共苦，患难相从的肢体或器官，只图自我生命的再活下去。由此可见，即使是我的身体，到了重要的利害关头，仍然不是我所最亲爱的，哪里还谈什么我真能爱你与他呢！所以明朝的诗僧楠堂禅师，便说出“天下由来轻两臂，世间何苦重连城”的隽语了！

“轻两臂”的故事，见于《庄子·杂篇》的《让王》篇。

> 韩魏相与争侵地。子华子见昭僖侯，昭僖侯有忧色。子华子曰：“今使天下书铭于君之前，书之言曰：左手攫之则右手废，右手攫之则左手废。然而攫之者必有天下。君能攫之乎?”昭僖侯曰：“寡人不攫也。”子华子曰：“甚善。自是观之，两臂重于天下也。身亦重于两臂。韩之轻于天下亦远矣。今之所争者，其轻于韩又远。君固愁身伤生以忧戚不得也。”僖侯曰：“善哉！教寡人者众矣，未尝得闻此言也。”

所以庄子也说：“虽贵富不以养伤身。虽贫贱不以利累形。”老子亦因此而指出“吾所以有大患者，为吾有身，及吾无身，吾有何患”的基本哲学。再进而说明外王于天下的侯王将相们，所谓以“一身系天下安危”者的最大认识，必须以爱己之心，来珍惜呵护天下的全民，发挥出对全人类的大爱心，才能寄以“系天下安危于一身”的重任。这也是全民所寄望、所信托以天下的基本要点。同样的道理，以不同的说法，便是曾子的“可以托六尺之孤，可以寄百里之命，临大节而不可夺也。君子人欤？君子人也。”

由此观点，我们在本世纪中的经历，看到比照美式民主选举的民意代表们，大都是轻举两臂：拜托！拜托！力竭声嘶地攻讦他人，大喊投我一票的运动选民，不禁使旁观者联想起："贵以身为天下，爱以身为天下"、"天下由来轻两臂，世间何苦重连城"的幽然情怀了！

讲到这里，忽然看到在座诸公，有的是倾心于老子的太上老君的神仙丹道的学者，心里正在嘀咕本章的"及吾无身，吾有何患"的解释，明明是说修道的功夫境界，何苦一定要侧重下文的"贵以身为天下，爱以身为天下"的可寄可托的繁文。这却要恕我唐突，太过赞赏老子的可以入世、可以出世的道妙，因此就顺口搀胡，说到老子点化用之道的一面去了。如果从修习神仙养生之道来讲，要修到无身境界，确已不易。但无"身"之患，也未必能彻底进到"无我"的成就。何况一般笃信老子之道者，还正在偏重虚心实腹，大作身体上气脉的功夫，正被有身之患所累呢！所以宋代的南宗神仙祖师张紫阳真人便有"何苦抛身又入身"之叹！至于说，如何才能修到无"身"之累？那就应该多从"存神返视"、"内照形躯"入手，然后进入"外其身而身存"的超神入化境界，或者可以近似了！

第十四章

时空心物与道的体用

视之不见名曰夷，听之不闻名曰希，搏之不得名曰微。此三者不可致诘，故混而为一。其上不皦，其下不昧，绳绳不可名，复归于无物。是谓无状之状，无物之象，是谓惚恍。迎之不见其首，随之不见其后。执古之道，以御今之有。能知古始，是谓道纪。

时空心物与道的体用

依据习用已久王弼编排的《老子》八十一章的次序，从本章开始，又另起炉灶，转入辩说物理的境界，似乎不相衔接。其实，与十三章所讲，不可为物情所累，而困扰于世俗的宠辱，因此而生起得失之心。而且进一步了解宠辱的发生，都由于我有我身之累而来，“及吾无身，吾有何患”。那么便知在现实世界中，所谓我与无我之间的关键，只因有此身的存在而受累无穷。但我身是血肉之躯，血肉的生理状态，也便是物理的造化而来。因此便进一步说明心物一元的形而上与形而下的理则，隐约之间，仍然是顺理成章，大有脉络可循。这也便是道家学说，始终从生理物理入手而到达形而上的特殊之处，大异于后世的儒家与佛家的理趣所在。

本章首先提出有一个看而不见，听而不闻，又触摸不到的混元一体的东西。要说它是物吗，它又不同于物质世界的物体那样，可以看得见，听得到，摸得着。要说它不是物吗，宇宙万有的存在，都由它造化而来。因此，在理念上名之曰“道”。在实用上，便叫它作混元一体。但在本无名相可说上，它究竟是什么东西？老子为之作了三部分的命名。

视之不见的，还有非见所及的存在，特别命名它叫“夷”。夷，是平坦无阻的表示。

听之不闻的，还有非听闻所及的作用，特别命名它叫“希”。希，不是无声，只是非人类耳目所及的大音而已。

感觉摸触不到的，还有非感官所知的东西，特别命名它叫“微”。微，当然不是绝对的没有。后来由印度传入的佛学，说到物理的深奥之处，也便借用老子的观念，翻译命名为“极微”，便有互同此理的内涵。

总之，视、听与触觉这三种基本作用，原是一体的三角形。它与物理世界的声、光、触受是有密切的相互关联性。也可以说它是一体的三种作用，不可寻探它的个别界限，因此儱侗说明它是“混而为一”的。从老子以后的道家与道教，便因袭其名，叫它“混元一体”，或“混元一气”。这便是老子当时对物理的分类说法，也可以说是中国古代理论物理的粗浅说明之一。

再进一步说明，他说这个声、光、触觉“混而为一”的东西，它的本身，并无上下左右等的方位差别，也没有明暗的界别。也可以说上下明暗，“混而为一”而不可或分的，所以它具有超越时空的性质。“其上不皦”，虽在九天之上，也不受皦然光明的特色所染污。“其下不昧”，虽在九地之下，也不受晦昧不明的现象所染污。它说似无关却有关的永远不断不续似地连在一起，“绳绳不可名”。你要说它是一个具体物质的东西，它又不是物质，“复归于无物”。总之，没有固定的形状，“无状之状”。也不能用任何一样东西来比拟它的现象，“无物之象”。只好给他取了一个混号，叫作“惚恍”。关于惚恍，老子在后文又自有解说，在此不必先加说明。它是无来无去，不去不来，超越古今代谢的时空作用。来也无所从来，你要迎接它也摸不着边。去也无法追随，你要跟踪它早已无影无形，悄然如逝了。“迎之不见其首，随之不见其后。”

它本是无始无终的，但在人文的观察上，勉强分别它有始有终，有去有来，有古有今的界别。因此，以无始之始，姑且命名它为上“古”。无始不可得，上古不能留，只需切实把握现在的今天，便可体认“风月无今古，情怀自浅深”的真谛。“执古之道，以御今之有。”但切勿忘了它是无古今，无终始的本相，这样，便可把握到道的纲要了，“能知古始，是谓道纪”。

本章虽是偏重于时空、心物的关系而说明道的体用，但在一般重视用世之学的角度看来，它与后世所谓的帝王术与领导学，又有深密的哲学性关系。因为从传统的政治哲学来讲，王者设官治世的所谓“官”的定义，应有两种：

一、从政治制度来讲，“官”者，管也。官，便是管理的意思。

二、从人主的领导政治哲学来讲，“官”者，犹如人体的官能，所谓五官百骸，各有其所司的专职所司的分别事务，均须会报于中枢统领的首脑以作智慧的处理。

而辅助头脑最得力的官能，便是眼目的视力，耳朵的听觉，以及全身的触受所及的亲民之官。自古及今，无论为专制的帝王制度，或自由的民主制度，始终不外这一原理。然而目之所见，耳之所闻，触摸之所及，心之所思，毕竟都是有限度的。即如稍迟于老子，但在儒道还不分家时期的孔门弟子，如曾子、子思，便对此早有深入的告诫。

曾子说："一心可以事百君，百心不可事一君。"

子思说："百心不可以得一人，一心可以得百人。""君子以心导耳目，小人以耳目导心。"

他们都是极力主张领导者首须注重于诚意、正心的自养，而戒慎于偏信耳目的不当。所以在正统儒道学术思想的立场，大多反对"察察为明"，过分偏任法家或权术的制衡作用。所谓"察见渊鱼者不祥"，便是此意。

讲到这里，姑且让我们不伦不类，走出老子道家的范围，插入一段晚唐时代一个禅宗的故事，或可得"他山之石，可以攻玉"的妙悟之趣。

古灵禅赞禅师悟道以后，有一天，看到他的受业本师在窗下看经，正好有一只蜂子飞投纸窗钻不出来。古灵便趁机说："世界如许（这样）广阔，不肯出。钻他故纸驴年去(驴年，是代表永远没有这一年的意思。因地支十二生肖里没有驴)。"遂说偈曰："空门不肯出，投窗也大痴。百年钻故纸，何日出头时。"他的受业本师，因此启发而终于大彻大悟。后人对于这个学案，又写了一首诗偈说："蝇爱寻光纸上钻，不能透过几多难。忽然撞着来时路，始信平生被眼瞒。”

人活老了，便可知道有许多人间世事，被自己耳目所欺骗，被自己情感主观所蒙蔽的，非常之多。既然自己的耳目亦难全信尽为真实，只有用心体会历史法则的“执古之道，以御今之有。能知古始，是谓道纪”才较为切实得当。同样的道理，相反的表达，便有子思在《中庸》篇中所谓的“生乎今之世，反古之道。如此者，灾及其身者也”。其实子思与老子一样，极其重视历史哲学与历史经验的因果法则，鄙薄“予智自雄”、“师心自用”的但重“察察之明”的不当。由此而反照今日世界，普遍都靠耳目收集资料，作为统计的政治方针。甚之，凭藉电脑统计的资料以定人事的管理。有时碰到电脑本身的误差，或人为有意对电脑的错误操作时，想起老子“此三者不可致诘，故混而为一”的妙语，在无可奈何之处，便只好哑然作会心的一笑了！

第十五章

老子的『士』的内涵

濯足浊流人自清

动的哲学

> 古之善为士者，微妙玄通，深不可识。夫唯不可识，故强为之容。豫兮若冬涉川，犹兮若畏四邻，俨兮其若容，涣兮若冰之将释，敦兮其若朴，旷兮其若谷，浑兮其若浊。孰能浊以静之徐清，孰能安以动之徐生。保此道者不欲盈。夫唯不盈，故能蔽不新成。

老子的“士”的内涵

上古时代所谓的“士”，并非完全同于现代观念中的读书人，“士”的原本意义，是指专志道业，而真正有学问的人。一个读书人，必须在学识、智慧与道德的修养上，达到身心和谐自在，世出世间法内外兼通的程度，符合“微妙玄通，深不可识”这八个字的原则，才真正够资格当一个“士”。以现在的社会来说，作为一个士，学问道德都要精微无瑕到极点。等于孔子在《易经》上所言：“絜静精微。”“絜静”，是说学问接近宗教、哲学的境界。“精微”，则相当于科学上的精密性。道家的思想，亦从这个“絜静精微”的体系而来。

所以老子说：“古之善为士者，微妙玄通。”意思是说精微到妙不可言的境界，絜静到冥然通玄的地步，便可无所不知，无所不晓了。而且，“妙”的境界勉强来说，万事万物皆能恰到好处，不会有不良的作用。正如古人的两句话：“圣人无死地，智者无困厄。”一个大圣人，再怎么样恶劣的状况，无论如何也不会走上绝路。一个真正有大智慧的人，根本不会受环境的困扰，反而可从重重困难中解脱出来。

“玄通”二字，可以连起来解释，如果分开来看，那么“玄之又玄，众妙之门”。这正是老子本身对“玄”所下的注解。更进一步具体地说，即是一切万物皆可以随心所欲，把握在手中。道家形容修道有成就的人为“宇宙在手，万化由心。”意思在此。一个人能够把宇宙轻轻松松掌握在股掌之间，万有的千变万化由他自由指挥、创造，这不是比上帝还要伟大了吗？至于“通”，是无所不通达的意思，相当于佛家所讲的“圆融无碍”。也就是《易经·系传》所说的：“变动不居，周流六虚。”“六虚”，也叫“六合”，就是东南西北上下，凡所有法，在天地间都是变化莫测的。以上是说明修道有所成就，到了某一阶段，便合于“微妙玄通，深不可识”的境界。

因此老子又说：“夫唯不可识，故强为之容。”一个得道有所成就的人，一般人简直没有办法认识他，也没有办法确定他，因为他已经圆满和谐，无所不通。凡是圆满的事物，站在哪一个角度来看，都是令人肯定的，没有不顺眼的。若是有所形容，那也是勉勉强强套上去而已。

接着老子就说明一个得道人所应做到的本分，其实也是点出了每一个人自己该有的修养。换句话说，在中国文化道家的观念里，凡是一个知识分子，都要能够胜任每一件事情。再详加研究的话，老子这里所说，正与《礼记·儒行篇》所讲上古时一个读书人的行为标准相符。不过《老子》这一章中，所形容的与《儒行篇》的说辞不同。以现在的观念看来，《礼记》的描写比较科学化、有规格。道家老子的描写则偏向文学性，在逻辑上走的是比喻的路线，详细的规模由大家自己去定。

“豫兮若冬涉川”，一个真正有道的人，做人做事决不草率，凡事都先慎重考虑。“豫”，有所预备，也就是古人所说“凡事豫立而不劳”。一件事情，不经过大脑去研究，贸然就下决定，冒冒失失地去做、去说，那是一般人的习性。“凡事都从忙里错，谁人知向静中修。”学道的人，因应万事，要有非常从容的态度。做人做事要修养到从容豫逸，“无为而无不为”。“无为”，表面看来似没有所作所为，实际上，却是智慧高超，反应迅速，举手投足之间，早已考虑周详，事先早已下了最适当的决定。看他好像一点都不紧张，其实比谁都审慎周详，只因为智慧高，转动得太快，别人看不出来而已。并且，平时待人接物，样样心里都清清楚楚，一举一动毫不含糊。这种修养的态度，便是“豫立而不劳”的形相。这也正是中国文化的千古名言，也是颠扑不破、人人当学的格言。如同一个恰到好处的格子，你无论如何都没有办法违越，它本来就是一种完美的规格。

但是“豫兮”又是怎样“豫”法呢？答案是“若冬涉川”。这句话在文字上很容易懂，就是如冬天过河一样。可是冬天过河，究竟是个什么样子？在中国南方不易看到这类景象，要到北方才体会得出来个中滋味。冬天黄河水面结冰，整条大河可能覆盖上一层厚厚的冰雪。不但是人，马车牛车各种交通工具，也可以从冰上跑过去，但是千万小心，有时到河川中间，万一踏到冰水融化的地方，一失足掉下去便没了命。古人说：“如临深渊，如履薄冰”，正是这个意思。做人处事，必须要小心谨慎战战兢兢的。虽然“艺高人胆大”，本事高超的人，看天下事，都觉得很容易。例如说，拿破仑的字典里没有“难”字。事实上，正因为拿破仑目空一切，终归失败。如果是智慧平常的人，反而不会把任何事情看得太简单，不敢掉以轻心；而且对待每一个人，都当作比自己高明，不敢贡高我慢。所以，老子这句话说明了，一个有修为的人，必须时时怀着好比冬天从冰河上走过，稍一不慎，就有丧失生命的危险，加以戒慎恐惧。

接着，老子又举了另外一个比喻，“犹兮若畏四邻”，来解释一个修道者的思虑周详，慎谋能断。“犹”是猴子之属的一种动物，和狐狸一样，它要出洞或下树之前，一定先把四面八方的动静看得一清二楚，才敢有所行动。这种小心翼翼的特点，也许要比老鼠伟大一点。我们形容做事胆子很小，畏畏缩缩，没有信心而犹豫不决，另有一句谚语，便是“首鼠两端”。这句话的涵义和犹豫不决差不多。只要仔细观察老鼠出洞的模样，便会发现，老鼠往往刚爬出洞来几步，左右一看，马上又迅速转头退回去了。它本想前进，却又疑神疑鬼，退回洞里；等一会儿，又跑出来，可是还没多跑几步路，又缩回去了。如此，大概需要反复几次，最后才敢冲出去。“犹”这种动物也一样，它每次行动，必定先东看看，西瞧瞧，等一切都观察清楚，知道没有危险，才敢出来。

这是说，修道的人在人生的路程上，对于自己，对于外界，都要认识得清清楚楚。“犹兮若畏四邻”，如同犹一样，好像四面八方都有情况，都有敌人，心存害怕，不得不提心吊胆，小心翼翼。就算你不活在这个复杂的社会里，或者只是单独一个人走在旷野中，总算是没有敌人了吧！然而这旷野有可能就是你的敌人，走着走着，说不定你便在这荒山野地跌了一跤，永远爬不起来。所以，人生在世就要有那么地小心。

接着，“俨兮其若容”，表示一个修道的人，待人处事都很恭敬，随时随地决不马虎。子思所著的《中庸》，所谓的“慎独”，恰有类同之处。一个人独自在夜深人静的时候，虽然没有其他的外人在，却也好像面对祖宗，面对菩萨，面对上帝那么恭恭敬敬，不该因独处而使行为荒唐离谱，不合情理。

大家晓得中国文化有一部最根本的书籍——《礼记》。这部《礼记》，等于中华民族上古时期不成文的大宪书，也就是中华文化的根源，百科宝典的依据。普通一般人都以为，《礼记》只是谈论礼节的书而已，其实礼节只是其中的一项代表。什么叫做“礼”？并不一定是要你只管叩头礼拜的那种表面行为。《礼记》第一句话：“毋不敬，俨若思”，真正礼的精神，在于自己无论何时何地，皆抱着虔诚恭敬的态度。处理事情，待人接物，不管做生意也好，读书也好，随时对自己都很严谨，不荒腔走板。“俨若思”，俨是形容词，非常自尊自重，非常严正、恭敬地管理自己。胸襟气度包罗万物，人格宽容博大，能够原谅一切，包容万汇，便是

“俨兮其若容”，雍容庄重的神态。这是讲有道者所当具有的生活态度，等于是修道人的戒律，一个可贵的生活准则。

上面所谈，处处提到一个学道人应有的严肃态度。可是这样并不完全，他更有洒脱自在，怡然自得的一面。究竟洒脱到什么程度呢?“涣兮若冰之将释”。春天到了，天气渐渐暖和，冰山雪块遇到暖和的天气就慢慢融化、散开，变成清流，普润大地。我们晓得孔子的学生形容孔子“望之俨然，即之也温”，刚看到他的时候，个个怕他，等到一接近相处时，倒觉得很温暖，很亲切。“俨兮其若容，涣兮若冰之将释”，就是这么一个意思。前句讲人格之庄严宽大，后句讲胸襟气度的潇洒。

不但如此，一个修道人的一言一行，一举一动，“敦兮其若朴”，也要非常厚道老实，朴实不夸。像一块石头，虽然里面藏有一块上好宝玉，或者金刚钻一类的东西，但没有敲开以前，别人不晓得里面竟有无价之宝。表面看来，只是一个很粗陋的石块。或者有如一块沾满灰泥，其貌不扬的木头，殊不知把它外层的杂物一拨开来，便是一块可供雕刻的上等楠木，乃至更高贵、更难得的沉香木。若是不拨开来看，根本无法一窥究竟。

至于“旷兮其若谷”，则是比喻思想的豁达、空灵。修道有成的人，脑子是非常清明空灵的。如同山谷一样，空空洞洞，到山谷里一叫，就有回声，反应很灵敏。为什么一个有智慧的人反应会那么灵敏?因为他的心境永远保持在空灵无着之中。心境不空的人，便如庄子所说：“夫子犹有蓬之心也夫”，整个心都被蓬茅塞死了，等于现在骂人的话：“你的脑子是水泥做的，怎么那样不通窍。”整天迷迷糊糊，莫名其妙，岂不糟糕！心中不应被蓬茅堵住，而应海阔天空，空旷得纤尘不染。道家讲“清虚”，佛家讲“空”，空到极点，清虚到极点，这时候的智慧自然高远，反应也就灵敏。

其实，有道的人是不容易看出来的。老子在上面已说过：“和其光，同其尘。”表面上给人看起来像个“混公”，大混蛋一个，“浑兮其若浊”，昏头昏脑，浑浑噩噩，好像什么都不懂。因为真正有道之士，用不着刻意表示自己有道，自己以为了不起。用不着装模作样，故作姿态。本来就很平凡，平凡到混混浊浊，没人识得。这是修道的一个阶段。依老子的看法，一个修道有成的人，是难以用语言文字去界定他的。勉强形容的话，只好拿山谷、朴玉、释冰等等意象来象征他的境界，但那也只是外形的描述而已。

濯足浊流人自清

因此需要再来两句话，“孰能浊以静之徐清，孰能安以动之徐生”是连接上文讲的，表现了老子文章的独特风格。上面几句话一路下来，一直写得很轻松自然，假使我们只从文字表面去读，起先好像是懂了，若仔细深一层去研究，那便有点捉摸不定了。

现在这两句话，到底是形容修道人的模样呢？还是说反面话？我们对照前后文看看，还是不易搞清楚，究竟为何而说。读古人的书很难，首先暂且不要去看前人的注解。前人也许比我们高明，但也有比我们不明的地方。因为著书立说的人，难免都有先入为主的观念，除非真把古今各类书籍，读得融会贯通，否则见识不多，随便读一本书，就把里面别人的注解、观念，当做稀有至宝，一古邋遢全装进自己的脑袋瓜子里去，成为先入为主的偏见。然后，再来看讨论同样的问题的第二本书，如果作者持着相反的意见，便认为不对，认为是谬论，死心眼地执著第一本书的看法，这不很可怜吗？却不晓得研究中国文化的图书，几千年下来，连篇累牍，不可胜数。光是一部《四库全书》就堆积如山，而《老子》一书的注解，可说汗牛充栋，各家有各家的说法。有人读到焦头烂额，无法分清哪一种说法合理，只好想一套说词，自圆其说。最后又再三推敲，自己又怀疑起来。因此，我们最好还是读《老子》的原文，从原文中去找答案，去发现老子自己的注解。

前文提到“浑兮其若浊”，用来说明修道之士的“微妙玄通”，接着几句形容词，都是这个“通”字的解说。也就是从哪一方面来讲，都没有障碍。像个虚体的圆球，没有轮廓，却是面面俱到，相互涵摄。彻底而言，即是佛家所言“圆融无碍”。成了道的人，自然圆满融会，贯通一切，四通八达，了无障碍。而其外相正是“混兮其若浊”，和我们这个混浊的世界上一群浑浑噩噩的人们，并无两样。

这不就说完了吗？不就已透露出“孰能浊以静之徐清，孰能安以动之徐生”所隐含的消息吗？现在更进一步，解释修道的程序与方法，作为更详细的说明。人的学问修养、身心状况，如何才能达到微妙玄通，深不可识的境界呢？只有一个办法，好好在混浊动乱的状态下平静下来，慢慢稳定下来，使之臻于纯粹清明的地步。以后世佛道合流的话来说，就是“圆同太虚，纤尘不染”，不但一点尘埃都没有，即便连“金屑”，黄金的粉末也都找不着，务必使之纯清绝点。

同时，我们还要认清一个观念。什么叫“浊”呢？佛学在《阿弥陀经》上有“五浊恶世”之说。因此，我们古代的文字，也常描写这个世界为“浊世”。例如形容一个年轻人很英俊潇洒，就说他是“翩翩浊世之佳公子也”，相当现在穿牛仔裤的年轻小伙子，长发披头，眼睛乌溜溜，东瞟西瞟，女孩子暗地里叫声“好帅”一样。

生长在世局纷乱，动荡不安的时代里，我们静的修养怎样能够做到呢？这相当困难，尤其现代人，身处二十世纪末叶，二十一世纪即将来临的时代。人类内在思想的紊乱，和外在环境的乱七八糟，形成正比例的相互影响，早已不是“浊世”一词便能交代了事了。什么“交通污染”、“噪音污染”、“工业污染”、“环境污染”等等后患无穷的公害，又有谁能受得了？

因此，“孰能浊以静之徐清”，谁却能够在浊世中慢慢修习到身心清静？这在道家有一套经过确实验证的方法与功夫。譬如，一杯混浊的水，放着不动，这样长久平静下来，混浊的泥渣自然沉淀，终至转浊为清，成为一杯清水，这是一个方法。然而，由浊到静，由静到清，这只是修道的前三个阶段，还不行。更要进一步，“孰能安以”，也就同佛家所讲的修止修观，或修定的功夫，久而安于本位，直到超越时间空间的范围，然后才谈得上得道。

这等于儒家的曾子所著的《大学》中注重修身养性的程序，“知止而后有定，定而后能静，静而后能安，安而后能虑，虑而后能得”是同一个路线，只是表达不同而已。如果我们站在道家的立场，看儒道两家的文化，可套句老子的话作结论：“此二者同出而异名。”

动的哲学

然而，由浊起修，由静而清，由清而安，这还只是修道的一半，另一半“动之徐生”，才是更重要的。否则，那只不过是小乘的境界罢了。只管自己，未能积极济世，自己一个人躲到山上静坐一万年，那又与庞大的人群有何相干？因此，还得“安以动之徐生”，由道体上起种种妙用。

此处的“动”，不是盲从乱动，不是浊世中人随波逐流的动，不是“举世多从忙里错”的乱动。世上许多人钻营忙碌了一辈子，究竟为谁辛苦为谁忙？到头来自己都搞不清楚。真正的动，是明明白白而又充满意义的“动之徐生”，心平气和，生生不息。我们也可以说一句俏皮话，这就是老子的秘密法宝吧！老子把做工夫的方法，修养的程序与层次都说了，告诉你在静到极点后，要能起用、起动。动以后，则是生生不息，永远长生。佛家说“无生”，道家标榜“长生”，耶稣基督则用“永生”，但都是形容生命另一重意义的生生不已。只是在老子，他却用了一个“徐生”来表达。

“徐生”的涵义，也可说是生生不息的长生妙用，它是慢慢地用。这个观念很重要。等于能源一样，慢慢地用，俭省地用，虽说能源充满宇宙，永远存在，若是不加节制，乱用一通，那只是自我糟蹋而已。“动之徐生”，也是我们做人做事的法则。道家要人做一切事不暴不躁，不“乱”不

“浊”，一切要悠然“徐生”，慢慢地来。态度从容，怡然自得，千万不要气急败坏，自乱阵脚。这也是修道的秘诀，不一定只说盘腿打坐才是。做人做事，且慢一拍，就是道理。不过，太懒散的人不可以慢，应快两拍，否则本来已是拖拖拉拉要死不活，为了修道，再慢一拍，那就完了，永远赶不上时代，和社会脱了节。

“徐生”是针对普通一般人而言，尤其这个时代，更为需要。社会上，几乎每一个人都是天天分秒必争，忙忙碌碌，事事穷紧张，不知是为了什么，好像疯狂大赛车一样，在拼命玩命。所以更要“动之徐生”。如果做生意的话，便是“动之徐赚”。慢慢地赚，细水长流，钱永远有你的份；一下赚饱了，成了暴发户，下次没得赚，这个生意就不好玩了。“动之徐生”，所可阐述的意义很多，可以多方面去运用。浅显而言，什么是“动之徐生”的修道功夫？“从容”便是。

生命的原则若是合乎“动之徐生”，那将很好。任何事情，任何行为，能慢一步蛮好的。我们的寿命，欲想保持长久，在年纪大的人来说，就不能过“盈”过“满”。对那些年老的朋友，我常告诉他们，应该少讲究一点营养，“保此道者不欲盈”，凡事做到九分半就已差不多了。该适可而止，非要百分之百，或者过了头，那么保证你适得其反。

比方年轻人谈恋爱，应该懂得恋爱的哲学。凡是最可爱的，就是爱得死去活来爱不到的。且看古今中外那些缠绵悱恻的恋爱小说，描写到感情深切处，可以为他殉情自杀，可以为他痛哭流涕。但是，真在一起了，算算他们你侬我侬的美满时间，又能有多久？即便是《红楼梦》，也不到几年之间就完了，比较长一点的《浮生六记》，也难逃先甜后惨的结局。所以人生最好的境界是“不欲盈”。虽然有那永远追求不到的事，却同李商隐的名诗所说：“此情可待成追忆，只是当时已惘然。”岂非值得永远闭上眼睛，在虚无飘渺的境界中，回味那似有若无之间，该多有余味呢！不然，睁着一双大眼睛，气得死去活来，这两句诗所说的人生情味，就没啥味道了。

中国文化同一根源，儒家道理也一样。《书经》也说：“谦受益，满招损。”“谦”字亦可解释为“欠”。万事欠一点，如喝酒一样，欠一杯就蛮好，不醉了，还能惺惺寂寂，脑子清醒。如果再加一杯，那就非丑态毕露，丢人现眼不可——“满招损”。又如一杯茶，八分满就差不多了，再加满十分，一定非溢出来不可。

大家千万注意老子的话，吉事怎样方得长久？有财富如何保持财富？有权利如何保持权利？这就要做到“不欲盈”。曾有一位朋友谈到人之求名，他说有名有姓就好了，不要再求了，再求也不过一个名，总共两个字或三个字，没有什么道理。

有一次，从台北坐火车旅行，与我坐在同一个双人座的旅客，正在看我写的一本书，差不多快到台南站，见他一直看得津津有味。后来两人交谈起来，谈话中他告诉我说：“这本书是南某人作的。”我说：“你认识他吗？”他答：“不认识啊，这个人写了很多书，都写得很好。”我说：“你既然这样介绍，下了车我也去买一本来看。”我们的谈话到此打住，这蛮好。当时我如果说："我就是南某人。"他一定回答说："久仰，久仰。"然后来一番当然的恭维，这一俗套，就没有意思了。

"此情可待成追忆，只是当时已惘然"，名利如此，权势也如此。即使家庭父子、兄弟、夫妻之间，也要留一点缺陷，才会有美感。例如文艺作品的爱情小说而言，情节中留一点缺陷，如前面所说的《红楼梦》、《浮生六记》等，总是美的。又如一件古董，有了一丝裂痕，摆在那里，绝对心痛得很。若是完好无缺的东西摆在那里，那也只是看看而已，决不心痛。可是人们总觉得心痛才有价值，意味才更深长，你说是吗？

因为能不盈不满，所以才能"夫唯不盈，故能蔽不新成"。"蔽"，就是保护很好的旧东西，由于东西永远是旧的，是原来的样子，一直小心使用，并没有坏。因此，旧的不去，新的不来。这便是"不生不灭，不垢不净，不增不减"的长生之道。所以最难还是在能否做到"不欲盈"。其实，现在修道做功夫的人很多，为什么大家功夫都不上路，就因为违反了"不欲盈"的原则，而都在求盈。打坐时，境界稍好一点，下意识便希求更好，拼命执著这个境界，这样"欲盈"的结果，功夫反而不上路。如果了解"保此道者不欲盈"，把这做功夫的原则把握住了，自然受益无穷。

第十六章

静的妙用

芸芸众生的命根

致虚极，守静笃。万物并作，吾以观复。夫物芸芸，各复归其根。归根曰静，是谓复命。复命曰常，知常曰明。不知常，妄作凶。知常容，容乃公，公乃王，王乃天，天乃道，道乃久。没身不殆。

静的妙用

“致虚极，守静笃。万物并作，吾以观复。夫物芸芸，各复归其根。归根曰静，是谓复命。”这是道家修道的原则和方法，离开此原则都不对。有些人想修道、学静坐，那便应该读懂此文，彻底了解真正的方法。其实，只要有个方法在，已不叫求静，而是求动。既然要放心打坐，那么你还再加个什么方法，那岂不更乱更忙吗？

《老子》及一切道家学神仙丹道的经论，合成《道藏》，有八千余卷之多，《老子》只是其中一卷，看是看不完的。你若读完，准有发疯的可能。但我全读完了，却没有发疯。看过以后，我明白了这一卷所谓的“那个”，就是那一卷所说的“这个”，自然而然加以融会贯通。大概地说，八千多卷的《道藏》，根本离不开老子的六个字：“致虚极，守静笃。”“虚”差不多等于佛家的“空”，有些道家“丹经”上干脆也用空，那是唐、宋以后丹书受了佛家影响的原故。

以往的道家只有“清”与“虚”两个字。“清”是形容那个境界，而“虚”则是象征那个境界的空灵，二者其实是一回事。“致”是动词，是做到、达到；“致虚极”，要你做到空到极点，没有任何染污。至于空到极点是个什么样子呢？若还有个样子就不叫空了。空没得个相貌可寻。

而“守静笃”讲的是功夫、作用，硬要你专一坚持地守住。且用禅宗黄龙南禅师的几句形容词：“如灵猫捕鼠，目睛不瞬，四足据地，诸根顺向，首尾直立，拟无不中。”一只精灵异常的猫，等着要抓老鼠，四只脚蹲在地上，头端正，尾巴直竖起来，两颗锐利的眼珠直盯即将到手的猎物，聚精会神，动也不动，随时伺机一跃，给予致命的一击。这是形容一个参禅的人，参话头，作功夫，精神集中，心无旁骛的情况。不如此，道功无法成就。

禅宗大师们另外还有个比喻：“如鸡之孵卵。”这就不像猫捕老鼠，瞪眼张爪，蓄势待发了。而是闭着眼睛，迷迷糊糊，天塌下来都不管，你踢它一脚，它叫也不叫，理也不理，只是死心眼直守着那个心肝宝贝的鸡蛋。这样也是一种修定的功夫，也是形容虚到极点，静到极点，相同老子所说的“致虚极，守静笃”这六字真言。这六字，已经把所有修道做功夫的方法，与修道的境界、层次，都说完了。世界上各宗各派、各式各样的修道方式，都是为了达到这个目的。下面接着加以说明理由。

“万物并作，吾以观复。”“作”是形容词，宇宙万物，山河大地，无时无刻不在变动，永无止境地发展创化。一直在动中，并没有静过，宇宙的表现，是一个动态的世界。每一个人都在不停地忙碌，每一根草都在生生不息地成长，这是一种道的作用状况。所有生命都在生化中，这是合理的；生化到了尽头，自然死亡，这也是合理的。“万物并作”，都在创造变化，活活泼泼朝向死亡之路走去。因此，庄子解释天地万事万物说：“方生方死。”刚刚出生落地的那一天，就是死亡开始的那一天。一个小孩生下来满一个月，亲戚朋友高高兴兴来庆祝，而在前面的二十九天的生命现象已成为过去了，早已死亡。就算后来活一百年，但在前面的九十九年，也都已死亡，消逝得无影无踪。

从生命的两头来看，庄子很幽默地指出人生的一切，根本就是“不亡以待时尽”。“方生方死”，生命看来似幸福平安，实际是在那里等死而已。只不过排着队比别人多等些时候罢了。从第一天出生开始，等到最后一刻结束，这有多么的滑稽可笑！道家这种看法，未免太伤感了。其实，更深一层体会，方生方死，方死方生，即生即死，即死即生，又何必那么看不开呢？

那么如何才能使自己不死？“万物并作，吾以观复。”“复”是回头的来路，如果借用佛家“无量无边”的形容词来说生命的力量，本是无穷无尽，一直保留在那里，永远不生不灭。不生并非断灭相，不是枯寂，更不是完全没有东西，而是说永远有无限的能量存在那里，用而不用，不会消耗殆尽。这种无比伟大的生命价值，姑名之为不生，在老子叫“复”。“复”也是个卦名，复卦又称做“地雷复”——䷗，上面是坤卦，表征为地，下面是震卦，表征为雷。雷表示电能，生命发展的能源，从此发生。因此老子在后文提出“反回去”的观念，“反者，道之动”，回归生命本初的状态。修道是返回根本，追求生命最初来源的那个东西。

“万物并作，吾以观复”，有志向道的人，不是鲁莽地横冲直撞，向前穷进，而是回头走，走到生命来源之处。禅宗后世的惯用语“还我本来面目”，可当参考，作为此话的注解。真发现自己本来面目，明心见性，便开始接上那生命本具、源源不断、庞大无比的能源。

芸芸众生的命根

“夫物芸芸，各复归其根，归根曰静，是谓复命，复命曰常。”我们看看，天地间的万物，生长最快的是什么？——草。“野火烧不尽，春风吹又生”，把它的根挖掉以后，只要有一点不尽之处，它又会很快地长出来。生生不息的力量，草木似乎算是最快、最明显的例子。依中国人阴阳五行的术语来说，木是代表于生发之机，东方把木表现作生生不息的现象。草木是同一词意。“芸芸”代表一种普普通通的草，也用来形容宇宙万物的生生不息。死了一批，又生一批，越生越多，叫做“芸芸”。后世便由这道家的“芸芸”，和佛家的“众生”，演变成文学上一个很优美的名词：“芸芸众生”。后来又有“林林总总”一词的出现，也是形容犹如草木的多得不可胜数的情形。

老子说，一切万物那么多彩多姿，“各复归其根”，他观察每一个生命，皆是依赖它自己的根本而活。草木无根，活不了的。人也有根，人的根在哪里？我常常看到许多朋友一心求道，却是盲修瞎炼，拼命把丹田当作根，那是不对的；也有人误认为根在肚脐，更是离谱。肚脐只是未出生时和母亲接连一起吸收养分的通口而已，一落地就剪断了，怎么会是修道的根呢？人的根是在虚空，在头顶上。虚空就是我们的泥土，这就是人与万物不同之处。植物的根栽在泥土中，人与植物相反，根栽在虚空中。所以，道家讲修道，“还精补脑，长生不老”，此“精”不完全是指精虫之精，只是与精虫有连带关系。我们看中国国画，主寿的寿星老人——南极仙翁，他那个脑袋被画得比平常人高出一重来，叫做“寿头”。脑子也是智慧的渊源。所以，婴儿刚生下来时，头顶的囟门凹处，里面还是洞开的，与天根相接，在人的肉体生命来说，所谓“天根月窟常来往”，便指此处。等到此处封闭坚硬以后，他就慢慢开始会讲话，意识渐渐成长，天根便截断了。要修到还精补脑，长生不老，脑的内涵，就是指此“根”。

但是，要如何“归根”呢？唯一方法，就是求静。“归根曰静，是谓复命。”能够静到极点，才能找到生命的本源，回归生命的根本。这个根是什么？——虚空。“致虚极，守静笃。”在佛家则直截了当地告诉我们“空”。所谓空，也只是个形容词而已，千万别认为空就是没有，那就错了。空等于老子所说的“清虚”。那么，“归根曰静，是谓复命”，静到极点是怎样的一种状况呢？道家有两句话：“虚空粉碎，大地平沉”，描述这个静到极点的境界，连空也要打破，才是真静。

道家讲修道的过程，“炼精化气，炼气化神，炼神还虚”，其原则没错，但这之间的种种程序变化，麻烦得很。一定要做到，不但没有身形人我的感觉，连这个物质世界、意识影像，甚至虚空的感受都没有了，才算合乎“致虚极，守静笃”的境界。

老子的文章刚刚在此露出一点道的曙光，马上笔锋一带，又转回去了。如同打太极拳一样，看似一拳打过来，却又缩回去，你说不打嘛，等一下那只手又从另一边攻来，难以提防，挡也挡不住。这是道家神龙见首不见尾的精神。《老子》这本书的编述也是这样，因此接着又说明道体作用的现象。

“复命曰常”，找到了生命的根源，便能“不生不死”，永远常在，永远存在。“知常曰明”，你体会到生命根源是不生不灭，那就叫作明道，成了明白人，再也不懵懵懂懂，迷迷糊糊了。如果人不明白道的根本，不明白生命的本来，“不知常，妄作凶”，乱作妄为，必然大凶大害，没有好结果。不知生命真理所在，莫名其妙，乱用道体，下场的危险性，自不待言。

我们拿中国哲学的看法来讲，不管是佛学也好，道家也好，《易经》也好，讲人生都没得呆板、固定的结论。本来嘛！历史上有哪一个人真能找到结论呢？我们看《易经》最妙了，八八六十四卦，最后一卦是未济——䷿，火水未济，是永远没完，下不了结论的。一切事物的发展，永远没得底，无量无边，永无止境，难以捉摸。也可以说它永远自有源头活水来，滔滔不绝，滚滚而来。如何加以形容，那是各人各家的主观。《易经》由乾坤开始，到未济而终。我们若读懂了，就体会到古人所说“闲坐小窗读《周易》，不知春去几多时”两句诗的意味了。

我经常对同学们说，有二样东西必需要学——佛学与《易经》。但这两门学问，穷一辈子之力，并不易学通，也不需学通。不学通，永远追求不到，似通非通的那个样子，其味无穷，一辈子有事消遣——老了也不寂寞，越研究越有趣。古人说，“夜读《易》”，如果夜里读《易经》，鬼神都受不了。我的经验，是夜里读《易经》，保险睡不着觉。刚刚读啊读，看出一点名堂，便想弄个清楚，继续看下去，等告一段落再睡，结果一段接一段，不知不觉天已经亮了。真是“闲坐小窗读《周易》，不知春去几多时”，一整个春天何时溜走了，都不知道，这个味道很好。

若是学通了的人，把人生看得一清二楚，透透彻彻，这个人生还有什么味道？还有什么美感？隐隐约约蛮好，拉开人生的内幕，一望无遗，那就一点都不艺术了。也许这是笑话，总之，假如真把易学贯通了，“微妙玄通”，通达一切，那也好。

“常”并不全等于永恒，一个人不知常，那就要从自己的生命回过头来找。“夫物芸芸，各复归其根，归根曰静，是谓复命。”也就是说宇宙生命的来源，本来是清虚的。“本来无一物，何处惹尘埃？”又何必对什么事都抓得很牢，不肯放手呢？其实没有一样东西可以抓住的。你别刻意去计较，整个宇宙万物，本来都属于你嘛！人家问我，怎样学布施才不过分贪心营利集财？我说：“地球都是你的，你为什么不布施。”反正达观不犯法，地球也是你的、他的、大家的，也是自己的。这是知常。我们生命的本来，不生不灭，对这不生不灭的本源，要把握得住，认识得透彻。“不知常，妄作凶”，醉生梦死，盲目人生，那将没有好结果的。

知“常”要把握住道的本源，才懂得做人，才懂得做事。知“常”便能“容”，胸襟可以包容万象，盖天盖地。因为有此胸襟，智慧的领域扩大，不可限量，故说“容乃公”，自然做到天下为公，毫无私心。

既然能“容乃公”，当然“公乃王”。王者，旺也、望也、助也。一切万物皆欣欣向荣，活活泼泼，彼此得助。命相家常告诉看相的人，依你八字要做某一件事，须选某一个自己的“旺相日”。是初一，还是十五？比如说，某人属火，而木能生火，那么那个属木的日子，便是他的“旺相日”。“相”是辅助、帮助的意思。在五行中，各人有各人的旺相日，你的旺相日对你比较有利，对于他人，那就不一定了。

“公乃王”，此“王”并不一定作王解。照现代意思解说，一切为社会，佛家则言一切为度众生；忘了自我，处处为人着想，你度众生，众生亦度你。若用一般合作的标语说，那便是“人人为我，我为人人。”你为人人，人人为你，最后不分彼此，都是一样的。“公乃王，王乃天”，就符合天地自然法则。天地生长万物，日月照临万物，公平无差，并不计较报酬，这是“天乃道”的自然法则。

有天地一样无所不包的胸襟，便合乎道的原则，那么才能“道乃久”，源远流长，长生不老。佛家所说的“无我”，就是“大公”，就是“天道”。明白了天道，就“没身不殆”了。“没身”，是说我们这个生命，活到最后一口气不来，死后骨头化成灰尘，肉体了了，但是生命的精神却永远常存。长生不老，它的重点，全在“致虚极，守静笃”这六个字上。

第十七章

人生哲学与道的层面

太上，下知有之，其次，亲而誉之；其次，畏之；其次，侮之。信不足焉，有不信焉。悠兮其贵言，功成事遂，百姓皆谓我自然。

人生哲学与道的层面

这一章，老子另起炉灶，又提出一个名称叫做“太上”。“太上”等于《易经·系传》上的：“形而上者谓之道。”现在我们讲中国哲学，有“形而上”三个字，是译自西方名词，但采用《易经》中的观念。“形而上者谓之道”，是说万物尚未生长以前，名之为道。“形而下者谓之器”，是说有形象的万般事物生长起来了，各式各样，五花八门不可胜数，就叫“器世界”——物理世界。形成物理世界之前，名之为“道”，《易经》称为“形而上”。

道家“太上”的名称，初见于《老子》。其实殷商以前就有“太上”这个名词了。中国文学上有句“太上忘情”。固然，人生最痛苦最难做到的是忘情，人之所以活着，大都靠着人情的维系。人是感情的动物，古人说：“无情何必生斯世，有好终须累此身”，有你我就有感情，有感情就有烦恼，有烦恼就有是非，有是非就有痛苦。因情受苦，忘情更难。然而“太上忘情”，并非无情，而是大慈大悲，无偏无私的大情，譬如天地生育万物，平等无差，不求回报。

老子所讲“太上”，是太过多情又似忘情之道，只有“下知有之”。所谓“下知有之”的意义，是说有一种下等人，我们认为他很笨，其实他倒是真智慧，早已领悟到“道”的人。真正的哲学家，都出在乡曲地方，虽然一辈子没读过书，真同一个大哲学家、大思想家，当他遭遇到痛苦时，就痛痛快快哭一阵，想想自己命苦就算了。我有时常有此感触，尤其在偏远的落后地区，看到茅屋破寮里头，有些老人家，穿得破破烂烂，食不果腹，有一餐没一餐的，日子苦死了。你问他：“为什么不住儿子家养老?”他很轻松回答说：“我这一生注定命苦，只有认命!”真令人听了肃然起敬。他比谁都懂得人生哲学，“认了”就好了。

像我们有些人，自认是第一等读书人，其实并不如乡愚的智慧。他们才是宗教家、哲学家。尤其有些年轻人学佛学道，刚看了一点佛学，就自以为只差那么一点点，好像同佛差不多了，很可悲。而这种表面看似下愚的人，却倒知道有一个东西，不管是叫“佛”、叫“天”、叫“上帝”、或者以中国古代的代号叫“命”，他就认定那个东西，至死不渝，比别人都看得开，都豁达。这便是“太上，下知有之”的道理。

再下一等人，相信要烧香供养，磕头拜拜，赞叹不绝，每天还要反反复复唱念几次，这是属于宗教性的仪式活动，便是“其次，亲而誉之”的楷模。更有其次的人，他也许不信宗教，亦不信道，但内心无形中却有一个可畏的东西。实际上，我们认为最下愚的人，往往才是真正第一等的修道人。要不然，需要有真正智慧超越的人才能修道。我经常说，有二种人可以学禅。一种是一个字也不认得，像张白纸，本身很容易修道开悟。另一种硬要智慧透彻，聪明绝顶才行。像我们这些不上不下的半吊子，半通不通的，最要不得，修道往往一无所成。老子讲了这三种人，侧重于“大智若愚”的要点，换言之，大愚也就若智了。

如此，等而下之的，“其次，侮之。”又下一等的人，偏不信道。“上士闻道，勤而行之”，真高明的人一闻道就悟了，并且百分之百地奉行。“中士闻道，若存若亡”，这种人听尽管听，说是不信吗？却又每个礼拜天一定上教堂祈祷礼拜。一到初一、十五，便一本正经跑庙子，上香拜佛。平常庸庸碌碌、随随便便，好像只有那一天才有菩萨、神明显灵，其他时间，胡作非为都可以，这便是若存若亡。还有些人，听人传道说法，自认为最高明，认为别人都是神经病，一笑，就走开不理了，这就是“其次，侮之”的典型。“下士闻道，大笑而走之”，便是如此。后人又补上一句：“不笑不足以为道”，那是说，如果不这样不屑地嘲笑一下，那还算有道吗？彼此顽固托大，都自以为是，看来多么可笑。

再说“其次，侮之”的人，根本不管天高地厚，根本不信道，以为信道对人格是一种侮辱。总之，“信不足焉，有不信焉”。人的智慧参差不齐，有些人信是信，却不彻底，半信半疑，因为他没有把真理穷究彻底。有些人根本就不信，硬说个“老子偏不信邪”，你也把他没办法。此中的千差万别，老子并没有再详加分析。这等于人类天生智能的分级，佛学则分为众生的五种“种性”，也就是所谓的“根器”之说，颇为相似。

这一章，老子最后下一结论，形容这个道说：“悠兮其贵言，功成事遂，百姓皆谓我自然。”这等于说，道是天地的公道。学道并没有什么秘密的，只要你程度够，诚心向学，一定便可得道。道为天下所共有，既不属于你，也不属于我，若你懂得的话，方知本来属于你，也属于大家，不是某一个人享受的禁脔。千万别认为真理只在自己这边，非要求道求法的人巴结你，向你磕头行礼才能传道。我认为这种作风，是作践自己，多没意思。

道不藏私，但却“悠兮其贵言”。“悠兮”是悠然自得，所谓“其贵言”的意思，却很难说得清楚。“贵言”，不是说应该很宝贵地告诉你这个意思，而是再怎样高明的语言文字，都很难形容出道的境界。那么，道在何处见？——在行为上、现象上见。道的本体，无形无相，“说似一物即不是”，不能用世间名相来界定它。“有生于无”，宇宙万物就从这“清虚空灵”的“无”中建立起来，故曰“功成事遂”。

一个修道人真通达了道，才能看透道的表达作用，才能认识道的本来面目，和如何创造千变万化的宇宙事物。道体所表达出来的东西，只是其第二重的影子而已。我们要认识它的根本，只好在这第二重的投影上，在这道体所创造出来的事功上去了解。这个事功尚分二重意义。依儒家世间的学问，即平常我们所讲事业的成就，比如，学科学应该有所发明。你学什么？学物理，那你还在学习阶段，不是物理学家，更不是物理科学家。你学化学，那也不算化学家，或者化学科学家。那开始发明，发明物理或化学原理的，才算摸到宇宙科学的真髓，而由当中表达出一套事物的规则，再由这套理论科学的规则中，进一步发展应用科学的实用技术，生产出令人目不暇给的生活用品，利益世人，或者伤害世人。

如此，学道，学世间各种知识，都是一层一层地进到内部的核心，也都一层一层由内部核心，表现出具体的功用来。这之间层次深浅的不同，事功的大小也就有别。这是“功成事遂”。等到事情有所成就，“百姓皆谓我自然”。等你的事功表达出来，久而久之，大家习惯成自然，就说这本来就合于自然之道，没有什么好大惊小怪的。道是自然而有的，可是我们一般人要回转到这道的本来境界上，那是有得修的。这之间还有一个非常重大的历史哲学问题。就是中国哲学与宗教哲学，以及历史哲学的发展史问题，牵涉太广，而且各个问题都可成为专题，暂时到此打住，以后有机会再讲。

第十八章

忠臣孝子的伪装

春秋两大名医——老子与孔子

大道废，有仁义。智慧出，有大伪。六亲不和有孝慈。国家昏乱有忠臣。

忠臣孝子的伪装

从第十七章的道的层面而相关于中国历史哲学的演变角度来看，我们可以看出老子思想的特殊之处。老子的历史哲学与儒家的观念，乃至一般社会人生的态度，另成一格，大异其趣。从前面所说的天道自然，到此，他便提出反对仁义和智慧等的语句。只从文字上看，他是说，中国文化从上古以来，就是一个道，道衰微了，后来的人便提倡仁义道德，结果越强调越糟糕，适得其反。其次，老子也反对智慧。换句话说，知识越发达，教育学问越普及，人类社会阴谋诡诈，作奸犯科的事也就越多，越摆不平。接着，他举出更明显的理由，“六亲不和有孝慈”，在家庭中所谓的六亲，那便是父母、兄弟、夫妇，彼此之间有了矛盾、冲突，才看得出来：何者孝？何者不孝？

如果家庭是个美满的家庭，一团和气，大家和睦相处，那么个个看来都是孝子贤孙，根本用不着特别标榜谁孝谁不孝。如果家中出了个孝子，相对之下，便有不被认同的不孝之子，这其间问题就大了。因此说，六亲不和，才有所谓的“父慈子孝”。我们若是深入研究中国文化特别标榜的“二十四孝”，将发现许多值得讨论的问题。比如拥有大孝美名的舜，其父母可以说不伦不类，很不像话，充分显示了舜的父母，是处在一个问题家庭中，是非不断，非常悲哀，因此舜才成为第一孝子。老子并不喜欢这样，由于一个人的坏，衬托出另一个人的好，那是不幸的事，他希望每个家庭都和乐幸福。

“国家昏乱有忠臣”，同样道理，老子不希望历史上出太多的忠臣义士，忠臣义士并非好现象。我们历史上所谓的忠臣，如岳飞、文天祥、史可法等人，皆为大家所景仰，因为他们对国家民族忠心耿耿，临危受命，连个人宝贵的生命，都可牺牲。然而，这些可歌可泣的忠臣事迹，无不发生于历史混乱、生灵涂炭的悲惨时代。一个忠臣的形成，往往反映了一代老百姓的苦难。假使国家风调雨顺，永处太平盛世；社会上，大家自重自爱，没有杀盗淫掠之事，那么岂不个个是忠臣、人人是好人了吗？因此，他主张不需特别赞美某人好、某人不得了。四十多年前，我在川西灌县灵岩寺，看到有人书刻在灵泉石壁上的两句话：“愿天常生好人，愿人常做好事”，便是老子此意，也才是天大的幸福。

老子这几句话，从字面上粗浅一看，似乎非常反对儒家提倡仁义道德，但有几点我们必须注意。

第一，老子在世的那个时代，正是春秋时期，社会面临转型时的种种变动，一个新社会形态逐渐形成，这中间产生了很多病态的现象。老子在此病态社会中，体会出他的人生哲学，才会有这样的说法。他的话，乍看起来是唱反调，但仔细研究一下，这正是一种非常宝贵的正面教育。

我们可以另外举一个反证。例如把孔子作的《礼记》中的《礼运篇》，加以整体研究后，就会发现孔子亦有老子这样的看法。中国文化，素来重视道德的价值，《礼记》中的《礼运篇》已经表达得很清楚。所谓的“德”乃归于“道”中，德是道的用，道是德之体。而这个道又是什么呢？老子自己认为道就是自然，但是由远古到黄帝的时代，人为的一切，已经渐渐不合于道了。

第二，从黄帝以前的远古史来看，在《列子》书中，假托黄帝本身梦想的文章，便是梦游“华胥国”，这是不是真实的故事，此处暂且不加讨论。文中提到，黄帝做梦，到了另外一个国度，那里到处太平安详，没有任何不幸之事，是人类盼望中的天国。这篇“华胥梦”等于中国文化所向往的理想国。其他像柏拉图的“理想国”、谟耳的“乌托邦”，乃至佛家的“极乐世界”、基督教的“天堂”，都是其来有自，反映了这个世间的人类，苦难重重，无时不在斗争战乱中，因此人们便自然而然地追求另一个幸福圆满的境界。而老子所谓的大道，正代表了它的内涵与精神。

其实，老子讲“大道废，有仁义。智慧出，有大伪”的说法，未免失之太刻，但这也是爱之心切，所以责之更严。孔子在《礼运篇》也讲得差不多，只是表达方式不同而已。此即儒道二家的态度差别之处，但是道理是相互贯通的。

孔子《礼运篇》上说：“故用人之智去其诈。用人之勇去其怒。用人之仁去其贪。饮食男女，人之大欲存焉。死亡贫苦，人之大恶存焉。故欲恶者，心之大端也。人藏其心，不可测度也，美恶皆在其心，不见及色也。欲一以穷之，舍礼何以哉!”人有了智慧，智慧的反面就是奸诈，用得好就是大智大慧，用歪了就是老奸巨猾，全在一念之间。因此孔子强调“用人之智去其诈”。而大勇的人，往往气魄大，脾气也大。大勇的反面，就是多怒，佛家称之为“嗔”。假使一个大英雄、大丈夫，没有暴烈的坏脾气，那就很可贵了。“用人之仁去其贪”，仁慈本是件好事，但是仁慈太过了，变得婆婆妈妈，待人接物软塌塌的，心理上难免有一种不自觉的贪恋、执著。因此，能够保持一片仁慈博爱之心，而无这层贪著之念，那便不会发生不良的副作用了。从这里，我们已可明确地看出，老子的“大道废，有仁义。智慧出，有大伪”，其意和孔子所讲的道理，并无矛盾冲突之处，只是文学的手法不一样而已。

孔子又说：“饮食男女，人之大欲存焉”，吃好的、喝好的，以及喜欢男女间的关系，这是人生根本的欲望。“死亡贫苦，人之大恶存焉”，至于死亡和贫穷痛苦，那天底下的人都害怕，都讨厌碰上。所以，“故欲恶者，心之大端也”，一个人爱好追求饮食男女的享受，逃避死亡与贫穷的来临，这是心理现象的根本。但是，“人藏其心，不可测度也”，人的思想、念头，从外表是很难看出来，也很难测验得知的。一个人动什么脑筋，打什么主意，心地善与不善，只要不表现于行为，有谁会知道?“美恶皆在其心，不见及色也”，一切的好坏，全凭他心念的变化，根本没有颜色、声音可资辨别。所有的动机想法都深藏在一个人的内心深处，那么，

“欲一以穷之，舍礼何以哉”，要把这些人心的根本问题加以整理、统一，使之去芜存菁，转劣从良，恶行成善举，除了“礼”——文化教育外，还有什么办法吗？

春秋两大名医——老子与孔子

整个比较起来，孔子代表儒家的思想，与老子代表的道家思想在理上是一贯的。现在再作更进一步的说明。我们中国讲“仁义”思想，春秋以前也有这种观念，但很少刻意提倡。为什么？那时社会上背情绝义的病态较少。我常说，中国文化里头，经常提到“孝道”，与世界其他文化相较，孝道是中国特有的优点，其高明可贵之处，无可置疑。但这同时也说明了，这几千年来，我们不孝之举太多了，因此孔子才不得不提倡孝道。同样地，社会上不仁不义的故事层出不穷，所以圣贤们才用心良苦，提供这服“仁义”的药方，希望社会有所改善。孔子是个文化医生，他把当时文化中的疑难杂症诊断出来，投以对治的药石，尝试解决这些令人头痛的问题。

老子也是个医生，但他是研究医理的医生，也就是医生的医生。他认为儒生们开的药方，对是对，但是药吃多了，难免又会出毛病，副作用在所难免。光讲仁义道德，说得天花乱坠，有人自然要加以利用，做出假仁假义、欺世盗名之事，结果弄巧成拙，照样害人。春秋战国时代的社会病态最为严重，强调仁义，便最积极。老子身处其境，讨厌这种风气，所以从反面来对症下药。

他说：“大道废，有仁义。智慧出，有大伪。”智慧与奸诈，乃一体两面，一线之隔。聪明与狡猾，老实与笨蛋，根本是息息相关的孪生兄弟。诚实的智慧合于“道”，用之于世，为人类社会谋福造利，那就对了，名之为“德”。道是体，德是用。然而，诚实虽是好事，若是用不得当，那也会适得其反，坏了事情。

老子这段话，千万不要随随便便看过。近几十年来，我发现有人研究老子，读了此章之后，不作深入一层的体会，便骤下错误的评语说，老子反对仁义，反对智慧，反对作忠臣，反对作孝子。这不曲解得太严重了吗！其实老子并不反对这些，他只是要我们预防其中可能产生的不良作用而已。

每一件事，皆有其正反两面，我们同时必须考虑到。或者时间久了，思想搞不通，走了样；或者某一个观念流行多年，时迁境移，已不合宜，并且流弊丛生，失其原意，这就要懂得《大学》的“苟日新，日日新，又日新”的道理了，此时必须知道变通。所以，老子的思想与《易经》的思想是一样的，都在一个“变”字。

《易经》有五种学问——“理、象、数、通、变”。“理”是哲学的，《易经》每一个卦，背后皆有其哲学道理。“象”，一件事物，一个东西，都有它本身的现象。比如虚空，也有它的现象，空空洞洞，不可捉摸。每一种现象的发生，必然有其形成的哲学道理。而这“理”和“象”二者，也可以借数字符号来表达、整理。那便是“数”了。“理”、“象”、“数”是《易经》三个根本所在，必得将之透彻研究后，才知道“通”，只知“理”，不通“象”、“数”；只知“象”、“数”，不通“理”，都不行。要样样深入，全部融会贯通，方能达“变”，方能洞烛机先，随时知变、适变、应变。知道变，而能应变，那还属下品境界。上品境界，能在变之先，而先天下的将变时先变。等到事情已经迫在眉睫才变，那也恰恰只合于变通而已。老子对仁义、智慧所提的这番道理，也属于变通的一种。

第十九章

『王』『贼』并列的烂账
唯大英雄能本色

绝圣弃智，民利百倍。绝仁弃义，民复孝慈。绝巧弃利，盗贼无有。此三者以为文不足，故令有所属。见素抱朴，少私寡欲。

“王”“贼”并列的烂账

由这一章的反证，更可以看出老子的精神，不是如后代所说的反对仁义、反对孝慈。他只是指出当时社会不对劲的地方，希望当时的人慎重处理，将之归导于正途。而千古以来，注解老子的学者专家，往往只知其一，不知其二，困于老子的语言文字，没有听出弦外之音，把老子误解得太厉害、太离谱了。实际上老子、孔子都是同一精神，表达方式不同而已。

老子对春秋时代社会的批评，是要“绝圣弃智”。我们研究春秋、战国的历史，那真是越读越使人感到高明。孔子作《春秋》，是中国第一部历史书籍。有人说《春秋》不能读，读了会使人奸诈狡猾。孔子自己也说过：“知我者《春秋》，罪我者《春秋》。”历史读多了，好的榜样没学成，坏的手段全学上了。例如，一般人读历史小说《三国演义》，诸葛亮难效，曹操易仿。看小说都想当书中的主角，读《三国演义》，想当刘备者不少，想当赵子龙、关公者更多。很多人将自己的欲望，投射到书中有大能力、大聪明的主角情境中，结果在不知不觉中，变成了画虎不成反类狗，何其可悲！

其实，在《春秋》一书里，好的道理处处可寻，坏的现象也连篇累牍。那个时候，对圣人的标榜特别的多，几乎每一个会讲会说的都是圣人，聪明才智之士，比比皆是。从春秋到战国这一阶段，在我们整个历史中，真是人才辈出的时期。我们读春秋、战国时的著作，有时看到某人讲的话，非常有理，但是再从反面想想，又觉不对，应是反面正确才是，然后再转到另一个层面来看，则前述二者不无可疑。每个人的意见都很高明，也都有值得商榷之处。当时真是一个文化变乱、社会变乱的时代。西方人有一个历史观点：社会历史到了末期，在变乱不安时，才产生哲学家、思想家。然而，依我们的历史哲学看来，与其如此，不如不要这些哲学家来得好。高度的哲学智慧，是从痛苦变乱中的刺激锻炼而成，代价未免太高。

所以，老子反对标榜圣人，反对卖弄世智辨聪。春秋、战国之间，善于奇谋异术的高人，一个比一个高明。例如范蠡，他帮助越王句践复国，实行他老师计然子所教的七计，不过用了其中的三四项策略，便稳定了国际情势，而越国也复兴了。最后名与利、功勋等等，一样也不要，自己一走了之，到别的地方做生意去了。至于做生意的方法，也是他老师计然子教的。像春秋、战国这一类的智慧之学，简直看不完，太热闹了。

然而，那个时代的世局也就特别地动荡不安。假使我们身历其境，蒙受其害，便晓得那种痛苦，不堪消受。古人有两句话："宁作太平犬，莫作乱世人"。那乱世的人命，的确不如太平盛世的鸡犬，人命危如累卵，随时都有被毁灭的可能。老子对那个时代，深深感到痛苦和不满，因此便说："绝圣弃智，民利百倍。"人们如果不卖弄聪明才智，本来还会有和平安静的生活，却被一些标榜圣人、标榜智慧的才智之士搅乱了。

战国时期，真正能摆布那个时代二三十年之久的，只有苏秦、张仪两人，不管他们摆布得对或不对。所以后来司马迁、刘向等人，都非常佩服苏秦，这么一个书生，年纪轻轻出来，竟使国际间二十几年不发生战争。我们现在听来，二十几年的和平，好像算不了什么，但是春秋战国的时候，几十个国家随时随地都在作战。每一次战争都要死亡一大批的人。老太太、老太爷们，辛辛苦苦将自己心爱的儿孙慢慢养大，然后一上战场，几分钟的时间便结束了生命。难怪司马迁认为苏秦只是个文弱书生，却纵横六国之间，消弭战争达二十多年之久，这本事够大的了，很令人佩服，因此特别在《史记》上记上一笔。

老子当时的社会情况，虽不比苏秦、张仪那个时候的混乱、糟糕，但已迈向大变不祥的道路上去，他痛心之余，就有"绝圣弃智，民利百倍"的主张。仁义的道理也是一样，那时不只是孔子提倡，但孔子综合了仁义的精华，传给后代。在春秋、战国时候，各国之间，相互争战，彼此攻城掠地，都以仁义的美名作口号。等于一些极权政体，也是标榜民主、标榜自由及人权。他们所谓人权，是你听命于我的人权，我要你怎样，你便乖乖地怎样。春秋、战国的时期也是一样，你们要讲仁义道德，那很好，我也跟着讲。但是你们一切都得照我吩咐，要跪便跪，要杀便杀，反正我也可向外宣布这是为了仁义道德，不得不尔。仁义道德的用法，一至于此，那已是天下大乱，不可救药了。所以老子非常讨厌，又主张“绝仁弃义，民复孝慈。”社会上不需以仁义作宣传口号，越是特别强调仁义，越是尔虞我诈，毛病百出。

唯大英雄能本色

并且，人也需抛弃自己引以为傲的聪明——“巧”，抛弃自私自“利”的贪图之心，那么自然不会有盗贼作奸犯科。这是“绝巧弃利，盗贼无有。”此处“盗贼”二字，须引用《庄子·胠箧篇》的大盗——盗跖，来作注解。说句严重的话，春秋、战国时候的诸侯，几乎都是盗跖。

老子提出了上述的道理后，接着说：“此三者，以为文不足，故令有所属。”“文”，代表思想、理论。他说，为什么要抛弃圣智、仁义、巧利这三项东西呢？这个哲学道理发挥起来太多太多，一言难尽，因此暂不讲它，只要把握住这个观念就行了。这等于乡下人经常说：“我命苦，只好这样。”命就是一个确定不移的观念，不需一大堆道理来解释，只要从实际生活便可体会。中国过去家庭，也只抓住一个观念——孝，其中道理，天经地义不需多说。

那么，把这些绝圣弃智的观念，归纳到怎样的生命理想呢？——“见素抱朴，少私寡欲”。社会人类真能以此为生活的态度，天下自然太平。乃至个人拥有这种修养，一辈子便是最大的幸福。其实，这正是大圣人超凡脱俗的生命情操。“见素”，“见”指见地，观念、思想谓之见；“素”乃纯洁、干净。孔子在《论语》上亦讨论到此问题。“素”如一张白纸，毫不染上任何颜色。人的思想观念要随时保持纯净无杂，也就是佛家禅宗的两句话：“不思善，不思恶”，善恶两边皆不沾，清明透彻。而“抱朴”，“朴”是未经雕刻、质地优良的原始木头。有些书用“璞”字，“璞”与“朴”通用，没有经过雕琢的玉石外壳为璞。“朴”与“璞”，表面看来粗糙不显眼，其实佳质深藏，光华内敛，一切本自天成，没有后天人工的刻意造作。我们的心地胸襟，应该随时怀抱这种原始天然的朴素，以此态度来待人接物，处理事务。如此，思想纯洁无瑕，不落主观的偏见。平常做事，老老实实，当笑即笑，当哭即哭。哭不是为了某个目的，哭给别人看；笑不是因为他讲一句笑话，我不笑对不起他，只好矫揉造作裂开嘴巴，露出牙齿装笑。这就不是“见素抱朴”的生命境界。

再来，“少私寡欲”这一点要特别注意。儒道二家，并没有叫人做到绝对的“无欲”，彻底无欲，简直不可能，假使做到了，那就超凡入圣了。只有佛家修行，先要无欲，因此被儒家批评为陈义太高，难以企及。儒道二家认为“少私寡欲”，已经是了不起之事。“少私寡欲”可以近乎道，但尚未完全合于道。

老子主张“绝圣弃智”，不以圣人为标榜，不以修行为口号，只要老老实实、规规矩矩做人，那便是真修道。“绝仁弃义”，要废除那些假仁假义，伤天害理的做法。有时候，我们看到历史上的故事，很多是口头上大吹仁义道德，要帮忙人家、救助人家，结果对方倒了大楣。这种仁义其名，侵略其实的勾当，非常要不得。至于“绝巧弃利”，那是针对人类喜欢要自己的聪明才智，自认高段而言。东西方宗教皆认为使巧用计，想办法要手段，一般都是为了图利自己，那是强盗心理，是不道德的。因此，老子提出“见素抱朴，少私寡欲”，作为我们生活修养的中心原则。随着，下面再告诉我们学道的榜样，做人做事的涵养，继续沿着他一贯的理路发挥。

第二十章

知识是烦恼的根源
老子素描修道者的人生
只是同流不下流
老子处世哲学的人证

绝学无忧，唯之与阿，相去几何？善之与恶，相去若何？人之所畏，不可不畏。荒兮其未央哉！众人熙熙，如享太牢，如登春台。我独泊兮其未兆，如婴儿之未孩，儽儽兮若无所归。众人皆有余，而我独若遗。我愚人之心也哉！沌沌兮。俗人昭昭，我独昏昏，俗人察察，我独闷闷。澹兮其若海，飂兮若无止。众人皆有以，而我独顽且鄙。我独异于人，而贵食母。

知识是烦恼的根源

“绝学无忧”这四个字，有些人重新整理《老子》，将它归于前面一章，成为“见素抱朴，少私寡欲，绝学无忧”。

“绝学无忧”做起来很难。绝学就是不要一切学问，什么知识都不执著，人生只凭自然。汉朝以后，佛学从印度传入中国，佛学称成了道的大阿罗汉，为“无学位”的圣人，意思是已经到了家，不需再有所学了。其实，严格而言，不管是四果罗汉，或者菩萨，都还在有学有修的阶段，真正“无学”，那已经是至高无上的境界了。

古人有言：“东方有圣人，西方有圣人，此心同，此理同。”就是说真理只有一个，东西方表达的方式不同。佛学未进入中国，“无学”的观念尚未在中国宏扬，老子就有“绝学”这个观念了。后来佛家的“无学”，来诠释老子的“绝学”，颇有相得益彰之效。

修道成功，到达最高境界，任何名相、任何疑难都解决了、看透了，“绝学无忧”，无忧无虑，没有什么牵挂。这种心情，一般人很难感觉得到。尤其我们这一些喜欢寻章摘句、舞文弄墨的人，看到老子这一句话，也算是吃了一服药。爱看书、爱写作，常常搞到三更半夜，弄得自己头昏脑胀，才想到老子真高明，要我们“绝学”，丢开书本，不要钻牛角尖，那的确很痛快。可是一认为自己是知识分子，这就难了，“绝学”做不到，“无忧”更免谈。“读历史而落泪，替古人担忧”，有时看到历史上许多事情，硬是会生气，硬是伤心落下泪来，这是读书人的痛苦毛病。其实，“绝学无忧”真做到了，反能以一种清明客观的态度，深刻独到的见解，服务社会，利益社会。

接着，老子便谈道德最高修养的标准。他说：“唯之与阿，相去几何？善之与恶，相去若何？人之所畏，不可不畏。”“唯”与“阿”两字，是指我们讲话对人的态度，将二者译成白话，在语言的表达上都是“是的”。但同样“是的”一句话，“唯”是诚诚恳恳的接受，“阿”是拍马屁的应对，不管事实对或不对，一味迎合对方的意见，这便是“唯之与阿，相去几何”之处。许多青年朋友和我们谈话时，每说：“你的看法很好，不过我……”，这就是“阿”。“不过”、“但是”这类转语，往往隐含着低声下气，不敢得罪人的顺从心理。然而，真理是没有讨价还价的余地，不能随便将就别人，做顺水人情的。

尤其是做学问，汉儒辕固生就骂过汉武帝的丞相公孙弘说：“公孙子，务正学以言，无曲学以阿世。”一个读书人，不可在学问上、思想上、文化上将就别人，附和别人，为了某种私利拐弯抹角，那就不对了，儒家非常重视读书人这一点的基本人格。“唯”与“阿”实质内容并不一样，但是表面上不易分别。

老子说这些道理，并非教我们带着尖刻的眼光，专门去分析他的言行举止，是“阿”是“唯”；而是提醒我们自己，学习真诚不佞的“唯”，避免虚伪造作的“阿”。千万别读了老子这句话，结果处处挑剔别人，不知一切道德修养，应从反求诸己开始。

另外，“善之与恶，相去若何？”善与恶若是往深一层去观察，那也许是划分不出距离的。善恶之间，很难分辨。往往做了一件好事，反而得到恶果。据我个人的人生经验，以为以前救过的人，现在想想，倒觉得是件坏事。因为他们以后继续活下去的那种方式，反而是伤害到其他更多的人。所以，善与恶的分际，简直难以捉摸。而且，所谓善恶、是非、好坏，若真以哲学的立场彻底研究，那更无法确定出一个绝对的标准。

虽然绝对的道德标准难求，但是一个社会因时因地所产生的相对道德标准，一个修道人也应该遵守，这是“人之所畏，不可不畏”。即使你超越了相对的窠臼，到达了绝对的境界，在这个世界上，你仍有必要陪大家遵守这个世界的种种规则，避免举止怪异，惊世骇俗。此即老子的另两句话：

“和其光，同其尘。”不可不畏，不得不畏，不能不畏，在文字上虽只一字之差，但是其意义相去甚多。不可不畏乃发自于自己内心的认识与选择，为了利益众生而随顺众生，不是受外在环境的制约，执著一般相对的价值标准。比如有个东西，大家都认为是黑色，这只是一种约定俗成的语言称呼，你也就跟别人说是黑的，不必硬说是白的，否则将有麻烦，无法彼此沟通。

我发现我们一些老朋友，天天翻报章杂志，天天大作文章，相劝省点力气，少写一点，可是都自认为没有办法，因为他有一副忧世忧国的心肠，总想对社会贡献出一点力量。像有好几位老教授，我也经常互相劝勉，你少教一点书吧，多保养自己一点，同样也做不到，因为他们对国家民族的前途，还是担忧挂虑得不得了。因此，要“绝学无忧”，逍遥自在，除非得了道。未得成道之先，忧世之心，或者挂虑个人的安危，是免不了的。

老子素描修道者的人生

接着，下面一段，可以说是老子的“劝世文”。“荒兮其未央哉”，“荒”是形容词，像荒原大沙漠一样，面积广大无边，永远没有尽头。这句话放在这一段里，应作什么解呢？——《易经》最后一卦“未济”。我们看看历史，看看人生，一切事物都是无穷无尽，相生相克，没有了结之时。

明末崇祯年间，有个人画了一幅画，上面立着一棵松树，松树下面一块大石，大石之上，摆着一个棋盘，棋盘上面几颗疏疏落落的棋子，除此之外，别无他物，意境深远。

后来有个人拿着这幅画，来请当时的高僧苍雪大师题字。苍雪大师一看，马上提起笔来写道：

> 松下无人一局残，空山松子落棋盘。
> 神仙更有神仙著，毕竟输赢下不完。

这一首诗，以一个方外之人超然的心境，将所有人生哲学、历史哲学，一切的生命现象，都包括尽了。人生如同一局残棋，你争我夺，一来一往。就算是传说中的神仙，也有他们的执著，也有他们一个比一个高明之处。这样一代一代，世世相传，输赢二字永远也没有定论的时候。苍雪大师这首名诗，相当能够表达老子“荒兮其未央哉”的意思。

那么，在这一个永远向前推进的时空中，一个修道人该如何自处呢？“众人熙熙，如享太牢，如登春台，我独泊兮其未兆，如婴儿之未孩。”“熙熙”二字，并不见得是好事，单就文字解释，是很太平、自然、舒适、自在，看起来很好的样子。所以许多人的名字都取个“熙”字，如清朝皇帝“康熙”。

然而，“熙”字是好而不好，吉中有凶。司马迁《史记》上提到：“天下熙熙，皆为利来；天下攘攘，皆为利往。”我们看这个世上，每个人外表看来好像没怎样，平平安安活着，其实内心却有诸多痛苦。一生忙忙碌碌，为了生活争名夺利，一天混过一天，莫名其妙地活下去，这真的很快乐、很满足吗？老子指出一般人这样生活，自认“如享太牢，如登春台。”好像人活着，天天都上舞厅，天天都坐在观光饭店顶楼的旋转厅里，高高兴兴地吃牛排大餐；又好像春天到了，到郊外登高，到处游山玩水，颇为惬意。牢是牛，古代祭礼以牛作大祭的牺牲。

老子对人生的看法，不像其他宗教的态度，认为全是苦的；人生也有快乐的一面，但是这快乐的一面，却暗藏隐忧，并不那么单纯。因此，老子提醒修道者，别于众人，应该“我独泊兮其未兆”，要如一潭清水，微波不兴，澄澈到底。应该“如婴儿之未孩”，平常心境，保持得像初生婴儿般的纯洁天真。老子一再提到，我们人修道至相当程度后，不但是返老还童，甚至整个人的筋骨、肌肉、观念、态度等等，都恢复到“奶娃儿”的状态（大陆上湖北、四川地区，称呼还在吃奶的婴儿为“奶娃儿”）。一个人若能时时拥有这种心境，那就对了。这和上面讲过“专气致柔，能婴儿乎”的道理是一样的。

还有，下面几句话也是修道人的写照。“儽儽兮若无所归，众人皆有余，而我独若遗。”“儽儽”，如同孔子在《易经》上说的“确然而不可拔”，自己站在那里，顶天立地，如一座高山，不可动摇。“无所归”，也就是孔子所言，“君子不器”，不自归于任何典型。你说他是个道人，却又什么都不像，无法将他归于某一种范围，加以界定。而“众人皆有余”，世上的人，都认为自己了不起，拼命追求，什么都想占有；而我什么都不要，“遗世而独立”，好像世界上的人，都忘了我一样。

这种风范，做起来还真不易。辛稼轩有两句词说：“须知忘世真容易，欲世相忘却大难。”自己要将这个社会遗忘，还算容易，但要社会把你轻易地忘掉，那可不简单。“人怕出名，猪怕肥”，尤其在社会上有了一点名气的人，更难做到。到时你想远离这个社会，归隐山林，不再过问世事，这倒好办，因为只要你真看得开，放得下便可。但是，你一躲到深山野地去，有许多人还是会千方百计找你出来，说你有道啊，要你干这干那，决不放过你。这就是“欲世相忘却大难”了。所以老子最后只好骑着那头青牛，悄悄逃出函谷关去了。

《老子》这第二十章，实际上全部在阐述前面他所说“和其光，同其尘”的道理。我们研究古文典籍，大可不必另外从别处引经据典，大作文章，只要以原书各节内容互相对照诠释，便可寻出其原本含意。老子亦是如此，他的每一个观念，在本文中自有他的注解。

只是同流不下流

因此，老子又说：“我愚人之心也哉，沌沌兮。”愚，并非真笨，而是故意示现的。沌沌，不是糊涂，而是如水汇流，随世而转，但自己内心清清楚楚。有些人学道家学坏了，故意装糊涂，却走了样，弄巧成拙，反而坏事。所以，这种外昏内明的功夫，不是随便装疯卖傻便是有道的。一个修道有相当体悟的人，他可以不出差错地做到：“俗人昭昭，我独昏昏，俗人察察，我独闷闷。澹兮其若海，飂兮若无止。”“昭昭”，就是高明得很，什么事都很灵光的样子。一般俗人都想这么高人一等。相对地，“我独昏昏”，修道人不以为聪明才智高人一等，给人看起来，反是平凡庸陋，毫无出奇之处。“我独昏昏”，同时也说明了修道人的行为虽是入世，但心境是出世的，不斤斤计较个人利益，因此给别人看成傻子。

并且，“俗人察察，我独闷闷”，普通人对任何小事都很精明，事事精打细算，但是我倒是“闷闷”笨笨的，外表“和光同尘”，混混沌沌，而内心清明洒脱，遗世独立。你们要聪明，就让你们去聪明，你们到处吹毛求疵，斤斤计较，但我倒是无所谓，视而不见。

再者，一个修道人的胸襟也要“澹兮其若海”，像大海一样，宽阔无际，容纳一切细流，容纳一切尘垢。儒道两家都一样，要人胸襟宽大，包容一切。这就得学习“淡泊明志，宁静致远”的修养，然后自己的精神思想才能从种种拘限中超越出来。

“飂兮若无止”，这种境界，要自己住在高山上，方能有所体会。“飂”，不是台风，而是高雅的清风，如空中大气清远徐吹。这很难用其他字眼来形容，“天风朗朗”，或者堪作相似的形容。尤其，身处高山夜静时分，一点风都没有，但听起来又有风的声音，像金石之声；尤其在极其宁静的心境中听来，在那高远的太空里，好像有无比美妙的音乐，虚无缥缈，人间乐曲所不能及。此即庄子所讲的“天籁”之音，没有到达这个境界，是体会不出的。

如此，俗人有俗人的生活目的，道人有道人的生命情调。“众人皆有以，而我独顽且鄙”。一般人对人生都“有以”，都有目的，或求升官发财，或求长命百岁。而以道家来讲，人生是没有目的的，亦就是佛家所说“随缘而遇”，以及儒家所说“随遇而安”的看法。但是老子更进一步，随缘而遇还不够，还要“顽且鄙”。“顽”，是非常有个性，永远坚持不变。“鄙”，就更难做到了，所有的言行举止，非常给人看不起，糟糕透了。譬如，民间流传已久的《济公传》，其中主角济公和尚，他时常弄些狗肉吃吃，找点烧酒喝喝，疯疯癫癫，冥顽不灵，人们都瞧他不起。你说他是疯子吗？他又好像清楚得很，你说他十三点，有些事却又正经八百。一下由这庙蹚过来，一下被那庙蹚过去，个个庙子都不欢迎他住。“鄙”到这等地步，他却是最解脱、最不受限制的人。这一点，一般凡夫是难以理解的。

如此“我独异于人，而贵食母”这种处世态度，虽然和众人不同，却不是标新立异，惊世骇俗。这乃因为自己“贵食母”，“母”字代表生我者，也就是后世禅宗说的“生从哪里来，死向何处去”的生命本来。“贵食母”意即死守善道，而还我本来面目，永远回归到生母的怀抱——道的境界中去。

本章老子所提出来的处世态度，我们假使拿来和《论语》的《乡党篇》比较研究，相当有趣。《乡党篇》是孔子的弟子们记载孔子生活的艺术，孔子在办公室是个什么态度，对朋友又是个什么态度，穿衣如何穿法，吃饭如何吃法。孔子吃饭很讲究卫生，并且一定要点葱蒜摆在前面才吃。这些都是他的弟子形容孔子平常生活的习惯。老子形容修道人入世而又出世的处世态度，恰与孔子大有不同，刚才已作了相当的介绍。真要做到这样，那是相当难的。

老子处世哲学的人证

老子所说的这种处世哲学，人生态度，除了我们传统文化中真实笃信道家的神仙们，用之在一般社会的人群，是不可能的。如果要找出这种榜样，当然，在历代道家《神仙传》里，却多得很。不过，都像是离经叛道，古里古怪，不足为法。其次，只有近似道家的隐士、高士们，介于出世入世之间的，却可在《高士传》里找出典型。

现在我们只就一般所熟悉的，由乱离时期到治平时代的两位中间人物，作为近似老子所说的修道者的风格。在西汉与东汉转型期中，便有严光。在唐末五代末期到赵宋建国之间，便有陈抟。

严光，字子陵。他在少年时代，与汉光武刘秀是同学。别的学问不说，单从文学词章的角度来讲，严子陵高到什么程度，已无可靠的资料可寻。但是，看刘秀——汉光武的少数文章词藻，的确很不错。当刘秀做了皇帝以后，唯独怀念这位同学，到处查访，希望他来一见，就可想见严光的深度，并不简单。也许他也是一个在当时局势中，不作第二人想的人物。但是他也深知刘秀不简单，这个位置已属于刘秀的，他就悠游方外，再也不想钻进圈套了。因此他就反披羊裘，垂钓在浙江桐庐的富春江上。这种作风，大有近似老子所说的："众人熙熙，如享太牢，如登春台。我独泊兮其未兆，如婴儿之未孩，儽儽兮若无所归，众人皆有余，而我独若遗。"后来，他虽然也和当皇帝的老同学刘秀见了面，而且还在皇宫里如少年时代一样，同榻而眠，过了一夜，还故意装出睡相不好，把脚搁在刘秀的肚子上睡觉，似乎又目无天子。总算刘秀确有大度，没有强迫他作官，终于放他还山，仍然让他过着优游自在，乐于江上垂钓的生涯。

因此相传后世有一位上京考功名的秀才，路过严子陵的钓台，便题一首诗说："君为名利隐，我为名利来。羞见先生面，夜半过钓台。"这真是："有人辞官归故里，有人漏夜赶科场"的对比写照。但是相反的，后人有对他作极其求全的批评说："一着羊裘不蔽身，虚名传诵到如今。当时若着蓑衣去，烟水茫茫何处寻。"这又是何等严格的要求，好像专为老子的哲学作人事考核似的。他是说，严子陵反披羊裘去钓鱼，分明是故意沽名钓誉，要等汉光武来找他，用此为求成名的手段。如果真想逃名避世，当时只着一般渔人所穿的蓑衣斗笠去钓鱼，谁又知道富春江上多了一位渔人，便是严子陵呢！那么，当皇帝的同学刘秀，岂不是永远也无法找到你吗？因此他批评严光是有意弄噱头，求虚名，而非真隐的诚意人物。

如照这种严格的要求隐士、高士、处士的标准来讲，凡是被历史文献所记载，为人世所知的人物，乃至神仙传记或佛门中的高僧，也都是一无是处的。宋代的大诗人陆放翁便说过："志士山栖恨不深，人知已是负初心。不须先说严光辈，直自巢由错到今。"平庸一生，名不见于乡里，终与草木同腐的，或者庶乎近焉！

陈抟，道号希夷。当然，他早已被道家推为神仙的祖师。一般民间通称，都叫他陈抟老祖。他生当唐末五代的末世，一生高卧华山，似乎一点也不关心世事。等到宋太祖赵匡胤在陈桥兵变，黄袍加身，当起皇帝来了，他正好下山，骑驴代步，一听到这个消息，高兴得从驴背跌下来说：从此天下可以太平了！因为他对赵宋的创业立国，有这样的好感，所以赵氏兄弟都很尊重他。当弟弟赵匡义继哥哥之后，当上皇帝——宋太宗，还特别召见过他。在《神仙传》上的记载，宋太宗还特别派人送去几位宫女侍候他。结果他作了一首诗，把宫女全数退回。“冰肌为骨玉为腮，多谢君王送到来。处士不生巫峡梦，空劳云雨下阳台。”这个故事和诗也记在唐末处士诗人魏野的账上，唐人诗中也收入魏野的著作。也许道家仍然好名，又把他栽在陈抟身上，未免有锦上添花、画蛇添足的嫌疑。

其实，希夷先生，生当乱离的时代，在他的少年或壮年时期，何尝无用世之心。只是看得透彻，观察周到，终于高隐华山，以待其时，以待其人而已。我们且看他的一首名诗，便知究竟了。

十年踪迹走红尘，回首青山入梦频。
紫绶纵荣争及睡，朱门虽富不如贫。
愁看剑戟扶危主，闷听笙歌聒醉人。
携取旧书归旧隐，野花啼鸟一般春。

从这首七言律诗中，很明显地表露希夷先生当年的感慨和观感，都在“愁看剑戟扶危主，闷听笙歌聒醉人”两句之中。这两句，也是全诗的画龙点睛之处。因为他生在唐末到五代的乱世中，几十年间，这一个称王，那一个称帝，都是乱七八糟，一无是处。但也都是昙花一现，每个都忙忙乱乱，扰乱苍生几年或十多年就完了，都不能成为器局，所以他才有“愁看剑戟扶危主”的看法。同时又感慨一般生存在乱世中的社会人士，不知忧患，不知死活，只管醉生梦死，歌舞升平，过着假象的太平生活，那是非常可悲的一代。因此便有“闷听笙歌聒醉人”的叹息。因此，他必须有自处之道，“携取旧书归旧隐”，高卧华山去了。

这也正如唐末另一位道士的诗说：“为买丹砂下白云，鹿裘又惹九衢尘。不如将耳入山去，万是千非愁煞人。”他们所遭遇的境况和心情，都是一样的痛苦，为世道而忧悲。但在无可奈何中，只有如老子一样，走那“我愚人之心也哉！沌沌兮。俗人昭昭，我独昏昏。俗人察察，我独闷闷。澹兮其若海，飂兮若无止。众人皆有以，而我独顽且鄙。”看来虽然高不可攀，其实，正是悲天悯人，在无可奈何中，故作旷达而已吧！

第二十一章

老子的物是什么东西

春秋时代南北文学的境界

此精不是那精

孟子的证道

孔德之容，惟道是从。道之为物，惟恍惟惚。惚兮恍兮，其中有象；恍兮惚兮，其中有物；窈兮冥兮，其中有精。其精甚真，其中有信。自古及今，其名不去，以阅众甫。吾何以知众甫之状哉？以此。

老子的物是什么东西

“孔德”是大德之意。依佛教习惯，写信给老前辈之尊称为某某“大德”。古代佛学从梵文翻译成中文的同义字，本来是用“孔德”，但因孔子姓孔，后来才将“孔德”改成“大德”，孔是大，德代表真正有道者的行为。“容”，则指内涵的包容作用。一个真正有道德修养的人，他的内涵，只有一个东西——“道”。“惟道是从”，二六时中，随时随地，每分每秒，都在要求自己合于道的原则，起心动念，一言一行，无有稍微违反道业。“澹兮其若海”，永远包容一切，容纳细流，会归于一，没有离谱走样的情况出现。这是本章开头提出做人的大原则，也是说明修道人出世的态度，以及道是如何修法。

这一章需要一口气念下来，不可间断，这样味道才够。古人读书的时候，总是摇晃着脑袋念，有时一口气念得接不上，不得已切断文气，那不行。学古人文章，当那文气一路顺下来时，管它中间句子对不对，总要先把握住一气呵成，如果中途停顿，再接下来就差多了。写毛笔字也一样，即使笔上墨已不够，字未写完，也不想再蘸一下，因为再停下来蘸墨，那股淋漓尽致的气势便中断了，划不来。那硬是像打球一样，手用力一挥，球嗖的一声，形成一个强劲有力的曲线，就过去了。好的文章，好的诗词，同样讲究气势，气势不足，或者不连贯，必然影响它的美感，这之间的微妙之处，很难阐述清楚。

“道之为物，惟恍惟惚。”我们后世许多研究老子哲学的人中，有一派说老子是唯物的，不是唯心的。因为在老子的书中有好多处，提到“物”字。这一点确须特别注意，在春秋时代，并没有所谓唯心、唯物的理论。那个时候所说的“物”，等于我们现在讲“这个东西”。这在古书诸子百家中可以引出很多证据。我们现在的常用语“你这个东西”或“是什么东西”，假使五百年或一千年后的人，来考证这一句话，也许会觉得十九世纪到二十世纪的中国人，语言真麻烦。“东西”是什么？东是东边，西是西边，两个方向怎么能合拢成一个名词呢？

例如，我们现在有些人，喜欢骂别人“你是什么东西！”我觉得这话骂得很好，因为我自己再怎么找，也找不出自己是个什么东西。我是个人，并不是什么东西。然而，这一代的语言“东西”二字，合拢来就是一个观念。这个观念很难下注解，“物”可以叫东西，“人”也可以叫东西。古人讲“物”，也同样是这种意思，并不限制确定只是表示物质。

事隔两千多年的后人，不明此理，糊里糊涂把“物”当成“唯物”之物，硬以现代人的文字观念诠释古人的文字观念，这不是很严重的拿着鸡毛当令箭吗？比如，庄子说他的话，十之八九为“寓言”，“寓言”一词最先出自庄子。近代日本翻译西方文化，将那些幻想假托的故事，便借用“寓言”一词做代表。结果现在年轻人不懂，以为寓言就是文学家凭空幻想、所创作出来的东西，如《伊索寓言》一样，反而视庄子所说的寓言都虚假靠不住。这岂不是颠倒是非、阴错阳差了吗？

老子讲“物”，千万不能当“唯物”的物解。老子所说的物，用现代名称来说，便是“这个东西”的意思。东西就是东西，是勉强指陈某一种事物，再进一步讲不出一个所以然的代名词。这等于佛家说有一个不可思议的“自性光明”，西方人崇高无比的“上帝”，这些形容绝对性的宗教词句，一到了禅宗祖师们手中，就把所有宗教的外衣都剥光了，而以“这个”来代替。“这个”是“哪个”？“哪个”是“这个”？“这个”又是什么东西？东西便是东西，无法注解，只有自己亲身见到证到才知道。我们了解了“物”在当时的文字概念，自然不会随便给古人栽赃，说他是唯物思想，否则，那就太离谱、太莫名其妙了。不过，有人还会误认孔明就是孔子的弟弟，这也是令人啼笑皆非，莫可奈何的自由心证，只好由他去认定属实吧！

至于说，“道之为物，惟恍惟惚”。这其中牵涉到中国文字问题，更是复杂。我们现在一听“恍惚”一词，就解释为精神散乱，昏头昏脑，类似现在流行吃“强力胶”，注射

"速死坑"者的精神迷幻状态。因此，有些年轻人拼命吃强力胶，以为是享受，结果把身心搞砸了。其实，"恍惚"是指心性光明的境界。我们姑且不用繁琐的训诂学来解释这两个字，单就字形，便可看出"恍"是竖心旁加一个"光"字，"惚"是竖心字旁加一个"忽"字，意谓心地光明，飘然自在，活活泼泼，根本不是颠三倒四，昏头昏脑。如果修道的结果，像喝醉酒一样，迷迷糊糊，东倒西歪，需要好几个人扶着，才叫做"恍兮惚兮"，那还算修道吗？

老子是说，"道"这个东西，它是"惟恍惟惚"的。勉强来描述，是说它有这么一个不可思议的光明洒脱境界。所谓"惚兮恍兮，其中有象"。"兮"字，源自古代南方楚国语助词的用法。楚国文化，遍布长江南北，自成一个系统。就历史而言，当时的楚国，乃祝融氏之后，也与神农的文化有关。孔子的文章章法，是属齐鲁文化的传承，具有北方朴实敦厚的气质。老子的文章，潇洒而有韵律，具有南方文学的风格。而在老子之后，代表南方楚国的文学，便有屈原楚辞《离骚》的出现。"兮"字，古时是否念做"西"的音，是个问题，只是我们现在一直把它读做"西"字的音罢了。严格而言，古代"兮"字，不念"西"音，其性质类似现在唱歌时常用的"啊"字，或"哑"字，讲不出一个具体的含意来。有人主张，此字应以闽南音或客家音的"唉"或"哎"，拉长声调而唱。如果它构成一个词，该是两个字以上连在一起，而形成一个独立形容词，并非完全无意义的填入文章之中。

春秋时代南北文学的境界

研究历史文化，需要了解当时不同地区的文字风格的趋势。楚辞，以及词赋等华贵美丽的文学作品，出于南方。后代思想的发展，老庄、禅宗皆在南方，尤其长江流域一带最为盛行。这一点，年轻一代的后起之秀，在研究中国文化，重新整理中国文学、哲学时，有必要加以特别注意。一般来说，北方民风，温柔敦厚，朴实无华。方方正正，顶天立地的仁道文化，往往由北向南发展。而思想高明、空灵优雅的文化，则诞生于南方之地。这几乎成了一个定律。我常以此观念研究欧洲历史，美国历史也一样。欧美方面，北部出来的人物，或文化思想，就与南方不同。北部的人们，行为笃厚，气质浑厚。南方出来的人物，像卡特就很有问题。这很奇怪，只由于东、南、西、北地区方向的差别，冥冥中影响山川人物以及文化的异同问题，和《易经》象数的法则又大有关系。

老子又说，在“惚兮恍兮，其中有象”。换言之，在毫无边际、活活泼泼的一片光明境里，就有这么一个境界。“象”者，境界也。“恍兮惚兮，其中有物”。而且在这个光明的境界里，似乎确有这么一个东西。等于佛家所说“即空即有，即有即空。”在空空洞洞里边，又非真的空空洞洞。这个“其中有物”，既非唯心，亦非唯物，而是心物一元的那个东西。修道人可以到达这种莫可名状，光明无际，“荒兮其未央哉”的灵活自在，若虚若实的境界。但是这个境界，这个东西，老子不想再加上一个名词去解释，恐怕以词害意，只好简单地用“象”、用“物”来表达它。在佛学中，也常说“不可思议”，或“不可说”来结束其词，个中况味，只好说“如人饮水，冷暖自知”了。

此精不是那精

接下来，老子又搞出一个大问题。“窈兮冥兮，其中有精”，“窈”是形容其深远，“冥”是形容其高大。如果当时用齐鲁文化的文笔写来，或者使用“巍巍乎”三字来形容。“窈”、“冥”可以用太空的现象作比喻。如“飞入清冥”，代表远远到达无穷高、无穷尽的太空中去，甚至还遗忘了太空的观念。一个人的修养如果达到这种程度，便可了解这中间确是“其中有精”。但是提到“精”，便须千万注意，不可以物质观念来解释这个精。当然，不是如后世的旁门左道所指的精虫卵子之精，它是包含“精灵”、“精华”之意，不可测量、不可捉摸的精神之精。

但后世道家所讲的“炼精化气，炼气化神，炼神还虚”，究竟有没有这回事呢？——有这回事。但千万别误认所指是人体生理周期所产生的精虫卵子。如果这样认定，就有毫厘之差，千里之失。有一位在美国研究心理学的同学，回来跟我讲：真糟糕，现在美国心理学家，提倡老人可以结婚，享受充分的性生活，并不承认中国道家“十滴血一滴精”的说法，而且不反对多交、杂交，这不是要把老人玩死了吗！这位同学毕竟是知识分子，不能做到“绝学无忧”，一直担心得不得了。

于是，我问他：你知不知道所谓“十滴血一滴精”的说法，是怎么传到美国去的？他说：道书上都这么讲。我告诉他：这不是正统的道书，这种书把“精”认作男性精虫及女性卵子，根本大错特错，事实上精虫卵子也不是单靠血液变出来的。美国这些心理学家、生理学家，拼命攻击这种观念，是有其道理的。人家有科学上的根据，岂会随随便便相信你的说法，怪只怪我们自己贩卖中国文化的人搞错了。

所谓“精”，很难加以明确的界说。如果在人身上而言，可以包括各种荷尔蒙——内分泌等等，但不仅止于此，很难细说。至于“气”“神”二者，更有待于另做专题讨论。如果根据《黄帝内经》所载，在医学方面，所指的“精”，也不是精虫卵子，早已有了特别的说明。比如，我们听人说：“这个人精神很好！”你总不会认为说他精神好，就是他体内的精虫特别多吧！当然没有这种道理。精神是无法以言词作具体形容的。然而真没有这个东西吗？却毫无疑问可感觉到人身却具有这股活力的作用。精神好或精神萎靡，与人体的生理机能和心理状况，有相互作用的关系。

一个学道者，倘若经年累月地打坐，结果一日一日，越坐越没精神，越修越昏头昏脑，那就错了。这可不是“窈兮冥兮”。真正到达“窈兮冥兮”的空灵境界，只要你眼神稍稍凝定几分钟，就等于常人几小时的睡眠，这是“其中有精”，由此才谈得上“炼精化气”的功夫。像这老子、庄子书中，谈修道功夫境界的文字，非常多，不是一般哲学观念、或文人的艺术想象所能理解诠释的。那硬要实修实证，方能体会个中真相。

然后，老子又形容精神之重要，“其精甚真，其中有信”。此处之“精”，在用法上，几乎已到达佛家所说“不生不灭”的境界。佛经名典《楞严经》亦云：“心精圆明，含裹十方。”修心养性到此等地步，可以盖天盖地，包容整个宇宙。因此，老子说：“其精甚真”，它是个绝对真实的东西，无始无终，不生不灭的。“其中有信”，确是实有其事，确有这个消息，只要你从身心上，真修实证，到时便自然有一步一步的征信效验。

孟子的证道

讲到这里，且让我们借用《孟子·尽心章》的话来注解老子的“其中有信”，却很恰当。孟子说：“可欲之谓善，有诸已之谓信，充实之谓美，充实而有光辉之谓大，大而化之之谓圣，圣而不可知之之谓神。”如果大家要谈修养功夫，只是一时兴来，随便搞搞打坐，认为好玩，没有将它当作人生第一件事，那么也只是混混日子，没有什么好结果的。假如真把它当作人生第一件事，朝暮念兹在兹，没有须臾荒废，如此便是到达“可欲之谓善”，随时随地有如抽鸦片烟上瘾一样，到时间不上座，就显得无精打采，非坐一下不可。所谓抽鸦片一样有了瘾，这是比喻之辞而已，不可误会。

这么用功上路，渐渐就会到达“有诸已之谓信”。那是说，火候到了，必然会有它的境界呈现，可以征信无疑。孟子这一段话，一路下来，讲的都是修持功夫的层次经验，不只是“比量”的理论而已。老子对精、气、神三样东西，是分开提出的，“其精甚真，其中有信”，只要锲而不舍，不退失道心，久而久之，精神气息的妙用象征，一步一步呈现，一层一层往上提升，终至契入形而上的“道”妙。

因此便说，形而上的“道”，“自古及今，其名不去。”它是参天地的造化之机，不生不灭，永恒存在。从古至今，真理只有一个，无二亦无三。但是世界上表达“不二法门”的道之名称，可有千差万别，不只一个而已。叫它是“道”，是“神”，是“心”，是“物”，是“天”，是“帝”，是“如来”，都同是代表这个不二之道的别名。这个东西永远不会改变，永远不可磨灭，横竖三际，遍弥十方。我们的传统文化，便名它是道。

如实悟了大道之后，“以阅众甫，吾何以知众甫之状哉？以此。”这是说，等到证得了真理，那么你便能无所障碍地观察一切众生相，了知一切众生的根性。“众甫”就是众人，“甫”也作“父”解，代表男性。古代社会，处处以男性为重。读古人文章，假如有一个人名张大，替别人写一篇序，下面落款是：“某朝某年某月某日张大甫序。”后世人看了，不明就里，以为这篇文章是“张大甫”作的。有时候名字外又加号，比如他号“小仙”，于是落款写成：“张大小仙甫序。”这么，就会有人误认此人名“张大小”，号“仙甫”。实际上，作者真名叫“张大”，号“小仙”，“甫”乃表示他是男人。古时代有许多文章署有此字，究竟从哪个时代开始发生此一现象，有待查证。其实，作者是道道地地的男人，谁又会把你当成女人看？一个“甫”字加在其中，实在容易混淆不清，引起误解。像我们的大诗人杜甫，这么一来，不就要被看成“杜男人”了吗？这些地方，便是中国文化中，过分玩弄文字常有的流弊，的确需要改革简化明白才好。

“众甫”同于后世佛家所说的“众生”，当你得了真理大道之后，芸芸众生的种种习性、种种因缘，千差万别的生命状态，皆可一目了然，看得透彻。所以老子说：“吾何以知众甫之状哉？以此。”我为什么能够了解一切人的根性，一切人的心理思想呢？就是“以此”而来。因为得了道，由这个至高无上、恍恍惚惚的道，通达变化无穷的宇宙万有，照见无涯无际的生命现象，所以才能无所不知。

说到这里，据我所了解，目前有一些年轻人，喜欢学打坐，各式各样的方式都去试试看，却不懂得真正静坐的身心原理，盲修瞎炼，坐得头昏昏，脑钝钝，有时前面稍一有光，便以为是“惟惚惟恍”、“其中有信”，是有道的现象，这是要不得的。像这样的“现象”，你若刻意执著，自以为是，它便是得道的信，那么，就可以警告你快要到精神病医院去了。于此，你必须参看佛典《金刚经》的“凡所有相，皆是虚妄”的道理，以免玩弄精神，走上歧途。

一般打坐，那点些微之光的“恍恍”，并不是道。我看很多青年人，智力不够，慧学不通，一下便误入其中，认为自己不得了，确实令人叹息。老子讲“惚兮恍兮，其中有象”，或者“其精甚真，其中有信”等话，百分之百没错，但那是指心光广大，盖天盖地，类似佛典《楞严经》所说的“心精圆明，含裹十方”的道理。况且，这些词句还只是说明“言语道断，心行处灭”，勉强形容而已，千万不要看到一点小亮光，就在那里大惊小怪，如痴如狂。

还有，中国的道书，流传下来有一万多卷，书中常常形容“道”那样东西为“圆陀陀，光灼灼”。于是许多热中此道的人，便落在这个语言文字的窠臼中，只要闭上眼睛，看到意识中有个圆光出现，就把它当作“圆陀陀，光灼灼”，一时便已得道了似的。香港有一位修道的朋友，写信来说，他已得到那个“圆陀陀，光灼灼”的灵光，可是最近不知怎么掉了，希望我能告诉他，如何再把那个境界抓回来。我看了信，啼笑皆非，真想买几颗发亮的玻璃珠寄给他玩玩。

“圆陀陀，光灼灼”，这只是道家对于修道某一种境界的形容词而已，有同于老子所说的“恍惚”之处。然而，为何会有诸如此类的境界出现呢？因为你在静坐中，虽然妄想减少，但是身上血液、气脉还在运转流行，身心气血，二者相互摩擦生电，形成这种现象。如果你认清楚了这个还不是道，只是静坐过程中必然的阶段而已，那么很恭喜你，你再一切放下，不执不著，顺其自然，慢慢身心会一步一步变化，一层一层提升，这就是某种程度的“其中有信”。

同时，也不要认为“圆陀陀，光灼灼”，和老子所讲的“精”是一回事，那也不对。这个“精”是什么？它包括了整个身心良性的转化。你说你已得到“圆陀陀，光灼灼”，那好，我问你，你身心健康变化了没有？如果有变化，又变化到什么程度？真正学佛修道，只要到某一阶段，必然变化气质，心境开朗，即使没有返老还童，至少也能祛病消灾，身体健康。若不如此，那就很有问题。

所以，老子特别强调“恍兮惚兮，其中有物”，这个光明灿烂的境界里，有这么个东西，大家不要把这个东西，视为实际具体的事物，否则便是自我作贱，自己为难自己，为了求道，适得其反，那就很罪过了。这一点一定要认识清楚。

第二十三章

曲直分明转一圈

尧的儿子，汉武帝的奶妈

刘备的淫具，齐景公的刽子手

枉则直的教育法

狐狸、豹皮的吸引力

有了富贵，失去欢乐

四不的领导学

曲则全，枉则直，洼则盈，敝则新，少则得，多则惑，是以圣人抱一为天下式。不自见故明，不自是故彰，不自伐故有功，不自矜故长。夫唯不争，故天下莫能与之争，古之所谓曲则全者，岂虚言哉！诚全而归之。

曲直分明转一圈

讲到这里，《老子》一书的文章编排又不同了，由讲“道体”而一转到由体起“用”的因应。大家须知，道家的思想在可以出世亦能入世之间，有“体”有“用”。只主道体，光修道，而鄙弃用，那是不对的。只出世而不能入世，固然不对。只讲用，而不讲体，亦落在另外一边，亦是错误。

老庄与孔孟之道，都从《易经》的同一渊源而来，老子每举事例，即正反两面都说到，这就是“一阴一阳之谓道”的作用。所以我们说，老祖宗留下来的《易经》，是哲学中的哲学，经典中的经典。它认为一体都含两面，两两分化，便成多面。有人说，《易经》真是了不起啊！与黑格尔的辩证法一样啊！这种论调真是笑话！我经常有一个比喻：你看到一个祖父与孙子走在一道，你硬要说，你这个祖父了不起，你长得与你孙子一样啊！讲《易经》与黑格尔的辩证法一样，等于说，你的祖父了不起，居然和孙子一模一样。哪有这个道理。黑格尔的辩证法，只是正、反、合三段论法，而《易经》不只是三段论法，《易经》的辩证是八段乃至十段观象。因为，大家没有学过“卦”的道理，每一个卦的错综复杂，真是八面玲珑，都有八面的看法，最深点来讲，且有十面的看法。假若任何理论只是正、反、合，肯定、否定、矛盾统一，那么，也可说永远只有否定，也可以说永远都是肯定啰！此其所以一变再变，而形成“误尽苍生是此言”了！由这个道理，我们一再说明老庄的思想与孔孟的学说，都是由《易》理而来，以便明白中国文化源远流长的所自来。

例如：“曲则全”这一原则，也不是老子所独创的，《易经》中早就有了。尤其在孔子《系辞传》中述说易理，对这个原则说得更彻底，孔子在《系传》上也说“曲成万物而不遗”。因为我们老祖宗早就晓得这个宇宙都是曲线的，是圆周形的，圆周便非直线所构成。在这物理世界，没有一样事物是直线的，都是圆的，圆即是直的。所谓直，是我们把圆切断拉开，硬叫它直，所以说宇宙万物，都是曲线的，故曰“曲成万物”。譬如我们人的生命——身体，道家形容它是一个小天地，人体与天地宇宙的变化法则是一样的，气象的变化和太阳月亮互相变化的关联，完全一样。例如道家有一本书，叫做《太上阴符经》。有人说它是老子的老子所著，老子的老子的妈妈那个老太太叫做“太上”，这当然是说笑话。

《阴符经》上说："观天之道，执天之行，尽矣！"你要深切观察到这个天地的自然法则，把握住天地运行的原理，那么，修道的功夫方法，都可信手得来，完全清楚不过了。上古文化，就用那么简单的两句话，包括说明人身便是一个小天地。

现在，为了了解"曲则全"这句话，把问题扯开了。

老子把我们老祖宗传统文化的原则抓住，指出做人处世与自利利人之道——"曲则全"。为人处事，善于运用巧妙的曲线只此一转，便事事大吉了。换言之，做人要讲艺术，便要讲究曲线的美。骂人当然是坏事。例如说："你这个混蛋！"对方一定受不了，但你能一转而运用艺术，你我都同此一骂，改改口气说："不可以乱搞，做错了我们都变成豆腐渣的脑袋，都会被人骂成混蛋！"那么他虽然不高兴，但心里还是接受了你的警告。若说："你这个混蛋，非如此才对"，这就不懂"曲则全"的道理了。所以，善于言词的人，讲话只要有此一转就圆满了，既可达到目的，又能彼此无事。若直来直往，有时是行不通的。不过曲线当中，当然也须具有直道而行的原则，老是转弯，便会滑倒而成为大滑头了。所以，我们固有的民俗文学中，便有："莫信直中直，须防仁不仁"的格言。总之，曲直之间的"运用之妙，存乎一心"。

"枉则直"，是把歪的东西矫正过来。我们老祖宗早就知道宇宙间的物理法则，没有一样东西是直的，直是人为的、勉强的，因此，便形成"矫枉过正"的成语，矫正太过又变成弯曲了。一件东西太弯左了，稍加纠正一下即可。如果矫正太过，又弯到右边去了，偏左、偏右，都有差错。这中间的逻辑哲学，发挥起来就太多，如果把老子在这里所说的每一句话拉开来讲，就扯得很远了。总之，“枉则直”，究竟是对或不对，还是问题。直，虽然是人为的、勉强的，但是它能合乎人为大众的要求，也就不能不承认“枉则直”了！

本章由讲“曲则全，枉则直，洼则盈，敝则新，少则得，多则惑”，一气呵成的几句话，看来在文字的气势上，非常有力，容易懂。可是它所包涵的哲学道理，可以启发我们灵智的地方，内涵却非常的多，可以从各个方面，每个不同的角度来看，此所谓老庄哲学的本身，自有一个原则。比如孔孟之道，讲仁义的观念，多方运用起来，也能启发思想与灵智，亦同样是有多角性的。上次我们提过，宇宙的法则是圆的，走曲线的，绝对没有直的，人世间有直的路，是人为把它加工切断拉直的。因此美学与艺术，大多注重自然的，曲线的美。现在为了说明在人事应用上曲线的艺术，由记忆所及，临时找出一些资料，作一说明。但是，这点资料并不足以用来完全解释老子“曲则全”的原意，也只是在做人处世上，大概是有用的。虽不足为常经常法，但可以作为变道的参考。所以只是举出历史的事实，来说明这个原则，对大家或许有所帮助。但也很容易产生流弊，苟非其人，即易着魔。希望要切实记住，要基于最高的道德，偶一为之，不可用作为人处世的手段。此外，还可以用很多的资料来说明，那有待于各人自己的启发。例如前面已经说过骂人的艺术，“曲则全”的原则，转一个弯，大家心平气和，彼此相安无事。莫名其妙地骂人，那是属于粗暴的行为，反而会偾事。

尧的儿子，汉武帝的奶妈

历史上“曲则全”的例子很多，比如尧舜传位。尧的儿子叫丹朱（他虽是皇帝的儿子，那时候还没有太子的名称），所谓丹朱不肖，大不如他的父亲，其实也没有大坏处，只是顽皮。尧用尽了种种办法教导他，始终不太成材。一个世家公子，有钱、有地位、有势力，在教育立场上看，有他先天性的优越，同时也有先天性的难以受教的缺失。据说，尧为这个儿子，发明了围棋（我们现在玩的围棋，便是尧所发明的），以此来教他的儿子，训练他的心性能够缜密宁静下来。但是，丹朱在下棋方面，也没有达到国手的境界，到底还是无效。因此，尧把帝位传给了舜，历史上称谓“公天下”。在后来历史学家，认为帝尧真是高明，因此而有政治上最高尚的道德，同时也是保全自己后代子孙的最高办法。如果当时由丹朱即位做了皇帝的话，也许可能是作威作福，反而变成非常坏、非常残暴，那么尧的后代子孙，也可能会“死无噍类”了。他把天下传给了舜，反而保全了他的后代，这便是“曲则全”最高运用的道理。

现在，再举三则历史实例：

（一）汉武帝乳母，尝于外犯事。帝欲申宪，乳母求救东方朔。朔曰：“此非唇舌所争，尔必望济者，将去时，但当屡顾帝，慎勿言，此或可万一冀耳。”乳母既至，朔亦侍侧，因谓曰：“汝痴耳！帝岂复忆汝乳哺时恩邪！”帝虽才雄心忍，亦深有情恋，乃凄然愍之，即赦免罪。

《史记》载救乳母者，为郭舍人，现在据刘义庆《世说新语》等记，说是东方朔。余姑且认为是东方朔，较有趣味。

在历史的记载上的汉武帝，有人说他是“穷兵黩武”，与秦始皇并称，同时也是历史上的明主。汉武帝有个奶妈，他自小是由她带大的。历史上皇帝的奶妈经常出毛病，问题大得很，因为皇帝是她的干儿子，这奶妈的无形权势，当然很高，因此，“尝于外犯事”，常常在外面做些犯法的事情。“帝欲申宪”，汉武帝也知道了，准备把她依法严办。皇帝真发脾气了，就是奶妈也无可奈何，只好求救于东方朔，东方朔在汉武帝面前，是有名的可以调皮要赖的人。汉武帝与秦始皇不同，至少有二个人他很喜欢，一个是东方朔，经常与他幽默——滑稽、说笑话，把汉武帝弄得啼笑皆非。但是汉武帝很喜欢他，因为他说的做的都很有道理。另一个是汲黯，他人品道德好，经常在汉武帝面前顶撞他，他讲直话，使汉武帝下不了台。由此看来，这位皇帝独对这两个人能够容纳重用，虽然官做得并不很大，但非常亲近，对他自己经常有中和的作用。所以，东方朔在汉武帝面前，有这么大关系。奶妈想了半天，不能不求人家。皇帝要依法办理，实在不能通融，只好来求他想办法。他听了奶妈的话后，说道：此非唇舌所争——奶妈，注意啊！这件事情，只凭嘴巴来讲，是没有用的。因此，他教导奶妈说：“而必望济者，将去时，但当屡顾帝，慎勿言此，或可万一冀耳!”你要我真帮忙你，又有希望帮得上忙的话，等皇帝下命令要办你的时候，一定叫把你拉下去，你被牵走的时候，什么都不要说，皇帝要你滚只好滚了，但你走两步，便回头看看皇帝，走两步，又回头看看皇帝。千万不可要求说：“皇帝！我是你的奶妈，请原谅我吧!”否则，你的头将会落地。你什么都不要讲，喂皇帝吃奶的事更不要提，“或可万一冀耳!”或者还有万分之一的希望，可以保全你。

东方朔对奶妈这样吩咐好了，等到汉武帝叫奶妈来问：“你在外面做了这许多坏事，太可恶了!”叫左右拉下去法办。奶妈听了，就照着东方朔的吩咐，走一两步，就回头看看皇帝，鼻涕眼泪直流。东方朔站在旁边说：你这个老太婆神经嘛！皇帝已经长大了，还要靠你喂奶吃吗？你就快滚吧！东方朔这么一讲，汉武帝听了很难过，心想自己自小在她的手中长大，现在要把她绑去砍头，或者坐牢，心里也着实难过，又听到东方朔这样一骂，便说算了，免了你这一次的罪吧！以后可不要再犯错了。“帝凄然，即敕免罪。”暂且交付看管起来，也就好了。

像这一类的事，看起来，是历史上的一件小事，但由小可以概大。此所以东方朔的滑稽，不是乱来的。他是以滑稽的方式，运用了“曲则全”的艺术，救了汉武帝奶妈的命，也免了汉武帝后来的内疚于心。

假如东方朔跑去跟汉武帝说：“皇帝！她好或不好，总是你的奶妈，免了她的罪吧!”那皇帝就更会火大了。也许说：“奶妈又怎么样，奶妈就有三个头吗?”而且关你什么事，你为什么为她说情？可能她的犯罪，都是你的坏主意吧！同时把你的讲话家伙也一齐砍下来，那就吃不消了。他这样一来，一方面替皇帝发了脾气，你老太婆神经病，十三点！如此一骂，皇帝难过了，也不需要再替她求情，皇帝自己后悔了，也不能怪东方朔，因为东方朔并没有请皇帝放她，是皇帝自己放了她，恩惠还是出在皇帝身上，这就是“曲则全”。

刘备的淫具，齐景公的刽子手

（二）先主（刘备）时天旱，禁私酿，吏于人家索得酿具，欲论罚。简雍与先主游，见男女行道，谓先主曰：“彼欲行淫，何以不缚？”先主曰：“何以知之？”对曰：“彼有其具。”先主大笑而止。

三国时代，刘备在四川当皇帝，碰当天旱——夏天长久不下雨，为了求雨，乃下令不准私人家里酿酒，就如现在政府命令，不准屠宰相类同。因为酿酒，也会浪费米粮和水，就下令不准酿酒。命令下达，执行命令的官吏，在执法上就发生了偏差，有的在老百姓家中搜出做酒的傢具来，也要受罚。老百姓虽然没有酿酒，而且只搜出以前用过的一些做酒工具，怎么可算是犯法呢？但是执行的坏官吏，一得机会，便“乘时而驾”，花样百出，不但可以邀功求赏，而且可以借故向老百姓勒索、敲诈，报上去说，某人家中，搜到酿酒的工具，必须要加处罚，轻则罚金，重则坐牢。虽然刘备的命令，并没有说搜到酿酒的工具要处罚，可是天高皇帝远，老百姓有苦无处诉，弄得民怨处处，可能会酝酿出乱子来。简雍是刘备的妻舅，有一天，简雍与刘备两郎舅一起出游，顺便视察，两人同坐在一辆车子上，正向前走，简雍一眼看到前面有一个男人与一个女人在一起走路，机会来了，他就对刘备说："这两个人，准备奸淫，应该把他俩捉起来，按奸淫罪法办。"刘备说："你怎么知道他们两人欲行奸淫？又没有证据，怎可乱办呢?"简雍说："他们两人身上，都有奸淫的工具啊!"刘备听了哈哈大笑说："我懂了，快把那些有酿酒傢具的人放了吧。"这又是"曲则全"的一幕闹剧。

当一个人发怒的时候，所谓"怒不可遏，恶不可长"。尤其是古代帝王专制政体的时代，皇上一发了脾气，要想把他的脾气堵住，那就糟了，他的脾气反而发得更大，不能堵的，只能顺其势——"曲则全"——转个弯，把他化掉就好了。这是说身为大臣，做人家的干部，尤其是做高级干部，必须要善于运用的道理。历史上这些故事多得很，我们再看第三个：

> （三）齐有得罪于景公者，公大怒。缚至殿下，召左右肢解之，敢谏者诛。晏子左手持头，右手磨刀，仰而问曰："古者明王圣主肢解人，不知从何处始。"公离席曰："纵之，罪在寡人。"

周朝，春秋时代的齐景公，在齐桓公之后，也是历史上的一位明主。他拥有历史上第一流政治家晏子——晏婴当宰相。当时有一个人得罪了齐景公，齐景公乃大发脾气，抓来绑在殿下，要把这人一节节地砍掉。古代的“肢解”，是手脚四肢、头脑胴体，一节节地分开，非常残酷。同时齐景公还下命令，谁都不可以谏阻这件事，如果有人要谏阻，便要同样地肢解。皇帝所讲的话，就是法律。晏子听了以后，把袖子一卷，装得很凶的样子，拿起刀来，把那人的头发揪住，一边在鞋底下磨刀，做出一副要亲自动手杀掉此人，为皇帝泄怒的样子。然后慢慢地仰起头来，向坐在上面发脾气的景公问道：“报告皇上，我看了半天，很难下手，好像历史上记载尧、舜、禹、汤、文王等这些明王圣主，要肢解杀人时，没有说明应该先砍哪一部分才对？请问皇上，对此人应该先从哪里砍起？才能做到像尧舜一样地杀得好？”齐景公听了晏子的话，立刻警觉，自己如果要做一个明王圣主，又怎么可以用此残酷的方法杀人呢！所以对晏子说：“好了！放掉他，我错了！”这又是“曲则全”的另一章。

晏子当时为什么不跪下来求情说：“皇上！这个人做的事对君国大计没有关系，只是犯了一点小罪，使你万岁爷生气，这不是公罪，私罪只打二百下屁股就好了，何必杀他呢！”如果晏子是这样地为他求情，那就糟了，可能火上加油，此人非死不可。他为什么抢先拿刀，要亲自充当刽子手的样子？因为怕景公左右有些莫名其妙的人，听到主上要杀人，拿起刀来就砍，这个人就没命了。他身为大臣，抢先一步，把刀拿着，头发揪着，表演了半天，然后回头问老板，从前那些圣明皇帝要杀人，先向哪一个部位下手？我不知道，请主上指教是否是一刀刀地砍？意思就是说，你怎么会是这样的君主，会下这样的命令呢？但他当时不能那么直谏，直话直说，反使景公下不了台阶，弄得更糟。所以他便用上“曲则全”的谏劝艺术了！

大概把这些历史故事了解以后，可作人生做人处事的参考。世间有很多事情都是如此，即使家庭骨肉之间朋友之道，也是一样。人非修学不可，读了书要学以致用，但有时候书虽读得多，碰到事情的现场，脾气一来，把所读的书都丢掉了，那就没有办法的事。

枉则直的教育法

其次，我们再用历史故事说明“枉则直”的道理。汉文帝是研究老子的好学生，所以，我们讲老庄的思想学术，引用他的故事亦满多的，现在又要借用他的一则历史故事：

> （汉文帝初即位，立太子母窦氏为皇后。后兄长君。）弟广国，字少君。初为人所略卖，传十余家。闻窦后立，乃上书自陈。召见，验问，得实，乃厚赐田宅、金钱，与兄长君家于长安。绛侯、灌将军等曰：“吾属不死，命乃且悬此两人。两人所出微，不可不为择师傅宾客，又复效吕氏，大事也。”于是乃选士之有节行者与居。窦长君、少君由此为退让君子，不敢以尊贵骄人。

过去宗法社会，重视长子，大儿子可以继承皇帝位子，这是古代传统的习俗。汉文帝的大儿子的妈妈姓窦，儿子当了太子，母亲便顺理成章当上皇后（过去皇帝的妻子很多，看哪一个生儿子生得快，做太子的希望就大)。可是，窦家这位皇后，家庭履历并不太高明，她是贫贱出身。皇后的哥哥名字叫做“长君”，有个弟弟名叫“广国”，又名“少君”。窦家这个小兄弟更惨，年轻的时候，被骗子骗走，把他卖掉，这家买来，卖给那家，辗转卖了十多次。到了廿几岁时，听到姊姊当了皇后，他便写信给皇后，说明彼此之间同胞姊弟的关系。窦皇后接到信以后，既惊喜，又怀疑，写信的人究竟是不是被人骗走卖掉的兄弟呢？可是他再向皇后说明小时候同胞手足间，如何共同生活，姊弟如何相亲相爱，例举事实证明，皇后才相信这真是他的兄弟了。因为报告中所说的事，只有他们姊弟之间才晓得。从此归宗认亲，一步登天，“厚赐田宅”，赏赐田宅很多，“家于长安”，住到国都所在地来，以便姊弟间可以时常相聚，享受天伦之乐。

可是我们晓得汉朝的历史，一起手，便有外戚之祸。汉文帝之所以能当上皇帝，就是因为汉朝刘家的老太太吕后造反出了问题，才有机会轮到他当皇帝。汉高祖死后，吕后当权，想要把刘家——汉高祖后代都弄光，给自己娘家吕氏后代当皇帝。这件政变的大祸事，全靠跟刘邦同时起义的老干部周勃与陈平他们设计平息了。周勃与灌婴，都是追随汉高祖刘邦一同起来打天下的、立有汗马功劳的将领。他两人再又看到窦皇后姊弟之间这个情形，便联想到刚刚过去吕后与吕家的故事，就商量说：我们这一些人，与汉高祖一起出来打天下，出生入死，总算留下一条老命，现在业已过了退休高龄，将来要想保全身家性命不死。可是照现在情形看来，我们的命运，还须掌握在窦家姊弟的手里。而且这两兄弟出身贫贱，知识、道德、修养都很低。像这种人，一旦进入政治舞台，手上有了权势，如果残暴起来，比知识分子出身的人，还要残暴得多。周勃与灌婴，在几千年前，出身行伍，但凭人生经验，就早已看出没有受过良好教育、没有正确中心思想和深厚学术修养的人，一旦出来当政，后果是不堪设想的。有此远见，的确高人一等，无怪能做开国功臣之一。商量结果，唯一办法，只有首先教育他们读书明理，“不可不为择师傅宾客”。唯一的补救办法，为了他们好，为了窦家好，为了我们全体高级老干部，将来不再受冤枉的迫害，只有教育他。因此审慎选择一批好的老师，和一班好的青年子弟和他做朋友，来辅导他步入正途。周勃他们认为，如果不这样做的话，不从教育着手，“又复效吕氏”，这两个人将来当权了，恐怕要学吕家的模子，那就太危险了。“乃选士有节行者为居”，于是选拔有学问、有道德、有节行的人（有学问的人，不一定品行好，因此必须要加一项有节行）与他做朋友，并教他读书。窦家兄弟两人，受了良好教育的造就，从此便变成谦虚退让的君子，与世无争，这有多好啊！皇亲国戚之间，还有谁敢欺负他，他也不欺负人。身为皇亲国戚的人，只有如此，不以尊贵骄人，自然更为高贵了！这两兄弟后来学问成就，不像其他皇帝的亲属，他们是非常讲学问、讲道德，绝对不以自己的尊贵，去欺负人家，骄傲人家，不要法律的约束，都能自重自尊。他自己有了这样的学问、这样的修养，因此而终前汉世代，窦氏世泽绵长，成为世家大族。这就是“枉则直”的道理。

其实，周勃、灌婴对窦皇后姊弟之间这样处理，也很不公平，可以说是别有私心的。他们是为了自己将来不受冤枉的迫害，怕自己会被陷害，所以也非圣人之道。圣人之道，是不考虑自己的利益，应为大众着想。倘认为像窦少君兄弟这样的人，到了第一等高位，便应该加以教育而造就他为国家所用的人才，并非只顾私人的利害，那就是仁人的用心了。孔孟之道，固然应当如此，老庄之道，也不例外。历史上记载得很明显，他们两个人的动机，不是为别人着想，也不是为国家天下着想，而只为自己的身家性命着想，而有此一动机的，所以只能说是一种权术手段。但是这个手段，已经够高明，够美好，事实上也合乎老子《道德经》“枉则直”的原则了！

下面晏子这一个“枉则直”的故事，是道德的“枉则直”的道理：

> 晏子（婴）（谓曾子）曰：今夫车轮，山之直木也。良匠揉之，其圜中规，虽有槁暴，不复嬴矣。故君子慎隐揉。和氏之璧，井里之困也。良工修之，则为存国之宝，故君子慎所修。

晏子是曾子的前辈，字平仲，他是孔子相交最好的朋友，而且孔子也很佩服他这个人。有一次（大概曾子那时年纪很少，该叫他世叔吧），晏子对曾子说：“今夫车轮，山之直木也。”古代的车轮，是用木头做的，不像现代是橡皮的。车轮是圆的，可是山上的木头是直的，没有弯曲的，“良匠揉之，其圜中规”，好的木工，把直的木头拿来加工，变成弯的圈圈，一经雕凿过，这个圆圜刚好中规中矩，刚刚是一个圆圜，没有一点偏差。

“虽有槁暴，不复赢矣！”木头的本身，虽有枯槁的地方，或者是有暴节的凸出来，或者是木头有一个地方凹下去，这两种情形，都是木头的缺点，可是经过木工的雕凿，“不复赢矣！”这个木头，如有缺点做成车轮，要载很重的东西，那怎么行呢！但是经过一个木工的整理过，它没得缺点了，便可发出坚强的作用来。

“故君子慎隐揉。”什么叫“隐揉”呢？慢慢地、渐渐地。所以说，要学成做一个君子的人，便要谨慎小心，致力学问修养，一天一天慢慢地琢磨成器，如同木工做车轮子一样，慢慢地雕凿，平常看不出效果，等到东西做成功了，效果就出来了，到这时候，才看出成绩。所谓“慎隐揉”，就是慢慢地、渐渐地、静静地、不急躁地去做。这就是告诉曾子，人生的学问道德修养，不是一下做得好的。

第二个观念，“和氏之璧”。在中国历史上，是一块大的宝石——玉，就是蔺相如见秦昭王“完璧归赵”的那块玉。原是楚国的玉工卞和，观察到荆山有一块大石头，断定它里面蕴藏有一方美玉。最初还没有人相信，指他说谎话骗人，卞和因此还受了刑罚，两腿被锯断了。后来事实证明，的确其中有玉，一跃而成为价值连城的宝玉。卞和好冤枉啊！但这块宝玉，当它还没有开凿出来，只不过是一块璞石而已。如同乡巴佬，生活没得办法，到山上弄块石头——去找玉石——如果一下看准了，凿开了里面有玉，就会发财。这和穷人到沙滩上淘金是一样的。可是，石头固然找对了，但必须经过良工加以切磋、雕琢，制作成为上好的珍品，那么，这块石头才能成为“存国之宝”，象征保全一个故国的大宝了。它本来不过是山里一块没有人要的石头，连牛羊都可以在上面大便，等到挖出来后，经过人工雕凿整理，就变成“存国之宝”。引用这个故事来比喻，“故君子慎所修”。一个普通的人，要想变成一个圣人，或者是要开创一番事业，处处需要学问、道德、知识、技能，但须看你自己平常所学、所修养、所注意的是什么？这就是说明了“枉则直”的一则作用。

狐狸、豹皮的吸引力

再说“洼则盈”的故事：

> 晋文公时，翟人有献封狐、文豹之皮者。文公喟然叹曰：“封狐、文豹何罪哉？以其皮为罪也。”大夫栾枝曰：“地广而不平，财聚而不散，独非狐豹之罪乎？”文公曰：“善哉！说之。”栾枝曰：“地广而不平，人将平之。财聚而不散，人将争之。”于是列地以分民，散财以赈贫。

“洼则盈”，水性下流，凡是低洼的地方，流水积聚必多，最容易盈满。春秋时代，齐桓公、晋文公都是五霸之一。但春秋所谓的霸主，并非后来像项羽自称为“西楚霸王”的霸王。后世所谓的“霸王”，应该等于现在世界上的民主国家，在国际间有它了不起的武力和特殊的政治声望威力。尤其晋文公是春秋时候第二个霸主，而且他更与齐桓公所遭遇家庭问题所发生的变故，类似相同而又不同。他因为后娘的争权而发生变故，逃亡在外，历尽艰危险阻，吃尽苦头，饿过饭，几乎把命都丢掉，流亡了十九年，获得了丰富的人生经验，最后复国，所以晋国在他手里成为一个霸主。当他当了霸主的时候，翟这个地方（在今山东），有一个老百姓，来献“封狐文豹之皮者”，向晋文公贡献一件长得很大的——起码是有七八百年的道行、成了精灵的狐狸，结果也难免有此一劫，被人抓到杀了，得了一张大皮。在过去以狐皮制成的衣服叫狐裘，是第一等衣料，非常名贵，普通老百姓是穿不起的，没有这种资格和本钱。因此得到这样好的一张特等狐皮，自然要献给君主。另外一张豹的皮，也是有特别花纹的皮色，都是上等皮货。晋文公接收到老百姓所献上这样的珍品，因为自己在外流亡多年，什么苦头都吃过，所以看了以后，不免引起感慨，大叹一声说道：“封狐、文豹何罪哉，以其皮为罪也。”狐狸长大了也不犯法，豹子毛长得漂亮，也不犯法，动物有什么罪呢？可是这两个家伙，硬是被人打杀了，只是因为它的皮毛长得太过漂亮，所以才免不了祸害的降临！

这时，曾经跟他流亡多年的一位功臣，名叫栾枝的大夫，他听了晋文公的感叹，就接着说：“地广而不平，财聚而不散，独非狐豹之罪乎？”这几句话是很妙的双关语，他说：“一个国家拥有广大的土地（春秋时候，人口很少，没有开发的地方很多），君王内府（宫廷）的财帛又那么多，但是老百姓仍然没有饭吃。那岂不是如这两头被杀害的狐狸、豹子一样的可怕吗?”栾枝这话说得很幽默，换句话说，他当时所讲的话与后世禅宗祖师们的话头一样，都具有面面观的价值，要有高度理解力，能听别人吹牛的天才，才可听得懂。像齐桓公、晋文公、汉高祖这些人，专门会听别人吹大牛的，自然心里有数。栾枝的话也可以解释为：我们国家的土地那么广大，而你私人皇宫的财产又那么多，“福者祸之所倚”，说不定有一天也像这狐豹的皮件一样，落到别人的手里啊！这几句话很难解释，很难作明白的表达，直译成白话，就没有含蓄的美了，此之所以为古文，别自成为一套文学逻辑。古文为什么不明讲呢?如果用现在的白话文的体裁语气，讲完了以后，等于在洗澡堂里看裸体，一览无余，一点味道也没有。而且在说话的艺术上，变成太直，等于顶撞，绝对是不行的，不合乎“曲则全”的原则。同样的语意，经过语言文字的修饰，便可以当作指责，也可以当作比喻。不要认为文章只是文章而已，古人讲话未必真会那么讲。在我的经验中，晓得前辈说话，真的那么讲，因为我小时候听到前辈先生们讲话，他们嘴里讲出来的话就是文质彬彬的。自己读书没有读好，听他们讲话往往会听错了，不像现在一般讲话，一点韵味也没有。例如：好的！好的！偏要说成“善哉！善哉!”这又为了什么?因为古人认为语意如不经过修饰，就不足以表示有学问的修养。现在如果用这种语汇，说委婉的话，却反遭人讥诮为“咬文嚼字”了。

晋文公是何等聪明的人，他因看到狐豹的皮而引出内心的感慨，再经过跟在他身边的亲信接上这么一句“独非狐豹之罪乎?”晋文公便说：“善哉！说之!”意思是说：好！你的道理说得对，你就把你要说的道理直接讲个彻底吧！不要含含糊糊，有所顾忌了！

栾枝说："地广而不平，人将平之；财聚而不散，人将争之。"你没有平均地权，把没有开发的地区分配给人民耕种，将来就会引起老百姓的反感，别人就会起来分配。你宫廷中财产那么多，没有替社会谋福利，将来就会有人将你皇宫的宝藏拿走了。晋文公说：你说的全对！因此马上就实施政治改革，"于是列地以分民，散财以赈贫。"这就是"洼则盈"的道理。

我们再说一个"洼则盈"的故事：

> 晋文公问政于咎犯。咎犯对曰："分熟不如分腥，分腥不如分地，地割以分民而益其爵禄，是以上得地而民知富，上失地而民知贫，古之所谓致师而战者，其斯之谓乎？"

"咎犯"是一个人名，不要认为"咎"是过错，"犯"是犯了罪，这样解释那就糟了（一笑）。咎犯和栾枝，都是晋文公身边的高级干部，而且都是跟晋文公流亡在外十九年，吃尽苦头的人。有一天晋文公与他讨论政治的道理，咎犯对曰："分熟不如分腥，分腥不如分地，地割以分民而益其爵禄，是以上得地而民知富，上失地而民知贫。"咎犯答复说：你要在经济上、财政上，做平均的分配，合理的分配。比如我们分配一块肉，煮熟了来分配，还不如分腥的好。拿一块生的猪肉分给人家，五斤也好，十斤也好，分到猪肉的人，也许红烧，也许清炖，比较方便，一定要煮熟切片再分送给人家，那么，人家就固定非吃白切肉而不可了！这样，就有点强迫别人的意志了！这是分熟的不如分腥的涵义，是用譬喻的逻辑。再说，分食物给人家，不如分地给人家自己去耕地好。也就是说，最好是把王室的私有财产——土地，平均地权，分配给老百姓以后，“而益其爵禄”，不但分配给他土地，使其生活安适，而且给他适当的职务，使他有事情可做。这样一来，自己的财产虽然分配给了老百姓，在形态上好像是把财产分掉了，其实老百姓富有了，也就是王室国家的富有。“是以上得地而民知富，上失地而民知贫。”这两句又是什么内涵呢？因为万一有敌人来侵犯，全国老百姓不要你下达命令，自然会起来作战，如果我们共有的国土被敌人占据了，那大家也完了。何谓“致师而战者”？“致师”，是不等到下达命令，老百姓自动地都来动员，因为国家的灾难，就是人民自己的灾难，这是“致师而战”的内涵，同时也说明了“洼则盈”的原理。

我们现在费了很多时间力气，说明了这几句话的道理，下面再讲一则历史故事，来说明“敝则新”。

> 赵简子谓左右曰：“车席泰美。夫冠虽贱，头必戴之。履虽贵，足必履之，今车席如此泰美，吾将何以履之。夫美下而耗上，妨义之本也。

赵简子也是战国时代的大政治家之一，“谓左右曰：车席泰美”。他看到左右的人，如一般官吏或侍随官等人，都把他的车子里铺的席子，做得太讲究了，拿现在比喻，地毯太好了，所以，他很不高兴，向左右的人说：为什么把我车子里面布置得那么漂亮，那么名贵呢！帽子再坏，还是戴在头上。鞋再名贵，还是穿在脚底下，踏在地面。现在你们把车子铺上那么好的地毯，那么我要穿上什么鞋子，才能踏在这地毯上面，以便名贵中更加名贵呢！即使换了一双更名贵的鞋子，我可无法再到我妈妈那里换一双漂亮的脚来穿这双好的鞋子呢！那怎么办！“夫美下而耗上，妨义之本也。”这两句话，就同参禅一样是话头，人只顾眼前，不顾将来，所以“美上而耗下”，同样是不合理的，这不是道德的根本。他吩咐把漂亮的地毯拿掉，保留原来的朴实，那才是永远是常新的。

我们引用历史的故事，来说明老子这几句话的作用，使大家了解在行为上、做人处事的原则。一个人做人做事，无论大事小事，一定要把握住道家的精神——“曲全”、“枉直”、“洼盈”、“敝新”这几个原则才好。这是人生的艺术，自己要把这一生的生活，个人的事业前途，处理得平安而有韵味，就应该把握这一些原则。而这四个原则，归纳起来，统属于“曲则全”的延伸而已。

有了富贵，失去欢乐

接着，更加引申“曲全”之道的正面告诫，便说出“少则得，多则惑”的名言。当清末民初的时期，有一山西商人，生意做得很大，财产很多，可是这人一天到晚，必须自己打算盘，亲自管理会计。虽然请有账房先生，但总账还是靠自己计算，每天打算盘打到深夜，睡又睡不着，年纪又大，当然很烦恼痛苦。挨着他的高墙外面，却住了一户很穷的人家，两夫妻做豆腐维生，每天凌晨一早起来磨豆子、煮豆浆、做豆腐，一对活宝穷开心，有说有笑，快快活活。可是这位富商，还睡不着，还在算账，搅得头晕眼花。这位富商的太太就说："老爷！看来我们太没意思！还不如隔壁卖豆腐这两口子，他们尽管穷，却活得很快乐。"这位富商听了太太这样讲，便说："那有什么难，我明天就叫他们笑不出来。"于是他就开了抽屉，拿了一锭十两重的金元宝，从墙上丢了过去。那两夫妻正在做豆腐，又唱歌，又说笑，听到门前"扑通"一声，掌灯来看，发现地上平白地放着一个金元宝，认为是天赐横财，悄悄地捡了回来，既不敢欢笑，更不想歌唱了，心情为之大变。想道：天上掉下黄金，这怎么办！这是上天赐给我们的，不能泄露出去给人家知道，可是又没有好地方储藏——那时候当然没有使用保险柜——放在枕头底下不好睡觉，放在米缸里也不放心，直到天亮豆腐也没有磨好，金元宝也没有藏好。第二天，两夫妻小组会议，这下发财了，不想再卖豆腐了，打算到哪里买一幢房子，可是一下子发的财，又容易被人家误以为是偷来的，如此商量了三天三夜，这也不好，那也不对，还是得不到最好的方法，夜里睡觉也不安稳，当然再也听不到他两口子的欢笑声和歌唱声了！到了第三天，这位富商告诉他的太太说："你看！他们不说笑、不唱歌了吧！"办法就是这么简单。

穷人没有见过很多的钱，也没有经历过财富的日子，以为财富很好，认为财富多了，就会快乐和幸福。过去的时代，住在海边的穷人家就很可怜，一年到头，只吃一点番薯干，掺了一些糙米做稀饭，除此之外，一点腌得发臭的咸鱼，算是佐餐的副食。偶然吃到一点青菜、豆腐，那是一种大享受。曾经有一个穷人，发了一个大愿，他说，如果我某人将来有钱的时候，天天要吃青菜豆腐，才够意思，这就是他一生的最高欲望了！他可不知道，有钱的人吃青菜豆腐，并不算一回事，他以为青菜豆腐便是世上最好的菜肴。但是，谁又真能了解，知识愈多，烦恼愈大。财富越大，痛苦越深呢！所以佛经里把烦恼叫做“烦惑”，愈有烦恼，思想就愈迷惑不清。

“是以圣人抱一为天下式。”老子说：自古以来，有道的人——圣人，必是“抱一为天下式”，确然而不可拔，固守一个原则以自处。但是，什么叫“一”？“一”者，道也。下面会有解释，这里暂时保留。总之，他是说人生于世，做人做事，要有一个准则，例如现在很多青年同学，并不如此。问到他们的人生观是什么？他们都茫然不知所对。许多读到大专毕业的同学，甚至拿到硕士、博士的人，谈到他的人生观，总是说还没有确定。你做木匠就做木匠，做泥水工就做泥水工，当皇帝与做泥水工，只是职业上的不同，人格则仍然是一样的。人要认定一个人生的目标，确定自己要做什么。要做一个学者，就准备穷一辈子，如果又怕穷，又想当学者，几乎是不可兼得，无法两全的事。但是人生观总是要有个确定的目标才对。所以“圣人抱一而为天下式”是为至要。

四不的领导学

接着一式以后，便讲："不自见故明，不自是故彰，不自伐故有功，不自矜故长。"道家的老庄，与佛家、儒家，三家教人的道理，几乎都是一样的。不过佛家、儒家是从正面上讲，老庄道家是从反面上说的。反面说的意义深刻，不但深刻，而且更具有启发性的作用。因为佛家与儒家是从正面上说的，往往变成了教条式的告诫，反而使人产生抗拒性的意识。至于老庄道家的说法，却合乎"曲则全"的作用，比较使人容易接受。

"不自见故明。"人本来要随时反省，使自己看见自己才好，为什么在这里却说要"不自见故明"呢？这是说，要人不可固执自己主观的成见，执著了自己的主观成见，便同佛家所说的"所知障"，反为自障了！因为自有主观成见，就无法吸收客观的东西，因此而说"不自见故明"。尤其对一个当领导的人来讲，千万不要轻易犯了这个错误，即如一个公司的老板、董事长，一旦事业成就，便不可得意忘形，须有"不自见"，才能更加明白事理。有人说，老庄是帝王学，是伟大的领导术，也许重点就在这些至理名言中。当一个领导群众的人，千万不可有"自见"，需要多听听别人的意见，把所有的智慧，集中为你自己的智慧，你的智慧就更大了。那就合乎"不自见故明"的道理了。

"不自是故彰。""自是"与"自见"差不多是同一个道理，但同中有异。"自是"是主动的认为我一定都对的，我的绝对没有错。譬如现在的人，喜欢引用拿破仑说的："拿破仑的字典里没有难字"。乍听很有气魄似的，其实，拿破仑就太“自是”，所以变成拿破了轮，结果还是要失败。只引用拿破仑的话，没有看到拿破仑的一生，他不过是像项羽一样的人物，并没有真正成功的内涵。他的字典里面没有难字，那是“自是”，所以，成功果然很难，人不自是，才能开彰大业。

“不自伐故有功。”“自伐”，是自我表扬的代名词。有了功劳的人爱表功，差不多是人们的常态。尤其许多青年同学们，很容易犯这个毛病，虽然只做了一点事情，就想人家表扬一下，要鼓励鼓励。常常以此来作为课题，考察青年同学，看他能稳得住多久时间。有些人稳几天可以稳得住，多过几天，心里就稳不住了，我做的事这么久了，好像老板都不知道一样，就要想办法表现出来。真正有修养的人要不自伐，有功等于无功，儒家的人常以尧舜来做标榜，“功在天下”，“功在国家”，而他自己好像一点都没有做一样，而且更加谦虚，觉得自己没有什么贡献似的，那才是不自伐的最高竿，当然不会埋没了你真正功高望重的知名度的，因为天下明眼人毕竟很多。

“不自矜故长。”“自矜”，也就是现在所讲的自尊心，说好听点叫自尊心，说不好听就叫作傲慢，自尊心与傲慢，几乎是同一心态，但用处不同，效果也不一样。比如，走在街上，看到别人的钞票掉了，很想把它捡起来，但又不敢去捡，为什么？因为有自尊心。那你就干脆捡起来等人来认领，或是送到警察派出所招领，这也没有什么不对，所以自尊与傲慢，看是用在什么地方，用不对了，就是傲慢，用得好就是自尊。傲慢的人不能成功，所以要不自矜才能成长。

“不自见故明，不自是故彰，不自伐故有功，不自矜故长”，这四不的名句，是告诉我们，为人立身处世必然要记住的道理，岂止要把它作为“座右铭”，应当要把它作为“额头铭”，要贴在额头上，记在脑子里，则终身受用不尽。

“夫唯不争，故天下莫能与之争，古之所谓曲则全者，岂虚言哉，诚全而归之。”讲到这里，全篇还是一句老话——“曲则全”。

刚才是分开作解说，现在老子他说：因为人能够真做到无争才行。要怎样才能做到无争呢？好处都属于别人的。例如佛家所说，就要菩萨发心，慈悲爱人，爱一切世人，一切牺牲都是为别人，自己不想得到任何一点报酬。因此，“天下莫能与之争”。纵然要争，也没有用，我既什么都不要，本来便是空，与“空”争个什么！人之所以有祸害、有痛苦、有烦恼，就是因为想抓住点什么，既然一切都不要、都舍出去了，那自然无争，自然争不起来。综合上面这些道理，也都是为了“曲则全”原则的发挥，看来都是反面文章，同现实一般的人生，都是相反。其实，相反地，正是为了正面可保全自己，成就自己的道德，完美自己的人格，所以，老子加重语气说：“岂虚言哉”！这不是空话啊，不是空理论啊！

“诚全而归之。”这句话可以作两种解释。一种是说：“曲则全”最重要，人生最伟大的作为，不必要求成功在我，无论在道德学问上的成功，或是事业上的成功。如果“功成、身退而不居”，一切付之全归，这赤裸裸的坦诚，就是“曲则全”的大道，这才是人生的最高艺术。“诚”字，可以把它作动词用，说明实在要走“曲则全”的道理，才能够得上为天下之所归，众望之所属。另外的一个解释是：“诚”字下面加一标点，构成“诚，全而归之”。这样一来，便是说明如何做到“曲则全”的真正条件，那只有一个“诚”字才可。绝对不能把“曲则全”当做手段，要把它当做道德，要真正诚诚恳恳地去做。如果知道“曲则全”的名言，却把它当成手段去做，那就“不诚无物”，完全不对了。所以，也可以读成“诚，全而归之”。这种解释，也不是我的发明，看了很多古人的注解，果然早已有这一见解。所以，书读多了，常常发现自己不能“自见”、“自是”，好像有很了不起的见解，以为前无古人，但过了几年以后，忽然看到另一本书，就脸红了，原来你的见解，古人早已说过，所以人不能“自是”。固然我并非偷袭古人的见地，但古人也决不是偷去你的。

这是《老子》第廿二章，他在讲“曲则全”之后，下面再给我们伸述了很多。也由此可以发现《老子》这本书的编排，有很多章第一句话是最重要，下面即是这个纲要的伸述，等于现在写文章一样，先标出一个纲要，纲要下面就说出很多重要的道理。

第二十三章

这自然不是那自然
非人力所及的因果变灭律

希言自然。故飘风不终朝，骤雨不终日。孰为此者？天地。天地尚不能久，而况于人乎？故从事于道者，道者同于道，德者同于德，失者同于失。同于道者，道亦乐得之。同于德者，德亦乐得之。同于失者，失亦乐得之。信不足焉，有不信焉。

这自然不是那自然

什么叫“希言”呢？我们都晓得在长江一带，很久未见面的朋友，偶然来访，每称“稀客”，意思是说少见的尊客。“希言”，亦即平常较少用的名言。再进一层来讲，便是“无言之言，不说之说”的意思。例如佛典所说的“不可说”之说，最高的道理，最高的境界，不是文字语言所能表达的。同样地，形而上最高的道理，也没有极其妥当的文字来表达的，这就是“希言”的内涵。

什么叫“自然”呢？这里所说的自然，不是自然科学的自然。“希言自然”，并不是很少说到自然科学的理论。“自然”一词，在这里不可作为物质世界的自然，而是哲学的名词，勉强解释，也可说是“原来如此”的表诠，犹如佛家的“法尔如是”一词相同。“法尔如是”，也便是表示本来原是这样的意思。

“故飘风不终朝，骤雨不终日。”飘风，即飓风，又叫台风，台风在夜里比较大，所以在夜里来的台风最可怕。但台风过境不会超过廿四小时以外的，最大的风速中心不过几个小时就过去了，不会整天吹的。无论如何强大的台风，到了中午，都会减弱缓慢一点。故说任何飘风，都不会终朝不变的，就是说正午十二点左右就会变弱了。骤雨，是夏热季节的大雷雨，大概一两个小时就过去了。最多三小时，超过三小时就不得了，就可能涨大水。所以夏天的大雷雨，只是一阵，不会下一整天的。而且雷雨一来，一定是连续三阵——今天、明天、后天——大多是三天连着的，但每天雷雨的时辰，都会渐渐向后延，慢慢减小。“孰为此者?”这是什么道理，谁在主宰其事呢！这是天地间自然的法则。老子没有讲神或天帝在作主，也没有讲菩萨在使神通，只是讲“天地”自然规律，如此而已。等于说，冥冥中自有一个能力，但它的功能，不像其他宗教所说的，把它变成人格化，或者是神格化。也不把它变成民俗观念中的一个如来佛祖，或是雷公、风神、雨师等菩萨。只是自然而然，有那么一个能力的存在，它就是“道”。

但须再重复一遍，老子所讲这个“自然”，不是佛家所说的那个“自然”。前面已经说过，道家这个“自然”，与佛家的“法尔”相同——法尔如是。因为印度有一学派，称谓自然学派，佛学名之为“自然外道”。印度的自然外道，决不可相同于中国老子所讲的自然外道相提并论。当年玄奘法师，固然把梵文的佛经翻成中文，同时也把中国的《老子》、

《庄子》翻成了梵文传译到印度去。因此唐朝以后的许多佛学与密宗的道理，渗杂有中国道家的成分。不过当时玄奘法师翻译过去的《老子》、《庄子》，可惜在印度已经湮没不彰，再也找不到了。所以，中国道家老子的自然，不和佛说印度外道学派的那个自然相同，这一点需要特别了解清楚。但在正统的佛经里面，“自然”这个名词，从来未曾用过，因此一般就误认为老子所说的自然，与印度的一派哲学相同，那么，老子也牵连而打入“自然外道”。

非人力所及的因果变灭律

老子说：“飘风不终朝，骤雨不终日。孰为此者？天地。天地尚不能久，而况于人乎？”在中国的固有文化中，无论道家或儒家以及后来的佛家，早就知道，宇宙之所以成为宇宙，以及这个地球世界，有始有终，终会归于泯灭。有开天辟地的时候，也有天翻地覆，终归结束的时候。佛家所说的“成、住、坏、空”，“诸法无常”。老子也说：“天地尚不能久”。白居易《长恨歌》：“天长地久有时尽，此恨绵绵无绝期”。因此，有人说：“天若有情天亦老。”天地也不能永远无尽而长生不老的！不管是经过多少年代，即使是几百千万亿年，终归要有结束的一瞬。“天地尚不能久，而况于人乎？”那么，人生更不能希求长久的永存了。

我曾经做过研究，不过还没有时间坐下来完成，但统计资料已搜集好几年了。我发现这个鸡蛋一样椭圆型的地球世界，以世纪为标准，东方的中国，诞生了哲学家的老子、孔子。印度也诞生了释迦牟尼，西洋也诞生了苏格拉底。事实上，都是同在一个世纪之中。太阳轮转到的地区，某一个世纪出了些什么人物，都有同样的类型。某一个世纪结束了，而这一个世纪某些关键性事情也都结束了。例如在某一世纪中，东方出来一个了不起的人物，在同一时代的相近差距中，地球的另一半，也会有同样的了不起的人物出现。曾费了很多年时间，把这些资料搜集、整理、统计、分析。但是，这个研究，还需要找出它的根本理由来。那么，这个地球和人类时空的命运，当然就可以推算出来。不过最好不要彻底研究清楚，所谓“察见渊鱼者不祥”，人，何必需要前知呢？万事还是不要前知，人生才富于追求的意味。

可是，由于老子这几句话的道理，说明了他早已了解这个宇宙是有生有灭的。因此，人生的规律，逃不过的一个法则，必然也是有生有灭的。只是人类却有一个愚不可及的呆劲，总希望什么事情，都要永久地把捉在自己的手里，事实上，是绝对把握不住的。“天地尚不能久，而况于人乎！”这是原则。这个原则的归结，便是那所希言的自然之道了。“希言”，也等于佛曰“不可说”。道固不可说，因此而“希言”其故。可是自然的法则，它却有必然性的因果规律可循，佛学重视因果定律，其实老、庄、孔、孟、诸家，也都是讲究说明“因果必然”的道理，只是表达的说法不同而已。

因此，老子又告诉我们：“故从事于道者，道者同于道，德者同于德，失者同于失。同于道者，道亦乐得之。同于德者，德亦乐得之。同于失者，失亦乐得之。”这几句话，从文字上看，自说自话，好像在玩嘴皮，并不重要。其实，他是说人事物理的同类相从的道理。比如一个从事于修道的人，“道者同于道”，修道的人，自然会与修道的人结合在一起，这是很简单的原则。一个喜欢讲道的人，自然喜欢与讲道的人结合在一起，来做朋友，志同道合，切磋学问。一个喜欢吹牛的人，结交的朋友，一定也会吹牛，否则两个人就吹不起来了。今天，有一位朋友告诉我一个形容词的新意义，就是现在社会上颇为流行的一句话，所谓“手忙脚乱”。手忙者，打麻将也。脚乱者，跳舞也。喜欢打牌跳舞的人，总会合在一起。这也就是“道者同于道”的反证。换句话来说明“道者同于道，德者同于德”的内涵，也可以说一个人真为道德而努力修养自己，那么，你就会天天发现自己在道德上的进境了。

德，就是用。秦汉以上的思想、学术，道与德两个字，往往是各自分开的。道、德两个字合起来做一个名词用，是秦汉以后的事。道，是形而上的“道”，它与形而下的“德”字对称。德，是代表用，德者，得也。所以我们可以解释，德，是良好行为的成果。我们懂了这个字义，在文句上就容易了解了。“失者同于失”，你要是走倒楣路线的人，自然碰到的都是倒楣鬼挤在一起。你要向失败方向走，失败的因素都会来凑合你。这就同西方的谚语所说：上帝要毁灭一个人，先要使他发疯。发疯与毁灭当然差不多了。所以，一个人倒楣了，他所交往的人和事，也都不对了，都是随倒楣而来的。况且你还偏要向那个倒楣的方向去凑合。

“同于道者，道亦乐得之”，也就是如孔子所说的话“德不孤，必有邻”，恰好相同。真正为道德而努力，不要怕寂寞、怕凄凉，纵然不得之于一时，也得之于万古，这一点先要认识清楚。有许多年轻人说："我一辈子要做学问，修持道德。"我说：不容易啊！那你必须先要准备寂寞一辈子才行。要甘愿寂寞一辈子还不够，还要更进一步，懂得如何来享受寂寞。例如学道成佛，那都是千秋事业，不是一时侥幸的成功。乃至也不求千秋之得失，证无所证，得无所得，那就差不多了。

所以，谈学问、道德，不要表面上做功夫，好像什么都不要，只要学问，只要道德，不在乎其他。功夫做到胃出血的时候，看你在乎不在乎？那真在乎啦！但是，真要为道德的人，真要有这个精神，寂寞、穷苦、疾病所不能移其节操，才能说到出世入世，志在利他之心。没有这个观念，平日吹牛没有用的。所以说："同于道者，道亦乐得之。同于德者，德亦乐得之。同于失者，失亦乐得之。"这些话，都是正反两面，各尽其词，要自己去细心体会，不要轻忽视之。

本章由"飘风不终朝，骤雨不终日，孰为此者，天地！天地尚不能久，而况于人乎"开始，把自然现象的因果律，用比喻来反复说明，告诉我们一切都在无常变化中，需要认识人间世事的现象，以及人与事，没有一分一秒不在变。它是随时随地都在变，既不是你的力量可以把握住它，而且也无须要去把握它。只有一个超越现实，是我们生命所本有的，就是那个自然本有的东西。那一功能，能变、所变、受变的，却是天人合一，变而不变的那个东西。但那个东西又怎么可以体会它呢？只有从"道者同于道，德者同于德，失者同于失”去体认它，才能自然证得。但是有的人虽然相信这个道理，并不能真肯实信，所以便又说：“信不足焉!”此外，大多数人，就根本不相信形而上者有一个自然之道的存在，同时也不相信现象界中的自然因果定律。所以说：“有不信焉!”真是无可奈何!

总之，读《老子》不要把它一句句地读，你如果分开来一句句地读，倒不如干脆把它写成书笺，当格言看好了。你要完全了解它的宗旨，以原书原文来理解它本身，就可融通无碍。当然，这是很难的，等于我们欣赏一首诗，有些人会作诗，确有诗的天才，语出惊人。但是只有好句，却不能构成一篇好诗，有好句无好诗，便非好文章。好的文章是全面的，决不能拿一句来代表全体。我们读古书同样容易犯此毛病，往往断章取义，抓住一句好句子，忘记了全篇的大义所在，所以不能透彻了解，不能融会贯通，那就太可惜了！这样说，也许便是“希言”，或者可以说，那才是“自然”的呢！欲知后文如何？且听下回分解。

第二十四章

企鹅的步伐，猩猩的醉舞

投鞭断流的苻坚

山泉绕屋知深浅

企者不立，跨者不行，自见者不明，自是者不彰，自伐者无功，自矜者不长，其在道也，曰：余食赘行，物或恶之，故有道者不处。

企鹅的步伐，猩猩的醉舞

由第二十二章开始，接连到二十五章为止，反复地申明，道体自然，切莫乱加造作，因此，当起用因应在万事万物时，亦须效法天地自然的规律，“曲全”而成事。本章衔接上两章内涵，再提出反证，作为正面的告诫。因此开始便由“企者不立”讲起。什么叫“企者不立”呢？且看我们现在有许多公司，取名叫企业公司。什么叫“企”呢？把脚尖踮起来，不断向前开展叫“企”。这样踮起脚尖来，能站多久呢？其实，是难以长久立足的，练过功夫的人，也不过站一短暂的时间。平常时，人们很少要那么踮起来站立。也许是个矮子，为了与人比高，才这样做。或者，偶然远望，才那么踮起脚来。但是，到底是站不久的。这便是“企者不立”的道理。

“跨者不行”，是说跨开大步在走路，只能暂时偶然的动作，却不能永久如此。如果你要故意跨大自己的步伐去行远路，那是自取颠沛之道。不信，且试跨大步走一二十里路看看。大步走，跨大步是走不远的。因此，老子用这两个人生行动的现象来说明有些人的好高骛远，便是自犯最大的错误。“企者”，就是好高，“跨者”，就是骛远。如果把最浅近的、基础的都没有做好，偏要向高的远的方面去求，不是自找苦吃，就是甘愿自毁。由这两个原则的说明，就可明白“自见者不明，自是者不彰，自伐者无功，自矜者不长”四不的道理。

“自见”、“自是”、“自伐”、“自矜”，是人类的通病，一般人的心理，大多具有这些根本病态。举一个现在社会上常见的例子，当我们经常到一家名餐厅宴会，这家会做菜的名厨师，在我们吃饭当中，出来打一照面，招呼贵宾的时候，我们就要向他恭维几句，或者敬他一杯酒，表示他做的菜真是高明，不然，他就很扫兴，“嗒然若丧其耦”了！如果说：你的菜做得天下第一好。那么，虽然他这时还挂着一脸的油烟，累得要死，可是心理的滋味，却舒服得很，这是一般的常理。所以，老子在这里再三说明，一个人有了“自见”、“自是”、“自伐”、“自矜”的心病，一定要能反省，知道自加改正才好。但从道理的法则上讲，这些心理的行为，却是“余食赘行”。“余食”是多余吃的。等于一个人饭已吃饱了，再吞一口都吞不下去，但还要再吃一个大面包，这一下非得胃病不可，甚至还要去看医生，或者是要开刀呢！赘，就是瘤子，等于甲状腺肿大，脖子就会长粗了。我们正常的身体，在任何部位，长出一个瘤子，那当然是多余的。像我们合掌的时候，五指就够用了，有的人长出六个指头，这就是

“赘指”。多一个指头就麻烦，手套还要另做。“物或恶之”，任何一样东西，都有自然的定形，变体都是不正常的，即使是植物，过分地长出来一个多余的附件，不但自己增加负担，而且令人讨厌。何况一个平常的人呢！假使你这个人已经很高明，高明就高明，又何必一定要别人加说一句你太高明。你是不是高明，别人慢慢自会看清楚的。假如自己天天喊我很高明，除了做广告以外，那还有什么用呢？所以有道之士，自处决不如此，绝对没有这种心理行为，才算合于道行。

投鞭断流的苻坚

但是，所谓“有道者不处”的“有道者”，难道是专指“入山唯恐不深，避世唯恐不远”的山林修道之士吗？当然不是如此，综合老子所谓的“道”，既不如佛家一样的绝对出世的，也不是如儒家一样的必然入世的，它是介于两者之间，可以出世，亦可以入世的。换言之，有体有用，道体在形而上的自然，道用却在万物万事，平常日用之间。因此，他的道，也正如孔子的门人曾参所著《大学》一书中所说的“自天子以至于庶人”，都不能离开此道。

因此，老子前后所说的知四不——不自见、不自是、不自伐、不自矜，在体而言，有同于佛说的离四相——我相、人相、众生相、寿者相；在用而言，又同于孔子所说的戒四毋——毋意、毋必、毋固、毋我，恰如其分。所以，它不但只限于个人自我的修养，仅是修道者的道德指标，同时，也是所谓帝王学——领导哲学最重要的信守，最基本的修养。

我们现在随便举出古今历史上两个事例，说明凡是要立大功、建大业的人，只要一犯此四个原则，绝对没有不彻底失败的。

第一个例子，就是东晋时期，史称五胡十六国乱华的时代，秦王苻坚的故事。

苻坚弑其君——苻生，自立为王，正当东晋穆帝——司马聃升平元年（西元三五七年），他起用了那个在野的名士、平时扪虱而谈天下事的王猛为政，不过十三四年之间，北灭燕云，南胁东晋，大有不可一世的气势。再过不了几年，王猛得病将死（王猛当政也只十六七年），苻坚不但为他百计祈祷，并且还亲自到病榻访问后事。王猛对他说：

> 善作者不必善成（成功不必在我之意），善始者不必善终（也就是《易经》坤卦无成有终的意思）。古先哲王，知功业之不易，战战兢兢，如临深谷。伏惟陛下，追踪前圣，天下幸甚。

又说：

> 晋虽僻处江南，然正朔相承，上下安和。臣没之后，愿勿以晋为图（告诉他，切莫轻易南下用兵图谋东晋）。鲜卑、西羌，我之仇敌，终为大患，宜渐除之。

王猛一死，苻坚三次亲临哭丧。而且对他的儿子（太子）苻宏说：“天不欲使吾平一六合邪？何夺吾景略（王猛字）之速也。”过不了七八年，苻坚一反常态，不顾王猛的遗嘱，便欲将百万之众，南下攻击东晋。

当他聚集高级臣僚开军事会议时，左仆射（相当辅相的权位）权翼持不同的意见说：“今晋虽微弱，未有大恶，谢安、桓冲，皆江表伟人，君臣辑睦，未可图也。”

太子左卫率（相当于侍卫长官，警备总司令）石越曰：“今岁镇（天文星象的岁星、镇星）守斗（自南斗十二度数起，到须女星的七度，属星纪，正在吴越分野之处），福德在吴（古代抽象天文学，认为太岁所在，其国有福），伐之必有天殃。且彼据长江之险，民为之用，殆未可伐也。”

苻坚却坚持自己的意见说：“天道幽远，未易可知。以吾之众，投鞭于江，足断其流，又何险之足恃乎？”这便是苻坚的最大自伐、自矜之处。

会议席上，文官武将，各人就利害关系，正反面的意见都有，始终无法决议。苻坚便说：“此所谓筑室道旁，无时可成。吾当内断于心耳！”

当时这个时候，再也没有一个人，如王猛一样，教他先求修明内政，建立最高的文化政治以巩固基础的建议了！

散会以后，苻坚特别留下亲王的阳平公——苻融商量，苻融说：“今伐晋有三难：天道不顺；晋国无衅；我数战兵疲，民有畏敌之心。群臣言晋不可伐者，皆忠臣也。”

苻坚听了他的意见，便正色地说：“汝亦如此，吾复何望”。苻融听到他的坚持自见与自是，愈觉不对劲，便哭着说：“晋未可灭，昭然甚明。且臣之所忧，不止于此。陛下宠育鲜卑、羌、羯，布满畿甸，太子独与弱卒留守京师。臣惧变生肘腋，不可悔也。王景略一时英杰，陛下常比之诸葛武侯，独不记其临没之言乎？”

苻坚仍然不听他的意见。等到回到后宫，他最宠爱的妃子张夫人，也苦苦来劝谏他勿出兵侵略东晋。苻坚便说：“军旅之事，非妇人所当预也。”换言之，军事的事，不是你们女性所应该参与意见的。

他最喜欢的小儿子苻诜也来劝谏。苻坚便训斥他说：“天下大事，孺子安知。”换言之，你这个小孩子，哪里懂得天下国家的大事。

大家没有办法阻止苻坚的主观成见，便来找他最相信的和尚道安法师，请他设法劝阻。道安婉转劝说，也不成功。弄得太子苻宏没有办法，只好再拿天象来劝谏说：“今岁在吴分，又晋君无罪。若大举不捷，恐威名外挫，财力内竭！”

苻坚还是不听，转对儿子说：“昔吾灭燕，亦犯岁而捷，天道固难知也。秦灭六国，六国之君岂皆暴虐乎？”

这样一来，只有一个人在冷眼旁观，待时而动，乘机而起的燕人慕容垂，独对苻坚说：“陛下断自圣心足矣！晋武（晋武帝司马炎）平吴，所仗者张杜二三臣而已。若从众言，岂有混一之功乎？”

这一下，正好投合苻坚的心意，因此，便大喜说：“与吾共定天下者，独卿而已。”谁知不到一个月之后，秦王苻坚，自统六十余万骑兵南下，一战而败于淝水，比起曹操的兵败赤壁，还要悲惨。慕容垂不但不能与他共天下，正好趁机讨好，溜回河北，不但复兴后燕，而且还是促成苻坚迅速败亡最有力的敌人。

我们读历史，看到历史上已往的经验，便可了解古人所推崇的古圣先贤的名言学理是多么的重要，多么的可贵。譬如苻坚的暴起暴亡，抵触老子所说的四不戒条，无一不犯，哪有不败之理。苻坚虽有豪语，所谓“投鞭足以断流”，其实，正是他投鞭以断众见之流，因此而铸成大错、特错。所以老子说“故有道者不处”，正是为此再三郑重其言也。

山泉绕屋知深浅

第二个例子，也是众所周知现代史上，国民革命成功，国父孙中山先生“推位让国”，由袁世凯来当中华民国第一任大总统。结果，他却走火入魔，硬要作皇帝，改元“洪宪”。一年还不到，袁大头就身败名裂，寿终正寝，所留下的，只有一笔千秋罪过的笑料而已。袁世凯个人的历史，大家都知道，他的为人处事，素来便犯老子的四不——自见、自是、自伐、自矜，原不足道。《红楼梦》上有两句话，大可用作他一生的总评：“负父母养育之恩，违师友规训之德。”

袁的两个儿子，大的克定，既拐脚，又要志在做太子，继皇位，怂恿最力。老二克文，却是文采风流，名士气息，当时的人，都比袁世凯是曹操，老二袁克文是曹植。我非常欣赏他反对其父老袁当皇帝的两首诗，诗好，又深明事理，而且充满老庄之学的情操。想不到民国初年，还有像袁克文这样的诗才文笔，颇不容易。袁克文是前辈方地山先生的学生，就因为他反对父亲当皇帝，作了两首极其合乎老子四不戒条的诗，据说惹得老袁大骂方地山一班人，教坏了儿子，因此，把老二软禁起来。我们现在且来谈谈袁克文的两首诗的好处。

乍着吴棉强自胜，古台荒槛一凭陵。

起首两句便好。吴棉，是指用南方苏杭一带的丝棉所做的秋装。强自胜，是指在秋凉的天气中，穿上南方丝棉做外衣，刚刚觉得身上暖和一点，勉强可说好多了！这是譬喻他父亲袁世凯靠南方革命成功的力量，刚刚有点得意之秋的景况，因此他们住进了北京皇城。但是，由元、明、清三代所经营建筑成功的北京皇宫，景物依稀，人事全非，那些历代的帝王又到哪里去了！所以到此登临揽胜，便有古台荒槛之叹。看了这些历史的陈迹，人又何必把浮世的虚荣看得那么重要！

波飞太液心无住，云起魔崖梦欲腾。

华池太液，是道家所说的神仙境界中的清凉池水。修炼家们，又别名它为华池神水，服之可以祛病延年，长生不老。袁克文却用它来比一个人的清静心脑中，忽然动了贪心不足的大妄想，犹如华池神水，鼎沸扬波，使平静心田永不安稳了。

跟着便说一个人如动心不正，歪念头一起，便如云腾雾暗，蒙住了灵智而不自知。一旦着了魔，就会梦想颠倒，心比天高，妄求飞升上界而登仙了。

偶向远林闻怨笛，独临灵室转明灯。

这是指当时时局的实际实景，他的父兄一心只想当皇帝，哪里知道外界的舆论纷纷，众怨沸腾。但诗人的笔法，往往是“属词比事”，寄托深远，显见诗词文学含蓄的妙处，所以只当自己还正在古台荒槛的园中，登临凭吊之际，耳中听到远处的怨笛哀鸣，不胜凄凉难受。因此回到自己的室内，转动一盏明灯，排遣烦恼。灵室、明灯，是道佛两家有时用来譬喻心室中一点灵明不昧的良知。但他在这句上用字之妙，就妙在一个“转”字。“转明灯”，是希望他父兄的觉悟，要想平息众怨，不如从自己内心中真正的反省，“闲邪存正”。

剧怜高处多风雨，莫到琼楼最上层。

最后变化引用苏东坡的名句：“琼楼玉宇，高处不胜寒。”劝他父亲要知足常乐，切莫想当皇帝。袁世凯看了儿子的诗，赫然震怒，立刻把他软禁起来，也就是这两句使他看了最头痛，最不能忍受的。

另一首：

小院西风向晚晴，嚣嚣恩怨未分明。

这起首两句，全神贯注，在当时民国成立之初，袁世凯虽然当了第一任大总统，但是各方议论纷纷，并没有天下归心。所以便有“嚣嚣恩怨未分明”的直说。所谓向晚晴，是暗示他父亲年纪已经老大，辛苦一生，到晚年才有此成就，应当珍惜，再也不可随便乱来。

南回孤雁掩寒月，东去骄风动九城。

南回孤雁，是譬喻南方的国民党的影响力量，虽然并不当政，但正义所在，奋斗孤飞，也足以遮掩寒月的光明。东去骄风，是指当时日本人的骄横霸道，包藏祸心，应当特别注意。

驹隙去留争一瞬，蛩声吹梦欲三更。

古人说，人生百岁，也不过是白驹过隙，转眼之间而已。隙，是指门缝的孔阙。白驹，是太阳光线投射过门窗空阙处的幻影，好比小马跑得那样快速。这是劝他父亲年纪大了，人生生命的短暂，与千秋功罪的定论，只争在一念之间，必须要作明智的抉择。蛩声吹梦，是秋虫促织的鸣声。欲三更，是形容人老了，好比夜已深，“好梦由来最易醒”，到底还有多少时间能做清秋好梦呢？

山泉绕屋知深浅，微念沧波感不平。

“在山泉水清，出山泉水浊。”人要有自知之明，必须自知才德能力的深浅才好。但是，他的父兄的心志，却不是如此思想，因此，总使他念念在心，不能平息，不能心安。

这是多么好的两首诗。所以引用它，也是为了说明历史的经验，证明老子四不的告诫，是多么的准确。袁克文的诗文才调，果然很美。但毕竟是世家出身的公子，民国初年以后，寄居上海，捧捧戏子，玩玩古董，所谓“民初四大公子”之一。无论学术思想，德业事功，都一无所成，一无可取之处。现在我们因诗论诗，不论其人。我常有这种经验，有的人，只可读其文，不必识其人。有的人，大可识其人，不必论其学。人才到底是难两全的。至于像我这种人，诗文学术，都一无可取之处。人，也未做好。只好以“蓬门陋巷，教几个小小蒙童”勉强混混而已。

第二十五章

天下大老母
万道不离王道与人道
好不容易自然
念天地之悠悠
自然神仙

有物混成，先天地生。寂兮！寥兮！独立而不改，周行而不殆，可以为天下母，吾不知其名，字之曰道，强为之名曰大。大曰逝，逝曰远，远曰反。故道大，天大，地大，王亦大。域中有四大，而王居其一焉。人法地，地法天，天法道，道法自然。

天下大老母

由前面几章我们连续谈到，道的妙用，是在日常生活中，就在种种为人应事的行为上。现在《老子》本书，又回转来而进一步说明“体用合一”的道理。然而，究竟“道”是什么？什么是“道”呢？这是最根本的哲学问题。但在《老子》本书中，已处处以各式各样别出心裁的语言文字，要人们从各个不同的角度去认识它，并且它已用或显或隐的文字言语来表达，透露了个中消息，本不需要后人画蛇添足，多加注解。

《老子》五千言，洋洋洒洒，信手拈来，道的真相，答案自在其中。第一章一开头便直截了当地说：“道可道，非常道。”颇有拨云见日之势，一笔扫开所有相对名言的障碍。现在本章又说：“有物混成，先天地生。寂兮！寥兮！独立而不改，周行而不殆，可以为天下母，吾不知其名，字之曰道。”

自古以来，很多人研究《老子》，竟有不少认为老子是偏重于物的“唯物思想者”。现代一般人，受到西洋哲学的影响比较深刻，有更多认定，向唯物思想方向作注解。这种错用现代意识或西方观念，附会中国古文的文意，因此而使人认识不清，个人实在不敢苟同。老子在书上从头至尾所表达的理念，在在说明宇宙与生命的存在是“心物一元”的，殊无可疑。

“有物混成”，这个“物”字，并不同于现代人所了解的“物质”观念的物字。这一关键，前面已曾提过。古代“物”字的含义，等于现在一般口语中的“有一个东西”，这个“东西”，可指非物质的存在状况，例如精神、心理或者“力”、“能”等等，也可代表物质之“物”。此处“有物混成”的物，是“道”的同义字，这个道的内涵，包括了物质与非物质，是“心物一元”混合而成的。

这种“心物一元”的思想观念，源自《易经》。《易经》是中国几千年历史文化的根本，哲学中的哲学，经典中的经典。中国的文化思想，始终是讲“阴”“阳”两个符号，以二者彼此之间的相互变化、相生相克，从中去建立它的宇宙观、伦理观。如果我们以“阳”为精神的代号，那么“阴”则为物质的代号，阴阳配合，心物互融，便创化衍生了从极微到至大，应有尽有、无穷无尽的有情世界与无情世界。

然而，心物还只是一体所现的两面，这个浑然一体的道，它是“先天地而生”，宇宙万有的形成与消灭，全是它的功能所起的作用。在南北朝时代，南朝梁武帝时，有一位禅宗大师傅大士（傅翕），他的悟道偈就说："有物先天地，无形本寂寥，能为万象主，不逐四时凋。"此一偈颂中所表达的思想，乃是中国道家老子思想与佛学合流的典型。

"有物先天地"，它本无形象，先于天地的存在，宇宙万有的本来就是它。一切万象的种种变化，生起与消灭，那只是两头不同的现象而已，虽然与这超越一切事物的"道"有密不可分的关系，但却无法影响它的本质。等于我们日常所熟悉的光明与黑暗一样，明来暗去，暗来明去，明暗二者的交互转换，只是两种不同现象的轮替，那个能作明作暗的本身，并不随着明暗的变化而生灭；但是它的功能妙用，就表现在日夜明暗的来来往往之间。所谓形而上的道、本体，其实已彻彻底底、无所隐藏地显现在它所创造的万象万境中，本体与现象的关系是一而二，二而一的。而佛家所讲的"缘起性空，性空缘起"，可以说是这个道理进一步的诠释与发挥。

那么，"有物混成，先天地生"，究竟是怎么的一种情况呢？老子形容说："寂兮！寥兮！独立而不改，周行而不殆。"老子的思想与印度的佛学对形而上道的表达有所不同，佛学到最后只以一个"空"字代表，而老子则用"寂"用"寥"。寂是绝对的清虚，清静到极点，毫无一点声色形象。"寥"是形容广大，类同佛学的"无量无边"。

佛家专用的名词"空"，是从道体的原则上说；而道家所用的"寂"、"寥"，则是形容其境界与现象。在表达上各有各的好处，也各有各的缺点。谈"空"，难免有人会误认为是断灭思想；说“寂”说“寥”，又易使人执著一个现象，落在境界的窠臼中。

老子说这个道，“寂兮！寥兮！”清虚寂静，广阔无边，没有形象声色可寻，永远看不见、摸不着；“独立而不改”，超越于一切万有之外，悄然自立，不动声色，不因现象界的物理变化而变化，不因物理世界的生灭而生灭。但我们在这里要注意，老子说的是“独立而不改”，他并没有说“独立而常住”。“常住”，让人感觉是指具备形象的实有，但道并不适合以实有称之。因为它“非心非物”，可是也不能说不是实有，因为它“即心即物”。“周行而不殆”，它无所不在，在在处处都有道。不论“物”也好，“心”也好，都有它的存在，永远无穷无尽，遍一切处。“可以为天下母，吾不知其名，字之曰道。”这个东西是一切宇宙万有的根本，具足一切的可能性，实在很难用一般世间的语言文字来形容，所以我们中国古代的老祖宗们，不得已，姑且叫它做“道”，以“道”来统括所有万法的究竟归处。

万道不离王道与人道

道之为名，在原始的中国文化，是超然于宗教性质的代名词，西方哲学称之为“第一因”，但在内涵上彼此仍有差别之处。以宗教性的名词来说，基督教、天主教叫它“上帝”、“主宰”、“神”，伊斯兰教叫它“阿拉”，佛教则以“如来”、“佛”来称之。像这一类的宗教性字眼，一般人很容易根据自己的知识、习惯以及下意识观念，在自己的心理意识上，构成另一种偏离原意的想象概念，混淆不清，甚至往往都蒙上了一层浓得化不开的神秘色彩。譬如我们一提到“上帝”，差不多都把祂想成一个能控制一切，主宰一切，拥有宇宙最大威权的神明。而一提到“如来”，大部分人的观念马上想到坐在寺庙大殿上，低眉垂目不食人间烟火的塑像。这种单凭一己的好恶与想象所形成对形而上真理的认识，其中牵涉的问题是相当严重的。

早期的中国文化思想，对于“道”这个东西，并未附以它任何宗教形态，或者将它专属于某一种哲学派别。道的名称之外，尚有几个与它同义的名词，老子又提出来说：“强为之名曰大”，因为它实在无量无边，太大了，所以也可叫做“大”；“大曰逝”，大也就是“逝”，“逝”是永远的向内外四面八方延伸发展，等于说宇宙是无限的扩张。谈到这里，我们看到这个“逝”字觉得很有趣。引申列子的话来说，便是：“东方有圣人出焉，西方有圣人出焉，此心同，此理同。”老子认为道的本身，大到无量无边，无有涯际，因此名之为“逝”。同样的意义，佛经上“佛”亦有十个名号，“善逝”是其中之一。这个“善逝”的“逝”，除了具有“无常”的含义外，同样代表无尽无限，形容难以言喻之大，与老子所说的“大曰逝”，有不谋而合之处。但是我们知道，佛经翻译到中国来，距离老子时代之后，已经有相当一段的时间，然而老子在中国上古文化，早已有相同的看法和用词了。

既然“大曰逝”，那么“逝曰远”，无远弗届，四通八达，“放之四海而皆准”，没有不及的地方，也是无量无边，无穷无尽的意思。然而，就是因为“道”太大太远了，它遍一切处，通于古今，尽未来际，我们若求大、求远地去追求它，反而难以企及，搞不好还会迷失在五花八门、千奇百怪的现象界里，不能自拔。其实“道”就在每个人的自身上，须臾不离，若能反求诸己，回头自省，见“道”才有希望。所以“逝曰远，远曰反”。最远的就是最近的，最后的就是最初的，只要神志清醒清醒，好好张眼一看，天边就在目前。

我们晓得中国过去的观念，称宇宙万有的本体为“道”，另外还有“大”、“逝”、“远”、“反”等名称，甚至于儒家所讲的“天”，或者“帝”，也都是“道”的代号，总共算起来，至少也有十来个“道”的别名。后来印度文化传播到中国来，其中佛教对于形上本体的说法，也有佛的十个代号，与中国原有的那些“道”的称呼相互比较，颇得异曲同工之妙，几乎是同样的道理，雷同的说法，这不知是否当时双方曾开过联席会议，互相对此问题详加协调过，否则又怎能如此巧合、遥相呼应呢？（一笑）其实这正是“东方有圣人出焉，西方有圣人出焉，此心同，此理同”的道理。世界上真理只有一个，无二亦无三，只是东西方在表达方式上有些不同罢了。

接着，老子说“故道大，天大，地大，王亦大”。这一段谈“天”说“地”，却又忽然钻出一个“王”来，王是代表人。依中国传统文化，始终将“天、地、人”三者并排共列，而人在其中。为什么呢？因为中国文化最讲究“人道”，人文的精神最为浓厚，人道的价值最被看重。假定我们现在出个考题，“人生的价值是什么？”或者“人生的目的是什么?”若以中国文化思想的观点来作答，答案只有一个——“参赞天地之化育”(《周易·系辞传》)。

“参赞天地之化育”，正是人道价值之所在。人生于天地之间，忽尔数十年的生命，彷如过客，幌眼即逝，到底它的意义何在?我们这个天地，佛学叫做娑婆世界，意思是“堪忍”，人类生活其上，还勉勉强强过得去。这个天地并不完备，有很多的缺陷，很多的问题，但是人类的智慧与能力，只要他能合情合理地运用，便能创造一个圆满和谐的人生，弥补天地的缺憾。

譬如，假若天上永远有一个太阳挂着，没有夜晚的话，人类也就不会去发明电灯，创造黑暗中的光明。如果不是地球有四季气候的变化，时而下雨，时而刮风，人类也不会筑屋而居，或者发明雨衣、雨伞等防御用具。这种人类因天地间种种现象变化所作的因应与开创，就叫做“参赞”。此等人类的智慧与能力太伟大了，所以中国文化将它和天地并举，称为“天、地、人”三才。这是旧有的解释。

那么，“道大，天大，地大，王亦大。域中有四大，而王居其一焉”。“域”是代表广大的宇宙领域。此处道家的四大，与佛家所谓的四大不同。佛家四大，专指物质世界的四种组成元素——地、水、火、风。而道家所讲的四大，是“道、天、地、人”。这个“四大”的代号由老子首先提出，并非如佛家的四大。老子说，在这一无穷无尽的宇宙中，有四种东西是最主要、最关键性的，而人的价值占了其中之一。四大中人的代表是“王”，中国上古文化解释“王”者，旺也，用也。算命看相有所谓的“旺相日”，在古代文字中，也有称“王相日”的。每个人依据自己的八字选择对自己有利的旺相日那一天去做某一件事，认为便可大吉。宇宙中何以人能与“道大、天大、地大”同列为四大之一呢？这是因为人类的聪明才智，能够“参赞天地之化育”，克服宇宙自然界对人存在不利的因素，在天地间开演一套渊源流长的历史文化。

好不容易自然

既然人的地位有这么的重要，这么的特殊，下面老子便接着告诉我们做人做事的法则，如何修道，如何行道。“人法地，地法天，天法道，道法自然。”这是老子千古不易的密语，为老子思想的精华所在，懂了这番话的道理，也就差不多掌握了修道、行道的关键了。在这里这个“法”字是动词，是效法、学习的意思。人要效法大地，大地则依法于天，这里的“天”，是指有形的太阳系统的自然物理的天，也就是天文学上的天体之天，它不是抽象的概念。地依法于天，天则要效法道，以道为其运行的依归。那么，道又以什么为效法的对象呢？“道法自然。”

现在首先要解释“自然”的问题。目前新兴的“比较宗教学”或称“宗教哲学”，把世界上各地的宗教，如佛教、道教、伊斯兰教、基督教、天主教等等，每一宗教的哲学理论与实况综合起来研究，相互比较，寻求其中异同和彼此间的关系，已经发现了不少有趣的问题，值得更进一步去深入探讨。我们若以比较宗教的态度，抛开那些粗浅的宗教情绪心理，把眼光放在一般宗教教人如何行善做好事的普通伦理层面上，那也个个满好，满合于同一的水平。至于再进一步，要透彻各个宗教实际内涵程度的深浅，则问题重重，就不能颟顸笼统，值得仔细研究、体会。

过去以来，有不少佛家的著作，批评道家是“自然外道”。因为他们看到老子讲“道法自然”，便自然而然地将二者联想在一起。其实，印度释迦牟尼佛在世时，与佛教对立的几十种哲学思想，尤其当时同释迦牟尼佛影响一样大的几个大学派之一，专讲“唯物思想”的“自然外道”，和中国老子所说“道法自然”的自然，并不相关。二者并未结为姊妹道，或者兄弟道什么的，并无彼此互通声气之嫌。

印度当时的自然外道，属“自然学派”，其所谓的“自然”，完全从物理观点而说。但是老子的思想绝非如此。近代中国翻译西方典籍，把物理、化学等学科，统称为自然科学，这是借用老子的名词，我们不能因此便认为老子说的“自然”，就等同物理范畴的自然。将老子的思想硬往上套，这是指鹿为马，栽赃前人，非常没有道理的。

虽然老子并未给予直接的定义，但老子的“自然”究竟是什么意思？我们却也不可以如法庭上的法官们，审判一个案件，可以采用了“自由心证”，随便判决学术思想的归化，乱下断语，硬是认定老子所说的“自然”也就是印度的“自然外道”。不分青红皂白地将老子一竿打入“唯物哲学”的窠臼，这是千错万错、大错特错的误解。这种情况，如借用佛学名称来说，就是“众生颠倒”，“颠倒众生”。这所谓“颠倒”，是指我们在见地观念上和思想上的错误，因此而形成见惑思惑。由于我们一直被这见惑思惑两种认识上的不清所障碍，因此不能成道，无法彻见宇宙天地间的真谛。

那么老子说："人法地，地法天，天法道，道法自然。"这个"自然"的确实含义又是如何呢？答案很简单，"自然"二字，从中国文字学的组合来解释，便要分开来讲，"自"便是自在的本身，"然"是当然如此。老子所说的"自然"，是指道的本身就是绝对性的，道是"自然"如此，"自然"便是道，它根本不需要效法谁，道是本来如是，原来如此，所以谓之"自然"。

我们如果将大乘佛学彻底贯通了，必然不会对于宇宙本体和现象的哲学问题，感到左右为难。佛家有一个名词"法尔如是"，它是说明诸法本身本来就是这个样子。人生来怎么会成那个样子？人就是那个样子。你怎么会是这个样子？我就是这个样子。一切本来就是如此，一切法便是一切法的理由，更没有什么其他原因不原因的，这样就叫"法尔如是"。从"法尔如是"来看"道法自然"，最清楚不过了。"道法自然"，而"自然"自己本身原来就是如此这般，没有别的规范可寻，再也找不到一个东西可以另为之主，"道"就是"自然"，"自然而然"，就是"法尔如是"。古人翻译佛经，怕与老子的"自然"混合了名词，只好另创一词，便叫"法尔如是"。

讲到这里，我曾经一再强调，我们后世之人读古人的著作，常常拿着自己当代的思想观念，或者现代语言文字的习惯，一知半解地对古文下了偏差的注解，诬蔑了古人，这是何等的罪过。读什么时代的书，首先自己要能退回到原来那个时代的实际状况里去，体会当时社会的文物风俗，了解当时朝野各阶层的生活心态，以及当时的语言习惯，如此掌握了一个时代文化思想创造的动源，看清这个历史文化的背景所在，这才能避免曲解当时的哲学思想和文艺创作，并给予正确合理的评价。

比如，我们研究释迦牟尼佛的经典，也要退回到二千多年前的古印度的农业社会，设身处地替当时的人民想一想。那时的印度是一个贫富差距极大，极不平等，到处充满愚昧和痛苦的世界。假若你读历史，真能“人溺己溺，人饥己饥”地将自己整个投入，身历其境，于那种痛苦如同亲尝，那么方能真切地了解到释迦牟尼佛何以会提倡“众生平等”，何以会呼吁人人要有济度一切众生的行愿，才能体会到当时的佛陀真正伟大之处。如果天下太平，世界本来就好好的，大家生活无忧无虑，什么都不虞缺乏，汽车、洋房、冷暖气，样样俱足，日子过得满舒服的；即使比这种情况差一点，那也还甘之如饴，又何必期待你去救度个什么？帮助个什么呢？

念天地之悠悠

话说回来，老子说“人法地”。人如何效法地呢？人要跟大地学习很难。且看大地驮载万物，替我们承担了一切，我们生命的成长，全赖大地来维持。吃的是大地长的，穿的是大地生的，所有一切日用所需，无一不得之于大地。可是，我们回报它的是什么？只不过是死后一把又脏又臭的腐烂掉的脓血和败坏了的朽骨头罢了。

人活着时，不管三七二十一，将所有不要的东西，大便、小便、口水等等乱七八糟地丢给大地，而大地竟无怨言，不但生生不息滋长了万物，而且还承载了一切万物的罪过。我们人生在世，岂不应当效法大地这种大公无私、无所不包的伟大精神吗？其实中国传统文化，一直非常强调此一精神。《易经》的“坤卦”，形容大地的伟大为“直”、为“方”、为“大”，指出大地永远顺道而行、直道而行。包容一切，不改其德。佛家对此的看法也是一样，后来翻译《华严经》，冠以“大方广佛”为经题，也可以说是受“坤卦”卦辞影响的关系。

再者，我们效法大地，除了上述的道理之外，同时还要了解大地自久远以来运动不止的意义。地球永远在转动。地球一天不转动，甚至只稍一分一秒停止，我们人类和其他万有的生命，都要完结。

地球的转动，人们以为是近代科学知识，其实中国上古早已知之，只是我们自己不加详察而已。又有人根据中国若干书籍上说的“天圆地方”，便一口咬定古人的观念认为地球是方的。这种不明究里人云亦云的说法，非常错误。孔子的弟子曾子，就曾讲过地球是圆的，不是方的，而且一直在旋转，所谓：“天道左转，地道右旋”的观念，早已由来悠久。我们人欲效法大地，就应该如《易经》卦辞所言：“天行健，君子以自强不息。”“行健”，是天地的运行转动，永远是健在地前进，所以人要效法它的勇往直前的精神，一分一秒决不偷懒，时时刻刻向前开创，永远生机蓬勃，永远灵明活泼，这才合乎大地所具有的“德行”。

但是，宇宙间日月星辰与地球，究竟是谁使它在转动呢？由哪个作主呢？是上帝吗？是神吗？是佛吗？老子却不采用这些具有人神造作化的名词，他只是根据上古传统文化中固有的名称，无以名之，仍然称之为“道”，称为“自然”，最恰当不过了。所以便说“天法道，道法自然”。抽象而言，道是自然地具备无穷尽的功能，拥有不可思议的“生灭”力量。这股力量，在佛学而言，便叫它做“业力”。业力并不一定不好，有好有坏，坏的叫“恶业”，好的叫“善业”。其实，天地本身这股力量在运转，本无善恶，所谓善恶，都是人类自己附加上去的价值判断而已。

道的力量，生生不息，源源而来，生天生地，神鬼神帝，都是由道的自然功能所分化。但是，它又为什么要生长了这些万有的存在呢？有时我们不得意时，实在很埋怨这个道，为什么它要生生不已，而又转化不已呢？道不转化便不会生成你和我，不生你和我，又何来这些纠扯不清的恩恩怨怨、痛苦烦恼！这个道，何必跟我们如此过不去呢？生了大地，又生了我们的爸爸妈妈，再生下我们，以及后代的子子孙孙，然后为了一个小问题，都痛苦得不得了，一下成功，一下失败，时而悲伤，时而喜乐，究竟这个道、这个上帝、这个主宰，在开我们什么玩笑呢？如果亘古“不生不灭”，我们能够平平静静、安安详详地休息，那该多好啊！

像这一类的疑问，不消说我们一般的凡夫俗子弄不清答案的真相，就是千古以来，许多人穷尽毕生精力，追究这个问题的哲学家、思想家，也都困在这个穷求“第一因”的谜题里，东奔西窜，寻不着出路，愈陷愈深，不能自拔。现在的科学家们，也正为这些问题向前直冲。

老子呢？他说道就是道，自然就是自然，此外再也没有一个由来，既没有为什么，也不是为了什么，本来就是这样，原封未动；无始无终，无前无后，不生不灭；而由这个不生不灭中，本然而创造了宇宙天地和万有生命的生生灭灭的现象，产生了时间、空间前前后后的无意识的意识。我们研究道家思想，“自然”这个名词，是一大关键，而佛家的终究处也是“法尔如是”，这两者值得相互参究。一般修炼道术的学道者，若无法直识本来，看透这层“法尔如是”的事实，即便是在静坐禅定的工夫上如何了得，那还是依旧仆仆风尘，流浪生死，有家归不得的游子，前途一片茫茫。不信，你去问老子试试看。

自然神仙

再说，道的本身即是自然生生不息，但很多人修道，偏要打坐求静，认静是道都不对吗？你在静坐，真能静吗？其实，内心里面，妄想纷飞，动得乱七八糟，并无片刻安闲休息。真正的静坐入定，也只是进到另一个大运动的境界而已，因为大动，反而不觉其动，便说是静。或者可说是接近于那个大自然运动的核心，好像静止而已。譬如一个旋转中的圆形，越接近圆周的地方，运动的路线越大，而接近圆心的地方，运动的路线越小，而圆心所在，在旋转的时候，则完全不离原地，根本不动，其实它是整个圆转得最起劲之处，原来不静。所以说，真的能静止似的，那是到达于一个更雄浑无迹的运动境界，只是你自己未察觉到它的究竟而已。静坐之所以能使人健康长生不老，正是由于这个静中的大动似乎不动的效果。这个动，实是自然法则的功能。

人们学道，学些什么呢？如果只知守窍练气，吐故纳新，那是小道。大道无为，什么都不需守，没有那些啰哩啰嗦的名堂。“道法自然”，自自然然就是道，若不如此，便不合道。普通的人，照修炼神仙家的看法，都是凡夫俗子。然而凡夫俗子只要能做到在日常生活中，一切任运自然，便不离于道了。

中国道家有句名言：“人身是一小天地”，认清这个观念，打坐修道就容易上路，你只须让自己的身心自然，“人法地，地法天，天法道，道法自然”那般自然，岂不真得自在。传统的道家，认为我们人身便是一个小天地，胃就像大地，地球上有长江、黄河，和胃连带关系的，在前面管道便是长江，在后面的管道便是黄河；其他别种器官，有的代表月亮，有的代表太阳，都在不停地运动。人打起坐来，心理上让它自然地清静，不去干扰身体各个器官的运作与血液循环，使之自自然然地合乎天地运转的法则，身体就会自然越来越健康。平常我们身体所以四大不调，疾病丛生，都是脑子里的意识、思想太多太乱，扰乱了体能原本合于自然的运行法则，因此才产生了疾病的现象，才有苦乐的感受。

至于佛家的修道路线也很多，通常所知的都教人要空、放下，不要妄想，它和道家的清静、无为有相通之处。清静、无为，就是什么都不着相，但是如果你静坐，心里想：“我决不乱想”，那你早就又落入那“想不要想”的想里去了。“道”，本来自然生生不息在动，而你硬要千方百计不让它动，那岂不是道法太不自然了吗？不自然行吗？其实修道打坐，甚之，在日常生活中，你只须让一切自然地任运流行，它就是自然的静，不假造作，自由自在，那就对了，又何必头上安头，作茧自缚呢？

自老子之后，到了东汉时期，道家出现了魏伯阳真人所作《参同契》这部名著，素来被称为是千古丹经的鼻祖，学道家神仙长生不老之术的，非要仔细研究这部书不可，但其中所阐述的修道原理和方法，重点仍然在于老子的“道法自然”。那么，怎么又叫做《参同契》呢？因为修炼神仙长生不老的方法，与老庄、周易、丹法，三样的原理原完全相同。所以必须参合研究，而将其中的道理相互贯通、彼此发明，故叫《参同契》。“契”是指书契一样，可以核对得丝毫都无差错。中国古代订契约，是在一块竹简刻上一式二份的标记和约定的条文，然后剖析成两片，中间分际接合处，彼此丝丝入扣，可为日后印证真假之辨的，便名曰“契”。《参同契》所论述的修道原理和过程，相当复杂、奥妙，但其根本所在，仍然不外乎“道法自然”的大法则。

我们人体是个小宇宙、小天地，在这个宇宙天地里，气机如何运行，血液如何流通，一切均有固定不易的法则，分秒不能勉强，不可勉强，不必勉强，假使真懂了这种道理，自己便会明白怎么来修道摄生养命，但是总归结的道理，不外老子的“人法地，地法天，天法道，道法自然”。

第二十六章

一肩挑尽古今愁

谁肯放下自私的包袱

两臂重于天下

超然轻重的历史故事

重为轻根，静为躁君。是以圣人终日行而不离辎重，虽有荣观，燕处超然。奈何万乘之主，而以身轻天下？轻则失本，躁则失君。

一肩挑尽古今愁

由上章的四大——道大，天大，地大，王亦大，和四法——人法地，地法天，天法道，道法自然，跟着而来，就有本章人法地的引申说明，即所谓“重为轻根，静为躁君，是以圣人终日行而不离辎重”。

重和轻，静和躁，都是相对两种现象。重和轻，是物理现象的相对。静和躁，是生态现象的相对。但从原文文字上看来，老子是侧重“重”和“静”的重要，只偏向一头，而舍置它相互影响的关系。

正如我们现代，有了科学知识以后，知道物质的重量，是受万有引力——地心吸力的作用而来。倘使物质脱离了地心吸力，在太空中，便会失去重心的作用，都是飘浮自在，轻便优游的。我们人生的肉体生命，也是如此。所以心思高飞远举，但肉体的生命，脱离不了万有引力的作用，仍在原地不动，即使尽量锻炼体能，也只有相当的限度，不能达到想象的自由。道家的学术，也早已知道这个原则，因此，才产生对生命功能超越物质世界的方术，所谓神仙丹道之学。

修炼丹道的方法，首先是从习静着手，久久习静而舍离后天躁动的习性，也正是从《老子》第十六章所说："致虚极，守静笃，万物并作，吾以观复。夫物芸芸，各复归其根，归根曰静，是谓复命"的原理而来。如此习静修炼，锻炼精神和肉体，互相合一而归于至静之极的不动之动，便可达到神仙"冲举"的成果。这便是中国神仙方伎学术的根据。老子，当然与神仙丹道不能脱离关系。"冲举"，便是后世学仙者所期望能修到"白日飞升"的古文辞之简称。当然，其中修炼习静的法则与修炼过程中的变化，却并不是三言两语可以概括它的大要。

那么，为什么在本章中，又似乎特别注重"重"和"静"的关系，有如此的重要呢？难道说，重到极点，才能"轻举"吗？其实，从道家仙道修养的理论来讲，对于这里所用的"重"字，可以牵强作为重厚沉静的意义来解释，如第三章所谓"虚其心，实其腹。弱其志，强其骨"的理论配合。后世有合儒道两家的修养原理，概括其扼要，而以"沉潜静定"作为修道的根基的，也可以说，是完全相合的。

但如连合本章的上下文句来说，那便须脱离神仙丹道的修养方术，专从人生日用的道用上立论了。虽然是偏向一面倒的理念，但是可以强调地说它没有错。因为"重为轻根，静为躁君"，才能作为下一句"圣人终日行而不离辎重"的基准。

重是轻的根源。静是躁的主宰。"辎"字的内涵，是车上装载着行李或物件的意思。辎重，便是车子装载重量行李的统称。那么，为什么圣人要终日行而不离辎重呢？在这里，不妨让我先说一个笑话。我在年轻的时候，出门走路，总喜欢手上抓一样东西，才觉得合适。如果两手空空，甩来甩去，自己觉得好像毫无把握，很怪很怪似的。有时不带书包或公文袋，也要抓一本书或刊物，卷在手里拿着。再不然，拿一根手杖，才觉得稳实。有人笑问我这是为了什么？说也说不明白，只好对他说，这是学老子的“圣人终日行而不离辎重”。我非圣人，但姑妄学学，听者讲者，彼此都哈哈一笑了事。

其实，是不是这样呢？谁又知道。如果做圣人真的要终日行不离辎重，那好辛苦，不如不做圣人的好。而且，整天都不离负担重物的劳工朋友们，他们早已成圣成贤了！难道，老子自己西出函谷关的时候，骑在青牛背上，还要挑负一肩行李，或背着一个包袱吗？如果不是这样，老子何以扯谎教人要“终日行而不离辎重”呢？

谁肯放下自私的包袱

笑话说过了，再来正经的。读本章这一节原文的深意，以我个人的浅见来说，已如上面讲过，正是老子指明“人法地”的准则。我们生命立足点的大地，负载万物和一切，生生不已，终日运行不息而毫无怨言，也不索取人们和万物付予任何代价。它总是默默无言地，静静前进，不断地轮转，而给予所有生物生命的滋养。所以生而为人，也应静静地效法大地，要有负重载物的精神。尤其是要学圣人之道的人，更应该有为世人与众生，挑负起一切痛苦重担的心愿，不可一日或离了这种负重致远的责任心。这便是“圣人终日行而不离辎重”的本意。尤其是告诫身负国家社会人民所期望者的君主——领导人和官吏们，更当有如此这般的存心，才是合道的明君或良臣。因此，在下文，便有“虽有荣观，燕处超然”的名言。

“终日行而不离辎重”，是说志在圣贤的人们，始终要戒慎恐惧，随时随地存着济世救人的责任感。如在颠沛流离中的大舜，始终以大孝于天下存心。如大禹的治平洪水，九年在外栉风沐雨，腓无胈、胫无毛，三过其门而不入。但古人又说：大德者，必得其名，必得其位，必得其寿。这是善有善报的必然因果律。倘使你能做到功在天下国家，万民载德的地位，当然会得到最光荣的酬庸，正如隋炀帝杨广所说的：“我本无心求富贵，谁知富贵迫人来。”如果真正有道之士，到了这种地位，虽然处在“荣观”之中，仍然恬淡虚无，不改本来的素朴；虽然燕然安处在荣华富贵之中，依然有超然物外，不受功成名遂、富贵荣华而自累其心，这才是有道者的自处之道。这里的“荣观”的“观”字，是破音字，应作古代建筑物的“观”字读，不可作观看的“观”字来读。“燕”字，通作“晏”，便是安静的意思。

然而，在老子当时所见闻中的各国诸侯君主们，当然都不能明白传统文化中君道和臣道的这种原则。因此，他才有深深感叹说：“奈何万乘之主，而以身轻天下。轻则失本，躁则失君。”所谓“身轻天下”的语意，是说他们不能自知修身涵养的重要，犯了不知自重的错误，不择手段，只图眼前攫取功利，不顾丧身失命的后果。因此，不但轻轻易易地失去了天下，同时也戕杀了自己，这就是触犯“轻则失本，躁则失君”的大病。

两臂重于天下

讲到身轻天下的说明，我们且看善于承继老子之学的庄子的发挥，最为清楚。《庄子·杂篇·让王》篇中提到：

> 韩、魏相与争侵地。子华子见（韩）昭僖侯，昭僖侯有忧色。子华子曰：“今使天下书铭于君之前，书之言曰：左手攫之则右手废。右手攫之则左手废。然而攫之者必有天下。君能攫之乎？”
>
> 昭僖侯曰：“寡人不攫也。”子华子曰：“甚善。自是观之，两臂重于天下也。身亦重于两臂。韩之轻于天下亦远矣。今之所争者，其轻于韩又远，君固愁伤生以忧戚不得也。”僖侯曰：“善哉！教寡人者众矣，未尝得闻此言也。”子华子可谓知轻重矣。

人的生命之价值，在于我有一个完整无瑕的现实身体的存在。志在天下国家，成大功、立大业者，正为我有身存。老子所谓：“及吾无身，又有何患。”现在正因为还有此身的存在，应该戒慎恐惧，燕然自处而游心于物欲以外，然后不以一己的个人自私而谋天下国家大众的大利，立大业于天下，才不负天赋所生生命的价值。可是，很可惜的，便是当时的君主们，以及后来的君相们，大多都只图眼前的私利而困于个人权势的欲望中，以身轻天下的安危而不能自拔，因此而引出老子有奈何！奈何！奈若何的一叹！

我们引用了《庄子·杂篇》“两臂重于天下”的说法，看来，似乎过于消极，太过于为个人自私了。但从人道的观点来看，立身爱己，正是大有为于天下的开始，所以儒家才有“孝子不立于危墙之下”的大戒。修身养身无道，又哪里能够担当起天下国家危难的大任呢？同时须知，人无超然出世的修养，而贸然谈利益天下国家的大业，正是失其轻重权衡之处，所谓“轻则失本，躁则失君”。因此，使我临时想起明代栯堂禅师的一首诗，从表面看来，又似乎很消极，但细入深究，它正是人生积极的透彻观。

诗曰：

> 人生不满一百岁，今是昨非无定名。天下由来轻两臂（便是上面所讲庄子书中子华子说昭僖侯的故事），世间何故重连城（价值连城的璧玉，也就是赵相蔺相如夺秦昭王卞和之璧的故事）。龙亡大泽群鳅舞（秦失其鹿，天下争逐的翻版），兔尽平原走狗烹（范蠡给文种书所说的“飞鸟尽，良弓藏。狡兔死，走狗烹”的名言。后来韩信临死时也引用过）。满目乱坡眠白石（古往今来的一切人等，最后都是如此），有时特地忆初平（道家《神仙传》有一位皇初平，但这里所说的初平，是指企望天下初平的盛世而言）。

超然轻重的历史故事

老子的话，本来已如珠之走盘，周延涵盖，无所不通，仁者见之谓之仁，智者见之谓之智。何况又是以简朴的古文写成，难作明确的界说。因此，又被黠慧者用作专制时代的帝王权术，或为大臣者的自处箴言，当然亦是在所难免。如果根据历史的经验，从每一朝代帝王制度的政策来看，对于“重为轻根，静为躁君”的理解，也有完全偏向于另一角度了。

例如周朝建国的政策，重点放在中央集权，诸侯分治，开创一套完整的周代封建制度，适合于当时时代环境最好的一个策略。但天下事往往“重为轻根”，你所认为已经把握了的重点，将来发生弊病的，也往往出在这个重点上面，正如《长短经》赵蕤所谓：

> 天下大器也，群生重蓄也。器大不可以独理，蓄重不可以自守。故划野分疆，所以利建侯也。亲疏相镇，所以关盛衰也。
>
> 昔周监于二代，立爵五等，封国八百，同姓五十五，深根固本，为不可拔者也。故盛则周召相其沿，衰则五霸扶其弱，所以夹辅王室，左右厥世，此三圣（周文王、武王、周公）制法之意。
>
> 然厚下之典，弊于尾大。自幽平以后，日以陵夷。爵禄多出于陪臣，征伐不由于天子。吴并于越，晋分为三，郑兼于韩，鲁灭于楚，海内无主，四十余年而为战国矣。

这便是重为轻根的最好说明。到了秦始皇统一天下，看到周代封建后期的弊病，就废封建改为郡县，完全走中央集权的路线，自以为可以建万代帝王世系的基业。谁又知道过不了十多年，天下大乱，封疆无得力的防守，就易姓为王，成了刘邦的汉室天下。

汉初鉴于秦始皇中央集权的缺点，又仿照周代封建的办法，分封同姓子弟为王（非同姓者当然都不能为王），认为一旦天下有变，同胞血肉，必能拱卫帝系。谁知不到十多年，先乱于刘邦的老婆——吕后，杀戮刘氏宗室几乎殆尽。虽然由汉文帝刘恒的复兴，但过不了十多年，又有景帝刘启时代同室操戈的七王造反。因此，不敢再信外藩，变成宫室后族的外戚操权，和一班宦寺太监们把持朝政，终有前汉的外戚王莽篡位，后汉的曹操迫宫等故事发生。

从此以后，中国帝王政治体制，造成变乱的弊病，不外是外藩、内戚、太监、女祸等几个基本的因素，互相消长。唐代开始乱于藩镇，宋代又鉴于唐朝的弊病，重用文人政治而采取中央集权，终至半壁江山，始终不能完成统一的局面。后来的元、明、清三朝，大致也难逃此例。

总之，无论任何政治体制，开创的时期，如何计虑周详，毕竟跳不出“重为轻根，静为躁君”大原则的演变。即使如西洋史上的规律，也逃不了老子——太上老君这个八卦炉。自法国路易十四以后直到现在，君主固然不好，民主法治也未见得是完美的政体。将来的天下，正因为人类社会高估民主的可贵而终于毁灭在民主的变相。且看今日域中的英、美，其未来的祸根，早已埋伏在现在所谓假相幸福的社会福利和重量不重质、哗众取宠的民主自由的制度之中了！

道家老子的哲学，看透了“重为轻根，静为躁君”和“祸者福之所倚，福者祸之所伏”自然反复演变的法则，所以才提出“虽有荣观，燕处超然”的告诫。也正因为先有老子的这些告诫，后有人生的种种经验，造成历代的高明从政者，如范蠡等人，以及较为知机的张良，想要极力作到“功成，名遂，身退”。但很可惜，他始终不如正统道家的隐士们，干脆早自全身隐遯，不蹚混水。退而求其次，又不如范蠡的肥遯而去。至于如韩信一流的人物，李煜一流的角色，只是志在功名，或志在富贵的迷梦中，始终不知轻重根源的关键，更不知“虽有荣观，燕处超然”的妙用。尤其是李煜，更为可怜，在他当时那样的时代环境中，不知戒慎恐惧、奋发图强的自处之道，反而真的玩起“燕处”危巢的超然词章文学，只知填些“蝶恋花”的“一片芳心千万绪，人间没个安排处”，写些缠绵悱恻的妙文。难怪后来赵匡胤对他的评语说：李煜如果把作诗词的工夫拿来专心搞政治，也未必会为我所擒。这也确是赵匡胤说的一句老实话。

至如韩信的开场与收场，基本上就犯了老子的“重为轻根，静为躁君，圣人终日行而不离辎重。虽有荣观，燕处超然”的错误，而且更缺乏这种学养。所以宋代时，吴越王钱镠的曾孙钱昆，有一首借题发挥论韩信的诗，说得最好，诗曰：

筑坛拜日恩虽厚，蹑足封时虑已深。
隆准早知同鸟喙，将军应起五湖心。

韩信，的确是很可爱的具有侠义个性的人物。他善于用兵，而缺乏政略和大谋略的修养。他重视恩情而不顾怨怼的爽朗胸襟，极可钦佩。他对刘邦当时的登坛拜将的作风，早已埋下“英雄生怕受恩深”的情怀。所以后来提出封假三齐王的要求，也是基于这种受恩的深情而讲的真话。刘邦被张良踢了一足，便立刻变盛怒为假惺惺，马上真的封他为三齐王的时候，早已埋下后来的结局。隆准，是汉高祖刘邦长相的特征，鼻子特别高又厚，相法所谓伏犀贯顶的通天鼻。长颈鸟喙，是范蠡对文种讲越王句践长相的特征，头颈特别长，嘴巴很尖锐，所谓“长颈鸟喙，可以共患难，不可以共安乐”的评语。古今中外的君主领导人们，虽然各有不同的特别外形，但都有同一模式的猜忌心理。其实，这是人性的根本问题，除非圣贤，谁能遣此，最为可哀。

因此钱昆评论韩信，早已应该知道自己的收场结果，何以不学范蠡一样，功成，名遂，身退，泛舟五湖，飘然远引呢？其实这首诗正是针对他叔叔钱俶朝见赵匡胤的时候，赵匡胤封了一箱东西，叫他回去在路上拆看。他出了京城，打开一看，箱里所装的，都是大臣们的建议，要赵匡胤扣留或杀了钱俶的报告。但赵匡胤不杀钱俶，也不扣留他，叫他安心回去，正是要他老老实实自己奉献越国，乖乖归顺的手法。钱昆懂得很深，也很清楚当年的情势，因此，借评韩信的诗来发挥自己胸中的块垒，奉表称臣，正是学范蠡的泛舟五湖的最好自处，恰又合了老子的“燕处超然”，不以身轻天下的法则。杭州保俶塔的建立，应该是钱俶朝见赵匡胤的时候，他的亲信人们，为他祈福消灾所建的纪念物。后来杭州人对保俶塔有各种不同的传说，似乎都是歪曲事实了。当然，这是顺便一提，或可判为事出有因，查无实据，而不足为凭。这是说为人臣立场的，必须具有“虽有荣观，燕处超然”，知机知时的自处之道。不然，便会有如清初名臣尹继善所自慨的名句“鸟入青云倦亦飞”，欲罢不能之叹了！

但是老子的话，正如临济禅师所谓“一语中具三玄门，一玄门中具三要义”。它是随方逐圆，面面俱到的。历史的经验留给我们的殷鉴，有关类似“虽有荣观，燕处超然”，而不以身轻天下的反面事实也很多。例如齐桓公小白，与鲍叔牙身居莒地。他们把握成熟的时机，轻车简从，举手之间，就能复国正位，“一匡天下，九合诸侯”，成为春秋五霸之首。

又如燕昭王重用乐毅，报复齐国的宿仇，五年之间，攻坚破锐，连下七十余城。但田单却看准燕王对乐毅存有猜忌的隐忧，同时也看准乐毅心理，早已存有防止燕王的猜忌，似有意似无意地留下“即墨”及“莒”二城，作为观望的作用。因此田单反用不以身轻天下而振作自重，整经教武，一举而复国成功，名垂千古，便是反用乐毅的“虽有荣观，燕处超然”的人臣之道。而田单却不以身轻天下的自重与静观机变之智，成就他的不世功业。也就是老子所谓“同出而异名”的上智运用之妙，存乎一心的应变了。

乐毅是乐羊子的后人，他的家族，本来就有深通黄（帝）老（子）之道的，乐毅的成就，更是得力于黄老的学术精华。司马迁赞乐氏之说：

乐臣公学黄帝、老子，其本师号曰河上丈人，不知其所出。河上丈人教安期生，安期生教毛翕公，毛翕公教乐瑕公，乐瑕公教乐臣公，乐臣公教盖公。盖公教于齐高密胶西，为曹相国（参）师。

正因为乐毅善学老子，因此，他报燕（惠）王书，有谓："夫免身立功以明先王之迹，臣之上计也。"汉魏之间的夏侯玄，有一篇论乐毅的专论，是比较有见地的史论，而且也正是发挥乐毅与黄老的学术修养有关的独到论文，如说：

观乐生遗燕惠王书，其殆庶乎知机合道，以礼始终者与！又其喻昭王曰：伊尹放太甲而不疑，太甲受放而不怨，是存大业于至公，而以天下为心者也。

夫欲极道德之量，务以天下为心者，必致其主于盛隆，合其趣于先王。苟君臣同符，则大业定矣。于斯时也，乐生之志，千载一遇。夫千载一遇之世，亦将行千载一隆之道，岂其局迹当时，止于兼并而已哉！

夫兼并者，非乐生之所屑，强燕而废道，又非乐生之所求。不屑苟利，心无近事，不求小成，斯意兼天下者也。则毕齐之事，所以运其机而动四海也。夫讨齐以明燕王之义，此兵不兴于为利矣。围城而害不加于百姓，此仁心著于遐迩矣。举国不谋其功，除暴不以威力，此至德全于天下矣。迈全德以率列国，则几于汤武之事矣。

乐生方恢大纲，以纵二城。收民明信，以待其弊。

将使即墨、莒人，顾仇其上，愿释干戈，赖我犹亲。善守之智，无所施之。然则求仁得仁，即墨大夫之义，仕穷则徙，从微子适周之道。开弥广之路，以待田单之徒。长容善之风，以申齐士之志。使夫忠者遂节，勇者义著，昭之东海，属之华裔。我泽如春，民应如草。道光宇宙，贤智托心。邻国倾慕，四海延颈。思载燕主，仰望风声。二城必从，则王业隆矣。虽淹留于两邑，乃致速于天下也。

不幸之变，世所不图。败于垂成，时运固然。若乃逼之以威，劫之以兵，攻取之事，求欲速之功，使燕齐之士，流血于二城之下，奢杀伤之残，以示四海之人，是纵暴易乱，以成其私，邻国望之，其犹豺虎。既大堕称兵之义，而丧济溺之仁，且亏齐士之节，废廉善之风，掩宏通之度，弃王德之隆，虽二城几于可拔，霸王之事，逝其远矣。

然则，燕虽兼齐，其与世主何以殊哉！其与邻国何以相倾。乐生岂不知拔二城之速了哉！顾城拔而业乖也。岂不虑不速之致变哉，顾业乖与变同。由是观之，乐生之不屠二城，未可量也。

第二十七章

不着痕迹的善行

会说 会做 又会教

善行无辙迹，善言无瑕谪，善数不用筹策，善闭无关楗而不可开，善结无绳约而不可解。是以圣人常善救人，故无弃人；常善救物，故无弃物。是谓袭明。故善人者，不善人之师；不善人者，善人之资。不贵其师，不爱其资，虽智大迷，是谓要妙。

不着痕迹的善行

这一章所讲的修道标准，非常符合佛教传入中国后，所特别强调的大乘道精神。道家和儒家本来就融通了出世与入世两条生命路线，只是在表达的方式和因时因地的制宜方法上有所不同而已。而大乘佛教在这方面，开发了中国有史以来儒道不分家的精神。要修养到这种儒道两家出世入世不相妨碍的程度是相当困难的。当然历史上并非没有此等人物；也许有些为帝王的，或者为国家良臣大将的，甚至那些平平凡凡、普普通通的市井小民，有人也许有可能做到如此的境界。

前面讲到万乘之主，不以身轻天下的重点，必须有“终日行而不离辎重”的身先天下的责任感；但在作为上，又须具备“虽有荣观，燕处超然”的自处与处世之道。那么，如何才能做到这种内圣外王的最高境界呢？本章恰是一篇最好的说明。

现在先讲本章对修道人在行为品格上的要求，必须要做到“善行无辙迹，善言无瑕谪”的标准，然后才能在待人接物上做到“善数不用筹策，善闭无关楗而不可开，善结无绳约而不可解”。

所谓“善行无辙迹”，是说真正做大善事，行止高洁的人，他所做的好事，完全不着痕迹，你决看不出他的善行所在。因此，中国文化几千年来，非常重视“阴功积德”。一个有道德的人，为善不欲人知，因为他不求名、不求利，更不望回报；如果做了一点好事，还要人家来宣扬，那就与传统文化的精神差得太多了。所以，真正为善的行为，不像车辆行过道路一样，留下痕迹，如果有了轮印的痕迹，就知道车子经过那些地方，等于自挂招牌，标明去向或宣扬形迹了。

所以说“善欲人知，便非真善。恶恐人知，便是大恶”。由此理推，一个人要修道，当然是世界上最好最善的大善事，但无上大道并非人为的造作所能修得的。“道”是本自清虚寥廓、寂灭无为的，一有了方法，一有了境界，早已落于下乘，就如车过留痕，已有形迹可循，已非至善了。

后来庄子更加发挥“善行无辙迹”的意义说：“绝迹易，无行地难。”一个人的动作行为要想不留痕迹，虽然已经很难做到，但也不算太难。比如强盗和小偷，他在作案的时候，尽量要消灭现场的痕迹，甚至戴上手套，穿上袜子，想要做到不留手指足趾的印模。这也不算太难的事，挖空心思，还能做到。但是他在自己作案以后的心田中，那个事实的影像，却是一辈子也难消灭的；甚至到临死的时候，内心更加明显地有罪恶感。这便是庄子所说“绝迹易，无行地难”的道理。

同样的，一个人做了好事善事，尽管想要做到不使人知，不自我显扬，但“为善最乐”的心情，终会存在心像之中，虽然只求“阴功积德”，可是仍有心理上善行的痕影。这也是“绝迹易，无行地难”的最难之处。

唐末神仙吕纯阳真人，相传能御剑飞行，在空中来来去去，这在飞机与航天飞机还没有发明的当时，那是多么的值得人们羡慕啊！吕纯阳自己便有一首诗说：

朝游北海暮苍梧　袖里青蛇胆气粗
三醉岳阳人不识　朗吟飞过洞庭湖

苍梧在广西，青蛇是剑。一个人能在一天当中，轻身飞过整个的南北地区，当然是飞空无迹，多么可贵！但如从庄子的观点看来，仍然是“绝迹易，无行地难”。所谓“此虽免乎行”，这虽然不要走路那么辛苦，“犹有所待者也”。他说要如列子一样凭借风力而行，如果没有风力，也是飞不起来的。总之，飞来飞去，表面看来不着痕迹，但你总还是地球上的人物，总要落到地球上，要脚踏实地才行啊！

我们讲了这些故事，还是多方说明“善行无辙迹”的不容易。现在让我们话说转来，借用“他山之石，可以攻错”的方法，却与佛家对于六度（布施、持戒、忍辱、精进、禅定、般若）的大乘说法不谋而合。例如佛说布施必要做到三轮体空，所谓三轮体空，就是说当你在布施帮助别人的时候，“施者”的我相与“受者”的他相，以及“施事”（布施行为的事实），这三种心理和行为现象都必须当下皆空，彻底不留痕迹，才能达到度过彼岸的真空正智而得大解脱的境界。如果有一个境界，那就是着相留迹了。这只是借用名词而已。说到彻底之处，便是禅宗的“言语道断，心行处灭”，才是究竟。

讲到这里，我们再举一则唐代鼎盛时期禅宗的故事，做更进一层明显的说明。禅宗有一位著名的大师，叫南泉禅师，他是马祖的大弟子之一，在唐代各大禅院中，他的教化算是比较轻松幽默的一个。因俗家姓王，平常他常自称王老师，不喜欢什么大师、禅师、法师或师父的称呼。

当时一些禅宗丛林的大寺院，寺产很多，放租给一般老百姓耕种，到了时间才有人去收租。有一年的秋天，南泉禅师亲自下山去收租，谁知到了该地头，那些佃户人家早已把素斋准备好了请他吃。他觉得很奇怪，问大家道：“我一年难得下山一次，你们怎晓得我要到，而且把素菜也准备好了呢?”佃户们告诉他，昨夜土地公托梦给我们，说方丈和尚明天下山，所以我们赶早准备斋饭欢迎。南泉禅师听后，脸色大变说，我修行不得力，鬼神竟然知道我的落处。意思是说，自己的起心动念，都被鬼神看得一清二楚的，那自己所谓学佛修道不是白修了吗？真正的大善人，等于佛家的大善知识、大菩萨们，他的起心动念连鬼神都不知，一般凡夫哪里能够估料他在做什么！这叫做“善行无辙迹”的榜样。

会说 会做 又会教

再说，“善言无瑕谪”，真正话说得好，毫无瑕疵，就没有一点毛病可挑剔，没有一点可责难的地方，随便哪一句话，都合乎情合乎理。但是，讨论这句话，老子似乎自打耳光，因为他写了五千言，应该说是“善言无瑕谪”，可是，后世研究老子的人，却挑出了他许多的毛病。

另外，释迦牟尼佛在讲《金刚经》的时候，否认自己曾说过话（法）。更有佛经中维摩居士与文殊菩萨的辩论，辩论到最后不说话了，这个“一声不响”，当然就没有任何毛病了。所以说，只要一开口就有毛病，因此，“善言”就是不说话。你认为不说话时没有话说吗？“无声之声，其响如雷”，在教育界久了的人，有时候对一个学生不说一句话，就是最大的处罚和鞭策，有一句话已经落于下乘了。

“善数不用筹策”，真会算数的人，不用打算盘就能算出数来。“筹”是计数用的码子，“策”是计数的工具。最聪明的人，脑子比计算机还快，数字一报，马上加、减、乘、除就算出来了。所以说，善算的人不靠工具，而用头脑。

“善闭无关楗而不可开”，用锁把门锁住，不算“善闭”，如果说用电锁把门关闭，使人打不开，那用电亦能打开；真正打不开的东西，是没有关楗的。什么东西使人打不开呢？虚空才打不开，因为它没有开关，能把虚空的奥秘打开才是大学问。最大的奥秘是宇宙，直到现在也没有人能打开。有一些科学家，例如爱因斯坦，想打开宇宙的奥秘，最后他来不及打开就去世了。

假使他能再活几十年，也许可以找到这个奥秘，那时也许整个人类文化也要改观。宇宙间有一个不可知的东西，也许是上帝，是超神，所以说，宇宙虚空是个大奥秘，“善闭无关楗”，虽然没有锁但永远打不开。

“善结无绳约而不可解”，真正会打结的人，虽不用绳子捆，但永远解不开，那就是我们新文学所说的“心锁”——感情的锁。这个锁能把你捆得牢牢的，永远解不开，如果能解就成道了。所以，佛家把妄想、烦恼叫“结使”。这个“结”打得没有结的形象，也看不出中心在哪，找得出中心就解脱了，但是没有人找得出来。所以，“善结”就是没有绳子捆你，但你永远跑不掉。感情的力量多么大啊！不管你跑到哪去，跑到国外，也要打越洋电话找你。但是，想要解脱它，我们人又很难做到，能够做到的话，就是圣人的境界了。

这几句话解释什么呢？怎么才能做到呢？那就是前面说的，“虽有荣观，燕处超然”。要非常闲静，超越一切物理世界，才能做一个真正的圣人。

“是以圣人常善救人，故无弃人”，因此，圣人之道，永远是救世救人的心愿，真正的大圣人，不抛弃任何一个人，对善人要救要度，对坏人也要救要度，这就是圣人之道。假如说，信我的人得救，不信我的人下地狱，那就不是圣人之道。圣人之道是信我的人得救，不信我的也得救，最可怜的人也得救。

“常善救物，故无弃物”，圣人不但要救人，并且要救物，但那是有次序的，要先救了人，再救万物——“亲亲而仁民，仁民而爱物”，这是中国文化的次序。“老吾老以及人之老，幼吾幼以及人之幼”，先帮助自己亲近的人，仍有余力再慢慢地扩大范围，把人都救了，再救万物，而且要做到没有弃物，这是程序问题。换言之，等于佛家的由小乘而后到达大乘，由个人的自我开始而扩大，而及于“天下为公”。这样的行为，是谓圣人之道，老子为它取个名“是谓袭明”。“袭”是延伸的意思，在无形、无声、无色、不着痕迹的情况中，慢慢将光明延伸出来。

天地万有的本体，永远是光明的，人们把自己光明的道遮住了，变成无明就黑暗了。“袭明”引申人类光明的一面，是至真至善之迹，这是告诉我们做人的道理。

“故善人者，不善人之师；不善人者，善人之资。”老子叫我们做人要尊重任何一个人，不要轻视任何一个人，这与孔子的观念完全一样。老子说善人是不善人的老师，我们自己觉得是不善人，就应该跟善人去学习，那么，不善人就是“善人之资”了。其实坏人也是我们的老师，换句话说，如果善人是我们的教授师，不善人就是我们的副教授师。看到人家的坏，我们不要去学他的坏，而且更要怜悯他。所以说，不善人也是“善人之资”，如果世界上没有坏人做些坏事，我们就不知道什么叫做坏了，那坏人岂不是好人反面的教育吗?

“不贵其师，不爱其资，虽智大迷，是谓要妙。”修养到达最高处，善恶两方面都平静下来，不思善、不思恶，因为真正善的人，他不需要人家崇拜，如果自认是善人，你看到我就要叩头，那这些善人只是“散人”罢了。“不贵其师”，他不需要你崇拜，你也不必要去崇拜他。

“不爱其资”，既然善的都看不起，那恶的更不用说了。善恶两边都清净，归到清净无为，是谓“至道”。这个时候，真正如同西方宗教的“得救”了。佛家讲“得度”，得度了什么？就是真的悟了道，得了真智慧。所以，真正大智慧的人，看起来像个大笨蛋；真的大笨蛋，你不要轻视他，可能他是一个至高无上的大智慧人。

我经常看到一些没有受过教育、一个大字都不认识的人，有时候随便一开口，真是吓人，因为他真高明，会被他吓得冷汗直流。但必须要你自己去体会，否则还以为他是一个大笨蛋呢！真智慧不是读书来的，不从知识中来，而是自然就有的。

所以，真正的智慧，表面上看起来，像是大迷糊的人。不要认为我们读了几本书，认识了几个字，就是有智慧，这是有限公司；那些没有读过书有真智慧的人，是无限公司，就是“是谓要妙”的意思。所以做人做事与道德的修养，是最为紧要的。

第二十八章

知阴阳乾坤善恶而后
回复本来面目
生理 心理 行为 三方面修养

知其雄，守其雌，为天下溪；为天下溪，常德不离，复归于婴儿。知其白，守其黑，为天下式；为天下式，常德不忒，复归于无极。知其荣，守其辱，为天下谷；为天下谷，常德乃足，复归于朴。朴散则为器，圣人用之，则为官长，故大制不割。

知阴阳乾坤善恶而后

“知其雄，守其雌”，我们常常讲笑话，说年轻人谈恋爱，千万要把这两句话记住，这当然是一句笑话。其实，雄与雌只是两个代号。中国文化的《易经》讲“阴阳”，以及另用一种符号叫“乾坤”，乾是阳，坤是阴。其实，公母、雌雄、阴阳、乾坤等，这种种的说辞，都是代号。过去中国人算命，或者是老一辈为儿孙们合婚，拿男女双方八字来合算，男命叫乾造，女命叫坤造，都是用代号的。这里说的雌雄，就是阴阳的意思。

“知其雄”，雄是阳性，代表了开发、光明，放射四方。“男儿志在四方”这句话，就是表现雄性的开发作用。雌性代表的是黑暗、宁静、收敛、保守。雄是动的，雌是静的。所以，修道的人，工夫做的是静态，但要懂得阳的一面，才能开发无穷尽的智慧。我们静坐时，如果心性不晓得参究这个道理，只跟着静态呆呆地打坐，把智慧都困在里头，这样就会越坐越笨，永远不会悟道。佛家有一种修持法门叫做“止观”，“止”就是静的功夫，也就是“守其雌”；“观”是智慧的开发，也就是“知其雄”。这一引借，就解释了下一句，“为天下溪”。

溪水是从高处向下流的，高处留不住水，水一定是向低处流的，最后，汇归于最低的大海。所以，佛家也经常用大海做比喻，说明胸怀要像大海一样又广阔又谦下。懂得了这个道理，心量就扩大了。

“为天下溪，常德不离”，如果修养达到了“为天下溪”的境界，则自然“常德不离”。“德”字包括用，经常行道的作用。“常德不离”，到底不离什么？这其中是它的秘密，老子没有明白地说。其实就是不离动静之间，一动一静，都有道的作用，能够“常德不离”，最后的成功是“复归于婴儿”。婴儿是刚满月或一周岁以内的婴孩，一身骨节都是软的，他没有喜、怒、哀、乐，没有主观成见，一切都很自然，逗他一下就笑，掐他一下就哭。他喜欢的时候，哭中又笑，笑中又哭，都很自然，没有做假，没有意识的固定作用，但不是无知，那是大知。

老子讲修道成功的人，要像婴儿的境界。前面也曾提到，“专气致柔，能婴儿乎”！学太极拳也常常用到这句话。但是，有几个人真能把强硬的骨节练成婴儿一样的柔软？人的骨节越老越硬，像鼓槌一样，可以用来打鼓，软骨头打鼓是打不响的，老化就坚硬。老子后面说“物壮则老”，一样东西，年代久了就老了。难听一点解释，老了就完蛋，要想不完蛋，只有“复归于婴儿”。所以，静坐的人，天天要反省自己身心的柔软到什么程度。其实，融会贯通起来说，佛法有一个名称叫“软地”，先经过修养的步骤——暖、顶、忍，到达软地。由心性刚强慢慢变成心念柔软，身体也到达“软地”。所以，静坐到真正入定的人，他的身体不能碰触，在他入定时，如果去拉他的手，可以拉到一丈多长也不断，就是因为他的身体已变得非常柔软的关系。

“知其白，守其黑，为天下式；为天下式，常德不忒，复归于无极。”刚才用雌雄做解释，现在又用黑白来做代表。雌雄代表阴阳，所以，自身修道要把阴阳调配好，才可以到达如婴儿般的柔软境界。这中间第一是讲生理上的阴阳调配，第二是讲心念上的善恶。后来佛经的翻译也借用老子的话，善业善行叫做白业，恶业恶行叫做黑业。由此可以了解，一切都是生理上的变化及心理上的变化。能够无妄想，无分别，就是至善之念，也就是儒家所讲的“人欲净尽，天理流行”。这是白业，不起分别。

“守其黑”，黑业守他做什么？这个意思是说，不会去动丝毫恶业的念头。起心动念时的念念至善是菩提道，“为天下式”，是心理行为的标准，是至善无恶。心理的修养达到“人欲净尽，天理流行”时，起心动念上不会有错，念念起来都是善念，与天心相吻合。中国文化上讲“天心仁慈”，天心是至善，“复归于无极”，最后归到恶念净尽，善念亦不动，这个就是所谓无极，是至善了。

下面接着再讲做人做事的行为方面。

回复本来面目

“知其荣，守其辱，为天下谷；为天下谷，常德乃足，复归于朴。”

做人做事要知道这个原则，大家都晓得胜利是光荣的，大家都想胜利。年轻人出来到社会上，都想“前途无量”，“鹏程万里”，都想光荣归于自己。“守其辱”，光荣后面就是不光荣，有成功，一定就有失败；有上台，一定就有下台；有天亮的工作，一定会有黑夜的休息。所以“知其荣，守其辱”，就是万事要留一步。人生本来就是唱戏，上台一鞠躬，下台总归要回到你本来面目，那是赤裸裸的来，什么也没有带来。不要老是想胜利属于我一个人，光荣也都属于我一人。

譬如一个人赚了很多钱，留住那些钱一点都不用，又算什么！我的经济学是：会赚钱不是本事，会用钱才是真本事，而且钱要用得漂亮适当，才是真本事。假使今天有人给我一千万，命令我一晚把钱用光，而且把钱用得漂亮适当，用得高明，用得大家都叫好时，我怎么办？当然把它扔出去飞散，让大家去抢也行，但这不算好，一定会使很多人争夺打架，就不对了。所以，一个人要“知其荣，守其辱”，要知道自己的本来，自己平常自然的面目。

中国文化有两句话：“唯大英雄能本色，是真名士自风流。”我们是来自民间的人，就是来自民间，上台之后，以及功名富贵，这一些都是假的，是暂时的。等于这些房子的装潢等等都是假的，一旦把壁纸、胶漆去掉，看到泥巴砖头，那才是它的本色。真的大英雄，上台也好，下台也好，恭维也好，不恭维也好，他总是那个样子，保持他的本色。

再说“是真名士自风流”，古代的风流，近乎现代讲的“潇洒”。一个真正的名士，他本身自然潇洒，不是做作出来的潇洒；如果能这样做人处世，则“为天下谷”。什么叫做“谷”呢？就是山谷，空灵阔大，能包容许多东西。这个空灵，也就是禅宗六祖所说的，“本来无一物，何处惹尘埃”，胸襟有如此的伟大，山谷一样的空灵。

我们看到历史上所形容的汉高祖，从老百姓起来当皇帝，历史上形容他相貌“隆准龙颜”。我想像那个样子不大好看，鼻子高高的，面孔像龙一样，那有什么好看的！但从古至今，每人都想变龙，那又何苦呢？有人说：“你这个人的相很好，虎背熊腰，将来大有作为。”他听了必然很高兴，因为人的天性大概喜欢挨骂，老虎和熊都是野生动物，老虎的背和熊的腰又有什么好看啊！我才不要虎背熊腰！只要人背人腰就好了。人又何必要像龙呢？龙是一种冷血动物，可是历史上形容一个人“隆准龙颜”，他就会高兴得睡不着觉。袁世凯就上了这个当，聪明人都喜欢上这个当。

但是，历史上写汉高祖的面孔“隆准龙颜”，是说他的气派豁达大度，能容天下。当然，汉高祖不一定大度，写历史的人，总要把他写得好一点。如果真的能够做到豁达大度，包容一切，则“常德乃足，复归于朴”。他的常德足了，品性行为能够得上“朴”，就是归到最原始朴素的英雄本色了。

我们常形容一个人英雄本色，这在历史上有很多，后来儒家出来做官的人，虽做到官至极品，一旦回家以后，仍然是乡巴佬一个。有位历史上的名人，官至极品，当了几十年的宰相，退休以后，穿了一件旧衣服，带了一个佣人，步行出来游玩。有一个新科状元，骑在马上，很威风地过来，老宰相急忙让路。这位新科状元耀武扬威，洋洋得意，看到路边这位老头子，认为他很不懂事，新科状元骑马游街，为什么不站远一点回避？随从人员就下马来赶。一问才知道是前村的老宰相，这位状元吓得双膝弯下来说："老前辈，对不起啊！"老宰相说："上马去吧！年轻人是如此的。"真正有高度修养的人才是朴实无华的。这就是"复归于朴"的道理。

生理 心理 行为三方面修养

这一节我们晓得，"知其雄，守其雌"是生理上的修养；"知其白，守其黑"是心性上的修养；"知其荣，守其辱"则是行为上的修养。读书不可马虎看过，老子已经把修道的秘诀传授给我们了，如果自己不懂得其中奥秘，那又怪谁呢！

讲到朴实无华，那是最为重要的，不管是心理、生理，或者是行为上，都要修养到"朴实"。不加妄念是基本的修养。人性本来就很朴实，所以不朴实的人，是被后天环境污染的结果。能够把这些污染去掉，回归到本来的朴实，那就是"道"。因此，老子的结论是："朴散则为器，圣人用之，则为官长"。"朴"是一块原始的木头，没有经过雕凿，没有经过人的加工；人性也是这样，原始的社会也是这样。我们上古的祖宗们，就生长在"道"的世界，所以不需要修道，因为个个有道。那个时候也不需要有宗教，因为个个都在道中。

人类社会，在精神文明上讲，越到后来越是退化；在物质文明上讲，后来则是天天有进步。我常说，大家讲进步，要划一个界限，就物质文明而言，后来的社会的确是有进步的；但是道德的文明，不但没有进步，而且是在退化中。所以，在东方文化史上，认为人文文化是退步的。

“朴实无华”散解了以后，就变成物质文明的兴起，“朴散则为器”，这个“器”不是指物质。孔子在《易经》上也说明这个道理，人类原始的本来就是“道”，不需要有道德仁义这些名称。到了人类社会越向前发展，精神文明就逐渐退化，物质文明就越发达起来。

可是，江水东流去不回，世事是没有办法复古的。如果希望人类思想、精神文明复古，则是错误的。既然不能够复古，那么，人类是否要永远的坏下去呢？不会的，因为“苟日新，又日新，日日新”。当一直前进到极点后，就会又回转到了本位，“道则返也”。等于一个人吃东西，给他吃饱了以后，他什么都不想吃了。

“圣人用之，则为官长”，圣人懂得了这个道理，就创建了一种政治制度，如《礼记》所记的周礼，保持了上古道德的政治制度。但是，真正讲原始道德的上古社会，则是《礼运·大同篇》的思想，那是真正一个伟大的制度，那个制度是没有制度，没有法律，也没有道德的。但人人都自然守法，并不要法律来约束；人人都不必讲道德，自然合于道德的标准。所以，“道法自然”，那个社会，本身就是道德，这就是所谓“大制不割”。

第二十九章

私心取天下的后果

圣人的作为

将欲取天下而为之，吾见其不得已。天下神器，不可为也，为者败之，执者失之。故物或行、或随，或歔、或吹，或强、或羸，或挫、或隳。是以圣人去甚、去奢、去泰。

私心取天下的后果

这一章，及后面接连的两三章，都是说明“道”的用，而且牵涉到中国传统的政治哲学和军事哲学思想。在文学的层次上，颇有“大制不割”的气势。

在中国历史哲学的发展中，儒道两家的思想是同一个根源，上古的时候，儒道本不分家。像尧舜以前的黄帝，乃至黄帝以上远古史中的三皇五帝，这些古人之所以当皇帝，是不得已而为之，是真为大众来服务的。时代越向前走，这种观念就有所改变，因为人的欲望愈来愈高了，私欲一旦提高，政治上就变为家天下的制度了。

这里老子所讲的，还是上古文化公天下的制度。他所提出上古观念的政治哲学是：“将欲取天下而为之，吾见其不得已。”“天下”这一名词所指，在中国文化观念中，可大可小，大的包括现在全世界人类思想。上古公天下的帝王，并不像后世帝王是有目的来做皇帝的，是想要纵横天下，割据城池而号令天下。这是私天下的帝王思想，与上古的明王思想，王道精神，不得已而出来为天下、为一般人谋福利是不同的。

“天下神器”这四个字，在文义上不是连起来的，要再加一个“者”和“也”字，成为“天下者，神器也”。意思是说，天下这个东西，是天下人的神器。这样照文字解释，还是不够清楚，如果说，天下这个东西，是一个神妙不可思议的东西，就更切合了。也就是后世包括的国家、政权等等，都是神妙不可思议的东西。所以“不可为也”，这个东西是碰不得的。

“为者败之”，像后世春秋战国时代的情形，尤其像秦始皇等等的做法，更具有充分的代表性。他们是以私欲为出发点，为个人的英雄思想而号令天下，最后还是要失败的。“执者失之”，越是私心自用，抓得越紧，抓得越牢，则失去得越快，这是拿历史哲学的眼光来看的。下面再说一个大哲学的原理。

“故物或行、或随，或歔、或吹，或强、或羸，或挫、或隳。是以圣人去甚、去奢、去泰。”这是老子讲宇宙的法则，宇宙的物理，只有一个共同的法则，就是世界上任何事物都是相对的。拿“行”来说，你向前进，当前进的力量达于极点时，就是后退。《易经》上有句话，“无往不复”，没有一个向前走的东西不回过来的。为什么呢？因为这个地球是圆形，向前走一定回复过来到本位。所以说，“或行、或随”，有进步就有退步。相反的，永远在退步，必定就有进步了。

“或歔、或吹”，“歔”是把气吸进来，“吹”是把气呼出去。所以，呼吸也是相对的。

“或强、或羸”，一个人的身体，是一个物理的东西，强壮到极点之后，一定会变弱。相反的，有许多人身体看似多病，但是多病的人，往往能祛病延年，虽然整天病兮兮似的，却能活得很长寿。这是为什么呢？因为他晓得自己多病，就会时时注意摄生调养。一个看来身体非常健康的人，有时候反而忽然死了，因为他自己觉得身体很健康，没有病，往往就忽略了保健之道，所以一下就完了。

“或挫、或隳”，“挫”是很尖锐的东西，越是尖锐的东西，毁损得也就越快。这几个原则——行、随、歔、吹、强、羸、挫、隳，是说明宇宙间一切事物，随时都在相对的变化。

举例来说，很多喜欢学《易》卜卦算命的人，当有人问某笔生意或是今年生意会不会赚钱，其实不要卜卦，答案已经告诉你了，不是赚钱就是蚀本，没有不赚不赔停留在中间的。如果一年生意做下来，算算总账，既不赚又不赔，其实年龄、光阴、精神都赔上了，这不是早赔本了吗！所以，算命卜卦，问命运好不好，答案是不好一定坏，不坏一定好。

我认为卜卦很容易，如果到街上摆一个卜卦的摊子，对来人说：“老兄，我看你气色不太好”，他一听就会想来算算命，第一句话就可告诉他，我算定你会破财，因为他已经破费了几十元请你看相了。所以说，天下没有不变的东西，绝不可能停留在中间的。老子现在是就大原则告诉我们这个道理。

圣人的作为

后面第六十七章，老子告诉我们有三宝，现在把名称先提出来，即“曰慈、曰俭、曰不敢为天下先”。我们做人处世，要慈悲为怀，仁民爱物，这就是“慈”。“俭”看起来很悭吝，实际上是非常的小心谨慎。“不敢为天下先”，认真说来，天下万事，没有创作的事物，人也不能创作；所谓创作只是自然的因缘条件成熟了，在一个机遇下，自然会得到成功。人类若想单独创作制造，违反了自然因缘原则，是不会成功的。所以说，“不敢为天下先”。

道家的思想，最会捡现成的比喻。比如，儒家经常说，一个人的人格要有“中流砥柱”的精神，大水来了，要站在河流中间挡住。如果是这样，说不定大水会把你给冲走，水势小或者还可以“砥”一下，一旦大水没了顶，比人还高，那就“中流”不能“砥柱”了。

道家不是这样，道家只是“因势而利导”，不像儒家要“中流砥柱”。要晓得，大水一来，纵然用堤防把它堵住，这个地方不出毛病，流到别的地方毛病会更大，淹死人会更多。道家的做法是，预先在下游开一道沟渠，把水顺势往下疏导，水就流到大海里去了。这就是“因势利导”的法则。

我们对人对事也是这样，当一件事情正在火头上，不能改变的时候，硬要去改变它，除非准备做烈士，那无话可说；如果真正为了救天下人，这种方法就救不了啦，必须因势利导。等事情发展到了一定程度，一切有利因素都已具备，这时只要四两拨千斤，一个指头轻轻一拨，就把它拨过来了。天下事也是一样，整个天下也只要这样轻轻一拨，就改变了。

这一章的内容是三宝的前奏。所以圣人之道，第一“去甚”，“甚”就是过分，做人做事第一不要过分，过分一定会出毛病。第二“去奢”，锦上不能添花，锦上添花，毛病出得更大。第三“去泰”，人生没有舒服的时候，天下事也没有永远泰然不变的时候。一个人身心上不加几分劳苦，不加几分运动，舒泰太过了，各种毛病都来了。这三点道理，发挥起来很多，总结一句话，要守戒律，万事不要做得太过分。

说到这里，想到一则确有其事的故事。有一位同学得了博士学位，他国文好，英文也好，日文也好，样样都好，但样样都说得不好，国语也说得不太标准。有一天对我说：“老师，你告诉我道家的道理是四个儿子。”我说：“道家哪里有四个儿子？”搞了半天，才晓得他说的“四个儿子”是“适可而止”：老子只有三个儿子“去甚、去奢、去泰”，没有四个儿子。这三点也就是告诉我们万事要适可而止，如果不适可而止，超过限度那就会变，不再是原来的现象了。老子把这个哲学原理先告诉了我们。

第三十章

老子的军事哲学思想

以道佐人主者，不以兵强天下。其事好还，师之所处，荆棘生焉。大军之后，必有凶年。善者果而已，不敢以取强。果而勿矜，果而勿伐，果而勿骄，果而不得已，果而勿强。物壮则老，是谓不道，不道早已。

老子的军事哲学思想

这是老子军事思想最高的境界，一个有道之士，多半不愿自己出来当君王。中国历史始终有一个不成文的秘密，当历史变乱的时候，国家危险到了极点，勤王御寇，挽回历史命运的，都是道家的人物。从三代以下，一路下来，如伊尹、姜太公、诸葛亮，乃至明朝的刘基等等，这些著名的人物，有些站在前面，还有其他在背后辅助而不出名的人。这是中国政治历史上的一个秘密，每到拨乱反正的时候，道家的思想，道家的人物就出来了。但是他们完成了使命之后，也不想在历史上留名，“功成、名遂、身退”，实所谓功德无量。

老子也再三告诫后人：“以道佐人主者，不以兵强天下”。但是，老子并不是反对战争，在国防上，军事戒备绝对需要，但不可以兵强天下，不可以用武力来侵略别人。不过第二次世界大战中，发动大战的德国和日本，原对老子哲学很有研究，但却忘记了“不以兵强天下”这一句话，违反了这个军事哲学原则，所以最终失败了。

老子并不是反对军事，他说到“强”字的意义，那只是加强自己国家的国防建设，如果想要侵略别人，便会失败。老子的军事思想、政治哲学的原理在什么地方呢？“其事好还”。前面引用《易经》的话“无往不复”，这是因果报应，每件事必定是回转过来报应的，你怎么样打人，就会怎么样被人打；你怎么样去杀人，就会怎么样被人杀。“其事好还”就是这个意思。对任何一件事，不能轻易随便，你打出去五十斤力量，回转过来的是一百斤果报。东方的几大哲学，几大教理，始终站在同一个原则，就是“天道好还”，也就是天道之因果循环。

下面告诉我们一个原则，是学军事哲学必须了解的。“师之所处，荆棘生焉”，经过大规模的战争以后，那个地方整个被破坏毁灭了，所有山林草木以及几百年的建设成果，刹那之间消失了。“师”就是兵，只要战场在那里，那个地方就要遭到破坏，“荆棘生焉”，长了很多野草，变得荒凉了。

“大军之后，必有凶年”，现在的年轻人没有这种经验，不会了解；经历过战乱的人，就会知道战争之后的战场，会成为传染疾病瘟疫的地方，有时并发旱灾、洪水以及发生瘟疫的流行。所以，后来学军事哲学的人，对这个道理都很清楚。世界上真正的名将，能懂得军事的，都不敢轻言战争。这不是因为胆小怕战，而是由于仁慈，不愿也不忍看到战争带来的悲惨后果。任何一个士兵，都是经过母亲十月怀胎，父母辛辛苦苦把他养育长大成人的，但在战场上只要几秒钟就没有了。而且牺牲在战场上的，不只是少数的一两个人，而是百千万众。所以，懂得军事的人都怕谈战争。

世界上只有读书人喜欢谈战争。我常碰到许多知识分子，他们对于战争的看法，好像小孩子玩游戏那么容易，像看柔道比赛一样好玩。殊不知，战争是极不容易之事，是悲惨之事——“师之所处，荆棘生焉。大军之后，必有凶年”。老子所说的这个军事哲学，充分代表了传统道家的军事思想。

“善者果而已，不敢以取强”，一个高明的政治家，高明的军事领导人，是心怀仁慈的，希望领导天下国家止于至善。以善的力量，战胜一切邪恶，绝不是以自己强盛壮大的武力，去侵略人家，威胁人家。

“果而勿矜，果而勿伐，果而勿骄”，一个当大统帅的人，当帝王、领袖的人，应以仁慈的心、善良的政策来救世界，来爱天下。他们虽一心济世救人，并没有认为自己了不起，绝没有骄矜的心理，也不自我表扬。任何一个成功的人，如果带了成功的骄傲，已经是失心病狂了，这种领导人终归会失败的。

“果而不得已，果而勿强”，万一发生战争，必须要用兵的时候，是不得已而为之，并不是逞强好胜。所以，最高军事哲学的思想，是不得已而为自己防备。做人的道理也是一样，中国做人原则的两句古话，“害人之心不可有，防人之心不可无”，就是这个原则。

“物壮则老，是谓不道，不道早已。”这是讲物理的原则，让我们懂得人生，亦可懂得一切。天下万物的运行，有一个法则是无法改变的，那就是一个东西长大了，下面接着来的就是衰老！老了就要灭亡。“不道”并不是说没有道，是说违反了这个法则，像一棵树一样，长大了就要衰老。有没有永远保持不衰老的呢？那就看道家另一种方法了，老子只说到这里为止。

这一章开头就说：“以道佐人主者，不以兵强天下。”这是讲的军事哲学，但最后一段，忽然讲“物壮则老”，好像与上文并不相关。其实非常相关，如果研究军事的人，就会懂得这个道理了。因为天下的强兵利器，不能永远保持不变，一定要不断地修正，不断地改进才行。不要认为自己的东西了不起，以今天来说，虽然已达到最高峰，过一段时间，最高峰的东西，可能已经落伍了。所以，儒家的道理是：“苟日新，日日新，又日新。”人也是一样，学道的人，都想健康长寿，要健康长寿，就是要知道如何保养壮大，“弱者道之反也”，才能使它到达完美。

第三十一章

兵不血刃而取胜

为何以丧礼纪念胜利

军事哲学的另一面观点

楚庄王和周武王的道家思想

仁政重于武力

夫佳兵者，不祥之器，物或恶之，故有道者不处。君子居则贵左，用兵则贵右。兵者不祥之器，非君子之器，不得已而用之。恬淡为上，胜而不美，而美之者是乐杀人。夫乐杀人者，则不可得志于天下矣。吉事尚左，凶事尚右。偏将军居左，上将军居右，言以丧礼处之。杀人之众，以哀悲泣之，战胜以丧礼处之。

这一章是接着军事哲学再加以引申。历代有很多注释名著，对这一章并不下注解，不愿意下注解，因为帝王的时代，多半是“以兵强天下”。所以，大家第一个原因是怕谈这件事，第二个原因是这篇文字很容易懂，不必注解。现在我们大概解释一下，说明这个道理。

“夫佳兵者，不祥之器”，“佳兵”就是杀人的武器，因为武器是会杀死很多人的，所以“不祥”。原子弹是很厉害的武器，一颗原子弹的爆炸，可以杀死更多的人。可是现在到了核子弹，乃至于用到“死光”的战争，细菌的战争，杀起人来更多更快，一瞬间可以毁灭人类的一半人口，这就是“佳兵不祥”的道理。“物或恶之”，不要说是人害怕，任何世界上有生命的东西，都很恐惧。“故有道者不处”，所以，有道的人不做这种事情，只用道德、善心、仁慈来感化人。

但是，老子的哲学——道家的哲学，在道德的后面，是有武器做后盾的哦！试看每一个寺庙，不管是道家、佛家的，中间坐的是“佛”，旁边站的都是拿了武器的四大金刚。没有这些是不行的，光讲道德仁慈也是不行的，这是道家的奥秘之处。

兵不血刃而取胜

“君子居则贵左，用兵则贵右”，这是中国古代的礼仪，中国古代的军事制度。君子是道德修养高明的人，上古传统的制度，以正治国，喜欢在左边；用兵的时候，喜欢在右边。左右是两个代号，右则属阴，用兵的时候，非用“阴谋”不可，敌人如何准备来打你，你准备如何去打敌人，不使用阴谋诡诈不足以取胜。

“兵者不祥之器，非君子之器，不得已而用之。”这句话重复的讲，是老子书中少见的情形，这表示老子语重心长，提醒大家特别注意。“恬淡为上”，一个大军统帅的修养，以恬淡为上，诸葛亮有两句名言：“淡泊以明志，宁静以致远。”修道的人，在中国历史上，除了诸葛亮以外，很少看到有这样修养的人。

南北朝的时候，梁武帝下面有一位将领名叫陆法和，是一位出家的和尚。此人并不穿和尚的衣服，他带领部队，完全是按照管理出家人的办法。每次作战，只要他的部队一到，一定战胜。后来帮助梁武帝平定了很多地方。到了梁武帝的儿子当皇帝的时候，他已经把长江以南的军事力量都掌握在手中了。因此，梁武帝的儿子对他产生了怀疑，所谓

“功高震主”，因为他掌握了国家的整个兵权，只要他手一摆，皇帝就只能下台了。

于是，就有人去向皇帝进谗言，不过他在家打坐就知道了，便跑去见皇帝说：“我法和是修道的人，帝释天王亦不愿为，何况是人间的虚浮富贵。我与你父亲两人，本来是当年在释迦佛前灵山会上的同参道友，因为他堕落到人间来当皇帝，我是他师兄，愿意助他一臂之力，你却反而怀疑起我来。现在我把将军的大印交还给你，我要走了。”说完他就走了，一个人到四川峨眉山去了。

为什么每一次打仗，敌人一看到他的影子就害怕，没有办法与他作战呢？据说他是用神通来打仗的，也根本没有杀人，所谓兵不血刃而取胜。只是写历史的人认为这是神话，不愿意写进历史，事实上却是真有其人，真有其事。你们研究历史，在南北朝那一段，就知道真有这么一个将领，他的一切就是如此淡泊的。

为何以丧礼纪念胜利

“胜而不美”，战争是不得已的事，纵然打了胜仗，也不值得颂扬。“而美之者，是乐杀人”，所谓战胜的美，只是喜欢杀人而已。“夫乐杀人者，则不可得志于天下矣”，一个喜欢杀人的人，终归是要失败的，所以，不可能得志于天下。

中国的古礼，尊崇左方，所以说“吉事尚左，凶事尚右”，“偏将军居左，上将军居右”，拿现代的军事组织来说，总司令在右边，副总司令在左边。因为，当一个作战命令颁下以后，打起仗来，成千上万的生命就会牺牲，这是凶事。

"言以丧礼处之"，应该怀着丧事一样的悲痛心情去处理。"杀人之众，以哀悲泣之"，对死伤的敌人，也要有哀痛悲伤之情。"战胜以丧礼处之"，即使战胜了，也不应该骄矜得意，还是要怀着丧礼哀痛的心情，来处理战后的一切。

我们晓得道家军事哲学的思想，很多是引用《阴符经》的道理。道家与老子有关的典籍，太上十三经之一是《阴符经》。其中说："天性人也，人心机也。立天之道，以定人也。天发杀机，星辰隐伏；地发杀机，龙蛇起陆；人发杀机，天地反覆。天人合发，万化定基。"

"天性人也"，人代表天地之中心。"人心机也"，人的心理与宇宙相通，是心物一元的基础。"立天之道，以定人也"，人的思想和心理不能随便动一个杀念，或动一个恶念，那是与仁爱的天性相反的。

"天发杀机，星辰隐伏"，这是说上天发动了杀机，便要摧残人类万物，或刮台风，或下暴雨，日、月、星、辰都要隐伏起来看不见了。"地发杀机，龙蛇起陆"，甚至发生地震、火山爆发种种的自然灾害，这个时候，地下的一些生命，就从地下钻了出来。举例来说，在夏季的时候，虽然是个好天气，如果突然看到蚂蚁搬家，一定会下大雨，涨大水的。有很多的动物，都有预感，这就是"地发杀机，龙蛇起陆"的道理。

军事哲学的另一面观点

天地杀机一来，虽然是那么可怕，但是，人若发动了杀机，比天灾地变还更可怕。"人发杀机，天地反覆"，人若有发动战争的心态，那太可怕了，天地都要为之变色。但是人的杀机起了以后，发动的战争是不是一定不好呢？那又不尽然，因为革命以后，才有真正好的建设，这是军事哲学另外一面的说法。

比如佛家讲的劫运到了，在劫难逃，但是一个劫运过去，好的就会兴旺起来；所以，“天人合发，万化定基”，一个新的局面，才能开始。就像一个人生了重病，或得了癌症，非开刀不可，开刀一定上麻醉药，上手术台，是生是死并不一定，就看运气如何。如果一刀下去能起死回生，就是“天人合发，万化定基”，重新开始一个新生命了。

《阴符经》上又说：“天生天杀，道之理也。天地万物之盗，万物人之盗，人万物之盗，三盗既宜，三才既安。故曰：食其时，百骸理，动其机，万化安。”“天生天杀，道之理也”，天地生万物，新的生出来，又要老化死去，绝不会让它常留不走，这是天地万物之道。“道”即“盗”，修道之道，亦即偷盗之盗。修道的人，在那里打坐，以为不会或不是偷盗，殊不知正是在偷盗天地日月之精华。为什么我们静坐一阵，会觉得精神更好呢？因为静坐把天地日月的精华盗取到我们自己身上来了。“天地万物之盗”，天地偷盗了万物之精华，而构成了天地的精神。“万物人之盗，人万物之盗”，人更可恶，大至声光日月，小至青菜萝卜，人都要偷来给自己，使自己生活得更好，是万物之盗。天地偷万物，人偷天地；天也偷，地也偷，人也偷，真是天地之间一大偷。“三盗既宜，三才既安”，天、地、人这三个大强盗，每个都得到满足以后，天下就太平了。

“食其时，百骸理，动其机，万化安”，道家主张“吞吐万物”，把天地的精华归于自己，但是时间要把握得好，身体百骸才会健康长寿。只不过这天地的精华、生命的根本又在哪里呢？首先就要把“机”找到，找到了“机”，只要“机”一动就好了，也就万化安而天下太平了。这是唯心的，不是唯物的。

《阴符经》又告诉我们：“其盗机也，天下莫能见，莫能知。君子得之固躬，小人得之轻命。”“其盗机也”这个“机”，是唯心的，与佛家所说的“三界唯心，万法唯识”是一样，是心识的作用。“天下莫能见，莫能知”，既不能见到，也不可能知道。“君子得之固躬，小人得之轻命”，修道不能乱修，真懂得修道的君子，能把握住这个“机”，就可以健康长寿。如果不懂修道的小人，“机”把握不住，修得不好，反而会慢慢地死亡，这是《阴符经》上讲生杀的道理。

楚庄王和周武王的道家思想

我们从老子的军事哲学思想，再检查中国文化中合于“道”的精神的，在《左传》里有一篇《楚庄王不为京观》。这篇文章是说明楚庄王不允许建筑“京观”的事情。“京观”是一种建筑物，在古代是纪念战争胜利的纪念馆，等于法国的凯旋门一类的东西。

现在摘录其中的一段，以补充老子军事哲学的实际情形，使大家了解中国文化、军事思想的仁政之道。

“楚师军于邲”，有一次楚国与晋国作战，战争胜利了，楚国的整个部队，还在前线没有撤退，以胜利军的姿态住在晋国的边界，临近郑地“邲”这个地方。这时有一个楚王高级干部名叫潘党的，对楚王说：“君盍筑武军而收晋尸以为京观”，他建议建筑一个纪念馆，以纪念这次战争的胜利，把战场上晋国战死的很多尸体，给予封存。他的理由是：“臣闻克敌，必示子孙，以无忘武功”，他说战争胜利了，一定要告示后代子孙，不要忘记我们国家武功的强盛。

楚庄王在春秋战国的时代，算是一个了不起的明主，他答复潘党说：“非尔所知也”，这个道理你不懂啊！“夫文止戈为武”，从文字上看，“武”是“止”、“戈”两个字合拢而成的，上面是“戈”，下面是“止”，意思是说，一个坏人，不服教化，想用战争来侵略别人，危害世界，那我们只好用战争来处理，以战止战，目的是用战争来阻止战争，这就是“止戈为武”的道理。

“武王克商”，武王革命，推翻了暴虐无道的商纣王，他自己所作的颂歌说：“载戢干戈，载櫜弓矢，我求懿德，肆于时夏，允王保之。”从今以后，我们不再用战争了，要把武器收起来，不再使用武器了。社会上需要的是道德仁爱的教化，只有道德仁爱的教化，才可传之永久，发扬光大。希望后代的子孙，对这种实行仁政的精神，要永远保持着。

武王当时又做了一篇《武》的文章，这也是我们中国文化中军事哲学的原理。“耆定尔功”，这个时候，天下安定，国家人民都蒙受福祉，这种大功劳，并不是侵略战争得来的。“铺时绎思，我徂维求定”，本着文化传统仁爱的精神，求得天下国家人民永远的安定。“绥万邦，屡丰年”，使天下万国都得到太平，每个人都生活得很好，并能有天时、地利、人和之助，而得到经济安定，生活富足。

下面再引录楚庄王继续训勉其高级干部的话，中国传统军事哲学的道理有七个：“夫武禁暴、戢兵、保大、定功、安民、和众、丰财者也。”这七个要点，发挥起来，可以写二三十万字，成为一本军事专书。“禁暴”，是把世界上的坏人都消灭掉，不让坏人存在，以免扰乱社会。“戢兵”，坏人想要强横霸道的侵略邻国，我们要戢止其凶暴。“保大”，注意人民的休生养息，保持国家民族的壮大。“定功”，以王道仁爱之政，建立不朽的事功。“安民”，使人民永远过着安定的生活，得到安和乐利的福祉。“和众”，这就是现在所说的民主自由，使大家相安无事，彼此往来有礼貌又客气。“丰财”，加强经济建设，使每一家、每一个人都吃得饱、穿得暖，人人有钱，个个舒泰，藏富于民。用兵的目的，就是要达到这七个要点。“故使子孙，无忘其章”，把中国文化军事思想的精神保留下来，使后代子孙，永远不要忘记！

“今我使二国暴骨，暴矣”，两国是指楚国和晋国。楚庄王说，因为战争，使晋国被打死很多人，战场上的尸体骸骨暴露，我觉得已经很残暴很残忍了。“观兵以威诸侯，兵不戢矣”，我们的武功军力，虽然很了不起，但是没有推行仁政给人家看，只拿武力给人家看，这会引起其他国家产生壮大自己的想法，这样一来，战争就永远不会停止，最后我们还是会失败的。“安能保大”，战争虽然胜利了，但仁政没有推行，不能使世界获得永久的和平，使各个国家向仁义的路上走，这样下去，我们的国家民族，又怎么会永久保持壮大呢?

仁政重于武力

“犹有晋在，焉得定功”，何况晋国还没有完全失败啊！这次战争，晋国虽然吃了败仗，但我们并不是推行仁政，无法以德服人，因而也不能使其心服，这怎么算是很大的事功呢?“所违民欲犹多，民何安焉”，战争打下来，违反了老百姓的生活希望，使老百姓痛苦的事还很多，不能使他们安居乐业，这又有什么光荣可言！“无德而强争诸侯，何以和众”，我们的国家没有推行仁政，只是在各国之间以武力相争，更不能使天下人真正崇拜与信服，大家又何以能和睦相处呢?

“利人之机，而安人之乱，以为己荣，何以丰财”，我们这一次作战，是利用敌人的缺点才打胜仗的，又怎能忍心看到他们国家动乱，而认为是自己的光荣呢?！有这样的心态，又怎么去做复兴经济的建设?！

“武有七德，我无一焉，何以示子孙”，军事思想上的七种德行，我一样都没有，真是丢脸得很，又拿什么垂示后代子孙呢?！“其为先君宫，告成事而已”，我只是想建筑我楚国祖宗的祠堂，举行一个祭礼，向祖宗报告这次军事作战已经完成；并且说明我这个子孙，虽为一国之君，并没有推行仁政，只靠武功而霸天下，不算高明。“武非吾功也”，这次军事的胜利，我不敢居功，也算不得是我的功劳。

“古明王伐不敬，取其鲸鲵而封之，以为大戮，于是乎有京观，以惩霪慝。”古时候明王圣主，也用兵打仗，那只是教化那些犯了不敬之罪的国家，教化了以后，什么东西都不要，“取其鲸鲵而封之”，只拿他国家有代表性的东西封存起来。“鲸鲵”是很大的鱼骨头，上古的人认为是宝贝，作为传国之宝。拿现代来讲，是一个国家标志性的东西。

这就是我们上古的文化，只是惩罚那些不遵教化的国家，决不想侵占人家的土地，也不想占有人家的经济资源。“以为大戮”，这样就是很大的惩罚了。于是后来才建筑了京观——起一个纪念馆，象征很高明道德的教化，以示处罚那些不遵教化不守道德的罪恶行为，而垂诫后世。

“今众无所，而民皆尽忠，以死君命，又何以为京观乎?”从这个地方，我们看得出楚庄王真了不起，他来到战场上一看，战死的敌人都是晋国老太爷老太太辛苦养大的孩子，他们有什么罪呢?他们是为自己的国家效命，为自己的国家尽忠而死的。他的国家虽然打败了，可是他个人却是尽忠报国的。这些人死去的灵魂也值得我们尊重，因为他是接受国家的命令，“以死君命”的。若再把他的尸体封存起来，建造一座伟大的京观，作为自己光荣的纪念，这是很不应该的。

“祀于河，作先君宫，告成事而还”，因此，他没有采纳他的“高级干部”潘党的建议，只在黄河的南岸，设奠吊祭两国阵亡将士。在城里，只建一座祀告祖宗的祠堂，向自己的祖先祷告，誓为楚国的光荣传统发扬光大而努力，不会为祖先丢人，并班师回国。

大家都知道孔子著《春秋》，这是历史哲学一个说明善恶行为标准的著作，留给我们后世子孙为榜样。我们文化思想的宝藏，都在“四书五经”之中。现在我们把《左传》中这篇战争哲学、军事哲学的一个史实，用来注解《老子》，是非常恰当的。当然，还有许多历史的事迹和历代明王圣主的嘉言懿行，无法在这里一一列举引述。

前面是说“道之用”，说明道用之于军事、政治方面的大道理。下面第三十二章，讲到道的修养功夫。

第三十二章

朴实无华的精神

道常无名，朴虽小，天下莫能臣也。侯王若能守之，万物将自宾。天地相合，以降甘露，民莫之令而自均。始制有名，名亦既有，夫亦将知止，知止可以不殆。譬道之在天下，犹川谷之于江海。

朴实无华的精神

道的用是变，也就是佛家讲的无常，它不永恒固定，随时都在变。天地间的事物没有不变的，所以“道常无名”，没有一个永远不变的形态，没有一个永远不变的应用。

“朴虽小，天下莫能臣也”，“朴”字，老子有他自己的注解。后世研究《老子》的，加了很多注解，其实都是画蛇添足；《老子》本书的注解，以后再慢慢说。这个“朴”字，代表道的原始运用，最初的运用，最细微的运用；这个“朴”看起来很小，但天下没有人可降服它的，“臣”字则是降服的意思。

《老子》许多文字与禅宗的话头一样，要从许多角度去看，要多方面去体会，自有很多的领悟。它另一个意义，等于我们常说的一句话，处事要大处着眼，小处着手。千万不能说我只想做大事，小事就一概不管；假如小事都做不好，还能做大事吗？连一锅稀饭都煮不好，却说要救天下国家，那不是吹大牛吗？

现在的年轻人常常落入一种幻想，光想做大事，但又不脚踏实地地去干。尤其是搞哲学、佛学的青年人，一开始就要度众生。我常对他们说，先把自己度好了再说吧！只怕你不成佛，不怕没有众生度。“朴”是个小点，不要轻视这个小点，因为它的关系非常的大。要做一件大事业，如果小的地方不注意，可能就危及大局了。

“侯王若能守之，万物将自宾”，如果真懂得“朴”的应用，才能做一个帝王，或做一个领袖；以现代观念而言，一个家庭中有一大堆子孙，你在家就是领袖，也是个侯王。你这个侯王就要懂得“守朴”，最基本的一点朴实无华要守得住。能抓得住基本那一点原始的运用，“万物将自宾”，宾者客也，那万物就由你做主，都向你这归依而来了。

“天地相合，以降甘露，民莫之令而自均。”老子对道的运用，文字上看起来容易懂，但深入去研究，就很难懂了。他先不谈“朴”字怎样下注解，只先告诉你一个道理：遇到天气干旱，希望下一阵大雨解除旱象，就要天地相合，阴阳交会；也就是地气上升，碰到高空的冷空气，才会下雨。天气干旱所下的雨叫甘露，又叫甘霖。“民莫之令而自均”，上天下雨是平均的、公平的，没有办法因个人的意愿而获得。

比如说，甲地要晒谷子，不要下雨，但又因天旱水源枯竭，人民没有水喝，需要下大雨。结果需要与不需要的地方，都一起下雨。只能说，需要的得到了就是甘露，不需要的则霪雨成灾。可是天地是无心的啊！要怎样才能做到真正的朴实呢？不要用机心！如果用一个办法，要一个花样就不对了，因为，天地是自然对待任何一个人，都是公平的。

“始制有名，名亦既有，夫亦将知止，知止可以不殆。”上古的原始社会，一切都很朴实，大家也不需要穿衣服。现在外国人还在提倡裸体运动，但在上古社会无所谓裸体，人类的身上本来都长毛的，我们老祖宗身上长的毛与其他动物是一样的。后来人类有了“不好意思”的意识，在肚脐下面，用树叶缀起来遮着，上身也用兽皮遮着，慢慢的进步就有了衣着。

在吃的方面，是茹毛饮血，肉类是连毛带血吃进去的。盲肠的作用，就是可以消化动物的毛；后来发明了火种，知道熟食，于是盲肠就逐渐退化，越来越短，最后认为是多余的，要开刀割掉，人类就不敢茹毛饮血了。社会日渐文明，可是在文明的后面很多的罪恶就来了。

“始制有名”，“名”就是刑名，代表法令，代表制度；换句话说，“名”代表人类文化观念的成立。人类有了教育、有了文化，接着一大堆的办法、理论都出来了。“夫亦将知止”，理论越多，社会越乱，要适可而止。“知止可以不殆”，人类越进入文明，社会的思想就越混乱，于是就会盲从，不晓得如何才好。所以，老子道家的思想，认为文明的发展要适可而止，过分的发展，会变成尖锐，尖锐了就会出毛病。

所以，道的作用，“譬道之在天下，犹川谷之于江海”。如把“譬”字移到下面来，成为“道之在天下，譬犹川谷之于江海”，就更容易懂了。意思是，“道”在宇宙的作用，比如川谷之于江海——下雨时山上的水流到溪谷中去，溪谷中水满了，就流到河川，最后一切归之于大海。也就是说，天下不论什么事情，皆要归之于“道”。“道”从形而下的用，又回到形而上的道体，所以说“道法自然”。

第三十三章

自知之明　知人之智

知人者智，自知者明。胜人者有力，自胜者强。知足者富，强行者有志。不失其所者久，死而不亡者寿。

自知之明 知人之智

这一章是政治哲学的最高点。一个人能够看清楚别人，能够把任何人都认识清楚，就是一个很有智慧的人，所以说“知人者智”。古代成大功立大业的人，如汉高祖、唐太宗、蜀先主刘备等等，都有知人的智慧。刘备就晓得非找到诸葛亮不可；等于现在工商界巨子，非要请到一个好伙计——总经理来做帮手不可。但是那个找来的人好或不好，自己要有知人之智。历史上一个好的领袖，都能“知人善任”。能认识这个人，了解他可以负担什么任务，然后才能交代事情给他去做。“知人善任”最难，能做到这四个字，就是一个好的领袖人物了。

“知人者智”还是第一步，第二步是“自知者明”。能够自知才是一个明白人，但是天下明白人很少，除了成道的人之外。佛家讲成佛的人，才能有自知之明，一般人都不明白自己。但很奇怪的是，世界上的人都觉得自己最明白自己，都觉得别人不了解自己，可见“自知之明”很难。刘备为什么要找诸葛亮呢？他有自知之明，晓得自己要领兵作战，必须要找一个好的参谋长，好的军师，才能谈制胜。当然，刘备还算不得圣人的自知之明，圣人的自知之明，就是大彻大悟了。

“胜人者有力，自胜者强”，“胜人”是与人打架打赢了。力气大的人有蛮力，与人打架能够获胜，这不算什么；要能战胜自己的人，才称得上是一个强人。想要战胜自己，克服自己，那是很难很难的。修道成功的人就是自胜，能战胜自己的欲望，战胜自己的烦恼妄念，所以，一个真正坚强的人，才能修道，才能成佛。可是，要战胜自己，只有圣人才能做得到啊！我常常跟大家说，英雄能够征服天下，不能征服自己；征服天下易，征服自己难。甚或有些英雄，把自己的烦恼痛苦，建筑在别人的头上，而他却认为自己很了不起。圣人是不想把自己的烦恼和痛苦放在任何一个人的身上，他是想把天下人的烦恼和痛苦都担起来，这就是圣人与英雄的分别。

“知足者富”，到什么程度才算有钱？恐怕世界上的人定不出一个标准。有了一千万，心想再多五百万多好，这就是不知足。我经常发现，也许是穷人的发现，任何人所住的房子，永远是少了一间，穿衣服永远觉得少一件，虽然衣橱里有很多高贵的衣服，要穿的时候，总觉得少一套非常满意的；严格地说起来，真正的财富，是“知足者富”。如果一个人三天没有饭吃，捡到一个馒头，一半还发了霉，啃一口没有发霉的一边，喝一口水咽下去，那个比什么财富都好。人到了那个时候，才懂得人生，才懂得知足才是真正的财富。不知足就是永远跟着欲望跑，而欲望是永无止境的，所以人永远生活在痛苦之中。

“强行者有志”，什么叫做真有志气呢？老子说，把做不到的事情硬做到了，这才叫做有志气。也就是佛家说菩萨道的两句话：“行人所不能行，忍人所不能忍”，那是不容易做到的，结果做到了，这就叫做有道之士，梵文叫做菩萨。这个道理，与“强行者有志”是一样的。

还有一点就更难了，“不失其所者久”，什么叫“不失其所”呢？如果大家读过《中庸》，就懂得“素其位而行，不愿乎其外。素富贵行乎富贵，素贫贱行乎贫贱”的道理。人要守住本分，要认清自己，也就是“自知者明”。能认清自己，就晓得我应该做些什么事情，负些什么责任，不失自己的本位，才可以长久。

什么叫做长生不死呢？“死而不亡者寿”，同佛家一样，佛家讲“涅槃”，意思是不生不灭；道家则讲形的变去，可是精神永远不死；以世俗的观念而言，就是虽然死了，有功业留在人间，有学术思想影响于后世。老子本人虽然死去，但有《老子》五千言的书流传下来，他的学术思想绵延不绝，他的道德精神永远影响人类世界，这是世俗观念的说法。

但真正学道的人，修证到自己的肉体生命含藏有一个不生不灭生命的本能，肉体虽然死去，而此本能永远存在，这就是“死而不亡者寿”的真正含义了。

以上讨论了这许多问题，但大家不要忘记，仍然是在“朴虽小”这一个范围以内。第三十三章的文字都是对等的，好像格言一样，因为这个“朴”所讲的是中道观。“知人者智，自知者明”是对等的，“胜人者有力，自胜者强”是对等的，“知足者富”与“强行者有志”也是对等的，这就是中庸的道理。“朴虽小”，很细微，很朴实，很本分，如果能做到的话，那么，“侯王若能守之，万物将自宾”，万物就由你做主而向你归服了，这也就是《阴符经》所讲的“机”。

第三十四章

什么是大 什么是小

大道泛兮，其可左右。万物恃之而生而不辞，功成不名有，衣养万物而不为主。常无欲，可名于小；万物归焉而不为主，可名为大。以其终不自为大，故能成其大。

什么是大 什么是小

关于“道”的方面，这里差不多已到最后的结论了。现在老子对于“道”的体用、成效再加说明。所谓“大道泛兮”，是说“道”是到处都在的，无所不在的，“其可左右”，好像就在我们的左右。虽然也看不见摸不着，但是随时在我们目前，又像在我们胸中一样。

“万物恃之而生而不辞”，宇宙万物都是它生的，宇宙万物的现象就是它的相，宇宙万物的用就是它的用。万物靠它而生，但对它没有回报，可是它不辞劳苦，永远生生不息。“功成而不名有”，它滋生万有而不表功，也没有用什么东西标榜自己。

“衣养万物而不为主”，“衣养”就像佛学的名词“加庇”，是保护，盖覆，像穿衣服一样。它庇护着万物，但是它并不做万物的主人。虽生万物，是自然而生；万物最后自然归于毁灭，回到它的本来。一切都是自然的，它并不做万物之主，“常无欲可名于小”，它本身没有一点欲望，对万有没有任何要求，因此可以随便为之定名，讲它很小。对于老子所说的“小”，庄子后来加了一个观念，小到多么小呢？说“小而无内”，小而无内也就是大。

“万物归焉而不为主，可名为大”，万物最后也回到它那里，所以，它包容了万物万有，这也可以叫它为大。换一句话说，大也好，小也好，讲它“空”也好，“有”也好，都是人为的观念，它本身没有一个什么观念。因为道这个东西，它不像人，也不像其他的现象，但是，人和一切万有现象，都是它所生。“以其终不自为大，故能成其大”，而它没有自高、自大、自满、自足，所以能成为伟大，这才是真正的伟大。

我们明了了“道”的现象、“道”的作用，就知道我们本身的生命也是“道”所生，死亡也是回归到“道”的怀抱里去，那么我们就对生死往来的现象无所谓了。这个称为出世。

第三十五章

掌握天地万象的法则

执大象天下往。往而不害，安平太。乐与饵，过客止。道之出口，淡乎其无味，视之不足见，听之不足闻，用之不足既。

掌握天地万象的法则

“执大象天下往”，这个“象”字，不是叫我们抓一只大象，而是现象的意思。人要懂得天地万有的大现象法则，则天下都可去得，而无往不利。关于这一点，古代儒道两家不分时，都有同样的解释。在道家的原始经典《阴符经》上说：“观天之道，执天之行尽矣。”这就是“大象”，因为道法于天，因而有了风雨雷电的变化，日夜明暗的往来，春夏秋冬的替代。了解了这些现象，在修道做工夫上，对于境界的变化和影响也就清楚明白了，这是《阴符经》的道理。

第二个儒道不分的事实，是《易经》的八卦。我们抬头一看，低头一看，天地间有八个大现象挂在那里，上面是天体，下面是大地。这八个现象，天、地、太阳、月亮、风、雷、山、泽，互相在交换影响，构成了宇宙万象的根源。若是我们了解“大象”的法则，天下就无往而不利了。

“往而不害，安平太”，人生要懂得这个天地的法则，所以，道家叫我们处世要抓住“大象”。但是人人都不肯注意“大象”，却经常在小地方计较。一块钱计较得很精明，而经常几十万、几百万反而被骗去了。有人拼命地节省，一毛钱也舍不得用，然后积蓄到了几百万，拿去放利息，一下子被倒账，就没有了。因为他只看到小利，没有把握大的状况之故。“大象”是从大处着眼，所以能够“天下往”。“往而不害”，向前一直去，在完全无害的情况下，永远都会平安，永远都是太平。

“安、平、太”三个字有三个意义：“安”是我们现在讲的平安；“平”是永远的平等，没有波动；“太”是永远站在原始的基点上。“太”就是原始的那一点，既无进也无退，不是前也不是后，永远是在那个基点上。也就是儒家所说的，永远就在人生的本分上。能够从大处着眼，小处着手的人，永远都是“安平太”。

“乐与饵，过客止”，“乐”包括音乐和玩乐，以及很好听的歌声。假使我们走在街上，忽然听到一栋楼上传出好听的音乐，或见到社会上的好玩事物，这些都属于“乐”。“饵”是诱惑人的东西，凡是好听、好看、好吃的在那里，过客经过时就会停下来看一看。世界上一切物质的东西，只要使人感到舒服快乐的，人人都会受到诱惑。

但是，讲到“道”，就很可怜了。“道之出口，淡乎其无味，视之不足见，听之不足闻，用之不足既。”世界上的人，如果能了解这个“大道”，本来可以回转过来，找到生命本来的这个“道”，无奈何，很少有人大彻大悟。因为“道”这个东西，讲起来淡而无味，讲了半天仍是空话，听的人仍然不晓得“道”是什么样子；看也看不见，听也听不见，所以修也修不成。

有人说，修道用功半辈子，成果在哪里也不知道。想修道能够长生不死，结果还是死，死得比别人更早；有时候死得虽然比别人晚一些，但又更加痛苦。所以“道”究竟在哪里？搞不清楚。为什么搞不清楚呢？因为大家不知道“执大象”这个大原则，忘记了它的用。

第三十六章

欲擒故纵的道理

从微细而明了重点

柔弱胜刚强

将欲歙之，必固张之。将欲弱之，必固强之。将欲废之，必固兴之。将欲夺之，必固与之。是谓微明。柔弱胜刚强。鱼不可脱于渊，国之利器不可以示人。

欲擒故纵的道理

许多历史上的人物，都学老子，但是都学到负面去了，结果做人刻薄，做事厉害，好像都是坏在老子的这些观念上。一般研究老子的人，说《老子》这本书是阴谋之道，天下的大计谋，天下的大谋略，一切的心机手段，都由此而来。

“将欲歙之，必固张之”，一个东西要把它收紧，必定要先使它放大；后世的用兵作战，以及政治军事谋略等等，在历史上经常看到这样运用。“将欲弱之，必固强之”，要使它衰弱，必先使它强大。“将欲废之，必固兴之”，要想把它废掉，故意先培养它，使它先兴旺起来。“将欲夺之，必固与之”，要把它抓过来，还故意先行给予。从文字上看来，颇像前面解释的阴谋，所以，常有人说，学了老子会变坏。

我们年轻的时候，在旧式家庭中，偏重于儒家思想，四书五经可以读，如果读《老子》，长辈们会说：“年轻人，怎么读这个?”当时的观念认为，凡是读道家或读佛家的书入手，那是准备出家修道去的。另一种观念认为，读了老庄的书，这个年轻人就会变坏了，将来出去做事，会变成大奸大恶了。

其实，这是大家冤枉了老子，他讲的“执大象”，是天下的大道理，讲正面的道理。所以老子这本书又称《道德经》，道德没有学好，反而学成了反面，那就坏了。老子所讲的是自然的道理，自然的法则，同时教人看通因果，强调因果律的可怕，所以要注重道德。

举例来说，花快要谢的时候，特别好看，尤其在台湾经常可看到的昙花。昙花是晚上开的，当它开到最盛最美的时候，就开始萎谢了。因为昙花谢得很快，这个现象最明显，称为“昙花一现”。其他的花也是一样，人也是一样，日落时的太阳，光芒也最漂亮，这就是“将欲歙之，必故张之”的道理。将要收缩的东西，你先看到它张大，所以人生要懂得这个道理，就是懂得这个“大象”的道理。

又比如说，做生意今年特别好，赚了五千万，可是这时要小心啊，“将欲歙之，必故张之”，“将欲弱之，必固强之”。世事人事都是一样的道理，历史也是如此，罗马鼎盛的时代，最强大的时候，也就是罗马开始灭亡的时候。历史上最光荣的时代，强大到极点时，也就是另一个衰亡的局面开始了。

人生也是如此，年龄精神，觉得越来越好，但要注意，“将欲弱之，必固强之”。有时候，有些人觉得自己有工夫，身体特别好，便体力透支，一倒下来就完了。这也是西方宗教所讲的："上帝要你灭亡，必先使你疯狂"，自己忘了自己，更是容易毁坏。

"将欲废之，必固兴之"，当上天要毁灭这个东西时，反而先使它更好。有些人做坏事，却发财越多；有些人一辈子是好人，结果又穷又苦。像这样的埋怨许多人都有，这其中有没有什么道理？中国古书上有一个道理，说是"天将厚其福而报之"。有时候，老天爷给你更大的福报，给你更大的机会，使你发财，使你得意，使你样样好，却是使你快一点结束。因为，你得意到忘形了，好福报、好机会使你自己昏了头，自然很快结束。如果你还清醒，也就不大容易结束了。

我们读中外历史，看到许多成功人物，成功得太偶然了，例如大家熟悉的楚汉之争，刘邦和项羽两个人的故事。项羽在二十几岁的时候，短短的几年之间，达到了"天下侯王一手封"的风光。他自称西楚霸王，比起西方人崇拜的英雄拿破仑的威风大得多，可是，一下子就玩完了。这也是"将欲废之，必固兴之"。

再看世界上的人情、物理，许多事物，当上天要毁灭你的时候，自己还不知道，反而觉得老天爷帮忙，很多机会都让自己占了先。中国有句老话："福无双至，祸不单行。"坏事如果碰上，常常不止一件，几件会接连碰上。例如被车子碰倒了，刚爬起来，又被那边的来车碰破了头。祸事常接连而来，好事则很少是接连而来的。

所以，老子所讲到的，都是人情、物理可怕的一面，不是教人去使用计谋手段，而是讲因果律，教我们不要忘记了这个“大象”。当你最得意的时候，就要注意到失意的来临。比如今天精神特别好，便去多玩一下，又逢大热天，已经玩累了，又多吃一些冰淇淋等；到了明天，或者就伤风了，又碰上感冒流行，结果在医院躺了一个月，这都是“将欲夺之，必固与之”，“将欲弱之，必固强之”的道理。

从微细而明了重点

我们如果懂了这个道理，便了解老子在这里所说的“是谓微明”。从微弱、渺小的地方，有智慧的人能看出大道理来，这就是从微而明。没有智慧的人，只看到眼前的现象，只看到好的一面，而对于坏的一面，由于不懂因果循环的定律，只知道埋怨运气不好，埋怨老天爷不保佑，埋怨上帝不灵验，埋怨菩萨不加被，几炷香都白烧了。

殊不知人生过程中的现象，如果检讨、反省起来，我们明天有什么事发生，从自己今天做的事情就会知道，用不着神通。自己身体的情形，对不对劲，是否会病倒，自己心里都会有数，有感受的。可惜一般人没有这个智慧，没有这个“微明”。在肉眼看不见的地方，“微明”已经表现得很清楚了。

由此看来，我们晓得，老子并没有教人用权谋做坏事，而是告诉我们做坏事是可怕的。可是后世读《老子》的人们，依文解义，把这句话当原则去做坏事的人，历史上也不胜枚举。像大家都知道的，刘邦派韩信出来与项羽作战的时候，韩信提个条件，派人对汉高祖说，要他出来作战很容易，只要封他为“三齐王”，而且只要下一道命令，封为

"假王"，他就出来打仗了。汉高祖一听这话，火可大了，桌子一拍，两眼一瞪，破口大骂"混蛋"，可是不待下面的话骂出口，张良坐在旁边，用脚在桌子下面踢了刘邦一下，刘邦立刻会过意来，随即将下面要骂的话做了一百八十度的改变，改口说道："为什么要封假王！"于是下命令，真封韩信为"三齐王"。韩信于是就出兵了。张良踢这一脚就是告诉刘邦用"将欲废之，必固兴之"的原则。所以，最后韩信还是被刘邦收拾了。

一般人，有时候要求长官多加一点薪水或福利，长官立即批准给你，可是他心里对你不满，下一次遇到机会，他就会对付你了。这类事例很多，都是向坏的一面去学的。我们看这些故事，不免读历史而流泪，替古人担忧。从古到今，太多的人从这些地方学坏了。可是老子的本意并非如此，所以说，说法与说话、写文章一样的困难，连讲道德的文字，也同样会被人引用到奸诈、权术手段上面。

日光、空气、水，对人是必需的，但是，有人利用日光杀人，也可以利用水把人淹死，更可以利用空气把人闷死；所以，这都是负面的运用。天下事善恶是非在于自己，不在于教的人。老子始终主张用柔用弱，所以说"柔弱胜刚强"。照老子这一句话的道理，我们处世做人要懂得柔软，像练武功的太极拳一样，老子的精神所在与做人的道理，也是柔能克刚；英雄虽征服了天下，但美人的温柔就能征服英雄。

柔弱胜刚强

天下最柔弱的莫过于水，它柔软得没有骨头，无丝毫之力，可是，一滴水在一个地方滴了几百年，无论是铁或石头，都会被它滴穿成洞。这就是柔弱胜刚强。刚强的东西没有刚强可加以对抗，只有柔弱可以制胜。

老子主张用阴、用柔、用弱，不是叫人做坏事。所谓柔弱，在做人的道德行为上就是谦退礼让，也就是吃亏；吃亏并不是笨人，多吃一点亏没有关系，让别人占一点便宜，他也高兴，你也高兴一下蛮好嘛！不要觉得被人家占了便宜而难过，只要想到他会因此而高兴，自己坐在家里也笑一笑，替他高兴就行了。所以，吃亏是福，柔弱胜刚强。老子这些主张也就是后世所讲的帝王术，被人认为是权术谋略的最高原理。

“鱼不可以脱于渊”，鱼在水里的力量很大，生命力很强，一旦离开水就完了。后来中国文学上有许多类似的话，如“龙游浅水遭虾戏，虎落平阳被犬欺”，龙到了水浅之处，连虾米都戏弄他；老虎在山中称王，到了平地，被人围起来打，最后被打死了，虎落平阳，连狗也可以欺负它。所以，人要懂得自处之道，像鱼一样不能离开水，鱼一离了水就完了。

“国之利器不可以示人”，一个国家生存的命脉所在，一定要掌握住，不能轻易给别人看见。中国历史上，都以龙来比喻皇帝，因为龙的体形庞大；然而它的性格柔软、温良，脾气最好。可是，它颈项下面三寸的地方，不能碰触。因为龙的鳞甲都是顺鳞，只有颈下三寸是逆鳞，那是它致命的地方，绝对碰不得的。如果碰到龙致命之处，那就非同小可，不管你是谁，龙非把你消灭了不可。所以，历史上常常以披龙鳞来比喻帝王动怒。

历史上只有魏徵，这个了不起的大臣，经常披唐太宗的龙鳞；也只有唐太宗这样的皇帝，能容忍他的直谏，这是历史上很少见到的事。人的一生中，每人都有他致命的弱点，就怕人家指出来，所以都自我保护得很严密。遇到一个不懂事的人，偏要把它指出来，那就非同小可了。很多古代了不起的帝王，下面有的大臣，专门做这种“披其龙鳞”的事，就是专指出弱点或错误的地方。当然了不起的唐太宗他是接受了，可是，这是很难做到的，需要高度的忍耐才行。

一个人自我的意见固执起来时，在要紧的关头，左右高级干部硬加以反对，要把你的意见修正过来，那是很痛苦的。到了当权的地位就会知道这种痛苦，一般读书人对这个道理，讲起来很简单，因为他只是读书，没有当过权，所以，坐在书房里谈理论时，当然度量很大；等到自己有一天当了权，那就不是这么一回事了。

“国之利器不可以示人”，比如大家家中的钥匙都放在口袋里，你愿不愿意拿出来给大家看看，告诉别人说，我家里的黄金美钞就是用这一把钥匙开门去取的。你能这样示人吗？同样的道理，人生事业，国家大事，道理都是一样。

从“国之利器不可以示人”这句话，与上面这几句配合起来，老子是否教人做坏事？是否要人要手段呢？当然不是。他只是说在“微明”之下，教我们做人做事小心，懂得前因后果。因为所有的痛苦失败都是自己招来的，是自己没有明白因果道理，没有“微明”；在微妙地方，没有看清楚，没有看到要点，才会有今天的失败。这些都是在平常不注意的地方，埋下了失败的种子，后来所遭遇的痛苦，只是一个结果而已，他的前因并不在今天。

因此，老子说“鱼不可以脱于渊，国之利器不可以示人”，做人处世，需要谨慎小心。儒家只讲一个原则，孔子的说法是存诚，要我们“戒慎小心”；老子道家的文章，则专门指出现象来。这两家看起来虽然不同，道理都是一样。下面一章是给上经作了一个结论。

第三十七章

无为而无所不为的道

无为 无欲 无名

道常无为而无不为，侯王若能守之，万物将自化。化而欲作，吾将镇之以无名之朴。无名之朴，夫亦将无欲。不欲以静，天下将自定。

无为而无所不为的道

“道常无为”，“道”的本身是无为的，所以，后来佛学进入中国，对于涅槃的境界，有时候在翻译文字上，常常译成“无为”。后来又怕与老子的思想产生误解或冲突，改译为“无余依”。涅槃有“无余依涅槃”和“有余依涅槃”之别，所以，无为就是道，也就是涅槃，也就是菩提。后来，因为要把佛道两家的界限划分清楚，佛经的翻译才不用“无为”一词。

这里老子说道体永远是“无为”，它的用则是“无不为”，意思是无所不起作用，处处起作用。记得几十年前，有一个讲中国哲学的了不起的名家，他解释道家的“无为”时，主张中国的政治思想，做领袖的人要学“道”，就是学老子的“无为”，认为“无为”的意思就是“万事不管”。其实老子的“无为”，并不是万事不管，“道常无为而无不为”这句话，正是样样都要管。这两句话上面的“道常无为”，是讲“道”的体；“无不为”是讲“道”的用。宇宙万有就是“道”的用，所以它无所不为。到了最后归于静，归于空，所以是“无为”。

懂了道家老庄的这个道理，我们做人做事，就要懂得“无为而无不为”的道理，也就是要有先见之明。其实，不只做人做事，乃至缝一件衣服，或者买一把扇子，对于将来毛病会出在哪里，事先就要知道，要看得很清楚，要有远见。对于未来可能出问题的地方，须尽可能的先做好防范措施，使问题不致发生。所以，懂得这个道理的话，做起事来，好像没有做什么事一样的平顺。

也有许多学了老庄的人，做起事来不会应用这个道理，凡事不晓得预先安排，观察得又不仔细，到临时急急忙忙拼命赶、乱忙；看起来好像很勤快，很努力，其实以道家看来，就是愚笨。道家做事的时候，有远见，有计划，事先准备妥当，所以临时不会慌乱。

我们讲一个历史上陶侃运砖的故事，陶侃当时已经是高官了，位高权重，但他几十岁的年纪，仍然每天劳动去搬砖头。晚上把外面的砖头搬进房子里，早上又搬出去。有人问他是干什么，他说，一个人不练习劳动，一旦天下有事，体能就应付不了。他早已看到天下会有变乱，虽然年纪大了，在这种地位上，也需要有好的体能，如果平常劳动惯了，临事就能应付变乱。

同时他又叫部下把砍下来的零碎竹子、木头等，不可丢弃，都收集起来好好地藏放着。别人认为他这样高地位的人，还珍惜这些不值钱的东西，未免小气。对于别人的批评，他只是笑笑而已，不加解释。后来时局变动，他是管长江以南军事防务的，这时需要建立水军，马上要造船，并且要在很短期间内完成。但是造大批船只需用的钉子，一时无处可得，他就把那些被人看成不值钱的竹头木块劈开，做成了钉子，解决了钉子问题，船也很快地就造起来了。这是因为他早就看到天下将变，而且变乱必定需要造船，所以预作了准备。这也是“无为而无不为”的道理。所以，道家的真正“无为之治”与“无为之道”，是“无所不为”的。

“无所不为”并不是乱来。所以，老子接着说：“侯王若能守之，万物将自化。”做大事业的人，能够懂得这个道理，并把握住这个道理，“万物将自化”，不但功业能够成就，进而守之，这个道理还可以用之修道。

比如我们修道打坐，坐在那里做什么呢？心念已空，清净是无为，但是这个“无为”，你却无法空掉。你能空掉了“无为”，那就可以“无不为”了，身体也转好了，祛病延年，长生不老，神通也来了，智慧也来了，习气也转了。可惜的是，人做不到无为，坐在那里，天天想求神通，想求智慧，再不然想求身体的健康，再不然就搞气、搞脉，忙得很。坐在那里说是修无为，实际上是在那里无所不为，样样都要。

我们学的“道”，是空，是一切放下，万缘皆空，为什么要空呢？一般人学道，都是想成佛往生西天，长生不老，又有智慧，又有神通，虽然不与佛一样，至少也要与佛差不多才行；试看这种欲望有多大！那不是学“空”，是在学“有”了。以这样的欲望，来学一个空的道，岂不是背道而驰吗？

无为 无欲 无名

我们懂了这个道理，就晓得为什么能做到“万物将自化”了。换句话说，真做到了无为，许多不想要的偏偏会来。天地间的事情怪得很，你不要的，它偏要来；你要的却跑掉了，这在佛学上说得最具体。

佛是从另一个眼光看的，说人生有八苦，像“求不得苦”，你所希望的，永远达不到目的。“爱别离苦”，你所爱的，想抓得牢牢的，它偏要跑掉。其实，你看通了人生的道理，只要抓住了无为，真放下了，你不要的它偏来；你所希望的，它也归到无为里去了。那个就是万物的自化。

“化而欲作，吾将镇之以无名之朴”，人能够守住这个道，万物将自化，进入你这个境界，也就是说，万物万事都进入你的境界了。“化而欲作”，如果在这个清净无为之中，想起作用，就要晓得“用”的道理，也就是我们经常引用禅宗临济祖师的一句话，“吹毛用了急须磨”，就像一把利刀或利剑，拿出来用过，不管是裁纸或者是剖金削玉，只要用过，马上都要再磨，保持它的锋利。所以，在用的时候，如果要想取之不尽，用之不竭，“镇之以无名之朴”，就要永远保持原始的状态。用久了之后，现象也变了，那就完了。

老子接着说，“无名之朴，夫亦将无欲”，什么叫“无名之朴”呢？就是自己没欲望，无欲无依。所以，佛家叫做“空”，无所求，没有任何的欲望，无所依，一切都空了，不成佛也就成佛了。如果佛坐在那里，真觉得自己成佛了，心里念着“我成佛了，我要度众生”，那他多累啊！佛没有这个念头，他是念空。

“不欲以静，天下将自定”，“不欲以静”这四个字很妙，可以做两种解释。一种解释是完全无欲，自然静定，则“天下将自定”，所以“不欲”，没有欲望自然静。第二种解释是如何做到“不欲”，那就必须先做到静，才能真做到“无欲”。老庄的文章，就像禅宗的话头一样，八面玲珑，这面能说得通，那面也能通，都是一样的道理。

反正要做到“不欲以静”的话，先是自己能够清净无为，那么“天下将自定”。做人做事创业，也是同样的道理。如果一直急急忙忙，天天发疯一样，执意非要成功不可，对不起，到了最后算总账的时候，恰恰是不成功。这也就是柔弱胜刚强的道理。做事情能够勤劳，一念万年，细水长流，无所求，不求成果，亦不放弃努力，最后一定是成功的。

老子他说

初续合集

下

南怀瑾 讲述

人民东方出版传媒
東方出版社

目　录

下　经

下　经

下经自三十八章起，开始讲“德”，就是讲“道”的用，以及它的现象。下面很多的话，看起来是一样，仔细研究起来，有很大的差别。因为上经讲“体”，下经讲“用”。旧的观念说，上经讲“道”，下经讲“德”。所以，同样的字句，从“道”的角度看，与“德”的角度看是不同的。

第三十八章

上德下德 上仁上义上礼

德仁义礼失后该若何

上德不德，是以有德，下德不失德，是以无德。上德无为而无以为，下德为之而有以为。上仁为之而无以为，上义为之而有以为。上礼为之而莫之应，则攘臂而扔之。故失道而后德，失德而后仁，失仁而后义，失义而后礼。夫礼者，忠信之薄，而乱之首。前识者，道之华，而愚之始。是以大丈夫处其厚，不居其薄，处其实，不居其华，故去彼取此。

上德下德 上仁上义上礼

“上德不德，是以有德”，真正上品的道德，以现在观念而言，就是说一个真正有道德的人，一个大善人，并不以为善是了不起的好事，他做善事，只是他的普通行为，表面看不出是在做善事。如果让人看得出他是“善人”，是在做道德的事，这已经差太远了。

上古的文化，对于道德的行为，始终注重四个字，就是“阴功积德”。主张做好事要“阴”的一面，不是“阳”的一面，要使人看不见；为别人做了好事，别人并不知道，帮助了别人，受帮助的人也不知道。这就是阴德，这也就是“上德不德，是以有德”。

"下德不失德，是以无德"，以老子的观念来看，所谓"下德"，是不上品的道德。"不失德"就是已经被人看出来的德行，那是着了相，所以是"下德"。依佛家来讲，"着相"就不高明了，《金刚经》也是叫我们不着相。

"上德无为而无以为"，这句话是解释上品的道德行为，是说做了善事，看不出来他在做善事。"上德无为"是说上德的作用，是合于形而上的道体；"而无以为"是说他在作用的时候，是自然的，不会给人看出来，没有一个目标，也是很轻松地把一件事做了。

"下德为之而有以为"，等而下的"下德"，就差一点了，是有所作而有所为的，看起来孜孜为善，人人知道他是好人，又做好事。这是划分"上德"与"下德"的原则标准。

下面解释"德"字的无为，继续说到"仁"。"上仁为之而无以为"，这个"仁"字的说法，与"德"字一样，如果重复起来，亦有四句，这就不重复了。"仁"字之后就是"义"，"上义为之，而有以为"，解释这句话，与前面相同：上品的仁义，是看不出仁义，看得出来所做是仁义的事，已经差得多了，所以那是假货，伪造的假药。

"上礼为之，而莫之应，则攘臂而扔之。""仁"、"义"过了就是"礼"，真正的"礼"并不是代表礼貌，礼貌是中国文化"礼"的一种，"礼"字是我们国家民族文化的根本之一。中华民族被称为"礼义之邦"，并不是说中国人看到人就作揖叩头才叫做礼，那只是礼仪、礼貌。真正的"礼"是高度的文化，以现在观念而言，文化包括一切精神文明、物质文明、历史文化，乃至个人做人做事的原则规律等等，所谓政治、军事、教育、经济、社会等等一切都包括在内，这都是“礼”。

老子说，“上礼为之”，真正的“大礼”，所注重的文化究竟是什么？那是形而上的基础，那个最高处“而莫之应”，那是看不出形态的。所以，我们中国自己认为文化衰微的时候，会给自己粉饰门面，去把老子这句话解释成我们的文化没有衰微，“莫之应”，只是你们看不出来而已！

其实，真正的“礼”，看不出“礼”的作用，普通的人更是不懂，所以“攘臂而扔之”，膀子一举就把它丢掉了。大礼看起来好像是礼一样，其实真正的礼貌，在乡下偏僻的地方可以看到，人们表示欢迎的方法，不懂得叩头作揖，更不懂得握手鞠躬，只要一看到人就叫：“哦！客人来了！”这就是礼。可是我们都市中讲究礼貌的人，看到这种礼“攘臂而扔之”，挥手丢之，认为乡下人没有受过教育，不懂礼貌。其实，那才是对的，那是至诚自然的礼。甚至他只说一声：“嘿！你来了！”真不晓得有多么亲切！那是真正的礼。只不过我们在都市社会搞惯了，看到这个情境“攘臂而扔之”，觉得自己倒霉，碰到这个没有教养的人。这都是因为我们不真正懂得礼的原故。

这一篇文字虽然很浅，意义却颇深，因为老子讲到了道、德、仁、义、礼等五个阶段。上经已经讲过了“道”，这里不再讲了。这一篇他究竟说些什么呢？这与《易经》的《系传》一样，就是一篇人类文化进化史的描述，也可以说是对人类文化进化史的感叹。严格地说，他是感叹人类文化的退步。站在东方道德文化的立场来看，乃至以西方宗教文化的道德角度来看，人类没有进步，只有退步；也就是，物质文明是越来越进步，精神道德的文明越来越退步，越衰弱。假使我们不仔细留意去读，会觉得老子这些文章没有什么道理，何必啰唆！实际上，这里《老子》所说的，等于《礼运·大同篇》孔子感叹人类文明的退化一样。

德仁义礼失后该若何

“故失道而后德”，上古的人个个有道，只要讲到道，大家都是有道之士。时代向前，“道”渐行消失，才产生了“德”，用“德”作为行为的标准。“失德而后仁”，时代更向前走，到孔子的阶段，拼命提倡“仁”。到了孟子战国时代，“仁”又靠不住了，又提倡“义”。每个时代产生的思想主张，所表达、号召的都不同，所以说，“失仁而后义，失义而后礼”。到了“礼”这个阶段，包括有了法制，“礼”与“法”是连在一起的，因为社会人心坏了，所以在文化教养方面，希望个个有“礼”。

“礼”是属于教化方面的，教育亦难成功，人长大后进入社会，竞争使彼此相互伤害。所以，只好构成法律，就是“礼”而后有“法”，“法”没有效用之后而有“刑”，不守法的人，只好把他抓来用刑了。若连刑都不起警吓作用时，那就无法讲了。所以说，老子这里是一种感叹。

“夫礼者，忠信之薄而乱之首”，在老子的时代，社会已经退步到提倡“礼”的阶段。我们要如何读老子的书呢？我们看人类社会，整个世界科学文明的发展，在工商业发达的国家，教育跟着也普及了。照说，教育越普及，人应该越好啊！可是，事实上天下思想反而越乱，社会的犯罪行为越多。反转来看乡野的地方，乡野之人没有受过教育，他却不敢犯罪，行为比较朴实。所以说，人类缺乏忠信才需要“礼”，“夫礼者，忠信之薄而乱之首”就是这个道理。

我们一生从事教育的，深深感觉到所谓教育，不知究竟是过还是功，教育的确是一个值得探讨的问题。人读书是为了多得知识，不过，是有知识好呢？还是没有知识好？在我个人来说，现在深深感到，当年如果不读书，现在不晓得多舒服！很后悔自己年少的时候，为什么要读书，为什么不去学耕田？春天种田多舒服啊！知识越多痛苦越深，学问越渊博烦恼越大。所以很多人对道德学问的观念极为担忧，不但忧国忧民，学了佛的人，还要担忧众生。你说，这个知识对我们有好处吗？

“前识者，道之华而愚之始”，“前识”就是预知，等于西方宗教说的“先知”，东方称之谓“神通”，也就是未卜先知。一个人坐在那里打坐，希望能晓得明天的事，晓得前世的事，可是老子说：“前识者，道之华而愚之始”，有了神通的人，最后家也丢了，都变成了精神病。不要以为有神通就有好处，其实有了神通，智慧越大，痛苦越大；没有智慧的人，还只是担忧明天怎么吃饭；有了智慧的人，要担忧未来的世界怎么变，又要忧愁社会怎么变，也就是担心这芸芸众生要怎么变。自己肚子都度不了，还要度众生，这就是“前识者，道之华而愚之始”。

从老子这个论点看来，他好像是一个笨人，而且越来越笨。但是，不必先骤下断语，再看他下面的说法。

“是以大丈夫处其厚，不居其薄，处其实，不居其华，故去彼取此。”老子说真正的大丈夫，走实在的路子，只有修道。道是什么？无为。依照佛家来讲，就是“万缘放下”，大丈夫不走微末的路子，要走实在的路子。“道”就是把所有的知识，一切统统丢开了，聪明智慧都丢掉，回归到朴实无华。“去彼取此”，去掉那些外表的华丽知识，找回自己生命本来的朴实。老子的榜样是什么呢？就是“专气致柔能婴儿乎”！回归到在妈妈怀抱时期那个状态，什么都不知道。你骂他时是笑笑，那多好啊！骂与赞扬都差不多，没有分别。牛奶与剩菜混在一起，他也不分别，那都是“朴”，回到那个朴实的身心。

第三十九章

得一与不二 以低下为基础的高贵

昔之得一者，天得一以清，地得一以宁，神得一以灵，谷得一以盈，万物得一以生，侯王得一以为天下贞。其致之，天无以清将恐裂，地无以宁将恐发，神无以灵将恐歇，谷无以盈将恐竭，万物无以生将恐灭，侯王无以贵高将恐蹶。故贵以贱为本，高以下为基。是以侯王自谓孤、寡、不谷，此非以贱为本邪？非乎！故致数舆无舆。不欲琭琭如玉，珞珞如石。

得一与不二

古本的《老子》一书，只是标明章数，每章之前没有题目。万一要做标题的话，每章的第一句或第一字，就是最好的题目。以现代人著书的观念来看，好像《老子》这本书没有列纲领，很不科学。实际上，它科学得很，第一句话就是它的纲领，就是它的科学。你不相信的话，去翻阅一下很多章的第一句话，孤零零地站在那里，好像与后面文章含义合不拢来，而这第一句话就是全章的纲领。像这里要讲的第三十九章，就是讲“得一”的重要。

“一”的道理，在上经讲“道”的时候已经讲到过，现在再加以解释。后世学道的人，不传“道”而传你“得一”。

“得一”就是“守窍”，有些是叫你守丹田，有些叫你守海底，有些叫你守心窝，有些叫你守背脊骨后面的某个骨节，各种花样都有。

曾经有一个人，当年身体不好，老师告诉他守一个地方，他成功了，便拿着鸡毛当令箭。这些实在都不是“一”。“一”也是个代名词，专一是无处所的。所以，佛家讲修定，定在哪里？定在专一；道家讲的是静，静在哪里？静在专一。“一”在哪里？一在零那里，那个零就是“一”；零又是空的，清净无为，那才是“一”，你有个“一”可守的话，那就是“二”。你想想看，打起坐来还去守一个“一”，那不是成了“二”吗？孔子说，“吾道一以贯之”，曾子出来又说，“夫子之道忠恕而已矣”，不就又变成“三”了吗？佛学说学“空”，你盘起腿来找“空”，那早就是“有”了。“空”不一定要盘腿，所以，有一个地方可以守，那早就是“二”了。

道家讲“一”，佛家讲“不二法门”，什么叫“不二”？“不二”就是“一”，本来很简单一句话，一玩弄文字就看不懂了。所谓“不二法门”，一个叫做“一”，一个叫做“不二”，“不二”就是“一”，难怪庄子讲了一个故事笑一切世人。庄子说，有一个养猴子的老头子，养了一群猴子，每天早饭给猴子三个芋头，晚饭四个。有一天老头子忽然改变生活方式，早上给四个，晚上给三个，猴子很生气，抢着要来揍那个老头子。老头子说，不要吵，明天还是照旧早晨三个芋头，晚上四个，仍然是一天七个，不多也不少。这就是描写人们生活方式改变，他就发疯了。所以，“得一”也好，

“不二”也好，都是一个东西，都是一个零，这里头有很多道理，发挥起来就很多了。

“天得一以清”，天气不一当然不清，天气往往是“东边日出西边雨，道是无情却有情”，就叫做阴阳怪气的天气。人生一辈子难得看到几次天清气爽，万里无云，那才舒服。“地得一以宁”，像我们新时代的建筑，马路一天都不宁静，这里挖一个坑，那里掘一个洞，所以，都不宁静。

“神得一以灵”，一般人打坐修道，佛家叫修心，道家叫炼神，所谓“炼精化气，炼气化神”，神是什么？就是人天生本来的，人只要能专一，就神灵了，灵敏就通了，叫做神通，神而通之。有人问学神通有什么方法？假如学神通还有一个方法，那就不叫神通而叫鬼通，叫乱通。很多人偏要去学通灵，这些人叫做自找烦恼。一个人不好好地学做人，非要去学做鬼、学神明、求神通，那是不想做人了！所以，神真得一，一定就宁静。孔孟之教，《大学》之道的“知止而后有定，定而后能静，静而后能安，安而后能虑，虑而后能得”，就是走这个路线。

“谷得一以盈”，山谷里头得什么“一”？山谷中一样东西都没有，空空洞洞。不过，真正的空空洞洞，就充满了一切的功能，有无比的价值。你懂了老子的道理就懂了道，真正空的地方，才是真正的充满。

“万物得一以生”，天地万物就是得道的功能，生生不息，做事业的帝王们，“得一”就统一天下，就天下太平。

“侯王得一以为天下贞，其致之”，在做人做事方面，必须达到了这个程度，“其致”，就是做到了、就成功了。下面正反两面的解说，只要念过就懂了。

以低下为基础的高贵

“天无以清将恐裂”，太空永远是清净的，人类现在用自己的聪明，科学的发明，扰乱太空；但太空力量大，扰乱再多却会拨回转来。如果扰乱太空过分厉害的话，人类也只有毁灭自己了。

“地无以宁将恐发”，我们生活居住的这个大地，本来应该是平静安宁的，可是地球不断遭到人类的侵入，挖石油、采煤矿等，使“地无以宁”。大地不能安宁，“将恐发”，就难免发生地震、洪水各种灾难了。

“神无以灵将恐歇”，人的思想每天要做到清净无为，尤其现在工业时代，大家忙碌得喘不过气来，一天之中，尽可能休息几次，所谓养养神。以现在的名词，脑筋多几次时间休息，让脑筋空空洞洞的，什么都不要想，智慧才会出来，才能更灵敏。如果精神每天不收敛一下，不做到灵敏，那么“将恐歇”，最后昏头昏脑，头脑崩溃了。

“谷无以盈将恐竭，万物无以生将恐灭”，前面说“谷得一以盈”，空灵中充满功能，这个宇宙生生不息，如果没有功能充盈，万物不再生，恐怕一切就灭绝了。

“侯王无以贵高将恐蹶”，过去做领导的人，不可思议，所以皇帝的位置崇高无比，为“九重天子”，形容其高贵。《汉书》有“千金之子不垂堂”，九重天子是不轻易出现的。侯王为什么是高贵呢？不高贵就会跌倒，那岂不就完了！

这是个相反的说法，也就是说，现在把“一”当作形而下的讲。刚才讲它是个空，是个零，现在形而下讲“一”，不是空，而是有一个一定的原则、一定的戒条。如果做人做事，违反了这个基本戒条，就会造成错误，终归会导致失败。这是天地之常理，也是没有办法改变的。

又进一步地说明，真正的“贵”，“故贵以贱为本，高以下为基”，人为什么会高贵起来？比如一个人，穷光蛋出身，打赤脚的到城市来，努力工作十年二十年后，到了掌控社会的经济位置，变成大富翁了。由富而贵，这个贵是在贫贱的基础上，经过不断的努力而成功的。就像十二层的高楼，那么伟大崇高，也是从平地泥土开始的。所以，贵以贱为本，人不可以忘本，“高以下为基”，没有下面的基础，就不会有上面的崇高。

中国的文化，从上古以来就晓得这个道理。“是以侯王自谓孤、寡、不谷”，中国上古的文化，当皇帝的人常自称“寡人”，认为称孤道寡，又称孤家，就是自认德行不够的意思。以现在的语言讲，就是“我太浅薄了，我自己德行不够”。如果我们把现代语翻成古代的话，那么现在假如有一个皇帝，应该自称为“浅薄”，将来老百姓就不敢自称“差劲”了，因为那个称号是只能给皇帝用的。

“自谓孤、寡、不谷”，这句话严格地讲，“不谷”更难听，意思是没有吃饭的资格，对自己薄到这种地步。外国人常说，中国的古代帝王很专制。我很不同意这种说法，因为上古时候的帝王，不专制，真民主；西方的文化是假民主，真专制。你只看中国古代老祖宗记载下来的事项就会发现，一个当领袖的人多么可怜，又最诚恳。帝王的话中有“万方有罪，罪在朕躬”，意思是说，有好处是你们大家努力来的，有错误的话，是我当领导人的罪过。中国古代当领导人的非常痛苦，所以，尧舜时代，个个不肯出来当皇帝，谁愿意挑这个重担呢！何况又是一个痛苦的担子。所以说，上古皇帝的至诚自称“孤、寡、不谷”，不就是“以贱为本”吗！所以自己要随时警告自己，不要忘记了根本。

“故致数舆无舆”，“舆”为古代的车子，或车子上有座位的轿子，就是轿车。以现在生活来解释，一个人拥有的太多了，等于没有，因为要出门时，虽有好几个司机，李司机认为是江司机载你，江司机又认为王司机载你，结果，几个司机都溜掉了。老板要出门，司机一个都不在。“数舆无舆”的道理扩大来看，就像好多人生了一大堆儿子，最后到自己又老又病的时候，儿子都不在旁边，所以说，数子就是无子。同样的，你们看到从前老一辈的人，讨了好几个太太，临终住到医院，几个太太都不在身边，任何一个太太都认为反正另外的太太会管，认为丈夫爱的是别一个太太，自己不必去管。结果一个都不去，他最后临死时，身边一个太太也没有。这就是“数舆无舆”、“数妻无妻”的道理。

所以人生“不欲琭琭如玉，珞珞如石”，玉是石头中心的精华，把整片大石敲挖，说不定有一个如指头大小的宝石。变成宝石就没有用处了，宁可还是原始那一块石头才好。所以，人生变成高贵，也就是无用了。人类世界很有趣的，金刚钻有什么用啊？有一样用处，切割玻璃可以用，其他没有多大用处，不能吃也不能穿。可是金刚钻很贵啊！玉石大家都抢着买，那能做什么用呢？既不能拿来盖房子，也不能修桥补路，所以，人生搞不清楚道理。

“琭琭如玉”，形容玉的圆润漂亮，“珞珞如石”，好的石头雕刻起来，极为可爱，虽然可爱，又高贵又值钱，却是废物一个，没有任何用处。人生不要把自己变成废物，还是恢复原始的本来才是真实。这些是讲道之用。

老子的学说，后来成为帝王学，甚至于许多人读道家的著作，在为人处世修道方面，所能得益之处，大部分都在《老子》的下半部。只不过，下半部的文章反而太容易明了。虽如此，在下半部讨论形而下用的时候，才表达出“道”的意义。总结来讲，上、下两部是要合起来研究才对。

第四十章

反者道之动　弱者道之用

反者道之动，弱者道之用。天下万物生于有，有生于无。

反者道之动 弱者道之用

在上经开始的前两章，说了“有无相生”、“此二者同出而异名”两句话，后世的人，拼命在上面作注解说道理。其实只用这一段来注解，不就清楚了吗？这叫做以经注经，不需要我们再去加上自己的意见，它本身就已经注解得很明白了。

读了《老子》有一个好处，尤其现在对学佛修道做工夫的人，像这句话“反者道之动”，就很关键。因为打坐做工夫，有时越坐越差劲，许多人就不愿继续修了；殊不知，快要进一步发动的时候，反而会有相反的状况。做事也一样，做生意也一样。所以做生意稍稍失败，就要熬得住，熬得过去，下一步就会成功赚钱了。这也就是天地物理相对的一面，有去就有回，有动就有静。这个道理，自己要多多去体会才能领悟。做领导的人更要懂得“反者道之动”的原理，根本不怕别人有反对的意见，相反的意见正是“道之动”。换句话说，有反对才有新的启发，才有进步。

“弱者道之用”，有许多人打坐做工夫，到了某一阶段，总觉得自己一点力气都没有，很怕会走火入魔。如果这样，那你就不要修道了；既想求长生，又怕早死去，这样没有信心定力是无法修道的。老子说：要大丈夫才能修道，既然是大丈夫，又何必修道呢？例如“弱者道之用”这句话，真修道成功的人，骨头也软了，有时候工夫到了，连一张纸都拿不起来，会弱到如此程度。如果不懂老子这个弱的道理，会吓坏了；懂得的人，就知道这是“弱者道之用”，正是进步的象征。再进一步更厉害，就要发出“用”了，这时纵然重如泰山，只要用一个指头，都可以把它推翻。所以大家做工夫要注意，对于这个原则，千万要把握得住。

最后的结论告诉我们：“天下万物生于有，有生于无。”我们普通人看天下万物，生生不息，一代代的生都是生于“有”，“有”从哪里有呢？“有”生于那个“无”，是从“空”来的，“空”能生万有，这与佛家的“缘起性空”同一道理。

第四十一章

三品闻道的人

黎明前的黑暗

真正有修养的人

大器晚成　小时了了

声音　形象　见道

上士闻道，勤而行之；中士闻道，若存若亡；下士闻道，大笑之。不笑，不足以为道。故建言有之，明道若昧，进道若退，夷道若颣。上德若谷，大白若辱，广德若不足，建德若偷，质真若渝。大方无隅，大器晚成，大音希声，大象无形。道隐无名，夫唯道，善贷且成。

三品闻道的人

这一章，是与上经“道经”相互辉映、互为注解的。

“上士闻道，勤而行之”，上善的人，一听到“道”，他就晓得修道了。这也就像是禅宗，释迦牟尼佛一拈花，不用说话，大迦叶尊者就开悟了。这就是“上士闻道，勤而行之”。

“中士闻道，若存若亡”，另有些人，一听到哪里在论道，不管什么人讲，都跑去听；如果叫他修道的话，他又要把事情都做好了再来。然而他太太的事办完了，又有儿子的事来了，了了儿子的事，女儿又生了孩子，又有外孙的事了，如此便永远完不了。如果说他不修道嘛，任何修道的地方，都看得到他；若是说他修道嘛，空的地方都没有他，有的地方他都在。这就是“中士闻道，若存若亡”，有时候不阴不阳，半像修道的，半像入世的，讲不出来他究竟是什么。世界上，像“中士”这一类的人非常之多。

“下士闻道，大笑之”，有些人听到大家聚集一堂研究道，听经，听讲《老子》，他认为像是一群神经病，他哈哈大笑就跑掉了。老子说：“不笑，不足以为道。”你越笑，我这个“道”越高。看起来老子是自吹，但是，讲句老实话，世界上最高的东西，是很难讲清楚的；最世俗的东西，反而是大家最喜欢的。

我经常说，你只要看钞票，就懂得世间的道了。世界上哪一种钞票最走运，那种钞票就又脏又臭，虽然快要破了，还是一天到晚走运得很。用这样的钞票买菜，菜贩收到以后，又赶快把它用出去，因为它又脏又臭。如果是一张新的钞票，就包好存放，舍不得用出去。所以，一个人要想得志，就赶快学做那一张脏钞票，一身都脏，就像那一张在市场上满天飞的钞票一样。如果把自己搞得太干净了，一定给人家包起来，放在抽屉里不用，最后更锁进铁柜里去了。悟到了这个道理的人，便会前途无量了。老子讲的也就是这个道理。

下面开始从正反的论辩，说明道之用。所谓正反的论辩，看起来是讲正反的相对，亦就是阴阳的相对，其实是四个现象：正面、反面、正面的反面、反面的正面。这就要各人自己去体会了。

黎明前的黑暗

他下面又说，“故建言有之，明道若昧”，老子每一句话的文字都很明白，你仔细研究道理，都非常深奥。什么叫“建言”？用现在的话，就是格言。老子说我们老祖宗的文化，是有格言的，格言如何讲呢？不晓得是几千万年前，老祖宗讲的“明道若昧”，真正的大道，光明的大道是看不见的。所以，你不要认为白天才叫做光明，真正的光明就像黑夜，所以现在太空发现有黑洞。这宇宙的黑洞，现在还不晓得是怎么一回事，所有宇宙的光明，一进入黑洞就变黑了，这个里头是什么东西不知道。现在的科学家在怀疑，是否整个的宇宙是从黑洞中放出来的？西方人现在才发现，我们老祖宗，也就是上古的道家，早就知道。《道藏》中说“明道若昧”，大光明里头等于黑暗，黑暗是真正大光明的根本。

“明道若昧，进道若退”，老子文章的写作方法，是楚国的文化，现在说是南方的文化，都是有韵脚的，每一句都是押韵的韵文，很好听。“明道”，真正的大明之道“若昧”，“昧”不是完全黑暗，是有一点模糊，有一点不明，就是我们现在一句通俗的话，“天亮以前，有一段黑暗。”这一段黑暗，文学专门的名称叫做“昧爽”，就是要亮而未亮之间，也就是现在常说的黎明。这种“昧”是自然物理的现象，也说明了道的作用。

这个“明道若昧”的道理，引申到为人处事方面，就是事情在成功以前，常有很艰苦的一段。在科学研究工作上，要发明一项东西时，研究到最后似乎绝望，当自己将要放弃时，忽然一个灵光来临，发明成功了。这就是“明道若昧”。

打坐修道的人，也许修了几十年，一点影子都没有，毫无进步。但在毫无进步当中，绝不要放弃！这一句话可以给自己当作一个安慰，也许快要悟道了，因为“明道若昧”，自己越来越笨了。这虽然听起来像笑话，但的确有这样的一个现象过程。

“进道若退”，学任何一样东西，做任何一件事情，进步到一个程度，成果快要出现的时候，你反而觉得是退步。比如说写毛笔字，开始写的三天，越看写得越有味道，越写越漂亮，自己也赞叹自己快要变成书法家了。到了第四天越写越难看，第五六天自己都不想练了，越看越不成样子。在这个时候，千万不要放弃，写的字虽然越看越难看，那正是你书法上的进步过程。

学拳也是一样，不管太极拳、少林拳，学了半月就想打人，觉得自己的武功天下第一，好像都可以飞檐走壁了。三个月后慢慢发懒了，半年以后，所学的通通丢光。所以，在进步以前就有这个现象，人情物理都是如此。古人只是拿人世间的经验，以及物理的状况，加以说明而已。

“夷道若纇”，“夷”就是平坦的道路，例如我们开辟一条新的马路，像建造横贯公路，未开辟以前有种种困难。“纇”就是堆积起来，没有办法开发；及至开好以后，就是平坦的大道了。换句话说，在平坦的大道要完成以前，我们会感到工程十分困难。

上面老子引用这些话，都是中国的上古文化，老子称之为“建言”，引用古代的格言，藉以讲到人的修养品德方面。

真正有修养的人

“上德若谷”，真正有修养的人，所谓道德的完成，反而太像是空空洞洞的，什么都没有；也就是我们俗话说的，“满罐子不响，半罐子响叮当”。学问真正充实的人，反而觉得自己像是一无是处。所以一个真正有道德之士，不会表示自己有道德，或者表示自己有功夫。这就是“上德若谷”的道理。一个人真到了虚怀若谷，才能够包罗万象。学问的道理，人品的修养，都是同一个原则。

“大白若辱”，“白”是明白的意思。我们读历史，经常发现有人一辈子受冤枉，甚至把冤枉带到棺材里去，生前没有办法洗雪清楚的。这还不可怜，更可怜的是，历史上不少人物，一生的冤枉留存千秋万代，永远是个冤枉。但是，在一个有道之士看来，也无所谓冤枉；因为“大白若辱”，明白与冤枉差不多，没有什么了不起。比如我们大家所熟知的宋代的岳飞，如今我们知道是忠臣，可是在岳飞这件冤案发生之际，他硬是被处死了。在那个时候，他虽蒙不白之冤，但是万代千秋之后，不但成为清清白白的一个人，而且成为一个神，这就是“大白若辱”。白居易诗中说：

周公恐惧流言日　王莽谦恭下士时
若使当时身便死　一生真伪有谁知

我们的历史上，有周公辅助成王的故事。周武王死时，他的儿子成王只有十二岁，就继承王位当皇帝，全靠叔叔周公的辅助。因为成王是个小孩，还有很多不懂事的地方，这个叔叔就把他软禁起来。周公身为辅相，权力很大，在家庭的地位是皇帝的叔叔，但在政治体制上，他是这个侄子皇帝的部下、宰相。现在他把皇帝软禁起来，让小皇帝去读书学习，致使天下人议论纷纷，认为周公企图自己接掌王位，所以把侄子都关起来了。最后证明不是那么一回事，当他把成王教育成功后，还是把权力交还给了成王。

所以白居易说，“周公恐惧流言日”，当时被众人误解，以及汉朝王莽篡位以前“礼贤下士”的时候，都看不出来他们内心真正的想法。“若使当时身便死”，假使这两个人当时死了的话，“一生真伪有谁知”，他们这一生是真好人或者是假好人，有谁知道呢？

中国有句名言，说明人的一生很难评论，所谓“盖棺论定”，棺材盖起来的时候，这个人是好是坏，才可以下一个定论。不过，我加上几十年的读书以及做人经验，并不太相信这些话，有时盖棺还不能论定。因为，对人下一个定论很难，尤其读多了历史，更觉得在爱恶是非之间，是很难对人下断语的。所以老子告诉我们“大白若辱”，青年人了解这个道理，要做一番事业，就要忍得住。佛学有个名称，叫做“忍辱”，人能够忍得住才行。因为一个人要做一番真正对国家社会有贡献的事业，其间被人误解，以及各方面的坏话，最难听最痛苦的，你都要受得了；受不了这个辱，就不必指望成功。

“广德若不足”与“上德若谷”的道理一样，“上德”就是崇高远大的升华，“广德”就是广博宽大，一个人的好德性是宽大的，普遍照应了万方。以佛家的话来说，就是所谓无量无边。真正有这样厚德的人，反而觉得自己不够广德，所以真有道德修养的人，就是这种胸襟。

“建德若偷”，这个“偷”不是做小偷，是奸巧的意思。真正建立一个德业时，也就像刚才譬喻写毛笔字一样，一写到进步的时候，反而觉得退步了。有时候旁人看起来，好像偷工减料，因为人多半是看成果的，在成果没有出来以前，似乎是偷工减料，使用奸巧。

“质真若渝”，一个东西本来是好的质地，无任何污点，但看起来好像变质，像是假的。所以，世界上物质的东西，好与不好很难鉴定；真好的东西，我们往往把它看成假的。其实人类用的东西多半是假东西，又把假东西看得非常宝贵。佛学的道理，说这是“众生颠倒”，众生就是那么颠倒。做人做事也是一样，对人非常诚恳的人，往往会被人家怀疑——这个家伙干什么呢？难道？是什么意思……这就是人情的现象。

大器晚成 小时了了

“大方无隅”，什么叫“大方”？这个地球，东南西北四方，你看大不大？这个不算大，比不上虚空那么大。那么虚空有没有东南西北呢？虚空根本没有东南西北；所谓东南西北是人为的，人类自己假定的。“大方无隅”，虚空也没有方隅，也没有转角的地方，任何一面都是虚空，当然就没有东南西北。

“大器晚成”，这一句话，青年同学可以拿来安慰自己了。书读不好的人，事业做不成功的，自认为是“大器晚成”，自认将来一定会成功的。其实“大器晚成”这句话，是以物理来讲人生，一个大的建筑物，不会建造得那么快。我们现在喜欢用西方的一句话做比喻：“罗马不是一天造成的。”其实，万里长城也不是一天造成的，人类的历史，更不是一天构成的。古代的教育，时常引用这句话，不过，现在家庭教育要注意，因为现代的孩子太聪明了，真是叹为观止。几十年前，在我们幼小的时候，笨得不得了，什么也没有看过，泥巴是第一等的玩具。几十年后的现在，那么多玩具，是我们小的时候做梦也想不到的，所以小孩子都变得特别的聪明了。

但是我发现另外一句古人说的话，似乎也有道理，就是“小时了了，大未必佳”。很多小孩子，看起来非常聪明，等到读大学的时候就差了。我教大学的时候，教得连我也烦起来了，因为发现学生比我还笨。打听之下，这些学生在儿童时期，都是聪明绝顶，长大却有问题，实在颠倒了。所以我现在发现，“大器”未必“晚成”，这在教育上一定要正当才对。

我经常告诉朋友们，你的孩子太聪明了，教育上要小心。现在许多家庭的父母，看见自己的孩子聪明，便高兴得很，拼命去培养。实际上，教育孩子和种一棵好花一样，一棵好的花苗，如果肥料用得太多，浇水过勤，反而害了这个好花苗。教育的道理，也和用兵一样，“置之死地而后生”，要经过艰难困苦，他才能站得起来；好的环境长大，成绩单上的分数非常好看，但这在将来的事业上等于零。幼年的聪明和成绩单，并不等于能做事，能创业。所以千万要注意，大器固然晚成，到底成个什么，就看小时候的教育了。

声音 形象 见道

“大音希声”，最大的声音反而不能听见，我们人类对极大的声音是听不见的，倒是有许多小昆虫，可以听到大声音。蚂蚁比我们听力好，它听得见的我们听不见。比如科学上都晓得，银河系统昼夜都有声音，声音其大无比，除非透过科学的仪器，否则我们的听力是承受不了的。人类所听见的不是真正的大音，像宇宙有自然的音声，非常的大，大得我们却听不见，所以觉得宇宙很宁静。尤其到了高山顶上，感觉一点声音都没有，非常宁静。什么人可以听见大音呢？只有入定的人可以听见，这用科学仪器可以测验出来。

“大象无形”，大的现象是没有形象的。比如佛家讲法身，成了佛的人，另有一个身体，永远不生不死，叫做法身，法身是无相无形的。又比如说虚空，一般人绝不会承认有虚空，但是，虚空一定是有的；不过，虚空无形，我们眼睛所看到的虚空，不是虚空，而是天空，那只是空间罢了。严格地讲，虚空是无相无形的，这些话暂时放在这里，因为文字很容易懂，如果深入去探讨，想求得究竟的话，那又可以做成哲学的论文了。像这样的学术论文，包含的内容非常多，正反两面它都说了，因为正反两面都是道的用，而道的体却看不见。

道起用以后，有好就有坏，有善就有恶，有是就有非，有轻就有重，有白就有黑，有正就有反。我们要留意这个道理，了解这个人生并不是偶然的，万物万事必然会变去；当你正面摆下来的时候，反面的力量也在你正面摆下了。所以，一个人到成功的时候，就要晓得今天的成功正是失败的开始。如果说你永远不想失败，那就不要把今天的成功当作成功。要没有今天，只有明天，永远只有明天，永远只有向前走，这样，或者有一点希望。所以，不要把成功当成是真实的，套用老子的一句话“大成无功”，要想大成，就要做到看不见功效才对。

最后，他为这一章做了一个结论：“道隐无名，夫唯道，善贷且成。”道的功能看不见，要如何去了解呢？要在人世间一切的作用上去体会那个“体”，在现象上来体会那个“体”。所以，道的体是隐，是“无名”，它是没有名相可见的。因此，叫它道也可以，叫它佛也可以，叫它“哈不隆咚”或别的什么都可以，因为它本身无名、无相、无形、无体之故。

欲想了解“道”，该怎么去见呢？“夫唯道，善贷且成”。古文“夫唯”二字，就是现在白话文的“那么这个”。“善贷”是善于假借一个东西，假托一个东西去表达出来。换言之，就是透过它的作用，透过了现象，才可以看到这个“体”。“且成”，姑且马马虎虎可以看出它的成效来。所以，要修道，先要了解这个“道”，只有在用与相上去见“体”，光是找“道体”是看不见的，因为“体”是透过相与用表达出来的。

从这一章的结论就知道，“上士闻道，勤而行之；中士闻道，若存若亡”，我们既然想学老子，一定想做上士，上士要如何做呢？先要把中间这许多都懂了，“明道若昧，进道若退，夷道若纇……大音希声，大象无形”，这些原则都懂了，在做人做事上去体会，在很平实的人生中，才体会到形而上不可知、不可见的“道”，那你就修成功了。假使你不在行为现象上去修，去体会，你想直接了解形而上的“道”，那是做不到的，也是不可能的。所以，不管是道家、佛家或者任何一家，都没有办法，只有透过“善贷”——假借行为现象的修持，才能到达形而上的“道”。“道”就是这么一个道理。

第四十二章

一二三的奥秘

自身阴阳须调和

好恶与损益

过刚则易折

道生一，一生二，二生三，三生万物。万物负阴而抱阳，冲气以为和。人之所恶，唯孤寡不谷，而王公以为称。故物或损之而益，或益之而损。人之所教，我亦教之。强梁者不得其死，吾将以为教父。

一二三的奥秘

这是数字的哲学，数字的基本是三个，即一、二、三，这从人的生理上就可以知道。以前在大学教老庄哲学课的时候，曾说了一个笑话，“道生一”，父母生你一；“一生二”，你讨了老婆，或嫁丈夫，一个变两个；你两个人又生一个孩子，“二生三”，两个变三个。这就是“道生一，一生二，二生三，三生万物”。说不定你还生五六个孩子呢！不过基本上三个。其实这也不完全是笑话，前面已经说过，“道”即“一”，由一到三，然后八卦、五行、十天干、十二地支，都是从这个“道即一”衍化出来，而生万物的。

如果研究生理学或医学，人体上的细胞，一个分裂为两个再分裂为四个，就是这样的分裂。一个细胞，乃至于形成人身的精虫的生命，一个可以变成几亿个。

但是“道”本身就是“一”，“一”就是“道”，所以你不能把它变成“道生一、一生二、二生三”，结果变成四个“道”，那就不对了。“道生一”是变成两个，“一生二”，“二生三”，一直到八，所以《易经》的卦成为八个卦。就是这样的套法，你爱怎么套都可以，也可以套成五行，“五”也是在这个思想上的配合，并不是呆板的。老子讲的一点也没有错，宇宙道体只有一个。

一提到“一”，本身就是两个，也就是正反两个。正反两个的代号就是阴阳；阴阳本身就在变，阴中有阳，阳中有阴，所以变成三个。这并不是说到了三个就停止，“三生万物”，天地万物都是三个三个来的，再不能加，加下去就太多了。三个是阳数的阶段，所以，《易经》伏羲的先天卦，只画三爻，三个阶段；后天的六十四卦，变成六爻，六是它的用。先天代表了生成，只有三个阶段，这是数理的次序，在这里不多加研究，因为牵涉到《老子》以外的东西太多了。

万物的变化有三，一般人每说这和辩证法相同，也等于这个原理产生了辩证法的正反合，由此产生了生生不息。

自身阴阳须调和

万物的生命，“负阴而抱阳，冲气以为和”，“负”是背上背着，“抱”是前面怀中抱着。一个东西都分为阴阳两股力量，人也好，细胞也好，动物也好，植物也好，矿物也好，天地间任何一个东西，都是阴阳两股力量，“负阴而抱阳”。“道生一”，它又分了阴阳两股力量的作用。“一生二”，另外还有一个东西，光是阴阳两股力量，没有一股中间力量去调和是不行的，这个调和的力量叫做“冲气”，冲也就是所谓的中和，也就是“冲气”，老子是用“冲气”表达。所以，密宗、道家讲人修持做工夫说到中脉，也叫“冲脉”。

“冲气以为和”，就是有一个调和阴阳的作用，生命的功能，就是这么一个现象。许多学佛修道，打坐做工夫的人，懂了这个道理，自己就明白了，不需要去问人。自己用功时，这两天很清静，过两天又不清静，说不定是更烦；但烦过了，再用功一段时间，又会很清静，就是反复在那里做周期性的旋转。这个旋转的现象，佛家叫做轮回，也就是那样转圈圈。修行的人要想把握住，既不散乱，又不昏沉，既不痛苦，也无欢乐，就要知道如何“冲气以为和”，怎么样达到中和。所以生命的奥妙，修持的方法，也都在这个地方；心理的调整，做工夫上路，也是在这个地方。这是一个非常奥妙的关键。宇宙的法则，就在这里，把这个道理搞通了，所谓学佛修道，以及人事，就都能够把握在手里了。

不但“万物负阴而抱阳”，任何一个人，本身就有阴阳。以道家的标准，是用阳来代表男人，其实男人全身都是阴，阴到了极点，只有一点点阳。女性的代表符号是阴，外表看来似阴，但是女性里头有一点阳，那才是真阳。男性是假阳，中间有至阴。

讲起来男女本身都有阴阳，每人的生命都是“负阴而抱阳”。自己体会到生命的这项功能，就可以自己把握住永远不老，永远不死。理论上这是非常准确的。不过几千年来，到底哪一个实验成功了，我们并不知道；也许有人办到了，但他不来看我们，就跑到另外一个世界去了。老子这一段话，理论上是绝对可能的，而且是一个生命自然的物理科学，并没有什么稀奇，也不是神秘，问题是如何能把握冲气的发动，调和好阴阳。

到了不阴不阳的阶段，那就严重了。对一个普通人而言，如果一个修成功得“道”的人，跳出三界外，不在五行中，那就是孔子在《易经系传》上说的：“阴阳不测之谓神”，这人是到了神化的境界了。这是老子讲经的方式，他刚刚露了一点苗头，下面又讲到别的方面去了。

刚才老子告诉我们一个原则，要把握住“道生一，一生二，二生三，三生万物”，所以，生生不已。但是如果达不到阴阳二气之和，则不能生生不已。万物的本身就有阴阳，不需要向外求，只要把握到“冲气以为和”，就可以把自己的生命掌握在自己的手里。

好恶与损益

接下来他转了方向，“人之所恶，唯孤寡不谷”。一般人最讨厌的是什么呢？就是最后只剩自己一个人，成为孤寡。儿女、太太乃至丈夫，都不在了，父母也不在了，亲人都没有了。谁愿意成为孤寡啊？“孤寡”还好一点，“不谷”就更讨厌了，就是不吃人饭。“不谷”有两种，第一是死了才不吃人饭；第二除非是神仙，不食人间烟火，或者修神仙修到“休粮绝谷”，五谷这些都不需要了。如果要他吃，等于是给他毒药，就害了他。所以，“不谷”有好与坏两种。

人世间最讨厌的事情是“孤寡不谷”，这是最低贱的事。但是，中国传统文化，天下第一人的皇帝，就自称“寡人”、

"孤家"，自称"不谷"。上古帝王，为什么用人世间最低下的名称称呼自己呢？"而王公以为称"，这是什么道理？这是一个哲学问题。比如，我们中国乡下的老习惯，家里没有孩子，一旦生了一个孩子，就当做宝贝一样，但要替他取一个最低贱的名字，叫"阿猫、阿狗"之类的。再不然抱到庙子上给和尚、尼姑们当"干儿子"，这样孩子才能养大成人。从这种风俗的传统，我们看出一个哲学的道理：世界上最高明的，就是最平淡的；最平淡的，也就是最高明的。这不仅是一个哲学的道理，更告诉我们一个物理的道理。

"故物或损之而益，或益之而损"，先讲这个物理的道理，拿一棵树来比喻，把这棵树加以修剪砍锯，这棵树便能长成一种新的形态，所以"损之"是利益之，使它成器。我们经常听到教育孩子的话——"溺爱他就是害他"，对孩子的严格管教，目前给孩子吃一点苦，将来他会感激你，他觉得爸爸是个好爸爸，妈妈是个好妈妈。不然孩子长大会怨恨你，这就是"物或损之而益"的道理。又如人生了病，医生诊断非开刀不可，你不能说医生可恶，结果他在你身上开刀，你不但不告他，还要谢谢他，这就是"损之而益"。

"益之而损"，这是相反的道理，人越要求好，反而样样做不好，做人要想做到面面都好，就完全错误了。世界上没有任何人可以面面都好，越是想做到面面都好，结果是面面都糟。一件事情的处理，往往顾了这一面，无法顾那一面，它是相对的，有因果的，所以是"益之而损，损之而益"。也就是我们前面讲到的"大白若辱"，你只能顾到一样，不能顾到两样，想一下子面面周到的人，结果是面面都得罪了。

前面老子说“冲气以为和”，老子是把老实话告诉我们。他的原则方法，就在这个原理中。所以做工夫也好，修道也好，有时候看到是退步，“进道若退”，实际上，常常是“损之而益”。有时破坏了一点，但过了这一点破坏，下一步发展成长得更快，又向前进了一步。相反的，天天求进步，天天增加，结果“益之而损”，反而不能成功。等于现在有些人，尤其是美国的朋友们，喜欢吃补药，各种维他命吃得太多了，补多了，病来得更多更快，这就是“益之而损”的道理。

培养花草也是如此，花草树木长到某一繁茂情况时，要剪枝去叶，将来花才开得更美，果实才结得更硕大，这也是“损之而益”。如果不加修剪，拼命加肥料，结果，不但开不出好花，结不了好果，反而因肥料太多，整棵树都被肥料烧死了，这是“益之而损”。所以要“冲气以为和”，使阴阳调和，损益适当，才能真正欣欣向荣。

“人之所教，我亦教之”，老子说，人类效法什么呢？效法天地，也了解自然的物理。“物或损之而益”，比如秋天，万物凋零，只剩了一点种子，把这点种子留下来，还用灰土埋起来，在这个时候，这种子好像没有什么作用，到了春天再种到地下，它自然又生长起来，这就是损益的道理。所以，人类要效法天地物理的法则，把握自己的生命，培养自己的生命，不衰老，要长存，并且不随现象而变化。如果把握住这个，就是效法天地自然的道理。

过刚则易折

因此，他又明白地说一句，“强梁者不得其死”，一个东西，不能过分的强壮，过分的强壮，不得其好死。水果也好，蔬菜也好，乃至鸡、猪家禽家畜，勉强给它打针，加饲料，希望培养到最好，结果反而招致它快一点死亡。所以中国人过去所讲的养生之道，知道人不能求无病，一点病痛都没有的人，有时候死得很快。因为这种人，自己不晓得病的可怕，死的可怕，平常不晓得保养，所以一下就倒了。我们看神仙的传记，可以研究道家的人；看到那些高僧的传记，可以研究佛家的人，他们十之七八都是年高、体弱、多病。带病可以延年，因为本身体弱，所以时常注意保养。他们胆子也小，也研究医学，后来变成大名医，不但活得长久，还能够医治别人。年轻人身体强壮，希望他研究重视这些养生、医学之类，他绝对不干，结果“强梁者不得其死”。

于是，“吾将以为教父”。懂得了人生的道理，就是最好的教育，也就是我们要效法的最高原则。最高的原则就是“损之而益，益之而损”，用之于人生的道理，则是“祸福相倚”。觉得很倒霉时，何尝不是塞翁失马，焉知非福呢？倒霉还可以睡大觉呢！不倒霉连睡觉都没时间了。所以一件事是好是不好，全在自己的运用。善于运用与否，仍是在于自己个人，这个就是“冲气以为和”了。

如何去综合调整，也是做工夫要注意的。有些修道家的人，天天要打通任督二脉，天天在运转河车，督脉转到任脉，任脉转到督脉。有些修道人说自己奇经八脉都通了，我说，那很好，那等于电力公司，电线都会炸了。也有的说，自己现在河车的运转如何如何，我说那你要转到几时为止呢？如果河车永远运转下去，可不要把自己转昏了头哦！这是个问题。很多修道的人，最后弄得高血压、脑充血，平常自己好像夏天不怕冷气，冬天不怕太阳似的，这种样子，就是“强梁者不得其死”。所以打通气脉，运转河车，并不是这个道理。

这一章与上经第十章配合起来研究，会发现“载营魄抱一，能无离乎！专气致柔，能婴儿乎”！就是这个道理的说明，就会明了“万物负阴而抱阳，冲气以为和”的道理。

第四十三章

柔水空无坚不摧

天下之至柔，驰骋天下之至坚。无有入无闲，吾是以知无为之有益。不言之教，无为之益，天下希及之。

柔 水 空 无坚不摧

天下最软的东西，克服了最坚固的东西，老子经常比喻天下最软的就是水。水没有骨头的，如果把它挡住，它只有转弯过去；如果筑一道堤防，水则一声不响慢慢等，等到水涨满了，又从堤防上漫出去了。就是屋檐的水，从高处向下滴，滴一千年一万年，连地球都可以滴穿。所以，“天下之至柔，驰骋天下之至坚”，像战场上的马匹一样，冲锋陷阵，冲破最坚韧的东西。我们中国对女性的教育是温柔、温和、缓慢，这样可以融化一切。不管男人是土做的也好，石头做的也好，温柔的文火慢慢地炖，石头都可以软化了。所以不管多坚强的人，对温柔没有办法，只好投降。这就是“天下之至柔，驰骋天下之至坚”。

“无有入无闲”，古代的“间”、“闲”是通用的。无有就是空，所以无有进入到任何地方，都没有间隔；没有间隔也就是空。或者说墙壁阻碍了空间，其实空是隔离不住的，乍看起来，墙壁好像隔离了虚空，但是只要挖一个洞，那个洞就有虚空。只要挖就有虚空，如果不挖呢？仍然是虚空包围了你，也包围了墙壁。一座大山在那里，好像妨碍了虚空，其实大山是被虚空所包围的，山如果打通了，虚空就进到了山里去，虚空这东西，无坚而不摧。所以，佛家把空的修法，作为最高的修法，因为无坚而不摧。道家的观念，是用至柔之阴，也是无坚而不摧的道理。

做人与做事，遇到难处，天天在想这件事如何解决，却永远解决不了，越想越糟，最后钻到牛角尖里去，处理得还是一塌糊涂。这时最好把一切放弃不管，让它完蛋；但是真让它完蛋，那个蛋偏偏不完。为什么？因为“无有入无闲”，“天下之至柔，驰骋天下之至坚”。

老子说，由此原理，可以知道无为之有益，一切有为法如梦幻泡影，靠不住，真正的真空则无为，无往而不利。教育的道理也是这样。

老子本来不想说话，骑一条青牛跑掉算了，不料被他一个徒弟，函谷关上的关吏尹喜拦住了，要求他说法，否则不放他出关。老子也不能叫青牛腾空，像现代的直升飞机一样飞过去，同时尹喜这样诚恳要求，也不好意思拒绝，只好坐下来写《老子》这本书。本来他主张天下行“不言之教”，不必说话，与佛讲“不可思议”的境界——没有话说是一样的。结果，他自己犯了自己的戒条，却又写了这本五千字的书，还是做了言教；虽然他在言语上讲“不言之教，无为之益”。

像现在这个时代，我们中国上古的文化，所谓《老子》、《易经》、太极拳、禅，在世界各国各地区、各民族都非常流行。最近有一位老太太从美国写信告诉我，隔壁那些美国人好怪，孩子跌倒在地，并不去搀扶，尤其犹太人，绝不搀扶。这是老子的无为之道，一定要等孩子自己爬起来，这样孩子自己将来才会站起来。这是很有道理的，也是引用老子《道德经》说的。那位老太太觉得很奇怪，她说："原来这就是中国老子的无为之教啊！"

第四十四章

人生最重要的是什么

名与身孰亲，身与货孰多，得与亡孰病，是故甚爱必大费，多藏必厚亡。知足不辱，知止不殆，可以长久。

人生最重要的是什么

上面这一段话，是老子要我们看通人生的道理。世界上的人，就是为了名与利。我们仔细研究人生，从哲学的观点看，有时候觉得人生非常可笑，很多非常虚假的东西。像名叫张三或李四的，只是一个代号，可是他名叫张三以后，你要骂一声“张三混蛋”，那他非要与你打架不可。事实上，那个虚名，与他本身毫不相干，连人的身体也是不相干的，人最后死的时候，身体也不会跟着走啊！

利也同样是假的，不过一般人不了解，只想到没有钱如何吃饭！拿这个理由来孜孜为利。古人有两句名诗：“名利本为浮世重，世间能有几人抛。”名利在世界上是最严重的，世界上能有几个人抛去不顾呢？

“名与身孰亲”，他要我们了解名就是假的，比起身体来，当然爱自己的身体。如果有人对你说，你最好不要出名，你出名我杀了你；那你宁可不出名，因为还是身体重要。

“身与货孰多”，身体与物品比较，你手里拿了五百万钞票，遇到强盗，用刀逼着你说：“把你的钱放下给我，不给我就杀了你。”这时你一定放下那五百万元，因为身体重要。人对于生命当然看得更重要。

“得与亡孰病”，得与失哪一样是毛病？当然我们一定说，得到比较好。但是，一个人又有名，又有利，那就忙得非生病不可；你说穷了再生病，连看病都没有医药费怎么办？这就涉及空与有的问题了。前面两句，名与身相比，身与货相比，我们一定说身体重要，货是物质，当然其次。其实这一句“得与亡孰病”，就解释清楚前面那二句了。老子对这些问题并没有讲哪个对哪个不对，两头都对也都不对。名固然是虚名，与身体没有关系，但是虚名有时候可以养身，没有虚名这个人还活不下去呢！虚名本身不能养身，是间接的养身。身与货、身与名，两个互相为用，得与失两个也是互相为用。

这个道理，后来道家的庄子也曾引用。在《庄子》杂篇之《让王》中，当时韩国遭遇了魏国的骚扰，打了败仗，魏国要求韩国割地，韩国实在不愿意，痛苦极了。有子华子者劝韩王割掉算了，现在让了地将来还可以反攻拿回来。他问韩王，名利权位与身体比，哪一个重要？韩王说当然身体重要。再问他，身体与膀子比较，哪一个重要？韩王说，当然身体重要。所以子华子就劝他，现在你等于生了病，两个膀子非砍不可了；你砍了膀子以后仍有天下，有权位，你愿意要权位呢，还是愿意要膀子呢？韩王说，我看还是命比膀子重要。这是有名的故事，后来禅宗的大师椿堂禅师有名的诗句——“天下由来轻两臂，世间何故重连城”，就是由此而来的。

说到人的生命，一个当帝王的，天下都属于自己的，但是与自己生命相比的话，没有了生命，有天下又有何用？如果现在有人说，现在的天下还是属于汉高祖的，那汉高祖做鬼也会打你两个耳光，说，不要骗我了，与我根本不相干了嘛！可是活在人世间的人看不开，偏偏看重连城之璧玉。蔺相如见秦昭王拼命护璧，因为那块璧的价值，可以买到现在法国、德国连起来那么大的土地。“天下由来轻两臂”，这是庄子用老子的重点加以发挥。天下固然重，权位固然重，如果没有生命的话，权位有什么用？天下有什么用？可是，就实际情形看来，还是天下重要，所谓“世间何故重连城”，人世间为了财富，为了虚名，忙碌一生，连命都拼进去，这又何苦来哉?!

老子更进一步告诉我们，懂了这个道理——生命的重要，那么，“是故甚爱必大费，多藏必厚亡”，你对一样东西爱得发疯了，最后你所爱的丢得更多，就是“爱别离苦”，这是佛说的“八苦”之一。“多藏必厚亡”，你藏的东西不管多么多，最后都是为别人所藏。

报纸上曾有两则新闻，说宜兰有一个人，一辈子讨饭，死了以后，在床下找出五六十万元来，这正是“多藏必厚亡”。同样的，美国有一个人也是如此，平常讨饭过日子，死的时候遗留了一百多万。这样的人生，不知道他是否也算看得很透；也许上帝的意旨要他这么做，真是不可思议啊！

因此老子教我们了解一个人生的道理，人生什么才是福气。“知足不辱”，真正的福气没有标准，福气只有一个自我的标准，自我的满足。今天天气很热，一杯冰淇淋下肚，凉面半碗，然后坐在树荫底下，把上身衣服脱光了，一把扇子摇两下，好舒服！那个时候比冷气、电风扇什么的都痛快。那是人生知足的享受，所以要把握现实。现实的享受就是真享受，如果坐在这里，脑子什么都不想，人很清醒，既无欢喜也无痛苦，就是定境最舒服的享受。

不知足，是说人的欲望永远没有停止，不会满足，所以永远在烦恼痛苦中。老子所讲的“辱”，与佛家讲的“烦恼”是同一个意义。

“知止不殆”，人生在恰到好处时，要晓得刹车止步，如果不刹车止步，车子滚下坡，整个完了。人生的历程就是这样，要在恰到好处时知止。所以老子说，“功成、名遂、身退”，这句话意味无穷，所以知止才不会有危险。这是告诉我们知止、知足的重要，也不要被虚名所骗，更不要被情感得失蒙骗自己，这样才可以长久。

这一节是说人生“冲气以为和”的“中和”道理，也就是后来子思在《中庸》上所说的道理。下面的两章，再把这两章加以发挥。

第四十五章

如何达到无为

大成若缺，其用不弊；大盈若冲，其用不穷。大直若屈，大巧若拙，大辩若讷。躁胜寒，静胜热，清静为天下正。

如何达到无为

“大成若缺，其用不弊”，我们宇宙的物理，大成功大圆满的东西，天然都存在着相当的缺陷。不过，有一点缺陷的话，反而永远不会坏；换一句话说，若求快一点圆满，就快一点完蛋。道家的哲学始终是这个看法。很多名人懂得人生的道理，懂得了这个道，就像满清中兴名将曾国藩，到晚年还标榜自己的书房叫“求阙斋”，求一点缺陷；不能把自己搞得太圆满，因为万事不可能太圆满，所以要保持有阙不足。

“大盈若冲，其用无穷”，大盈就是大满，真正的充满，如瀑布一样，不停地从山上流下来，天天都盈满流动，这就是“冲”的作用。活的东西是永远在流动的，所以其用无穷。最可叹的是，有人想把现成的享受，现成的东西，永远保住不动，认为是属于自己的，这就犯了前面所说“大费”的毛病，结果一定是“厚亡”。财富如此，权力也是一样，一切的东西，不能用之于私。如果不能“大盈若冲”，那就完了，要像河水一样流动才可以。

“大直若屈”，我们这个世界没有直线的，别的世界有没有不知道。你到太空去看，有些星球是横条的，有些星球是三条的，有些星球是椭圆的，只有我们这个星球——地球是圆圆的。我们这个世界，因为是个圆球，所以是圆圈曲线没有直线。“大直若屈”是说直线像是曲线的意思。懂了这个，就知道人生的道理。所谓的直，是把那个曲线切断，然后人为地校定叫做直，这是假的直；真懂得的话，“屈”的道理就是直。

“大巧若拙”，现在科学进步了，什么东西都是电器化，越来越精细，当然不是古董。这些精巧的东西，用完了就必须丢掉；但是，真正好的东西，并不那样巧妙，而是很笨拙的。

“大辩若讷”，真正会讲话的，就像是笨笨的那样，好像一句话都讲不出来——“若讷”，在历史文献上经常提到的成功人物多半如此，非常有趣。这些人物不一定读过《老子》，但他们表现出来的智慧，吻合了老子这句话。像宋太祖赵匡胤，当了皇帝以后，当时江南的南唐李后主李煜还没有投降。李后主的文学修养很高，比诗词的话，赵匡胤一定比不上的。可是，如果两个人考试比赛当皇帝，一定录取了赵匡胤，不会录取李后主。李的诗词歌赋样样好，他的大臣们，如宰相徐铉，文学也是非常之好。有一天，李后主派了这位宰相徐铉出使北宋，赵匡胤听说这位宰相学问很好，特别召开了一个御前会议，研究派哪一位饱学之士来接待这位来自南唐的使臣。这个人学问一定要比得上徐铉，才不会被南唐藐视。可是宋朝一个偌大的朝廷，却选不出一个人来，最后赵匡胤就从自己的卫士中找到一位相貌堂堂、一个大字也不认识的人，担任接待大使的任务。徐铉到后，为了表露自己的才华，天文、地理、国际、政治，高谈阔论。可是这位接待大臣，什么都不懂，只是哼哼哈哈，请上坐，请喝茶，如此这般搞了三天。徐铉心里想，赵匡胤手下有学问的人太高了，我说了半天他都不置可否，也没有赞叹或认可，对于赵匡胤的政权，颇为莫测高深。

这正是赵匡胤的高明，对付这些满口谈学问的学者，只派一个老土与他接触，反正你讲什么他都不懂，以木讷相对就成功了。这是很妙的“大辩若讷”。

“躁胜寒，静胜热，清静为天下正。”夏天的气候，到了中午，气温会热得令人发躁，“躁胜寒”，燥热的气一来，把寒气冰水化掉了。但是，你不要被老子的文章骗过去哦！反过来说就是“寒胜躁”；太阳的热能，照到北极冰山就起不了太大的作用，只是稍稍温暖一点罢了，好像少穿一件皮袍而已，都是正反相合的。

“静胜热”，我们都晓得心静自然凉，一静下去就不会热了。反过来说，就是“热胜静”，热也会造成清净，不然的话，学佛修道成功，那个三昧真火一来，既不冷，也不热，能克服一切。所以，老子引用的都是相对的，主要在说明这些都是两边的观念，只有“清静为天下正”。能够真正清净，才能有无为的境界。反过来说，无为又是清净的原则、道的原则；无为达到的境界就变成清净，这就是“清静为天下正”的道理。

第四十六章

欲望造成祸乱

天下有道，却走马以粪；天下无道，戎马生于郊。祸莫大于不知足，咎莫大于欲得。故知足之足，常足矣。

欲望造成祸乱

这一章讲的完全是历史哲学。人造成了一段历史，所谓英雄造时势；历史也产生了一个时代的人物，此之谓时势造英雄。但是，历史哲学是人为的，历来的战争，需要好的武器，好的武器也很简单，一个人手里一把好刀，可以用几辈子，一支好铯也可以用好几代。最难得的是交通工具——良马，“天下有道，却走马以粪”，天下真正太平的时候，马闲放着没有用，因为不必训练战马了，这时马便像粪土一样没有价值；等到天下无道的时候，又要训练战马。这个“道”指人文文化，当文化衰弱了，社会就变乱，思想的错误造成了战争。人类永远在战争中，历史上很少有二三十年的太平，不是东边冒火，就是西边冒烟。人类整个的历史，都常在战乱中，所以做不到“走马以粪”。

“天下无道，戎马生于郊”，以老子的历史哲学观点看人类，在天下无道的时候，人类的欲望不能停止，所以战马又要活动了。“祸莫大于不知足，咎莫大于欲得”，人类最大的罪恶就是想占有，英雄要占有天下，也就是占有权力；男人想占有女人，女人想占有男人；人想占有钱，钱反正不说话，随你们办，这就是“欲得”。

“故知足之足，常足矣”，要人类社会真正和平，必须人人反省，人人都能够知足。虽然老子写了五千言，孔子和释迦牟尼佛，以及几千年来的圣人，还有黄帝等几个上古的圣人，都在教化人应该知足，可是人就是不知足。

第四十七章

智慧的成就

不出户，知天下；不窥牖，见天道。其出弥远，其知弥少。是以圣人不行而知，不见而名，不为而成。

智慧的成就

这一章为另一个阶段的转折，有一个大原则我们必须把握住，《老子》下经讲“德”、讲“用”，不是讲“体”；但是“用”不离“体”。这里四十七章与上经讲“道”的第十八章、十九章，有彼此互相解释的作用。换句话说，下经这一章讲“德”、“用”的本身，就是对上经十八、十九章所谓“道”、“体”的一个注解。我曾经不止一次指出，我们研究任何一种经典，最好的方法是以经注经，用它本身来注解就清楚了。

《老子》下经讲“用”，在“用”的道理上，这是真正智慧之学，也就是真正大谋略之学。“不出户，知天下”，也就是我们中国人经常说的一句老话，“秀才不出门，能知天下事”。但是，能做到的必须是秀才，这个“才”必须是真“秀”才行；如果是笨才，那就不行。所谓“秀才”，不是指秀丽的人，也不是指科举时代的秀才，而是借科举考中的“秀才”之名，比喻绝顶聪明的人。能够知天下事，是有智慧的人，智慧到了最高处，就是真正的神通；神通并不是稀奇的事，而是真实智慧的成就。一个智慧真正成就了的人，不必出门，就会知道天下的事。

“不窥牖，见天道”，“牖”就是窗子，用不着开窗就看到天道，就能够晓得外面的事物。天道也可以是抽象的，形而上的天道，也可以指实际天文的天体。理论上讲，如果有真智慧修养的人，用不着到外面实际经验，就可以了解事实的究竟。一个真正修道的人，是有这个境界的。“不出户”，“不窥牖”，这些都是用的形容词。

比如，一个真正修养到达无为清净的人，那就是神而通之的境界。刚才说过，神通并不是稀奇的事，不要把神通看成稀奇古怪，神通就是智慧的成就。坐在房间里，甚至于坐在山洞里，或者在空谷的地方，宁静地神凝气聚的时候，没有物质的障碍，没有房子的障碍，也没有山河大地的障碍，这时假使看天体的星球，自己在定静中就看得非常清楚，而且不会受风雨气候的阻碍。不过，这是一种高深的修养之学，一般人很喜欢追求这一方面，如果因追求而走错了路，往往变成武侠小说里头的“走火入魔”了。进入魔境界的人，也说会看到什么，但那只是意识的偏差，不是正常现象。

老子并没有主张走哪一个路线，也没有主张修养得到神通。这个道理，在上经已讲过，现在下经也慢慢会提到。所以，下面他引申这个理论，讲人的修养，“其出弥远，其知弥少”，走得越远，就知道得越少了。这个“远”，并不是完全表示距离遥远，如果这样解释的话，等于说许多人出国远游，一二十年没有回来，所以这些人是“其出弥远，其知弥少”，对国内的事情越来越不了解了。这种说法，也算是一个道理，但这只是一个通常的道理而已。

“其出弥远”的“出”字，并不一定讲偶尔出远门，其实是指知识越多，越愚钝；换言之，知识学问越好，烦恼越深。因为普通的常识越多，真智慧反而被蒙蔽了。所以“出”字并不是指出外之出，是付出去，我们在精神生命上，在脑力上，付出得太多，真正的智慧当然就越来越低了。因此，圣人之道是做内省工夫的，“是以圣人不行而知，不见而名”。

最后，老子给我们一句结论，也可以说是学问的修养，也可以说是工夫，否则大家听了前面的话，可能认为人不出门，躺在家中床上，就能知天下事，那多好！最好连黄金美钞也掉下来更好。人如有这样的欲望就不行了，什么都会有阻碍了，所以他下面的结论是，如何做到“不为而成”。并不是说，万事都不要做就成功，而是要真正做到无欲，没有任何的欲求。想修道也是有欲的，为什么要修道？因为想求长生不老，或者想求了脱生死，或者想求成佛，要求达到一个更高远的目标，因此放弃了世间的一切。看起来这个人好像清心寡欲，没有欲望，其实，他的欲望比平常人还要大，违反了老子所讲的无为清净之道。所以，最后的结论是，如何能够修养到“不为而成”的境界，达到真正的清净无为。接着下面第四十八章，再说明“不为而成”的道理。

第四十八章

为学要加 修道要减

圣人以道德行为得天下

为学日益，为道日损，损之又损，以至于无为，无为而无不为。取天下常以无事，及其有事，不足以取天下。

为学要加 修道要减

这一章分开来研究，与上经二十章和二十九章都有连带关系。二十章告诉我们，学问之道就是“绝学无忧”，一切都放弃，把所有的知识、所有的观念等等都放下，丢得干干净净，进入无为之道的境界。理由就在这一章里，说得很清楚：“为学日益，为道日损，损之又损，以至于无为，无为而无不为。”刚才四十七章提到，这一种修养，可以做到秀才不出门能知天下事。修道的人，光是能知天下事太不够了，要超越一切形而下的境界，必须先要做到清净无为。

“为学日益”，什么叫学问？学问是靠知识、读书、经验，一点一滴慢慢累积起来的。今天懂一点，明天再懂一点，后天又懂一点，多一分努力就多一分的收获，这就是做学问。人为的学问是有为法，是有为之道，要慢慢累积增加起来，不是一步登天。

“为道日损”，学道与做学问相反，是要丢掉，“日损”

就是一天丢一点，明天再丢一点，什么都要放下丢掉。修道的人，经常笑自己，一方面有欲望学道，一方面又不肯放弃读书，爱读书就是最大的欲望。

清朝有名的历史学家，也是诗人的赵翼，讲作诗作文章的道理，他说“穷而后工”，如果希望诗文做得好，必须是经历过苦难倒霉。环境越穷，文章诗词越好，千古的文人，好的文学家都是倒霉人。这并不是运气的关系，而是人到了功名富贵没有，人际关系也淡薄，复杂的事情就少了，坐在那里也没有别的事情做，专想那些尖酸刻薄的辞句，诗文当然就会好。等到得志以后，一切情绪境界改变，文章也写不出来了。就算偶尔有个意境来，刚提笔要写，部属又来请示，他喊了一声报告，又把那个意境赶跑了。所以，文章学问，的确是“穷而后工”，这是中国千古的名言。

清人赵翼，吹牛说自己诗文好，留下了两句诗：“熊鱼自笑贪心甚，既要工诗又怕穷。”这是引用《孟子》的典故，说熊掌与鱼二者不可得兼的意思，两样好菜不能同时来。赵翼借用《孟子》这两句话，描写自己又想学问文章好，又喜欢钱多官位大。结果，他说自己一辈子，文章也没有写好，官也没有做大，钱也没有赚够，一辈子不上不下，悬在半空之中。这是他的客气话，实际上，他的学问非常了不起，在三百年的文化历史中，也算是一个了不起的人。

总之，求学问是一点点累积起来的，愈加愈多，知识也愈加愈多；修道是把所有的知识学问，以及一切心中所有的，慢慢地减少。所以学问是加法，修道是减法；做学问是吃补药，修道是吃泻药，什么都要空掉，这两者相反。

“损之又损，以至于无为”，一切都空，空到了最后连空也把它空掉，空到一无所有；然后无所不有，一切皆知，一切皆有，就是这个简单的道理。文字很简单，意义也很简单，一说就明白了。问题是，做起来很难！如何能够把自己损之又损，放弃了又放弃，放到了一无所有之处，才能到达无所不知无所不有的境界！

一般学道的人，都是求有，自己实际上都在加。本来道理上知道是空，而在做工夫的方法上，自己都是在加。有的人学佛学道，有一个功利目的的思想；对世间的事情失意了，失败了，或者看不惯了，或者自己不合适了，就跑来修道。心中想，也许这方面可以超越，学会了比别人好，学会了可以解脱生死，可以跑到太空去玩……这种思想都是功利主义的思想，是“为学日益”的思想和动机，与“为道日损”完全背道而驰，也就是修道不可能成功的。

老子在这里清楚地告诉我们，人生在世能够学问成就，或修道成就，就要有两种能力：“提得起”是做学问要“为学日益”；“放得下”是修道要“为道日损”，一切放下。但是普通一个人，能够具备这两种能力，两种智慧，两种勇气，所谓智勇双全，就太难了。普通的人，叫他做学问，才用功读了一个礼拜的书，便觉得很累，就停下来去玩了，为学不能日益。去修道做工夫的话，放不下，刚打坐几天，又觉得一天到晚坐着，淡而无味，浪费时间，也要跑出去玩玩，所以“为道日损”也做不到。因此，一般人多半都在为学未益、为道未损的情况下，提也提不起，放也放不下，就那样过了一生。这就是我们读了《老子》以后，自己应该反省的地方。

前面说修道与做学问是两个分别不同的方法，下面再说道的作用。

圣人以道德行为得天下

“取天下常以无事，及其有事，不足以取天下。”老子说，以无事而取天下是最高的道德，就是做事业也要以之为最高道德标准。这也就是最高的政治哲学，也是最高的谋略。

中国的历史，是讲究无事取天下的，尧、舜、禹可以说是如此，禹以后商汤、文、武、周公、孔子，历代的圣王，差不多都是如此。说到孔子，虽然他没有取天下，不过他取了另一个天下，就是空的天下，所以被称为素王。素王是没有土地的皇帝，换言之，他是文化王国的帝王，在文化王国中，他号令数千年，甚至可以号令万代。这样取天下，是历史上取天下的标准，也就是以无事来取天下。

“无事”就是只要求自己行为的功德成就，道德的成就；不是以谋略，不是以手段，不是以有为的功业来取天下。所要求的，仅是自己内在的圣人之道。虽众望之所归，那是余事，不是本事；本事就是本分的事，就是学道，学习如何完成一个圣人之道。

所谓学道，学圣人之道，当然不是我们现在打坐的修道；打坐修道是修道的一种而已。而修圣人之道，则是道德行为内外的成就。

“及其有事，不足以取天下”，以力量功业打下来的天下，是有事取得的天下。所以，秦汉以后的中国历史而言，都是有事取天下。因此，我们在历史哲学上，可以用两个观点来看，三代以上所谓的公天下，是以道德治天下，不是以战功取天下。秦汉以后必须有功在人间，尤其是战功，这也就是以武功取天下的。所以，秦汉以后取天下，就是老子所讲的有事取天下。

有事取得了天下，也是成功，当时也有了天下，但是老子为什么又说这样是“不足以取天下”呢？这就是我们中国历史哲学的特点，正如孟子所提过的“以德服人者王，以力服人者霸”。到秦汉以后，以战功而统一国家天下的，都不是以德服人，表面上以王道做号召，实际上是霸道。“以力服人者霸”，就是以战功使人不能不服从。同样两个“服”字，意义完全不同。老子所讲的道理，加以引申，提出一个王道，就是道德政治的哲学，也就是政治道德。

第四十九章

圣人的菩萨心肠

圣人无常心，以百姓心为心。善者吾善之，不善者吾亦善之，德善。信者吾信之，不信者吾亦信之，德信。圣人在天下歙歙，为天下浑其心，圣人皆孩之。

圣人的菩萨心肠

四十八和四十九章，都是第二十章的扩充引申。“圣人无常心，以百姓心为心。善者吾善之，不善者吾亦善之，德善。”这一节特别注意。我们回去看第二十章，从“绝学无忧”开始，接着就讲一个人修道成就的境界，由此再看一切众生。他这里不用众生，而说众人，这是人对于道的修养境界的解说。到了四十八、四十九两章，是讲道所发生的“用”，他说真正有道的圣人，是用无常心治天下的。所谓“无常心”就是没有主观的成见，没有我见，没有主见。那么有道的圣人，以什么为心呢？“以百姓心为心”。一切人的需要，一切人的心理思想，就是他的心理思想，这就是现代所谓民主自由的真正道德精神。这也就是以大家的意志为意志，以大家的需要为需要，而替大家完成。要真正做到这些，才是“以百姓心为心”，才够得上是真正的圣人。

他又说“善者吾善之”，善人有好的意见，令人特别的高兴，对好人也会特别喜欢。“不善者，吾亦善之”，坏人所持反对的意见也是意见，只不过他这个意见与善人的意见相反而已。一个圣人，爱一切的善人，也爱一切的坏人，因为坏人更应该要救，更要帮助他。信我者得救，不信我者更要救。中国人所讲圣人之心，不是说信我者得救，不信我者就滚开；中国的圣人没有说不救坏人这个事，这是“德善”。一个得道的人，他在行为道德上必然是如此，做到至善的境界。对于好的人固然觉得可爱，值得钦佩；不好的人更值得怜悯，更值得同情。

“信者吾信之，不信者吾亦信之，德信。”这个人有道德，相信道德，他当然是我所信的，也会对他更好；反对道德的那些坏人，我一样信他。信他什么呢？相信人性本善，有一天他会自己觉悟的，会走上道德这条路的。

所以，“圣人在天下歙歙，为天下浑其心，圣人皆孩之。”“歙歙”就是包含的意思，像一个东西合拢来，扇子一样合拢来。一个得道的人，始终是包容一切的。

“为天下浑其心”，我们讲到道德，很难做到这个“浑”字，“浑”字等于“混账”之“混”，真的混账就是圣人，真的圣人才能做一个大混账。其实这个“混”的形态，是浑厚，是好坏一切都包容了；“浑”也就是阴阳浑厚，善恶是非平等。在他的心中，平等到什么程度呢？善人可敬，坏人也令人可怜，可怜与可敬，只是两个方向的不同表达，而爱人的仁慈之心是一样的。这样对于善恶是非才能浑厚，非常厚道的包容。真正的圣人，他的道德修养就到这个境界，所以他能代表天地之心。这个天地生成万物，生了补药，同时也生了毒药；生了好看的花，也生了很难看的草；不论好坏，都是在他的涵容化育之中。所以人的道德修养，是要效法天地之心，才能够达到浑然、浑厚。

结论一句“圣人皆孩之”，从圣人境界的角度，看世界上一切众生都是小孩，圣人永远爱护着他们，永远教化他们，不会与他们对立。换句话说，圣人看天下任何一个人，甚至上帝，也都看成小孩，得道不得道都一样。所谓圣人之心以天地为心，拿人道来讲，圣人之道是以父母为心。等于他就是一切人的父母，他看天下一切人，如自己的子女一般。子女有好有坏，老大很好，老二很坏，不论好坏，总是自己的子女，一样要教养他感化他。这个就是对二十章的发挥。

第五十章

生死是什么
谁掌握生命的去留
善于摄生的神仙

出生入死，生之徒十有三，死之徒亦十有三。人之生，动之死地亦十有三。夫何故，以其生生之厚。

盖闻善摄生者，陆行不遇兕虎，入军不被甲兵。兕无所投其角，虎无所措其爪，兵无所容其刃。夫何故，以其无死地。

生死是什么

这第五十章是上经第二十一章的引申。

“出生入死”，出来就叫做生，进去就叫做死，在文字上解释“出生入死”，就是这个意思。后来用之于兵法，打仗时在敌人的阵地里进进出出，称作“出生入死”。文字很清楚，道理就是中国远古的哲学源流对于生死的看法，对生死的一种观念。所谓生死问题，在其他的宗教，包括佛教在内，或为重大的问题；但在我们中国文化中，自上古几千年以前所流传下来的观念，对生死不看成问题。所以尧、舜跟大禹王都认为是“生者寄也，死者归也”。人生在这个世界上，是做客人寄住的，像住旅馆一样，所以在文学上有李白的“夫天地者万物之逆旅也，光阴者百代之过客，浮生若梦，为欢几何”的名句，都是来自这种思想。人生下来是寄住在这世间，死掉就是回去了。所以是“生者寄也，死者归也”。

由这个古老观念流传下来，孔子在《易经》上也提到这类的话。《周易》的《系传》上说：“原始反终，故知生死之说”，只要观察宇宙物理自然的变化，了解了白天同夜里的道理，那就了解了生死。白天生活在这里，也像花开的时候一样；死了没有什么可怕，只是回去了，如夜里休息，应该睡觉一样。睡醒了如花开又清醒，所以孔子在《易经》上又说“明乎昼夜之道而知”。我们可以连起他的上文，给他加两个字，“明乎昼夜之道而知生死”。

老子从另外一个角度说，“出生”就是通乎昼夜之道，可以说就是“生者寄也，死者归也”同样的道理。“出”就是生，“入”进去了，等于演话剧一样，从后台到了前台，就看到有几个人在那里演起戏来，等他演完了这一幕进去了，台上还是空空的。其实人并没有死，不过是进去了而已，人生境界就是如此。

老子非常简单地说明了“出生入死”，就是在一进一出之间，也是一增一减、一来一去，所以没有什么严重。

谁掌握生命的去留

我们先了解这个前提，然后再看他算细账。“生之徒十有三”，“徒”就是途，人活在这个世界上，有十分之三的把握是可以活下去的。“死之徒亦十有三”，从死这一面看世界上，有十分之三的机会是会死的。所以，死的机会也是十分之三，活的机会也有十分之三。这个十分之三，就是生命活着的那个生的力量。

“人之生，动之死地亦十有三”，一个人生活在世界上，总要有规律的活动；由于在动，就可以向死的这一面搭配，也可以向生的这一面搭配。可是人的活动，常因为自己的知识聪明而乱动，反而使自己生命走到死之途了。如果我们动之“生”地，生命的活动有益于生的话，那生的机会便增为十分之六。如果三样把它加起来，十分之三的机会是生，十分之三的机会是死掉，十分之三的机会都在动中，一共是十分之九了，还剩一分。

剩下的一分老子不谈，因为这是生命的本有，这个本有就是老子在上经说的“载营魄抱一，能无离乎”。这是道，是生命的根源，他的代号就叫做“一”。

这一段是讲生命之源，也告诉我们人出是生进去是死。昨天下午接到好几位老朋友的电话，都是八十多岁的人，有些老人眼睛看不见了，老伴也没有了，儿女也大了，电影、电视也看不见，什么也不能看了，坐在家里，无聊得好可怜，只好拿起电话到处跟人聊天。作为一个人，自己该有一个人生境界，人老了就怕没有一个内在的精神修养，无依皈之处，那么活着的时候，便“动之死地亦十有三”，拼命地向死路上去消耗，而美其名为人生的责任。其实到了某一个时候，责任不责任没有什么多大关系，反正是对自己的兴趣没有放弃，仍然“动之死地”而已。可惜的是，忘记了生命是可以自己把握的。

这一节就是说修道的问题，也就是修丹经、修神仙的基本理论与工夫。生命是自己可以把握的，如果一个人情绪崩溃、萎靡，这种种都是自找烦恼。

“夫何故”，他说什么理由呢？“以其生生之厚”，天地宇宙给予人的生命，给予万物生命，它生的力量比死的力量大。生死两头各自的力量占十分之三，另有十分之三则在动。但是动的方向，或向生的方向动，或向死的方向动，要看各人自己。这中间有一分，这一分最重要，是你自己可以做主的。“盖闻善摄生者”，“摄生”这个名称要注意，这是老子最先提出来的一个道理。

什么叫“摄生”？我经常讲这有两方面的观念。我国近代翻译西方过来的一个名词叫做“卫生”，意思是保卫这个生命。保卫生命好像是消极一点，只是防御而已；道家则讲“养生”，“养生”应该比“卫生”好，是有积极意义的。但是老子的道理远不止养生，更要“摄生”，“摄”字是自己把握住，这就不止养生了。所以，成仙成佛完全操之在我，自己可以做主。这个“摄生”的名词，就是说明修道的人，把握得住自己的生命，也做得了主。因此善于摄生的人，就是后世道家所讲的神仙境界，这些人修道能够修养身心性命，达到神仙的境界。

“陆行不遇兕虎，入军不被甲兵。兕无所投其角，虎无所措其爪，兵无所容其刃。”这就是说懂得摄生修道有成就的人，在山里走路，不怕猛兽。老虎是要吃人的，“兕”是头上有角的一种猛兽，后世说就是犀牛。在非洲生产最多的大犀牛，头上有角，遇到这种猛兽，人多半难逃一死。在上古的社会，因为野兽横行，人随时可以被野兽伤害，而一个修道的人，后世佛家也说能降龙伏虎。小说《封神榜》上所描写的很多天人的坐骑，都是兽类。有的骑麒麟，有的骑老虎，骑什么都有，只有姜子牙骑个怪东西名叫“四不像”。不过四不像的确有这种动物，满清的时候，乾隆及咸丰年间，在北方曾把四不像运到宫廷里养了很多年。

善于摄生的神仙

四不像就是四不像，老虎不像老虎，鹿不像鹿，什么都不像，可是灵性很大，所以有道的人，可以入山林，驱野兽。像兕虎这些猛兽，角抵触不到他，利爪抓不到，打仗的时候，刀也砍不进，这就叫做神仙境界。人如何能做得到呢？人在死去之后，跟着死亡的只是生命本能的物质作用而已，而生命内在的本能并没有发动，所以一个人可以自己发动内在本能，再创生命的作用。这是道家所说的，在理论上是可以长生不死的，但是，只有善于摄生的人，才有这个本事。

下面他做个结论，“夫何故”，为什么人有这个修养，可以到达这个境界呢？“以其无死地”，也就是后来禅宗所讲“了了生死”，是说人根本就不可能有死的。再如《神仙体道通鉴》上说，老子根本就没有死；在周朝以前，舜、禹时候他就是广成子，后来的彭祖也是他，他在任何一代都是了不起的人物。他同汉武帝也见过面，只是另外化了一个名字。反正每一代他都出现，看看是否能收一个两个徒弟，后来因为找不到，他又走了。

有关老子的传言，愈说愈玄。看了道家《神仙传》这一面的资料，不但说老子没有死，连墨子也没有死；墨子一直到汉武帝的时候还出来过，也是表演了一下就走了。《神仙传》里这些怪事很多，反正都属于“事出有因，查无实据”罢了。不管怎么说，老子的理论认为，一个人可以把握自己生命的死生，所以修养到家的人，“以其无死地”，他已经把死的那个过程消除了，把“动之死地亦十有三”也去掉了，所以他生命存在的机会，就永远把握在手里了。

这不是故意开玩笑的，而是真正如此；这也可以叫做“中国的存在主义”，人的生命可以永远存在的。真正的存在是“长生不死”，这就是老子的理论。

第五十一章

摄生处世之道 四两拨千斤
道之尊 德之贵 不是乡愿
天地自然的道德功效

道生之，德畜之，物形之，势成之，是以万物莫不尊道而贵德。道之尊，德之贵，夫莫之命而常自然。故道生之，德畜之，长之育之，亭之毒之，养之覆之。生而不有，为而不恃，长而不宰，是谓元德。

在这一章，老子回过来说明“以其无死地”，而能够自己把握生命的生死，使自己永远存在的道理。同时这章的说明，也就是上经第二十一章的发挥。

摄生处世之道 四两拨千斤

“道生之，德畜之，物形之，势成之”，这四个阶段，是宇宙万物生命的根本，生生不已。中国道家的思想文化，把这个生命的根本叫做道。在西方哲学上可以说是形而上的那个本体，宗教家叫它是上帝，或者是主宰，或叫做神，叫做如来、真如、佛，很多的代名词。中国文化中的代名有两种，一种叫道或者叫它天，还有一个用数理的代名叫做易，实际上都是同一个东西。

“道生之”，道为体，有体必有用，就是本身具备了这个生命的功能。但必须要加上“德”，“德”是用来保养它、培养它的，即所谓“德畜之”。有“道”没有“德”来保养，这个“道”就不可能修成。我们看佛家以及其他比较宗教的书，讲到“道”时，都要注重行为的道德；没有行为的道德，“道”是修不成功的。换句话说，我们一个人打坐修道，除了坐而言之，坐而定之，还要起而行之。所以道德行为是修道的基础。子思在《中庸》上说，“苟无其德，不敢作礼乐焉”，没有真正的善行，没有道德的成就，那个“道”是修不成的，所以“道生之，德畜之”。“道”便是生命“生”的力量，等于有了动力能源。但是这个能源，如果没有相当的工具去好好把握它，就会被浪费掉了。要想把这个能源用得适当，就是“德畜之”。

体和用两方面何时起作用呢？“物形之，势成之”，宇宙万有的这些物质，是“道”与“德”形成的形象而已，有其第三种功用，所以有体有用，然后生出了万物的形象。形成万有形象以后，就构成了“势”，那是一股力量，形成了一种生命，完成一个生命的所需。比如一颗种子，种在泥土里，这是“道生之”，但是必须要得到日光、空气、水来培养他，这就是“德畜之”。慢慢这颗种子由泥土中抽芽，开花而结果，最后我们可以吃到果实如苹果、芒果等，是为“物形之”。但是今天种下一颗种子，不是明天就得到果实，必须要有一个力量形成，那就是“势成之”。慢慢地形成，慢慢地成长，所以在其用上，“势”有极重要的地位。

老子这一个道理是说明宇宙万物生存的“势”，由本体的功能开始，而培养其“德”。在人的行为方面，就是道德成长起来，才会有一个成果；这个成果的构成过程中，最重要的就是时间与空间的力量。

讲到"势"，中国文化中，讲得最好的是《孙子兵法》，主张用"势"。这个道理，可以说是由道家思想而来，也就是从老子这里发展出来的。多年前跟美国一个海军将领聊天，因为是朋友谈天说笑，他谈起《孙子兵法》来，我说现在你们西方各国的军事思想，只讲究力，不懂"势"的妙用。你们只讲有多少力，多少制造兵器的工厂，多少钢铁，多少物资原料，有几颗原子弹，都是用力来算计胜负。假如胜负真的只靠这些来决定，那么我们中国就惨了，我们什么都没有，只有一个咸鸭蛋。中国的《孙子兵法》讲"势"，不是比力的，是所谓"四两拨千斤"。一个四两重的东西，可以把一千斤重的东西转动、推开。这就是"势"，以寡击众，一个人打垮了几百万人！

《孙子兵法》阐述"势"的道理很有意思，孙子对于"势"的形容只有一句话——"如转圆石于千仞之山者"，其余什么都不讲。孙子的秘诀就是这一句话，转动一块圆的石头在"千仞之山"。古人的度量衡，七尺就等于一仞高，约等于现在的一丈高；"千仞之山"等于现在一万尺的高空山上，有一块石头，重不过五十斤，但方向不定呼呼地转。这一来，所有下面每一个地方都要发警报，人人都要准备躲起来了，因为每人都有被打中致死的可能。"转圆石于千仞之山"是一个"势"，但等到这个石头一掉到地上，只不过五十斤重，那会有什么大力量呢？小孩子走累了，就在上面撒泡尿，用脚来踢它滚一滚，这石头一点威风也没有了。但是当这五十斤石头在半空中一转，那个势一旦形成，百千万人都要跑掉。所以孙子这么一句话，就说明“势”的道理，四两可以拨千斤。

“势成之”，生命的力量形成为“势”，懂得这个道理才会懂得修道。所以要把握住那股“势”，不管打坐、学佛、练工夫；甚至身上气脉动了的时候，只要把握住那个“势”，生命的力量就可挽回。比如中国的医学，有时候对病人也有起死回生的功效，真正最高明的医生，利用病人本身生理最后一点点微细的“势”还存在的生命力量，药下去刚巧把他生命的力量调动上来，把他救了。医道到达这个程度，差不多近乎“道”了。虽然只是医学上的一种技术，却都是高度的智慧，这不是一般读了几本医书的中医所可以了解的。所以说，万物的形象，万有的形成，跟生命力量的形成，都与“势”有关系的。因此，把握“势”这股力量非常重要。另外，所谓时势造英雄，英雄造时势，时间也是一种重要的“势”。

庄子说“飓风起于萍末”，台风刚刚起来时，海里、河里看到一片浮萍叶子漂在水面上，忽然浮萍摇动起来，从浮萍的底下冒出了一个水泡，立刻感到风起来了。最初只是那么一点，然后愈摇愈大，逐渐扩大成台风，可以把山岳吹垮。台风的中心也愈转愈大，台风中心是空的，叫做台风眼，里面闷极了，热极了，没有风，也没有雨，是由一个“势”形成的一股力量。

生命的功能也是这样，有些人打坐时有了内热的情形，身体内部的力量起来了，也就是台风起来的道理。学道学佛的修持工夫，如果不懂物理医理，不懂这些哲学上的道理，就没有办法进步。在修持过程中，每一个境界，每一个情况的出现，都要晓得它的道理，晓得运用那个“势”，而后成之，才可以得到长生不老的效果；否则，反而修成短命缩年，那就很冤枉了。

“道生之，德畜之，物形之，势成之”四个程序，就是物理世界由幻有而形成的原则，也就是摄生之道，同时又是我们为人处世之道、成功事业之道的一个大原则。这四个程序要发挥起来，含义非常深远，也非常之多，这要我们自己慢慢去体会去了解了。

道之尊 德之贵 不是乡愿

“是以万物莫不尊道而贵德”，这是老子指出“道”与“德”的重要。当然在老子的时代，对“道德”两个字的观念，并不是我们后世现代的观念。现代一般人以为，对人对事温温笨笨的态度就是道德；其实那个样子不是道德，而是乡愿，是很坏的行为。道德是对善恶是非有正确的认定，而且有所作为，不是一般人所讲的中庸。一般所认定的中庸，并不是真正的中庸含义，那只是乡愿的马虎、含糊、是非不分、善恶不明。孔子说，“乡愿者德之贼也”，这种所谓乡愿的人，从表面上看起来，好像很有道德，实际上为善不能，为恶也不敢，根本谈不上道德。一个乡愿之人，在乡巴佬眼里看起来，是个滥好人，如此而已。可叹的是，后世道德的观念，差不多都属于乡愿的范围。

把“道”当成道德，也是错误的；“道德”的真正解释，在老子的学说就是四个字，也可以说是六个字，那就是“道生之，德畜之”。所谓“道”给人生命，给人安全，是生生不已。“德”能够养育万物，养育众生，所以“万物莫不尊道而贵德”。“尊道”是尊重它的体，“贵德”是注重它的用。这是老子指出来的体与用的重要。

他又强调：“道之尊，德之贵，夫莫之命而常自然。”他说这个“道”为什么那么可尊呢？“尊”者尊重也，高也。这个“道”是那么高远，那么伟大，那么了不起！“德”是由“道”发出来的用，又是那样的宝贵。这一切是谁做主的？上帝吗？菩萨吗？还是阿拉吗？到底哪个做主？“夫莫之命”，其中生命的根源，不可说不可明！不能用人世间功利思想的看法解释。那是自己本身的一个力量，是至善“而常自然”的。

千万要注意，所谓“自然”，不是近一百年来所谓自然科学的那个“自然”，现代自然科学的“自然”，只是借用了老子的“自然”名词，而叫做“自然科学”。在老子当时，根本没有什么“自然科学”这些名词。老子的“自然”，是他所创的一个名词，含义就是：本身当然如此，也是必然如此，不需要另加解释的，就叫做“自然”。所以他说“道之尊，德之贵，夫莫之命而常自然”，没有另外一个人做主，没有另外一个力量，没有谁的命令，是“道”本身有如此的功能。

天地自然的道德功效

观察宇宙万有的现状，“道生之”，就是一个生命，“德畜之”，其功能生生不息。刚才我们比方“道”像种子，

"德"比为土地肥料等，"长之育之"，让它生长，好好养育它。"亭之毒之"，"亭"是个形容，站起来亭亭玉立，"毒之"不是把它毒死，古代的"毒"字就是"治"的意思，是"政治"的那个"治"字，有治理、修理的意思，是自然而然修理。在一个原始森林里去看，那些高大的树木，遍布山上，进去以后，暗无天日。从开天辟地以来，没有人修理过，可是树与树之间的枝叶，自然修理得好好的，相互避开不重叠。我要生长，他也要生长，所以两不妨碍，相互让路，这个就是"亭之毒之"。

"养之覆之"，保护他，养育他。天地万有生下来，自然蓄育了很多东西，一只鸟，一条虫，都自然地活下去，各有自己的生命功能。不是上帝帮忙，而是那么自然地活下去，也是自然的道理。

但是最后归到形而上的道体，我们看这个天地道体，"生而不有，为而不恃"，这个天地宇宙，生了万有，都没有将任何一样东西收为己有。一切自然地生起来，又全部交给天地，并不一定交给我们人类，不过人类自私把它占有了。人类自认为是万物之灵，猪嘛，该给我们吃的；牛嘛，笨笨的也应该是给我们吃的，所以人类很坏。天地虽生万有，并没有想占有任何一点东西。

"为而不恃"，这个伟大的天地，生长了万有，那么大的功劳，它没有傲慢，没有认为功劳很大，你们都得听我的；也没有说，上帝来传他道，拿把刀对人说信则得救，不信就杀了你。这一套不是天道，虽然天地万有这么大的功德，自己没有自恃的心理，没有自傲的心理。

“长而不宰”，它只帮助万物的成长，不做万物中任何一物的主宰，它不出主意，而让你自己生，灭掉死掉也是自灭，它也没有害你。它希望你能够生长，可惜的是人找不出自己生命的道理。虽然你自生自灭，以后它又会再把你生出来，永远这样生生不息。

“是谓元德”，这个“元”就是“玄”，原来古书就是“玄德”，三国时蜀汉的刘备号叫玄德，就是从老子这句话里来的。古人取名字很费心思的，需要很多书本上的学问。刘备的“备”字，就是取自老子这一篇，意思是万物俱备，他的别号就取“玄德”两字。取这样的名字，等于告诉刘备，在这一生中，随时要了解自然物理“道”与“德”的功效，要时时刻刻自勉自励，处理自己的人生，同时要自己修身养性，自己的生命就可以把握得住了。

第五十二章

回归宇宙的根源——天下母

如何减少生命的消耗

天下有始，以为天下母。既得其母，以知其子；既知其子，复守其母，没身不殆。塞其兑，闭其门，终身不勤；开其兑，济其事，终身不救。见小曰明，守柔曰强。用其光，复归其明，无遗身殃。是谓习常。

回归宇宙的根源——天下母

这章等于上经第二十二章的结论。二十二章最后说，“诚全而归之”，就是全归，归到那里。同时，第二十章曾说，“我独异于人而贵食母”，假如依文释义，“食母”翻译成白话为“吃母亲”，人怎么可以吃母亲呢？世界上有一种鸟，还有一种兽，一种昆虫，生下来就会把母亲吃掉，人骂它们是坏东西。其实人也吃母亲！生下来就吃母亲的奶水才长大的。现代有些母亲没有奶水，拿牛奶来替代，反正这还是母亲喂，还是“食母”。

老子要我们了解“食母”的重要，母亲这个“母”，还是有形象的，我们生命本来的“母”，就是来源的意思，后来禅宗就叫做本来面目。你要把这个生命本来的根源找到，才算是找到了“食母”，那就可以长生不死了。所以二十章有“食母”的作用，二十五章里也有“可以为天下母”这句话，就是母亲这个“母”。在佛法里也有关于佛母的说法，如准提佛母。所谓“母”，并不是说这位佛菩萨是女的，而是生命的根本，是指来源、根源，因为万物都是由母体而生。

我们先了解了“母”字的意思，再说明老子这一章。“天下有始，以为天下母”，这段文字也很难解说，它的意思也不易懂，他说“天下”——这个宇宙间，就有一个根源，万有本身最初的那个东西，就是形而上本体。本体发动了，就是“有始”，这个生命的根源，老子给它取一个名字叫做“天下母”，万有都是它所生出来的。所以先要把这个根源找到。“既得其母”，找到了根源，“以知其子”，就认识他的儿子了，儿子是妈妈生的，找到他妈妈，自然就认识他的儿子。换言之，先找到根本，把生命根本找到之后，就可以了解自己现有的生命，以及生命成长的这股力量，这也就是它的子。

后来道家所谓的炼精化气、炼气化神，就是由子而修到母；把后天的生命恢复到先天，修到神仙长生不死的境界。所以说“既知其子，复守其母”，回转来修到原始那个根源的地方。后代学道家的人，有一句名言：“若要人不死，除非死个人。”这多厉害！除非死个人，死掉的是什么人？是死掉自己。所以道家同时有两句话，“未死先学死”，没有死以前先学会死；“有生即杀生”，有一点生机你要把他杀掉。什么是“未死先学死”？因为修道的人就是死不了后天的心念，大家打坐呀用功呀，都是刚才说过的以功利主义求效果，赶快求一个成绩出来，自己快得神通，快得智慧，要赶快怎么样怎么样。自己认为已经修了三年了、五年了……像这样心念不死，便永远修不成功。所以“若要人不死，除非死个人”，要把现在自己活着时的心念死掉，连修道求道之心都清净下来，才可能找到生命的那个本来。至少要像老子所告诉我们的，不找妈妈找儿子也可以。

上经说过要回到婴儿状态，所谓“专气致柔能婴儿乎”，老子下面也讲到“骨弱筋柔而握固”。换句话说，就是身体柔软到像没有骨头一样。如果用指头去捏，太用力都会捏碎的。婴儿筋骨柔软，跌在地下也不会受伤，因为他全身上下内外柔软，没有抗拒，纵损一点皮肉，也不像成年人或年老的人，跌倒了非住医院不可！因为精气神多半已经消散了。“既知其子”，再回过来观察婴儿，他没有是非观念，没有好坏观念，没有善恶观念，也没有苦乐观念。他肚子饿了会哭，一边笑，一边哭，一边吃，三件事一起来，没有用心，一切是自然的。

至于“母”，婴儿在母胎里的情形，浑然一体，即老子所讲的浑然。大家拼命打坐修道，能不能做到浑然？“复守其母”就是这个道理，能够知其子，又能够“复守其母，没身不殆”，终身到老都没有问题，没有危险了。换句话说，就是不可能有死。

如何减少生命的消耗

假如做不到怎么办呢？老子在这里告诉我们一个修道的方法——“塞其兑，闭其门，终身不勤”。兑（☱）是《易经》上的卦名，“兑上缺”，下面两横，上面一横的中间断缺为二，这是兑卦。“兑为泽”是水，代表海洋，在人体是嘴巴，是有漏洞有缺口的地方。老子说打坐修道的时候，嘴巴闭起来，不要讲话。人身上不止一个缺口，共有九个缺口、漏洞，所以全身都要把它严密关闭起来，就是不要漏气的意思。道家有两句话，“开口神气散，意动火工寒”，一个道家的修行人，常沉默寡言，因为他要保守元气！“塞其兑”，实际上“兑”也并不完全指身上开口处，也指心理上的渗漏。不管是生理或心理渗漏，都要把它圆满起来，眼睛耳朵都要全部封闭起来。

“终身不勤”，从文字表面上解释，偷懒的青少年们，似乎可以把这句话拿给父母看，推说这是学老子的“终身不勤”，所以不必读书做事了。“终身不勤”并不是勤快的“勤”，而是形容一辈子不会忙忙碌碌，始终是从容不迫的；也就是《大学》、《中庸》所讲的中庸之道，为人处世从容中道的“终身不勤”。

“开其兑”，一个人活着时，拼命消耗自己的生命，九窍漏洞统统地打开；“济其事”，整天忙忙碌碌，一辈子为人世间事务忙。这样一来这个人就“终身不救”，救不了啦！消耗到完了为止。

“见小曰明，守柔曰强”，一个人真正要恢复自己的本来，发展自己的生命，就不要把自己的精神消耗在后天的世事之中。我们这个身体的生命，像个干电池一样，充电并不多却消耗得很快，一下子就干涸了。“见小”是如何减少耗用，“曰明”是保养得好，慢慢就变成了一个大的光明。要用得吝啬一点，减省一点，才能保持这个身体的长远存在。

宇宙给你的生命就是充电，抓得住，慢慢充了电，光明就大起来。修道以前，虽然看起来光明很小，最后成就了，能用出来的则无比的大。“守柔曰强”，保持“守柔”的结果，一切柔软，脾气情绪都平复下去，达到所谓温柔的境界。“守柔”到极点就是坚强，这个生命就永远持续下去了。

“用其光，复归其明”，说到光，就要谈到我们人的眼睛。我经常说，现在的灯光太过强烈，老在这种强烈的灯光下读书，两个眼睛鼓起来像电灯泡一样盯在书本上，每个人眼睛都读坏了，成为高度的近视。我们当年读书哪有什么电灯！最初电灯来的时候，乡下人还拿个火柴去点火，奇怪怎么点不亮！那时都是点清油灯，后来点煤油，叫洋油灯。小小的洋油灯那一种光度，和现在牛排馆、咖啡馆所用的蜡烛一样这么一点点，所以现在看到这种灯特别亲切。在这种灯下面看书，或者看小说，眼睛并没看坏。现在年轻人眼睛是看书看坏了，因为不会“用其光”。

我经常告诉大家，看书不要盯着书看，要把书放到前面，用眼睛把书的字拉回，在脑子里面反应过来。比如自己就是个录影机，最后把书一合，这句话在哪一页、第几行，那个印象就已留在脑中了。所以读书最重要的是“用其光”。就算现在已经近视了，如果晓得用光，眼睛看东西时，用意念把物象拉回来，近视就会减轻。眼光愈向前面直射，愈会伤害眼睛。

许多戴眼镜的近视朋友，看起来很吃力！眼睛鼓得好大，像个探照灯一样外射，这个眼睛当然愈来愈坏。正确的看法，像看电影时，眼睛半开半闭，让电影的画面影像进来，看完了也就晓得了；充其量，爱哭的跟着电影哭一场，可笑的就笑一笑，过去就算了。所以，不要把眼睛瞪着，眼神投到银幕上去盯住看，那个物理的电波光波的刺激，把眼神经都破坏了，脑子也不灵光了，思想也不灵光了，反应也笨。戴眼镜的人，反应都是这样迟钝，这就是告诉你们“用其光”的道理，是要把这个光返照，回转来照到自己里头去。

“复归其明”，这是真实的，把老子的这句话紧紧把握住，认真去做，近视眼的同学听我说《老子》也听了几个月，不能白听啊！这个方法不妨试试看。只有几个字“用其光”，看东西尽量少像探照灯一样直射出去，要收回来物的形象，把一切光芒的影像吸收到自己的眼神经里去，慢慢你的视力、脑力、聪明、智慧会恢复过来，这样才会“复归其明”。

“无遗身殃”，如果不晓得“用其光”，那是跟自己找麻烦，制造痛苦；如果“用其光”，不但眼睛神光好了，而且还可以修到长生不老之道。“是为习常”，老子上面定了一个名称，叫做“玄德”，现在他又定一个名称叫“习常”，就是经常练习的意思。练习什么呢？练习复归那个永恒生命的本来。

第五十三章

接受布施的严重性
爱抄小路取巧自利的人们

使我介然有知，行于大道，惟施是畏。大道甚夷，而民好径。朝甚除，田甚芜，仓甚虚。服文彩，带利剑，厌饮食，财货有余，是谓盗夸，非道也哉。

接受布施的严重性

这章也是上经第二十三章的道理。二十三章有一句，“飘风不终朝，骤雨不终日”，“飘风”就是狂风，来得快也去得快，狂风、台风，不会整天整夜地吹。狂风往往到了中午就停止一阵，就减弱了，所以狂风来时不会终朝，这是势也。因此人要懂得人生，当你发财的时候，连续发上几年财就要赶快收手，金盆洗手还可以享受一辈子。倘使企图永远发财，那么“飘风不终朝”，这社会的钱都给你赚了，别人怎么办？世事就是旋转性的，所以说“飘风不终朝”。

“骤雨不终日”，夏天的雷雨是“骤雨”，不会下一整天的，一两个小时就过去了，否则就变成了水灾。这是第二十三章讲的道理，也就是物理正反的必然道理。

懂了第二十三章的这一道理，于是“使我介然有知，行于大道，惟施是畏”。什么叫“介”？中国字“人”字下面一直为“个”字，两直为“介”，就是一个人站在那里的两只脚立正的姿势，顶天立地，上顶天下通地。他说要想介然顶天立地地站住，真正的智慧是“行于大道”，做一个光明磊落正直无私于天下的人。但是“惟施是畏”，“施”是布施，要知道布施是可怕的。为什么可怕？因为天地生成了万物，布施给我们；换句话说，人是靠天地万物，靠国家社会，靠大家的布施而生存。尤其现代都市的青年们，有几个人下田种过一颗米？却嫌电饭锅煮的饭不好吃；有几个人做过一件衣服呢？还嫌衣服穿得不舒服。吃穿都是人类众生给我们的恩惠，我们接受了一切的布施，而我们并没有还报，这就是可怕的道理。

所以说真正的道德是付出，不希望收受进来；可是人之所以没有道德，是因为相反的想法，不能介于天地，不能给天地什么，只是接受。人都是接受父母的、家庭的、社会的、国家的，自己的生命才能活着。我们自己反省有何德何能？给社会、给国家、给别人的是什么？什么都没有！所以“惟施是畏”，要警觉这个道理，随时有恐惧之心，检查自己生命的意义何在。

爱抄小路取巧自利的人们

下面讲历史哲学，包括社会人类的通病。“大道甚夷，而民好径”，大道非常平坦宽阔，但是人却不喜欢走大道，偏爱走小路。过马路不愿到路口人行穿越道，觉得太远了，要走捷径。看看两头，就从快车道跑过去了，算不定被车子撞死了。都市如此，农村也是一样；上山有条大路很平，而登山的人，偏偏喜欢另走一条小路，所以常常发生山难。

这句话的意思，是说人们都喜欢用小聪明，就拿写文章来讲，大文章写不出来，小文章人人都写得好。一些人往往批评别人的文章“不过如此”、“狗屁不通”，如果让他自己来写写看，半句也写不出来，都是眼高手低。看到别人做任何事都不好，好像自己做得最好，真让他做又真不行。许多人批评炒菜也是一样，大师傅做的菜什么都不好，不是酱油多，就说盐少了，而他自己连炒个蛋也炒不好。所以“大道甚夷，而民好径”，人们就是喜欢玩小聪明，喜欢走这个小道，反而妨碍了自己去了解真正的大道。

历史上有些地区社会，“朝甚除”，“朝”是指朝廷，官府扫除得甚为洁净，但人民生活不上轨道；结果“田甚芜”，田地没有人耕种，土地荒芜了；“仓甚虚”，财政贫乏，国库空虚，人都没有饭吃，没有衣穿。

以现在社会来讲，我们一般人只接受国家、社会给我们的好处，没有贡献什么给社会，没有办法帮助别人。假使到乡下偏僻的农村去看看，就会发现非常严重的问题，没有人愿意久留农村。很多青年从乡下出来，读到大专毕业，如果要他们回乡，他才不干！乡下已变成“田甚芜，仓甚虚”，只有几个老人在农村，连割稻子也请不到人。

至于那些青年人，在都市中“服文彩”，穿的衣服漂漂亮亮，牛仔裤马仔帽，戴上鸡脚的手套；“带利剑”，还有些人带把扁钻，准备跟人打架；“厌饮食”，好吃的都吃得讨厌了，“财货有余”，有钱的总归有钱，“是谓盗夸”。他说，这个是真正的土匪，剥削了自然的道德，违反了道德原则，“非道也哉”，这不是“道”的道路。因此道家的思想同佛家的思想一样，要布施出去，不是要社会帮助我们，而是希望我们能帮助社会；不要人家贡献我们，而是希望我们能贡献给人家，这就是道德。

第五十四章

善于把握生命的中心则不辍

修身 修家 修乡 修国 修天下

以观身到观天下

生命如何走向结局

善建者不拔，善抱者不脱，子孙以祭祀不辍。修之于身，其德乃真；修之于家，其德乃余；修之于乡，其德乃长；修之于国，其德乃丰；修之于天下，其德乃普。故以身观身，以家观家，以乡观乡，以国观国，以天下观天下。吾何以知天下然哉？以此。

善于把握生命的中心则不辍

这一章的每句话，如果发挥起来，都有很多历史的资料为例证，也是很多做人做事的榜样，我们这里只讲原则。

“善建者不拔”，一个真正会建筑的人，插一个棍子在地下，别人也拔不掉。依我看来，除了老天爷建了一座山在地上，别人永远拔不掉之外，世界上没有拔不掉的建筑物，当然也没有善建者。真正能够建立而动摇不了的，那是一句话，它包括思想方面、道德方面、精神方面的一项真正的学问，一个真理。像老子本身就是“善建者不拔”，他的道德思想，后世经千万年不衰。多少人研究他，多少人企图推翻他，但是推翻不了，也动摇不了。

孔子也是一样，建立了一个道德的基础标准，摇撼不动。所以只有他可以称作圣人，只有他可以与天地并存，就像天地建起来了一座喜马拉雅山，建筑了一座阿里山，没有人可以拨动这个物理世界。所以，只有道德文章的建立不是别人能够动摇的，这就是“善建者不拔”的道理。用之于做人做事，用之于创业，就要有高度的智慧，能建立一个东西，绝非他人所能动摇得了的，这也是“善建者不拔”的道理。

“善抱者不脱”，真会抱的人，把东西箍住了，怎么样都脱不了身。那是什么样的“善抱”？爱情就是“善抱者不脱”，感情这个东西就是“善抱”的，把你抱住了，你一点办法都没有，因为你解脱不了；真能解脱的话，那就成仙成佛了。从另一个角度来看，老子也告诉我们，对于一个道德观念、一个真正的真理，就要牢牢抱住，绝对不要放弃。如果对于道德的真理，热心一阵子又休息一阵子，有时懒有时又反感，那是因为自己没有真正把握到道德的真理，当然就不是“善抱者”。

“子孙以祭祀不辍”，懂了“善建者不拔，善抱者不脱”这句话，好比懂得了一个秘诀，把这秘诀用之于做学问、修德业，或随便做什么，都会受用无穷，可以立万世之功，建千秋之业，即所谓“子孙以祭祀不辍”，永远留之于后世。我们以几位宗教的教主来讲，老子、孔子、释迦牟尼佛、耶稣、穆罕默德、摩西等等这些人，都是“善建者不拔”。他们建立了一个东西，一个道德的规范，思想的标准，可与太阳同存，除非太阳爆炸毁坏，否则他们的教化永远存在。

我常告诉青年同学们，一个人的事业，有的甚至是终身事业，一生有钱、有声名、有地位、有权力，但是，最多十年二十年，过去就没有了，最后连人都看不见了。比如说，我们随便提一个问题，唐太宗的姓名是什么？如果在电视节目问，观众立刻作答，也许三分之二以上可以答出来，至少有三分之一已经把他的姓名忘记了，而他当时却威风了几十年。

再看另外这几个人就很不同了，那是释迦牟尼、孔子、老子、耶稣等人，放弃了这一世的一切，建立千秋万代的事业，只要地球、月亮、太阳这三个在运转，他们的事业就永远存在，这是“善建者不拔，善抱者不脱”，谁也没有办法摆脱他们建立的规范。随便你讲了多少道理，他的影响力量始终存在。即使是反对他们的学说，看了就不喜欢，实际上反对者已经受了他们的影响。这个就是“子孙以祭祀不辍”的道理，千秋万代永远不朽。

佛家经常用的两个字“解脱”，千秋万世求“解脱”，可是一般人永远解脱不了。老子为什么特别提出来“善建者不拔，善抱者不脱”呢？这同上经第二十三章差不多的道理。单独来看，第一个观念是“善建”，就是说，一个东西造得坚固之极时，就永不能改变，永远不会动摇。第二个是“善抱”，前面已经提到过，“天地万物，负阴而抱阳”，宇宙间只有阴阳是两个正反的力量，彼此互相在摩荡，互相在关联；这两个力量和向心力离心力一样，也像手背手心一样，永远箍在一起。

由这两句话，也使我们了解到，要把生命的中心把握住，才能不生不死。讲到“负阴而抱阳”，以我们一般人本身的阴阳来说，像气与血，精神与肉体，这都是阴与阳。我们平常不能互相抱元归一，都是因为阴阳不均衡、不调和，因而慢慢消散，消散就导致死亡。如果阴阳相互均衡，平常稳定不变，便可以脱离生死的变异现状，即所谓长生，也就是“子孙以祭祀不辍”这句话。把握住了“善建”与“善抱”这两样事，则后代的子孙永远延续下去，也就是生生世世生命绵延不休。

绵延不辍的道理老子没有说明，究竟是讲心理行为道德，还是身心做工夫的行为，老子没有明说；但也可以说这两方面都有关系，含义很多。下面再加以引申解释。

修身 修家 修乡 修国 修天下

“修之于身，其德乃真”，要使自己这个生命能够永远存在，必须懂得“善建者不拔，善抱者不脱”。怎么样是“善抱”？“负阴而抱阳”。怎么样是“善建”？这个我们要去研究了。任何的建立，没有不被破坏的。例如建造一幢坚固的房子，终久还是要毁坏的，物理世界没有任何东西能保持永远的，抱住的东西最后一定也要放开。什么是破坏不了的？什么是抱住解脱不开的？只有“无为之道”，清净无为，这就是道体。道体永远是不拔的，永远在那里不动。

打坐修行，学佛修道就是修身，“修之于身，其德乃真”。但是，修身不是建立一个东西，所以在观念上不能认为做工夫打坐就有道，不打坐就没有道。如果坐就有、不坐就没有的话，这是建立了一个东西，所以不算是修身，“其德乃真”是道体合一，在佛家而言，就是如如不动，本来如此的。

“修之于家，其德乃余”，这个道理发展到做人做事，乃至修身齐家，老子的本意，也是以道治，而不是绝对的无为。

西方亦颇有人研究道家文化，尤其是《老子》及《易经》的思想，目前在欧美正流行。不过他们最多只是“依文释义”的了解，未必就真正懂得老子道家的精神。曾经有人来信告诉我，说犹太人看见孩子打架，跌倒在地上，绝不去拉开打架的孩子，也不抱起跌倒的孩子，因为他们学老子的无为之道。表面上看来，道理似乎也没有错，但是犹太人这样的无为，实际上是有为——两个孩子已经打架了，已经跌倒了，早就有为了。什么是无为？无为是讲事情现象发生之前，不是讲发生之后；在已经有所行动时，就不能说是无为，因为已进入有为中了。老子的有为的道理，是要回归到无为，那才是老子之道。

说到治家之道，我们中国人过去是不增不减，保持着祖德阴功；对于祖先的德泽，不敢随便有所变动。这样的观念习俗，使我们的文化几千年来固定在一个形态上。以现代的理论而言，这也是我们几千年来没有进步，没有发展的重要原因。凡事有利就有弊，以老子的观念来看，与其求进步，而于进步后再去修正那些负面效应，还不如永远没有毛病，也不需要修正，所以它永远是固定，永远是常态。

表面上看起来，这同社会进化的现象相反，实际上原理是一样，因为进步是渐变，不是突变，是慢的进步，可以减少负面作用的产生。

所以他说“修之于家，其德乃余”，以这个无为之治，“善建者不拔，善抱者不脱”的精神与原理，来修身齐家，家庭自然得幸，这个道德行为的结果是“乃余”。这个“余”字，要特别注意，我们中国很多古老的家庭，在厅堂或大门前悬挂的匾额是“家有余庆”。还有一些地方的习俗，在除夕或喜宴时，最后一道菜一定是鱼。此时客人酒尽席散，绝不吃那个鱼，意思是要留给主人，表示主人喜庆有余（“鱼”与“余”同音）。那是以前的事，当然现在一定把鱼吃光了再说。

这个古老的风俗，是一项重要的居家之道，目的在教育后代如何把这个精神道德建立起来，传给后代的子孙。因为道德积余比财产积余价值超过千万倍；道德的余庆，才是真正的“家有余庆”。“余庆”就是剩余下来可庆的道德阴功，但是如果求有余，就必须省用少用；与其省用少用，更不如不用，都给后人。所以说无为之道，就是“善建者不拔，善抱者不脱”。

这个道理扩充下来，就是“修之于身，其德乃真；修之于家，其德乃余；修之于乡，其德乃长；修之于国，其德乃丰；修之于天下，其德乃普”。这几句的“真”、“余”、“长”、“丰”、“普”，字虽不同，道理都是一样，也就是修身、齐家、治国乃至平天下。由扩充个人的道德修养，影响到家庭乡里以及社会，更提升社会道德，影响到国家，使这个国家欣欣向荣，再以这个道德精神修之于天下，整个的世界才可能进入普遍道德的和谐。

由这里发现一个事实，儒道两家分家是秦汉以后的事，在秦汉以前的历史纪录、学说著作中，儒家是讲修身、齐家、治国、平天下；现在我们读了《老子》这一章，也是同样的观念。所以儒道在秦汉以前本来是同样的路线，只不过所表达的方式不同而已。这里就是告诉我们如何修身，如何齐家，如何治国，如何平天下。接着，老子在下面从另一个角度，说到人的智慧以及观察一件事情，该从什么地方入手。

以观身到观天下

“故以身观身，以家观家，以乡观乡，以国观国，以天下观天下。”读《老子》是读活的书，上古人们的智慧，是从生活经验来的。生命的道理是“以身观身”，从自己身体里面的道理来观察自己，找出一个真理。所以重要的在一个“观”字。

这个“观”，在《老子》上经第一章、第十六章及二十六章都曾提到，特别是第二十六章“虽有荣观，燕处超然”。这个“观”字，读音近于“灌”。我们中国字有两个很妙的，一个是“寺”，佛家称出家人住的庙为寺；另一个是“观”，道教的庙子叫“观”。实际上“寺”与“观”这两种地方，在中国上古文化中，是政府机构的所在地。佛教在汉明帝传入中国时，有两个印度和尚前来，汉朝的政府把他们安置在白马寺。那时白马寺并不是和尚庙，而是政府机关，像现在的国防部或联勤总部或外交部所属的一个招待所。直到清朝，政府机构中还有“光禄寺”与“光禄寺卿”这类名称的官职。因为汉朝最初安置印度和尚住在白马寺，后来沿用下来，和尚住的地方便称作“寺”，道家的庙宇称作“观”。唐朝开始有了道教，道教的寺庙便称为“观”。

古代的一种建筑叫做“观”，我们读《礼记》，都知道其中有《礼运·大同篇》，这是孔子在参加一次重大祭典后所产生的。祭祀就是在这个“观”的建筑物里举行。大典后，孔子对于历史发生很大的感叹，于是他在这“观”的走廊中，才产生了大同思想。《老子》上经第二十六章所讲的“虽有荣观，燕处超然”，是说生在最好的环境时，不要被环境所惑，要超脱环境之外；纵然有功名富贵，生活优裕，居华屋，多财富，但不可被这些物质所困。这就是“虽有荣观，燕处超然”的道理，“燕处”就是平常都要有一种超于物外的心情。

现在讲到“以身观身”，这个“观”不是荣观，荣观之“观”和这个观身之“观”是不同的。观身是观察的“观”，是省察的意思，身体怎么能够观呢？我们看到学佛学道的人讲究打坐，要眼观鼻，鼻观心，这又是怎么个观呢？所谓眼睛看着鼻子，看着鼻尖，集中两眼的视线在鼻尖这一点上，久了有些人会变成斗鸡眼，血压也高了，神经也搞坏了。至于鼻观心，鼻子没有眼睛怎么去观心？除非打坐把头埋到胸口，鼻子才观得到心；如果这样，那就糟了。道家所说眼观鼻，鼻观心，是一种影像，这个“观”字，意思是“贯注”；一种在意识上，由眼睛下来对着鼻子，鼻子对着心窝，一直贯注而已。并不是打起坐来弯腰驼背，闭上眼睛，自认为这样叫打坐，就是老僧入定。那是非常错误的，所以对于这个“观”字要特别注意。

这里所讲的“观”，照佛学方面的解释，就是观照的“观”。道家修道的书上有一句话，“内照形躯”，是注重内照的意思。所以说道家的修道方法，不能说完全不对，不必为门户之见，把他人否定。

修道的四个字，就是“收视返听”，把我们向外面看的视线收回来。现代的青年学生们，为了应付联考拼命读书，读成近视眼，因为两眼睛张开，像手电筒一样，往外放射，注意书本，结果书没有读通，眼睛都读坏了。读书要有“收视”观念，把精神从视线中收回来。“返听”，耳朵不向外听，把声音像录音机一样收录回到里面来，也就是说只收听外面的声音，其余的声音听不见。普通一个人，一定把耳朵对着外面去听别人讲话。修道的人则不是，而是使别人的话音自然回入耳内。看光的道理也一样，是使外面的光线自然回到自己的眼睛里。“收视返听”的修道工夫，就是这个原则。各家各派的打坐修道，佛家叫做“观”或“照”，也就是道家这个“收视返听”的道理。

“以身观身”就是“收视返听”，如果能够做到“收视返听”，自然会“内照形躯”。所以有许多静坐很好的人，眼睛一闭眼光向内照。所谓“内照”，就是精神内敛，精神收敛时，身体内部血液流行，自己都看得清楚；内部哪一点有了毛病，或没有毛病，也看得很清楚。当然很少有人能够做到这样，但做到这样也不是了不起，不过是静坐的初步，也就是“内照形躯”的初步而已。

生命如何走向结局

做到能够“以身观身”，就可以发现自己的生命是如何走向衰老，如何走向死亡，看得很清楚。所以由自己个人以身来观身，发现了生命修养的原则，然后再观另外的人，观天下的人。天下人真可悲，因为天下人多数都把生命无尽的功能急速地消耗，莫名其妙地去做无谓的牺牲，无谓的消耗。所以，人要能够真正“以身观身”，接触生活的实际，才可以找到生命的本源。

“以家观家”，要了解家之道，如何可以齐家，要观察自己家庭本身兴衰之道，洞察先机；再观察社会上每一个家庭，每家人的道德行为，就会发现都有必然的因果律。

同样的道理，“以乡观乡，以国观国，以天下观天下”。有大智慧的人，对天下国家的未来，究竟怎么样变，不需要迷信去问什么鬼神，只要用智慧去观察，“以天下观天下”就很清楚了。

另外是道家老子之后的庄子，也讲过一句话，“藏舟于壑”，船本来在河海中航行，以为把它藏在山谷，这条船便永远保存住了。但藏在山谷还是靠不住，因为“有力者负之而走”，有一个巨大的力量，可以把船搬走。他说最好的是“藏天下于天下”，就等于说把虚空藏在虚空里，就永远不会被人偷走了。但是把天下、把地球藏在虚空，你认为藏得很好，假使地球是由一个造物主造出来的，仍是“有力者负之而走”，说明这个地球始终有另外一股力量转动，没有任何东西可以把它固定不动。比方说，你把钞票藏在铁柜里头，好像藏得很好了，抢匪连铁柜都一起搬走了。世界上的东西都是这样，你把一个东西藏得极好，另外有一个不可知的力量，在你藏好后，整个地拿走。

这个力量是什么？是生命的本源。所以我们现在讲到“以天下观天下”，以天下事情观察天下，才能够懂天下；以家庭来看家庭，也才能够懂得家庭；以生命来研究生命，才能真懂得自己真正的生命。老子讲到这里，又说“吾何以知天下然哉”？我怎么会明白天下的道理，何以知道一切所以然呢？他说我没有其他的巧妙，只有一句话“以此”，“以此”就是用这个，用什么呢？就是前面所说的，“以身观身，以家观家，以国观国，以天下观天下”。统统观察清楚以后，真正的生命自己才会有把握。能够做到的人，都怕建立一个东西，因为能建就会坏，把握住一个东西，抱住一个东西就会失掉，这都是人生通常的情况。

可是人很可悲，总希望有一个东西可以抱住不掉，建立起来不会毁坏，可是找不到这么一个东西。这是什么？老子没有直接讲出来，不过刚才已经提过什么是无为之道，就是不建。不建立就不怕拆掉，不把握它，它永远站在这里。他又反过来告诉我们，这个又不建立，又不把握而永远存在的，到底在哪里？是在你生命本身本就具备的，只是你找不到。怎么样去找它呢？“以身观身，以乡观乡，以国观国，以天下观天下。”你的生命的本位，就具备了无比的功能，无上的道；道不是向外求，而是在于你本身。这就是“吾何以知天下然哉”？我怎么晓得天下有这么一个必然的道理呢？就是用本身看本身这个方法，就找出来这个真理了。

本身观察这个本身，好像没有什么了不起，可是我们仔细一想，却发现真的很了不起。有很多修道、学佛、打坐、做工夫的人，试问到底在那里干什么？都没有返转来找自己；如果向自己里头去找，禅宗所讲的豁然而大悟，就完全贯通了。老子也就是说明这个道理。

下章接着再发挥以身观身的道理。

第五十五章

纯厚自然的赤子
婴儿的精之至
保持气的平和
生命来之不易
先来后去的生命之灵
意识的形成
精气神消耗完的时候

含德之厚，比于赤子。蜂虿虺蛇不螫，猛兽不据，攫鸟不搏。骨弱筋柔而握固，未知牝牡之合而全（朘）作，精之至也。终日号而不嗄，和之至也。知和曰常，知常曰明，益生曰祥。心使气曰强，物壮则老，谓之不道，不道早已。

纯厚自然的赤子

这一章也就是上经第二十五章的引申说明。上经第二十五章说了一个原理，说“人法地，地法天，天法道，道法自然”。但“道”所效法的是什么“自然”呢？这是由“以身观身”而来的，但“以身观身”又是如何呢？

“含德之厚，比于赤子，蜂虿虺蛇不螫，猛兽不据，攫鸟不搏”，这就是“以身观身”。以人的生命而言，上经第十章讲过“专气致柔，能婴儿乎”。后来练太极拳的人，大家也用过这两句话标榜，不过，要真正练到“专气”，那是一股先天的元气，是浑然一体的。

人的元气不是有形之气，可是现在练拳的人，拚命把空气吸进来，好像轮胎灌气一样，那是大错特错。所以有些人太极拳练得不阴不阳，云里雾里的，练得毫无道理。真正的

“专气致柔”，是先天之气充满了，最后达到了忘身，只有一股气团；那个气团柔软到极点，真正的筋骨软了，像软面团一样。实际上，筋骨摸上去仍是硬得很。有些练拳的人，故意装得软软的，好像要睡觉那个样子，就叫做“醉八仙”或“罗汉塔”，像是喝醉了酒一样，但那根本不是元气。

老子所说的“专气致柔”，柔到什么程度呢？天下最柔的人体，就是刚刚生下来的婴儿，古书上叫做“赤子”。为什么叫“赤子”呢？刚出生的婴儿，全身是红彤彤的赤色，所以叫赤子。赤子全身都是血色，使人感到不敢抱，练过拳的人更不敢抱，因为赤子像是一堆豆腐一样，生怕会碰破他。“含德之厚”，讲道德修养做工夫，就像是做到赤子这个境界。佛家说入定的人，是不能叫他的，也不准碰他，更不能拉他，古代有很多这方面的记载。真正的入定，并不是打坐时闭起眼睛睡觉，而是像赤子一样，如果拉他的手，可以把他的手拉出很长，他自己并不觉得奇怪，骨节的柔软会到这个程度。但是把他的手放了，又会慢慢地缩回去。不过出定以后，他的手一定酸痛，而且还要再修炼才能恢复。

“含德之厚，比于赤子”，一般婴儿的心理，是没有是非观念，没有善恶观念，没有好坏观念，没有香臭观念。不论坏人好人来逗他时，他一样都笑，因为婴儿没有后天的分别意识。对于赤子，据老子说“蜂虿虺蛇不螫”，这些毒蛇猛兽，像蝎子、蜜蜂、四脚蛇、毒蛇等等，爬到婴儿身边也不会咬，只有极少的例外。如果婴儿动一下，有些小动物，受惊吓才反攻，虽然婴儿的动是无心的，小动物因害怕就螫人反攻。像蜜蜂飞到我们脸上，停着不动，你不打它，也不赶它，它也不会螫人；蜜蜂之所以螫人，是因为人先有怕它的心理作用。

我曾经在山中走路时试验过，对蝴蝶说："来！来！"它就飞到我手上站着，还跟着走了半天路，然后对它说："走吧！走吧！飞走吧！"它就飞走了。那就是感应，生物跟人一样，具备了慈悲、爱心，没有侵害心。其实也无所谓爱心，而是一个自然的生命，与人无争，与其他生物没有利害关系。当小孩子身上停了蜜蜂，便叫孩子不要动，人不动它就没有关系。蜜蜂停在人身上是在做工，希望找到一点汗汁，它只要沾一点汗就飞走了，因为蜜蜂把百花的蜜采来了以后，没有一滴人的汗渗进去，蜜就冻不拢来。像我们做豆腐一样，不放一点石膏下去，煮好的豆汁就冻不拢来。如果蜜蜂来了，你不去打它，它也不会螫你，所以对于婴儿，老子说蛇蝎不会螫他。

其实，吃人的猛兽，对于在它面前的婴儿，也不一定会去吃的。古书上也有记载，婴儿丢在旷野，许多猛兽或者豺狼、老虎，乃至于万兽之王的狮子，有将这婴儿抱回去喂奶养大的事例。可是一个婴儿的尸体丢在那里，猛兽就会吃掉他。

"攫鸟不搏"，空中飞的老鹰，会捉跑得快的兔子，并不来抓婴儿。像西北高原那种红嘴老鹰，专门吃肉的，尤其在西康一带的高原上，你手提一块肉，如果不用两个碗盖起来，说不定从天上冲下一只大鸟，呼一声就把肉给叼走了。但是鸟绝不抓活人，也许脑袋被它抓一下抓破了。他说唯有婴儿，"攫鸟不搏"。

婴儿的精之至

“骨弱筋柔而握固”，婴儿的骨头是柔软的，筋也是软绵绵的，什么是“握固”？在佛教密宗叫做手印，道家叫做掐诀。婴儿的手握拳，把大拇指捏在掌心，叫做“握固”。道家有的人打坐就是这个样子，把大拇指握起来，所谓学“握固”。婴儿生下来手就是这样握着，好像要抓一个东西。为什么那么抓？详细研究起来，问题就大了，可以写一本专论，探讨人的生理医理。

婴儿生下来就“握固”，手总是那么握，一旦到年老临死的时候，便放开了，表示对这个世界抓不住了。那个时候，“善抱者不脱”，不善抱的就脱了，知道抓不住了。

“未知牝牡之合而全（朘）作”（有的版本用“朘”），婴儿没有男女的欲念，也没有男女的性别观念，生理的机能是自然发展，而“精之至也”，精是自然出生的。很多学佛、学道、学打坐的人，拼命炼精化气，炼气化神，炼神还虚。生命上有限的精虫卵脏之精，虽然也叫做精，但并不是炼精化气的精。许多人做错了工夫，一望而知，这些人不管他学佛学道，理解都不对。从表面上看，不是一脸黑气，就是看得见红光，或者是红中带乌，乌中发亮，亮中发黑。这种情形非常严重，是一种大病相。实际上，这种修行都是在玩弄，给自己找麻烦。因为在身体里有形的精虫卵脏上做工夫，再加上用气脉搬来搬去，结果没有不出毛病的。这不是“道”，这也不是工夫。

什么是精？这一章给我们讲得很清楚，也说到要炼精化气、心理、生理的修养等等，首先要看你能不能做到这个婴儿境界。婴儿没有是非心、没有善恶心，不管你喂他什么，他分别不出来香与臭。你说他没有思想，没有感受，其实他知道，只是没有分别的观念，就是佛家常说的“无分别心”，这就是说明婴儿境界的状况。

有人或者说，自己现在空空洞洞，没有分别心。问他是真的吗？他说：“是呀！我现在没有分别心。”这其中早已分别了。分别个什么呢？分别一个“没有分别心”，那也就是分别心了。这是很逻辑的事，可是大家不知道，真到了无分别心，是浑然一体的。老子的话说得很清楚，到了这个境界，才真正是所谓精充满了，这是精神之精。至于什么炼精化气、炼气化神都不谈了，都在精之内，可以祛病延年，长生不死了。只不过，我们人就是太过聪明，做不到如婴儿的境界。

在五十四章中，老子提出来“以身观身”的修身之道，后世演变为道家的修神仙、长生不老、祛病延年的方法。换句话说，这种修仙的方法，是从这个原理发展出来的。刚才讲到什么是本身的精，也就是精神之精的状况；下面是讲气，人的生命包括了精气神，这三个要分开来研究。

保持气的平和

“终日号而不嗄，和之至也”，“号”就是哭，这是婴儿的境界，若哭起来，那不是真正的哭。婴儿哭起来很可爱，有时蛮好听，因为那是“号”，没有真正从喉咙里哭，没有把声音哭哑了。这个“嗄”字，是声音沙哑了。人老了以后，或者有病，声音就变了。一般小孩子唱出来的是所谓童声，但是童声还不是婴儿的声音，婴儿“号而不嗄”，这是说明婴儿气的充沛。气的充沛就是精神充沛，气保持着平和，没有情绪激动，没有动妄想，心境永远是和平的。所以叫做“和之至也”，就是《中庸》上说的“致中和”。

“知和曰常，知常曰明，益生曰祥”，这个是神的境界。第一节讲精，第二节讲气，拿婴儿来做比喻。一个真正修道的人，修养本身，是“以身观身”来修持的。第三节是有关养神，这个就很难解说了，也涉及婴儿的心理，除非利用科学的仪器，但也不大容易准确。婴儿的境界，到底有知还是无知呢？绝对有知。但是他的知没有第六意识，这个道理我们只好借用佛家的观念来解释。

生命来之不易

佛家讲三世因果，这个生命光是靠精虫卵脏结合也不会成胎的。成胎要三缘和合，就是三个缘凑合一起，也就是三个因素：男性的精虫，女性的卵子，加上我们普通所说的灵魂，佛家叫做“阿赖耶识”的种性（种子）。这三个因缘合拢来才构成胎儿。入胎以后呢？这要研究现代的生理学了，因为女性每月只有一两个卵子排出，到了更年期月经停止不再排卵，就是老年了。所谓老年，就是不再怀胎生育，佛经上经常有一句话：“人身难得，有如大海中盲龟遇浮木。”意思是说，在茫茫大海中很多乌龟，在海中乱游瞎闯，忽然遇到一块浮木，木上有一个洞眼，这盲龟一抬头，刚好把头伸进这个洞里。我们得到一个人身，也就像盲龟遇浮木这样的难得。

现在医学也晓得，一次的精虫排泄，差不多有几亿，只有一个精虫刚刚碰上这个卵子，也就如海上盲龟一样，撞进了洞眼。所以，一个人生下来真是非常幸运，几亿的兄弟姊妹们都失败了，自己幸运成功。我们要认识得到生命之不易，所以要尊重珍惜自己的人生，爱惜自己的生命。

三缘和合入胎以后，在娘胎里的成长，七天一个变化，第一个七天等于是糨糊一样，像一滴豆浆，还没成形。第二个七天才开始生出中间脊髓的神经，由背脊骨开始，像现代医学的精确分析一样。释迦牟尼佛在两千多年前，就讲了人的生命发生过程，七天一个变化，三十八个七天，共二百六十六天，然后胎脏里有一股气流，把胎儿倒转来才生下。

欲界下层天的人，头是倒转来向下生的，上层天天人的出生是上升，是从男性的肩膀或头顶上生出来。佛怎么会知道呢？你说他是幻想吗？这个幻想的蓝图太伟大了，据我所研究的，古今中外没有一个学术超过他的范围；而且科学一步一步证明，他的话都是实在的，真实的。

先来后去的生命之灵

至于道家对生命的界定，娘胎以前，以及娘胎这十个月怀胎中，都属于先天的范围；因为胎儿时期，是靠脐带吸收母体的营养。

胎儿在胎里头，有没有意识呢？没有意识。这个灵魂入胎，叫做第八阿赖耶识，相当于心理状况精神部分，这个生命是由此而来的。佛经所讲第八的阿赖耶识，翻译成中文为“含藏识”，含藏过去、现在、未来一切的种性——种子的个性。他这个种子对于生命来说，是“去后来先做主公”的。“来先”，生命开始时最先来，有它即成胎；“去后”，死的时候最后走，所以说是“去后来先做主公”。

我们一般认为生命做主的就是这个东西，但并不是“道”的究竟，这个就是我们平常所说的“灵魂”。

以人来说，所谓死亡，一般指这个人的呼吸完全停止了，就是断了气，脉搏也停止了。但死亡的情况每人不同，有些人全身都冰冷了，心窝子还温温的；照佛家的道理，这个人是人中再来，还要来投生变人。有一些人全身都冷却了，但头顶心或稍前的地方仍是热的，认为会升天。所谓升天，是有宗教信仰的人，或者虽无宗教信仰，一生是好人做好事的善人。

不过宗教也有方便说法，有人虽然上部最后冷却，但是死时面带愤怒，或者眼睛不闭，有愤怒之相，这在天人之中属于“阿修罗道”。所谓神道、魔道之流，也许上升，但上升又有好坏的差别。至于向下面走的，所谓到畜生道的、饿鬼道的、地狱道的，死后现象都不同。

中国文化依据《礼记》，人死亡了，古礼几千年来的习惯，叫做“寿终正寝”，所谓“正寝”，是家庭中最长辈所住的主要卧室。当去世以后，要把遗体抬到大厅上停放，这个叫“寿终正寝”。现在的人，多半死在医院，不算是“寿终正寝”，应该是寿终某某医院，讣文上写“寿终正寝”是不对的，这也就是我们今天文化的矛盾。在今日许多应酬社交文件中，这一类不合理或闹笑话的地方很多很多，这是顺便提到的。

中国《礼记》一书，迄今已几千年，仍极具价值，因为它非常科学。例如人在寿终正寝以后停放三天才可入殓，第一二天当中不准移动。因为有一种病叫做假死，如果三天之内不再活过来，才可确定死亡。有人死亡两三天又活转来，古今中外都有这种事例，有人说这是死后还阳，其实不是还阳，而是没有真死。

照佛家的道理也是这样，被认为死了的人，阿赖耶识尚未完全离开，在全身没有完全冷却之前不可以移动，也不准碰他的身体，因为这个时候，他虽不知，但是仍有“感受”的。换言之，就是知觉的部分没有了，感觉的部分仍然存在，还会不舒服、难过。这个叫做“去后来先”的投胎。

婴儿生下来，现在医学很昌明，助产士把脐带一剪断，立即用带着手套的手，把婴儿嘴里的秽物先挖出来。那个东西叫做胎毒，泥巴一样的气味不好，要全部挖干净，否则婴儿哇一声哭出来，这团东西就吞下去了。许多人身体生来就不好，就是因为口中没有挖干净的关系，这是在胎儿时累积起来的毒垢。我的研究也有很多看法，许多中年人罹患癌症等疾病，与这个胎毒有些关系。这是顺便谈到一点养生的常识。

有许多人打坐做工夫，会觉得某一部分难过，又检查不出病源来。其实没有什么，只是这一点胎毒在里面作祟。做工夫想把胎毒完全排除干净是很难的，所以说，脱胎换骨很不容易。

中国人对于哭的描述有三种形态：有泪无声谓之泣，有声无泪谓之号，有泪有声谓之哭。婴儿那个哭就是有声无泪的，所以叫做号。初生婴儿这一声哭是很难过的，因为他在娘胎时，等于睡在温床里，太舒服了，一出娘胎接触到空气，全身千万毛孔像是十万根细针扎进来那么难过。只可惜婴儿当时不会讲话，后来也记不得，假使同我们现在一样，他一定高喊："唉哟！痛死我了！"婴儿刚出生，只有一点点大，等到脐带一剪断，"哇"地放声一哭，再受到空气的影响，就充沛起来，马上长大不少。

意识的形成

婴儿时期也没有分别意识，婴儿的头顶囟门还在蹦蹦跳的时候，不会说话；等到囟门这个地方长满了，开始说话的时候，后天的思想意识，亦即佛学上的第六意识才开始，分别思想也就慢慢地成长。等到长成像我们这样的老头子，那就是老顽固了，因为意识愈久愈顽固。于是自己意识中充满了"我认为如何"，"我读的书"，"我的思想怎么样"……这个"我"字愈来愈大，这一点我执的成见，就变成了种子。所谓"现行熏种子，种子生现行"，现在的行为思想变成未来的种子个性，而过去种子的个性，又形成自己现在个人的人生。

意识这一部分，在道家来说，是属于精的部分。在胎里的时候，肉体的成长和呼吸，就靠脐带与母亲相连，胎儿意识虽未成长，但"知"性是有的。所以现在医学的研究已经承认，中国几千年前就注重的胎教是有道理的。人的教育，是应该从怀胎第一天就开始的，中国的古礼，在女性怀孕后，看的书都与一般人不同，看的颜色也不同，看的东西都不同，情绪也要平和，因为都会影响到胎儿。孕母如果心中想着害人，想要整人，那个胎儿已经在里头接受了这个教育，慢慢就形成了个性，所以胎教非常的严重。

胎儿是靠跟母亲相连的脐带呼吸，生下来“哇”一声，嘴巴张开才开始后天鼻子的呼吸。道家说打坐要达到胎息，打坐入定的人会恢复胎息。但是，胎息并不是肚子呼吸。有些修道家法门的人专门炼胎息，把肚子鼓气，那就不对了。老子所讲真的胎息是“绵绵若存”，永远像胎儿一样，有一个若存若亡，柔和、微弱的气。

那么婴儿有没有知呢？有知，但不是第六意识，这一部分就是我们现在讲的神。所以道家的分类，有精、气、神三个部分。

精气神消耗完的时候

道家后世的观念，认为生命可以自己修养到长生不老，但是要吃三种药，就是道家《高上玉皇胎息经》上说的：“上药三品，神与气精”。每个生命都有长生不老之药，就是精、气、神，所以要知道如何养精，如何养气，如何炼神，以达到长生不老，也就是老子所讲的“以身观身”。

《老子》这一章先用婴儿来比喻，先讲养精，修养到如婴儿时，就是“精之至也”，气的修养方面，能达到婴儿般的“终日号而不嗄”，则“和之至也”。神呢？“知和曰常”，就是有一个天然的灵知之性，这个“知”不是意识的知，而是神，神是永远的、恒常的。有时候说，修道明白了就是神，是灵感的发现，神灵的发现，才叫做明白，所以说“知常曰明”。要是真正懂得保养自己，便“益生曰祥”了，就是懂得自己的生命，以及这个精气神，而能祛病延年，也就是人生的大吉祥了。

精、气、神三个部分都解说明白了，再讲反面的状况，“心使气曰强”，这是我们普通人的现象。普通人为什么不能修到婴儿的境界？都是由于后天的心，强迫消耗自己的精、气、神，强迫自己变成表面看起来很强壮的样子，实际上是快速消耗自己的生命。强迫消耗精、气、神的结果，外表似乎精神强壮，但是老子告诉我们：“物壮则老，谓之不道，不道早已。”天下万物由幼嫩变成强壮，强壮再转趋衰老，衰老以后就是死亡。这是物理自然的原则。

“物壮则老”，所以生命一到中年，精神、体能、知识到了高峰的时候，下一步就是下坡了。青年同学们长久不见，再见了面，我说：“忘记你几岁了！”他们都回答：“哦哟！三十八、四十了，马上要走下坡了。”人到了四十岁，这个生命就开始走下坡了。“不道早已”，“早已”翻译成白话，就是快要完了，用文言说来好听一点。老子要我们懂这个原理，如何使自己不要太早完蛋。

这一章连上一章，是说如何“以身观身”，“内照形躯”，把握自己生命的精气神的修养，否则“物壮则老，老则不道，不道早已”。

第五十六章

修养处世该如何

知者不言，言者不知。塞其兑，闭其门，挫其锐，解其分，和其光，同其尘，是谓元同。故不可得而亲，不可得而疏，不可得而利，不可得而害，不可得而贵，不可得而贱，故为天下贵。

修养处世该如何

老子这人很有意思！自己一部五千言的巨著，经常把要紧的话先漏了一些，就如武侠小说一样，露一手，点到为止，又赶快收回去了。五十五章正讲到要紧的地方，他话锋一转，在这章里自己又批评起自己来了。他说“知者不言，言者不知”，最高明的人，真正有智慧的人，是不说话的。本来不说而又说的人，才是笨蛋，他自己骂了自己。唐代的诗人白居易，作过一首诗：

言者不如智者默　此语我闻于老君

若道老君是智者　如何自著五千文

“言者不如智者默”，爱说话的人，宣扬文化，讲经说道，都是笨蛋，同我们一样。言者已经是没有真智慧，真的智者，则缄默不言。“此语我闻于老君”，这话是老子自己讲的嘛！我也是那么听来的。“若道老君是智者”，如果说老子本身真有智慧，“如何自著五千文”，他为什么又写了这本五千字的书呢？他到底是智人还是笨人？这是白居易对他的幽默表达。

现在也不管老子是智或笨，他仁慈地告诉我们修养的方法，“塞其兑”，“兑”是卦名，兑卦代表了嘴巴，上面有缺口的。老子说修道的人第一要不多说话，要含默不言。关于说话的道理，根据历史的记载，很多成功的人物，多为“沉默寡言”型。但是沉默寡言的人，不是完全不说话，而是少话；一说话就是中心点，很扼要又中肯，这是成功人物的一个特点。至于修道的人，多半完全不说话；所以老子告诉我们修养的方法，要“塞其兑”，就是不说话。

“闭其门”，把眼睛、耳朵，凡是张开的都收拢起来。“挫其锐，解其分”，有些版本中的这个“分”字，写成为纷扰的“纷”。

“挫其锐”，真正的修道，要把思想最尖锐的地方磨炼成平和。比如有些青年人到长者那里谈道，既然是为道而往，应该说是未曾闻道，而他表示自己对于佛道已经有领悟了。他固然也非常聪明，可是他就犯了一个大忌，就是太尖锐了，聪明也是假聪明！一个真正有修养的人，就是达到“挫其锐”的程度，把尖锐的聪明棱角都磨下去了。“解其分”，这是指心里的妄念，要把分别妄想除掉。

“和其光”，把自己外露的光明收起来；“同其尘”，处世之道，不要显露特别之处，和平常人一样，很平凡，“是谓元同”，这才是修道人的榜样。“元”就是“玄”字，修道人必须要和光同尘。这一节和第五十五章都解释了第二十六章“虽有荣观，燕处超然”的道理。这一章主要的说明，不只是修道的经验，也是做人处世的道理。

我们中国文化有个好处，也有个坏处，好处是几千年来，教导后代的，都是叫我们少说话。“祸从口出，病从口入”，这是中国的古训名言。尤其夏天乱吃东西，都是从嘴巴吃进来的，这是“病从口入”。至于“祸从口出”，就是由讲话产生的麻烦。这个道理，看起来是要培养最高尚的修养；但是在另一方面看，也养成了一个不关心别人的民族性，不管人家的闲事，不大肯帮忙别人。尽管讲仁义之道，在“祸从口出”、“各人自扫门前雪，休管他人瓦上霜”的教训下，却缺乏慈悲心、同情心。

我们的民族同其他民族相比，我们的民族虽然没有讲个人自由，可是那种自私的心态，比别的民族的个人主义还更厉害。这也就是这个教育修养所产生的流弊。老子在这一节里，告诉我们处世的道理，就是向这个路上走，尽量地不说话，为人处世，要把自己的聪明磨掉。尤其是青年人，聪明不要外露，再把思想上的纷杂去掉，最后和光同尘。

那么什么是做人最高的艺术呢？就是不高也不低，不好也不坏，非常平淡，“和其光，同其尘”，平安地过一生，最为幸福。他说这就叫“元同”。“元同”的道理，用一句简单的话来说明，就是“最平凡”。做人要想做到最平凡，也是不容易的，谁都不容易做到。假使一个人真做到了平凡，就是真正的成功，也是最高明的。

“不可得而亲，不可得而疏”，做到了最平凡处，有这样修养的人，想要特别亲近他，做不到；想跟他疏远也不可能。“不可得而利，不可得而害”，也没有特别地蒙利，也没有特别受害。“不可得而贵，不可得而贱”，换句话说，没有亲疏，没有利害，没有得失贵贱，永远站在真正的中庸之道，“故为天下贵”。所以修道人的作为，永远是中庸之道，既不高明也不卑下，既不骄傲也没有自卑，没有了不起，起不了，永远是中和之道。

这是这一章的结论，下面他转了一个方向，还是讲道德之用。

第五十七章

以正治国 以奇用兵

给日本公民的一封公开信

以正为奇 天下归心

忌讳造成的影响

科技愈发达 精神愈昏扰

法令多 犯法的人更多

无为 好静 无事 无欲

以正治国，以奇用兵，以无事取天下。吾何以知其然哉？以此。天下多忌讳，而民弥贫。民多利器，国家滋昏。人多伎巧，奇物滋起。法令滋彰，盗贼多有。故圣人云，我无为而民自化，我好静而民自正，我无事而民自富，我无欲而民自朴。

以正治国 以奇用兵

前面专讲道德之用，而讲到这里，他忍不住，又讲起政治的高明道理来了。

“以正治国，以奇用兵，以无事取天下。”这是政治的三大原则。《老子》这部书的上半部道经，他是反对战争的。他曾说过：“大军之后，必有凶年”，“以道佐人主者，不以兵强天下”，“师之所处，荆棘生焉”，这些都是他在前面所说反对战争的话。

但那是讲“道”，讲本体的道理，而现在讲到“用”的时候，就主张在军事上，应该有充分的准备。譬如一个人，必须有一把刀，但永远不杀人。人需要自卫，而不是去伤害人，也不接受别人对自己的伤害。这就是前章说的，不高亦不卑，不贱亦不贵。所以他告诉我们，对于社会、国家、天下事，要以正道治国。真正的政治，就是“以正治国”，不能用权术，不能用手段，而是用真正诚恳的道德，不能虚诈，不能作假。

至于用兵，在军事哲学作战的运用上，《孙子兵法》曾经告诉我们，“兵者，诡道也”。“诡道”是什么？就是“以奇用兵”，所以用兵要用奇兵。能用奇的，那是上将之才，大将之才。

我们研究历史，《汉书》上所说，陈平帮助汉高祖，六出奇计，助汉高祖统一了天下。当时，张良、陈平、萧何都有功劳，最后陈平功劳最大；所以萧何死后，陈平当宰相，封了侯爵。但在《史记》上的记载，陈平自己说：“吾多阴谋，是道家之所禁，吾世即发，亦已矣，终不复起，以吾多阴谋也。”奇计是用阴的，如四川话所说，是阴着干的，违反了道德。陈平说，我的后代将来不会有好的果报，功业会被拦腰截断。后来果然如此，陈平自己位至王侯，但只传到孙子一代，功名富贵就结束了，这是陈平自己的预言。

这是历史上的例证，陈平毕竟是道家，学老庄之道的人物，他在人文文化上给我们一个运用上的教训。虽说为了国家天下，不能不出奇计，到底为道家所忌。所以人生在世，要行正道，正道就是诚；许多人学问好，头脑聪明，喜欢诡道、奇计，这就大错特错了。

这里，我们讲到老子的“以正治国，以奇用兵”，不一定是专指用兵，就是个人创业、做人的道理也是一样。我们也可以将老子这几句稍微修改一下，引申到我们个人身上，“以正做人，以奇做事，以无事创业”。“无事”如何能创业？

这就是真本领了。试看，一个人躺在床上睡觉，真正是无事，那会不会创业？

“以无事取天下”这句话，是老子学术思想的精华所在，这要特别注意。有一种人，有道德、有学问、又无心于取天下，但他的道德修养，反为天下所归。我们中国上古史中有榜样，尧、舜、禹乃至于周朝的文王父子，尤其是文王，都是“以无事取天下”的。在文王的时代，三分天下有其二，天下一半以上是他的，他决不想动，不想为天下第一人。后来他儿子起来革命，是另外一回事。所以历史上，始终赞誉文王之德。其实在殷商时代，文王已经三分天下有其二，是否是“以奇用兵”来取天下的？不是，而是天下归心，天下敬服于他的道德。如果以现代的观念及术语来说，那是他政治作战的成功；更贴切地说，这是他教化牧养百姓的成功。而最高的原则是道德，是无所求，对百姓毫无所求，这就是“以无事取天下”的道理。

一般人研究《老子》，读了上半部“道经”，当他说“道”的体时，他曾说“以道佐人主者，不以兵强天下”。于是一般很轻易地认定，老子是反战主义者。这一观念似是而非，实际上，老子并不是绝对反战，是在不得已时才战。我们中国所有的兵家思想、军事哲学，以及《孙子兵法》、《太公兵法》，也和老子这一思想一样。这是中国文化的特色，就是绝对不侵略他人，但是也绝对不接受别人的侵略。所以他并不是反战，相反地，认为军备一定要充足，因为有了足够的军事武力，才可以达到维持国际间的道德与和平。

给日本公民的一封公开信

十几年前，我在日本参加一个有关文化方面的会议，有很多大学校长以及名教授在座。那天开会进行到夜晚的十时余，有一位日本某名大学的校长指定要我说话，我无法推辞，只好发表一些意见。这篇讲辞后来曾以《给日本公民的一封公开信》为题，在《中央日报》发表。当时我说的内容要点是，一个国家有两件事情最可怕，一是“刀”，就是军事，一是“钱”，就是经济，家庭也是如此。我对他们说，在第二次世界大战以前，你们日本以为自己的军事力量强大，可以征服全世界，所以发动侵略中国的战争。这就等于一个人，认为自己手中的刀很锋利，于是就挥舞起来，结果伤害了自己，也伤害了中国，甚至伤害了全世界。这是一件非常错误、非常可悲的事。

当时，有几位驻日本的年轻外交官正好坐在我身边，他们轻轻扯我的衣襟，意思是希望我少说几句，因为我的话说得很率真，不太客气。

我继续告诉他们说，你们现在有一种思想，比军国主义的思想更厉害。你们现在以为自己有钱，是世界上的经济强国，要用钱来买通全世界；倘若不及时反省，将来所产生的错误，要比第二次世界大战的军事侵略所得的恶果更为严重。

当时也有人问我对日本的观感，我答复他说，我平日深居简出，这次远行，感到一些疲倦，只在东京游览一圈，并不觉得有任何特别好的地方。任何一个国家，能有了二十多年的长时期安定，都可以做到这样，甚至做得更好。日本人应该知道，今天日本经济的繁荣发展是从何而来，那是中国抗日战争时期三千万军民的血汗生命换来的；因为战后我们不索赔偿，让你们有休养生息的机会，我们这个以德报怨的精神，才使你们有今天。

他们那时正在举行东方文化会议，我告诉他们，你们没有东方文化，根本就是中国文化会议。假如你们要说东方文化，那看是站在哪一个立脚点，从哪一个角度而言。

以正为奇　天下归心

我今天提到十几年前在日本的这段往事，是用来说明，一种真正的仁道，真正良好的政治思想是“不以兵强天下”。同时，老子在这里说到“用”时，提出了“以正治国，以奇用兵”的道理。而“以奇用兵”这句话，如果作为一个讲座的专题，可以研讨一两年的时间。因为这涉及中国几千年来的军事思想，用兵的谋略。凡是涉及用兵，涉及谋略等，总不外“出奇制胜”四字。不但用兵如此，即使经商、创业，都要“出奇制胜”；就连青年学子参加联考，也要能“出奇制胜”，要猜题“出奇制胜”才行。换言之，要有个人的才具、本事、高度的智慧，才能出奇以制胜。

关于这个“奇”字，发挥起来，则千变万化，人莫能测。更有“以正为奇”，走很正的路子，就是至高的奇。我常告诉年轻人，不要玩弄自己的聪明，不要用手段，不要动歪脑筋。这一百年来，也可说近八十年来，世界的变化，国家的变化，社会的变化，训练得每一个青年的脑子都很厉害，各个人的本事都很大，人人都是诸葛亮。当然只是半个诸葛亮，只“亮”了一半，就是坏的那一半很“亮”。

所以，在这个时代，以聪明对聪明，办法对办法，手段对手段，是必然遭致失败的。在未来的时代，只有不用聪明的聪明，不用办法的办法，不玩手段的手段，诚恳、老实，才会获致真正的成功。因此，应该“以正为奇”，走正道；不过在某一时间，某一社会，某一环境，尤其在一种非常愚笨的时期或社会中，是需要用一点智慧的，那是真正的“奇”，其实那也是正道。

“奇”是一个单数，是特别突然冒出的偏道。“奇”的道理太多，一切兵法，政治谋略，都包括在内。这里只是告诉大家一条“探奇”的路。我们中华文化的宝藏太丰富了，要大家自己去打开，如果古书读不懂就难了。现在是“洋学”盛，这把钥匙就很难打开我们自己的这座老宝库了。

上次讲过“以无事取天下”，例如尧、舜、禹、文王、武王都是“以无事取天下”的榜样。“无事”并不是躺在那里睡觉，而是注重道德的政治，培养道德的政治，无心侵略别人，而天下自然归心。我们的历史上，给成功的皇帝下一句同样的评语，就是“天下归心”，这是非常难做到的。

接下来，他以这三句话的道理加以发挥，“吾何以知其然哉？以此”。他说，我为什么说这些政治哲学、军事哲学以及立身处世哲学的基本原则，就是这三句话呢？因为年轻人将来要做事，就要“以无事取成功”，不去侵犯别人，也不去占有或夺取别人，而是以正道而得助，最终才能成功。像有些年轻朋友，到处跑，到处钻，结果一无所成。如果真正有修养，有本事，则成功自然是属于你的。

老子然后说，他为什么知道“以正治国，以奇用兵，以无事取天下”的这番道理呢？他说“以此”，就是以下的理由：人生的经验，历史的经验，累积古人的经验，再由他自己所观察的经验，才得以知道这些道理。

忌讳造成的影响

如果说老子的经验不讲考据，而引用《神仙传》的说法，老子已经活了几千年了。《神仙传》中说，他在黄帝的时代就已经存在了，只是名字不同。据传说，那时他的名字叫做广成子；他还当过尧、舜、禹的老师，不过每一代的名字都不同，使人们不知道就是他。到了周朝他叫老子，所以他不只是从书本上得来的学问，而是他人生亲自累积的经验，才产生了老子的哲学原理。

“天下多忌讳，而民弥贫”，这是他经验的累积，以及历史的事实。“忌讳”一词，解释起来颇费周章；现在的解释，则是指某种事不能说，说了就是犯“忌讳”。而过去对于“忌讳”一词则有多方面的用法，如对于帝王的名字，不可以直接称呼，否则就是犯“忌讳”，就要杀头。例如《老子》这本书第一章的文句，“同谓之玄，玄之又玄，众妙之门”；又如《千字文》的第一句“天地玄黄”。到了唐朝的时候，因为唐明皇李隆基的帝号为玄宗，于是这个“玄”字，为了避讳，就改为“元”字。而且，所有的书籍以及一切文字，都一律这样改，所以，唐朝以后，“玄”与“元”两字就通用了。又如孔子的名字“孔丘”，为了尊敬孔子，避他的名讳，我们早年读古书，读到他的名字孔丘时，就读做“孔某”或读做“孔乙己”；而姓丘的人，写自己的姓时，写做“邱”字，另有一些地方就写做“丘”字。

这就是“忌讳”，以现代语来直译，最接近原意义的就是顾虑、顾忌或禁忌。如台湾的旅馆房间，没有四号，因为闽南语“四”与“死”同音，避免这种不吉的语言，就是“忌讳”。这是小而言之。

大而言之，“天下多忌讳”就是在政治上有太多的禁忌，这样也不能干，那样也不能做，这个名词不行，那个名词不对，动辄得咎。如《孟子》一书中说，齐宣王盖了一个方圆二十里的花园，老百姓都抱怨太大了，齐宣王便问孟子，为什么以前文王的花园七十里，老百姓认为太小了，而现在我的较小，老百姓反而抱怨太大。孟子告诉他说，文王的花园人人都可以进去游玩，而你的花园如果有人不小心伤害了一只小鹿，也要依杀人罪严惩。这样多的禁忌，等于在你的园内设下了陷阱，陷民于罪，老百姓怎么不抱怨呢？现在世界上很多国家，就有很多忌讳，老百姓不敢说心里的话，更不敢批评，知识高的用外国语，知识低的用隐语、暗语、耳语，以诉胸中积怨。

老子说，一个国家，一个社会，禁令愈多，人民什么都不敢做，不能做，于是物质上就愈贫穷，精神上也更贫穷，贫穷到痛苦的地步。这就是“天下忌讳，而民弥贫”的道理。

科技愈发达 精神愈昏扰

“民多利器，国家滋昏”这句话，以现代世界的情况来解释，很容易明白。精密科技越发达，利器越多，核子弹当然是利器，投下一颗，即可杀人无数，这是多么厉害！但所谓利器，不仅是指杀人的锋利武器，而且泛指利便之器。物质文明，科技愈发达，社会上人人因此而热昏了头。这一点，现代的年轻人体会不到，只有我们这些年纪大的人，回想到少年时期，生活在农业社会时那种安定、清闲、自然、舒适的味道，实在是一种享受。

现在的物质文明太发达了，“国家滋昏”，国家社会就会昏头，热昏就会肇乱。反过来说，历史的经验，时代到了变乱的时候，“民多利器”，大家都有权力，以利器支使天下，大家都可以造反，这个社会就非乱不可。这也是历史中有记载的许多事实。

“人多伎巧，奇物滋起”，就是我们现在这个时代，科技发达，人的头脑越来越灵光，物质的享受越来越高明，越来越奇特。例如冷气机，也许五年、十年以后，不必要这样一个大箱装在墙上，也许会像一份月历一样，在墙上一挂，就可以调节空气了。“奇物滋起”，人人好奇，都要研究，制造出来的东西就越奇怪，越便利。这个现象，大家称之为社会的进步。这所谓的进步，我常说，如果以文化的立场来看，以精神层面来探讨，并不一定会予以肯定。以物质文明的发展而言，历史愈往前进，物质文明生活愈便利；但以精神文化而言，人类文化反而越来越退步、退化。无论古今中外，人类文化思想是同源的，都觉得后来的人比较进步，后来的社会一定是在前面，所以说进步与退步的说法，应该有一个界线。因此，以现代看到的，所谓社会越进步，则“人多伎巧，奇物滋起”的情形越严重。

法令多 犯法的人更多

再说到“法令滋彰，盗贼多有”，这在政治历史上也有很多经验，我们读了历史，看到每一个朝代到了后来法令越来越多。例如汉高祖入关，法律只有三条——有名的约法三章。《史记·高祖本纪》：“与父老约法三章耳，杀人者死，伤人及盗抵罪。”杀人抵命，偷盗剁手，就只如此而已，很简单。后来，不到一百年的时间，汉朝的法网就很严密了。

司马迁在写《史记》的时候，就把当时的官吏分作两类，一类叫做“循吏”，一类叫做“酷吏”。循吏是有道德的官吏，酷吏则是手段毒辣、严苛、残酷，只要犯了法，决不宽容。酷吏使用各种令人痛苦的刑罚，杀人也用许多残忍的方法，这都是汉文帝以后的事。如果以社会学的观点来看，也会发现汉文帝以后的社会越来越乱。

就政治方面而言，如汉武帝、汉景帝，都是很精明的领导人，但政治领导人越精于法令，法令就越多，社会也就越乱。这是一种无可变更的历史法则。从我们的生活经验来看，越懂得法令越会犯法，越会钻法令的漏洞。法网愈密，则可钻的漏洞愈多，愈容易钻。所以，中国的政治哲学，主张“法网恢恢，疏而不漏”。

老子说了这许多历史的经验，只是注解前面的一句话，“以无事取天下”。所以说，多忌讳、多利器、多伎巧、多法令，这一切都是有事，是有为法。有为法太过分了，社会就更乱，问题就更多；如果是无为法，就会清静、道德，社会自然安定。

老子就是因为从历史经验中知道这个道理，所以告诉我们，应该“以正治国，以奇用兵，以无事取天下”。接下来，作了下面的结论。

无为 好静 无事 无欲

这一段是讲领导人如何使人民富强安乐。

“故圣人云：我无为而民自化，我好静而民自正，我无事而民自富，我无欲而民自朴。”这是老子引用古圣人所说的话，他所说的古圣人是谁？也没有说出来，姑且不去管他，只研究他所引述这几句话的道理。

“我无为而民自化”，一个真正好的政治领导人，做到了真正的无为而治，具有道德的成就，则不必要去管理，人民自然就被感化。

“我好静而民自正”，这里的“静”，不是佛家的静坐，而是中国文化《大学》之道的“知止而后有定，定而后能静，静而后能安”的“静”。这是行事的静定工夫，不是在座上打坐；打坐是小玩意，这是大定。这是说领导人有这样的静定，是为天下的大静，如果领导人真正地“好静”，则天下之民自然受其感化，走上正道。

“我无事而民自富”，领导人真正“无事”，即无为而治，社会人民自然生活富裕。现在再引用一个故事，来试做诠释。

在明朝的时候，有一位年轻人考取了功名，出去做官，在上任之前，他去拜访他的一位老师。他这位老师学问很好，过去做过很大的官，然后告老还乡，闲居林下。当他向老师请教该如何把官做好时，这位老师告诉他说，你去好好做官，可千万不要作怪。做官的人，的确往往会作怪。

什么是作怪呢？例如，前任的人建立了一种制度，实施得很有成绩；而后任的人接任之后，为了要自我表现一下，要胜过前任，于是他作怪了，乱出主意，乱订办法。就像一栋房屋，本来好好的，他偏要拆掉，另行建造，这中间就出乱子了。

个人立身处世，做人也是这样，做人容易，切莫作怪。为政则是少玩花样，不要出什么新招，社会就自然富庶，天下太平。

“我无欲而民自朴”，我自己没有私欲，社会、国家、天下受到这种无欲的影响，就自然走到纯朴、厚道的路上去。

老子引用的这一段话中，每一句都用到一个“我”字，这个“我”是谁？就是老子说的“圣人”，那又是一个怎样的“圣人”呢？这就是庄子所说的“为人上者”，就是上面的人，也就是领导人。而领导人不一定就是皇帝、君主，像学校的校长，军队中的班长，乃至于一个家庭中的家长，都是领导人，都要做到这几项原则。

第五十八章

对社会人民有益的领导
宋太祖的理想和作风
铁面无私　包公又若何
铁面御史　潇洒沐春风
察见渊鱼的颜回
是偏是正　祸福相倚伏
令人生厌的修行人

其政闷闷，其民淳淳；其政察察，其民缺缺。祸兮福之所倚，福兮祸之所伏。孰知其极，其无正。正复为奇，善复为妖，人之迷，其日固久。是以圣人方而不割，廉而不刿，直而不肆，光而不耀。

对社会人民有益的领导

这一章，是老子继续引申前一章所说的道理。在文字上，似乎非常容易了解，看来没有什么冷僻深奥的语言词汇。但是，如果仅从文章的辞句，做文义上的诠释，所谓“依文解义”，那就很容易被文字导入歧途，产生错误的理解，与《老子》的原理就相左了。

这一章的主旨，仍然是无为而治的思想，代表了道家文化重要的政治理念。

“其政闷闷”，“闷闷”这两个字，是一个形容词，依现代文学的常用释义，如苦闷、烦闷、纳闷、心中发闷等等。用这个“闷”字的含义来解释“其政”，就是政治弄到闷闷的地步了，这有多么差劲！

倘使我们这样来诠释，那就是我刚才说的“依文解义”，容易误入歧途了。在这里，“闷闷”的意思，应该是现代白话所说的温吞吞的，温温的，温和老实的，而不是笨；凡事都是平和、慢慢渐进的，不玩弄聪明，不耍花招。所以“其民淳淳”，老百姓都纯朴安分。

“其政察察，其民缺缺”，这两句话所说的，我们不必要去从历史里找诠释，以目前的情形来看，就可以明白。世界上有些国家，对于老百姓的事都“察察”，察看得很清楚，百姓不但没有行动自由，连他乡旅行也在为政者的控制之中。家中来了一个客人，谈了些什么话，行政当局都知道；家人父子相互监视，家中吃了一只鸡，一碗肉，也会被闻香队嗅到而被斗争，没有一处不观察到的。这就是“其政察察”，而结果是“其民缺缺”。在这样的社会国家中，人民既缺德，也缺钱，更缺知识，贫困到极点。

于是，可以用这两句话，和前面的“其政闷闷，其民淳淳”做一个对照来说明，再引用历史上的事迹，来做具体的说明。

汉朝著名的盛世——儒家称道的文景之治，汉文帝与汉景帝刘恒、刘启两父子。这两位帝王，当时以老子的思想作为政治哲学的最高指导原则。汉文帝自己个人的厚朴，就是受了老子“无为而治”思想原则的启发。经过几十年的时间，刑罚自然而然地停顿下来，不必施刑，监狱几乎完全空了，狱中没有犯罪的人，政治清明到了如此程度。“其民淳淳”，所谓“淳淳”，意指百姓们不大喜欢外务，不管外面的事，所以社会安定，也无外务需要去管，大家都过得很安详了。

宋太祖的理想和作风

第二件显著的史迹是在宋朝，开国皇帝宋太祖赵匡胤，在位十六年，传位他的弟弟赵光义为宋太宗。太宗在位二十二年，他们兄弟在位三十八年的政绩，非常可观。

宋朝立国之前，南唐五代相侵，经过了约八十多年的长期战乱，国家到了民穷财尽的地步。赵匡胤登了帝位，以儒家而近于道家的政治思想治国，经过了二三十年的经营，首都开封的百里内外，老百姓家中挂窗帘的帘钩都是金银铸造的，国家太富有了。当赵光义接了帝位以后，打开国库，发现财富之丰，为之吃惊。他笑说："我哥哥好笨，如许财富，没有利用，也未享受。"其实，是他忘记了一件事，就是赵匡胤的伟大治国理念。

对于赵匡胤的伟大思想，研究历史的学人是应该特别注意的。宋朝以后的一般史评家，往往批评宋太祖并未完全统一天下，宋朝自始以来只拥有半壁江山。因为他领军平定黄河以南地区以后，南方云南蒙舍这一带，宋朝的政治力量都未达到。云南有个南诏国，原来共有六诏，为少数民族的部落。在唐代时，最南的南诏，并吞了蒙舍等其他的五诏而为南诏国，就是后来的大理国，后为段家所有，在西南称王数百年之久。其政治、文化，几可与中原抗衡。

在北方的燕云十六州，当时有位将领献上地图，请求进兵。宋太祖与宰相正在商量的时候，太祖拿起玉斧一挥，在地图上一划，就把半个中国切开了，暂时不管北方，不用兵去攻打。

赵匡胤为什么这么做？因为他的见识不同，他有他的苦衷，也可以说是一片仁心，欲行仁道；看见天下动乱了这么久，社会上民穷财尽，不想再用兵了，而打算累积财富，用钱将燕云十六州买过来。所以他才拼命节省，储蓄了满库的金银财宝。

这是宋朝开国之初的一个秘密政策，研究历史的学人往往忘记这一点，而对宋代做不公正的批评。

宋太祖这一做法，可以说是做到了“其政闷闷”的境界，所以“其民淳淳”。我们到故宫博物院，看得到一幅著名的古画《清明上河图》，图中所描写的，就是宋朝在清明节的时候，首都开封的居民，出城沿着河水到郊外去扫墓踏青的盛况。古代的踏青，就是我们现在的郊游，到郊外去做休闲活动。从图上可以看到当时社会的太平，生活的安详、富庶、自由的情况。

在更近的历史，像清朝的康熙、雍正、乾隆这三朝的时代，一百多年之中，也差不多做到了“其政闷闷，其民淳淳”的境况。当时人民的生活，正如那诗人所吟的“长日唯消一局棋”的境界。因为日子过得休闲自在，无烦无恼无事，便觉得日子过得很慢，漫漫长日唯有下一盘棋打发了。在真正悠哉游哉的日子里，承平之世的一些世家公子也说：“不为无聊之事，何以度此有涯之生。”如果不找些无聊的事去做做，这漫长的日子实在打发不了。所以各种休闲的活动就多了，像《红楼梦》中的描写，那些公子小姐们的生活，连吃一顿饺子，也要想各种花样去制作，以消磨时间，真是“日长似岁闲方觉，事大如天醉亦休”。我们这一代人的生活经验，也曾享受过几年太平或假太平的日子，到了夏天，乘凉、看书、喝茶、吃几次点心，觉得一个暑假太长太长了。

铁面无私 包公又若何

这是从大的方面看，我们再从小的方面看，关于做官为政的道理，也以宋朝的史迹为例。

包拯是我们每个中国人所熟知的清官，小说《包公案》说他铁面无私。所谓“铁面”，是说一个人的脸色是铁青的，脸上的肌肉是硬绷绷、冷冰冰的，终日没有一丝笑容。像这样的一副面孔，谁会喜欢？在《宋史》中，包拯的传记也是这样记载，说他终日都没有笑容，所以说他如果笑一下，则黄河的水都会澄清。反过来说，要想包公笑一笑，比期待千万年浑浊的黄河澄澈见底还困难。包拯这张冷面孔，连他的家人都不敢和他说话，那真是阎王面孔。

以我个人的看法，此人为官，我会恭敬他，因为公正廉明，是一位极好的清官。可是，我绝对不愿和他做朋友，因为他一点风趣都没有，味道太差了，做人做到如此，真是不如去做阎王，不必做人了。

包拯的铁面无私的确是了不起，铁面无私、清廉刚直。但是，他能够做得这样好，还是靠这个后台老板当靠山。他的靠山就是当时的皇帝宋仁宗赵祯。假使仁宗不支持他，那么他那张铁面孔是行不通的，是铁不起来的。

包拯的为官，就是“其政察察”，试看他那个时候，离奇的冤案破得越多，他衙门的官司打得越热闹，喊冤的人亦越多。

中国人的文化，老百姓是不愿打官司的，朱柏庐的《治家格言》说："居家戒争讼，讼者终凶。"教我们平常不要与人相争打官司，凡是打官司的，输的一方固然是输，而赢的一方实际上仍然是输。过去有两句民谚："乡下人不癫，衙门里断火烟。"这两句话很有意思。所谓"癫"，就是发疯、患精神分裂的意思。这里所指的乡下人，不一定是居住在农村的农人，而是指遇事不容易想得通达，比较愚顽的人。所以他说，假如是愚顽的人，不发疯似地去和人争讼、打官司，衙门中就没有收入，恐怕衙门里连饭都没得吃了。这也反映了"其政察察，其民缺缺"的道理。

铁面御史 潇洒沐春风

另外，也是宋朝的一个人赵抃，是宋代的理学名臣，死后国家给他的谥号为"清献"，所以后世都尊称他为"赵清献"。官位高至太子少保，龙图阁大学士，一生非常清廉，有"铁面御史"的美誉。对于当时有权势或者皇帝宠幸的大臣，有不法之事者，他照样弹劾不误，对于当时的宰相也是毫不容情的。当他奉命出任知府，前往成都到任时，并不像一般的方面大员，所谓新官到任，一路的行色，威风、壮丽、阔绰；他连一匹马也买不起，只骑了一头小毛驴，带了一个年老的家仆，携一张古琴和他所喜爱的一只白鹤，姗姗地前往。当时成都大大小小官员率领了三班六房，旌旗凉伞、仪队，浩浩荡荡出城，迎接这位新长官，却迎接不到。结果，他悄然进了衙门，大家这才发现，原来就是城外茶亭歇脚喝茶的那个老头子。

他每到一个地方，民间都受他的感化，风气变成纯朴善良。没有人打官司了，在他管治下，的确做到了牢狱没有犯人。

他的清高和包拯一样，是真正的清正，真正的廉洁。然而，他的作风不同，他既是儒家，又学佛家的禅宗。衙中无事，他把衙门问案的大堂改做了禅堂，他就在那里打坐。有一天，那是一个夏天，他在大堂上打坐时，忽然雷雨交加，霹雳一声，他的身体不自主地跳动了一下，于是他开悟了。就作了一个偈子：

静坐公堂虚隐几　心源不动湛如水
一声霹雳顶门开　唤起从前自家底

他明白了自己的本来面目，明心见性了。这个赵清献的故事，也说明了“其政闷闷，其民淳淳”的道理，他的作风就与包拯迥然不同。到了晚年告老还乡，常和乡下一些小时放牛的老朋友往来，聊聊天，谈谈道，也曾作了一首诗偈：

腰佩黄金已退藏　个中消息也寻常
世人欲识高斋老　只是柯村赵四郎

所谓“腰佩黄金”，是指做官时所用的官符印信，那是用黄铜铸造，名为“黄金印”。他的这首诗，把荣华富贵、高官显爵、权力名位都说得如此平淡，这是值得我们现在青年们效法的。他一生中，功名富贵都经历过，曾经有那么大的权力在手，可是在他的心目中，又是如此的寻常与平淡。

回到故乡，仍然是一个乡下人，一点也不像一个大官。他退休后所作这首诗，也等于是他的自传，把一切功名、富贵、权力都放下来了。这些事情，如果能看清楚其中的道理，就会发现，一切功名富贵，实在没有什么了不起，都平凡得很！

他说，许多人因为我做过官，经历过荣华富贵，不知道我是怎样一个人，希望认识我。这个住在名为“高斋”屋子里的老人，我实实在在告诉大家，我就是年轻时，人人所叫的那个赵四郎；如今的我，也还是以前的那个我，和以前的赵四郎并没有两样啊！

察见渊鱼的颜回

所以在做人方面也是如此，不必“察察”，也就是不要太精明了，如果聪明过分，太精明了，就会缺乏德性。我国的历史上《列子·说符》有两句话，“周谚有言：察见渊鱼者不祥，智料隐匿者有殃。”一个人的眼睛如果能够看见深水下小鱼的游动，那就不吉利；智慧太高、太聪明，可以判断别人的隐私，对于眼睛所不能见的另一方面的事都会知道，有这样能力的人，本身就会遭殃。

关于“察见渊鱼者不祥”这句话，还有一个历史故事：

有一次，孔子带了颜渊等一些弟子到泰山上，看到鲁国的东门，突然有一条白线。孔子是有修养的，他当然看清楚了那条白线是什么！但是他问弟子们在东门有什么事！一般弟子们说未曾看见。孔子说，那里有一条白线。只有颜渊回答说，那不是一条白线，而是有一个人身穿白衣，骑了一匹白马，飞奔而过。

在这群弟子中，只有聪明的颜渊才有如此的眼力。因此后世的人说，颜渊之所以短命，三十二岁即不幸而短命，就是由于用神过度及营养不良两个因素。其中用神过度，从这件事可以为证。至于他的营养不良，孔子曾说他：“贤哉回也！一箪食，一瓢饮，在陋巷，人不堪其忧，回也不改其乐。贤哉回也！”住在那个贫民区的违章建筑里，每天只吃一盒便当，喝点白开水，过那种一般人都感到忧苦的日子，虽然仍乐观，但证明颜回是营养不良。

引申出来，我是说，一个人生存于天地之间，对人世的事情，如果看得太清楚了，则不吉利。为什么会不吉利？因为看得太清楚了，则烦恼增多；知识越多，烦恼越大。或说学问越多越好，但一个人吃饱了饭，除了做自己的事外，还要去忧国忧民；学佛的人，还要去度众生，为众生担忧；结果可能忧虑得连自己也度不了，又如何去度众生呢？

是偏是正 祸福相倚伏

再引申下去，事例很多，理由也很多，这里只是略举一些，告诉大家一个研究方向。我们继续看下面的原文：“祸兮福之所倚，福兮祸之所伏。孰知其极？其无正。”这几句话很妙。

老子告诉我们一个道理，祸与福是互为因果的。一个人正在得意时，就要知道得意正是失意的开始；而失意，却正是得意的起端。对于人生得失的感受，在于各人的观点看法如何。这就是哲学问题。

常听人说某人有福，但福为“祸之所伏”，看来有福时，可能祸就快要来了。我们中国有句谚语，“人怕出名猪怕肥”，猪肥了算是有福，可快要被杀了。人发财以后出了名，大家都知道，同时麻烦也就来了。一个人官大、名大、钱大，只要三者有其一，也就麻烦大，痛苦多了。

所以“塞翁失马，焉知非福”，这一思想，就是从道家老子这句话来的。祸害到了极点，福便来了；福到了极点，跟着便是祸了。这两件事是互为因果，循环交替而来的。但是“孰知其极”，谁知道什么是祸的极点，什么又是福的极点？人的一生中，万事都要留一步，不要做到极点，享受也不要到极点，到了极点就完了。

例如今天有好的菜肴，因为好吃，便拼命地吃，吃得饱到十分，甚至饱到十二分；吃过了头一定要吃帮助消化的药，否则明天要看医生。这就是口福好了，享受极了，反而害了肠胃。如果省一点口福，少吃一点，或者肠胃受一点饿，受点委屈，可是身体会更健康，反而有福了。

知道了这个原理，则“其无正”，不要太正了，正到了极点，岂不就歪了吗？这也就是不要矫枉过正的意思。过正就是过分，就是会歪了。像前面所引述包拯的故事一样，照理他做阎王都太小了，应该做玉皇大帝；但是他做人做得太正了，结果一点生气都没有。

为什么做人不要做得太正呢？“正复为奇，善复为妖”，一个东西偏了，要把它扶正，扶得过分了，又偏向了另一边。就以享受而言，古人的享受就与我们现代不同，如果古人看到我们现在的所谓享受方法与内容，一定要说我们现代的人是一群群的疯子。而现代的年轻人，跳霹雳舞，唱热门歌，看到我们在这里研究两三千年前的老子思想，也会说我们是神经有问题。

问题在于各人的观念、看法有所不同，身心的享受不同。至于说哪一种享受、哪一种生活方式是对的，并没有绝对的标准。一切唯心，在于各人自己的看法，矫枉过正了，正也是歪的。

令人生厌的修行人

假如一定说打坐、学佛、学道，清净无为就是好的，可是许多年轻人，一天到晚跑寺庙，学佛打坐，而事实上，他们一点也不清净，一点也不无为，更谈不到空。那是自找麻烦，把腿子也搞坏了，不但佛没有学好，道没有学好，连做人也没有做好，学得稀奇古怪。这就是“正复为奇”，学正道学成了神经，就糟了。

“善复为妖”，人相信宗教本来是好事，信得过度了，反而是问题。所以我的老师、禅宗大师盐亭老人袁焕仙先生就说过，世间任何魔都不可怕，只有一个魔最可怕，就是“佛魔”。有的人看起来一脸的佛样，一身的佛气，一开口就是佛言佛语，这最可怕，所以不要轻易去碰这些人。

袁老师说这些话是什么道理？意思就是“正复为奇，善复为妖”，凡事太过就错了。过与不及都是毛病。不聪明固然不好，而聪明太过的人，那属于“善复为妖”，就变成妖怪了。

所以老子感叹，“人之迷，其日固久”，他说人们迷信得太久了，没有醒悟这些道理，而且迷信太坚固，太长久了。所以“圣人方而不割，廉而不刿”，一个人做人要方正，但“方而不割”，不要因为方正而割舍其他一切；人方正到割裂其他的时候，就变成不能容物了。为人要清廉，可是不要廉得像刀割一样，连肉也削掉了。

“直而不肆，光而不耀”，做人要直爽，讲直话当然很对，但是如果太直了，就会放肆。例如看到一个人无礼，就立即对他说：“你胡作非为”，这就是太直，成为放肆，也不对。人不但要聪明，要有志气，还要有光亮；就是现代所流行的要有知名度，有才华，要放光，知名度要高。但是，不要放光放得太光亮了，太光亮就看不见了，因为刺到别人的眼睛，在别人的视觉上，这光就变成灰暗了。

所以，道家的清净无为，在表面上看起来，好像教我们无所为，一切放下，为什么放下？因为善得太过了就“善复为妖”了。所以，本来无可放之处，一切平淡、清净。

第五十九章

谁最悭吝

节省精气神的消耗

简化及善行积德的重要

啬的真正精神

什么是长生久视

治人事天，莫若啬。夫唯啬，是谓早服。早服谓之重积德，重积德，则无不克。无不克，则莫知其极。莫知其极，可以有国，有国之母，可以长久。是谓深根固柢，长生久视之道。

这是老子又说的另一个原则，“治人事天，莫若啬”，“啬”就是悭吝，后来把“吝”、“啬”两字放在一起，成为一个词汇——吝啬。其实吝是吝，啬是啬，这两个字应该分开。“啬”是艰啬（涩）的意思，有“贪而不施”及“不妄费”的意思。古之解说，“凡贪而不施谓之亄，或谓之啬”，又《韩非子·解老》中说，“少费谓之啬”，“少费”或是“不妄费”，也相当于现代说的“不浪费”。“悭吝”是应该付出而不付出，“啬”则是俭省。近几年来，一些学生们似乎也在恢复用古语了，对于不肯拿钱出来请客的同学，也讥评他说：他好吝啬啊！

谁最悭吝

曾有人编过一则关于悭吝的笑话说，有一个人，因为非常悭吝，绰号叫“一国吝”，表示全国以他最为悭吝。后来另有一个人，比他更悭吝，并且自己号称“天下吝”，以表示全世界以他的悭吝为第一，可以列入专载世界第一的金氏纪录。有一次，“一国吝”要去拜访“天下吝”，以较量一下两人的“吝功”，到底是谁的高。当“天下吝”知道这个讯息后，决定给“一国吝”一个“缘悭一面”，连一面之缘也悭吝不给，但又不愿给“一国吝”尝到他的闭门羹，于是就交给自己的太太接待。当然，“天下吝”的太太也是一位悭吝婆，当“一国吝”到的时候，但见家徒四壁，房子里除了空气，什么也没有。悭吝婆便指着墙上画的一张椅子对客人说：“请坐！”这位“一国吝”，也就靠着那画有椅子的墙，算是坐下来和悭吝婆聊天。

两人从上午一直说到傍晚。这时候悭吝婆的肚子饿得咕咕直响，她的“吝功”到底稍差半级，饿得实在忍不住了，不自觉地问一句：“你吃过饭了吗？”这时“一国吝”心中大喜，连忙说：“还没有呀！我正等待主人的热情款待哩！”悭吝婆再也无法推辞，无可奈何，只好用手一比，比成一个汤碗一样大的圆圈，送过去说：“请吃饼吧！”“一国吝”也就比一个同样大的圆圈，做成接饼的样子，迅速地一口把饼吃了。谈到上灯以后，告辞而去。“天下吝”回来后，问起来客的情形，悭吝婆非常得意地作了详细报告，不料她的话刚一说完，“天下吝”就打了妻子一个耳光，并且骂道：“请吃饭就请，比得像酱油碟子一样大就可以了，为什么要比得汤碗那么大呢？”

这个笑话是讲“吝”。“啬”是对自己俭省，但是对朋友会很慷慨。所以对自己刻薄对人宽厚为“啬”，对自己宽厚对别人刻薄则为“吝”，必须清楚这二者的不同。

节省精气神的消耗

“治人事天，莫若啬”，这里老子告诉我们，做人做事要节省，说话也要节省，废话少说，乃至不说。不做浪费的事，集中意志做正当的事，这是对精神的节省，对生命的节省。一个人修道，欲求长生不老，方法很简单，就是不浪费生命，少说废话，少做不必做的事，办事干净利落，简单明了。“事天”则包括宗教的活动，信宗教的人，宗教活动也要节省，不要浪费。古代宗教活动的花样也多得很，信宗教的人参加布方、拜斗等等，各种方法，忙得不得了。这都不对，应该节省自己的生命、精神，所以道家老子的秘诀就是“啬”。老子之所以谓老子，据说他活了几千年不死，就是靠这个“啬”字来的。

道家与佛家的差别在哪里？我个人的看法是：佛家一上手就是“空”，就布施；道家入手就是“啬”，就是节吝，以养精蓄气为主。如果勉强做一个比较宗教的研究，道家所走的这个“啬”字的修持路线，相当于佛家小乘道的路线，罗汉道就是相当于这个路线；大乘的菩萨则是走空与布施的路线。但老子自己不是以“啬”为最高层次的修持，而他在上经第七章所说“后其身而身先，外其身而身存”的主张，等于佛法的大乘道，那是布施。但是后世的道家专门注重老子所说的这个“啬”字，所以说话也不敢讲，而认为“开口神气散，意动火工寒”。所以学道的人不说话，连点头打招呼都认为是浪费。

佛家也有类似的情形，如唐明皇时代的懒残禅师，又懒又残，懒得不得了，连饭都不做，只拿别人的残羹剩饭吃。他在南岳的时候，不知在哪里捡回别人失落的一个山薯，就在烧来取暖的牛粪火堆中烤熟果腹。当时住在寺中的李泌与他有一段因缘。李泌又是道家，又是佛家学禅，但未出家，历史上说他“生有仙骨”，因为他走路时骨节会发出声音，清脆而轻松。他后来被封为邺侯，曾帮助唐肃宗平定了天下，经常和皇帝一起玩。他年轻时在南岳读书，半夜听到一个和尚在唱念，认为这个唱念的是谪仙之流，是从天上下来的神仙，是佛家所说的再来人。于是循声去找寻，有和尚告诉他，就是被全寺人看不起的那个懒残。

李泌前往，看见他在用牛粪烧的火堆中煨山薯吃，就向懒残跪下来求道，比张良之对黄石公纳履更加恭敬。懒残冻得鼻涕流得很长，照煨他的山薯，也不理跪着的李泌。懒残的山薯吃了一半，这才回头看到李泌，将手中吃剩的山薯交给李泌吃下，李泌接来一口就把山薯吃了。然后懒残对李泌说，将来你可以当二十年的太平宰相。李泌曾先后做了肃宗、代宗、德宗三朝的官，但他屡仕屡隐。

后来皇帝听了李泌的报告，派人到南岳请懒残入京师，当面向他学道。他拒绝不去，最后皇帝下了一道最严厉的命令，征召他去。这是第三次派人去，被派去的当然是一位大员，在他心目中，以为懒残一定是一位头戴金冠、身披袈裟的大和尚。不料见面以后，才知道是如此一位一身破烂的脏和尚，心里不免轻视懒残，于是说：“师父，把鼻涕擦一下好吗?”这句话惹火了懒残，他回答道：“我哪有这许多闲工夫，为你们这些俗人擦鼻涕！”他要做工夫，忙得很。他的文学也很好，有名的懒残歌——“世事悠悠，不如山丘，青松蔽日，碧涧常流……”文学的境界太高了。这里暂且不谈文学。

像懒残这个样子，完全是罗汉境界，啬到没有工夫为俗人擦鼻涕的程度，这才是真正的啬。

简化及善行积德的重要

“夫唯啬，是谓早服”，老子说，因为唯有真正能够啬，节省精神，节省生命，真正不浪费精神与生命，才叫做“早服”。至于什么是“早服”呢？一两千年以来，注解老子的人有几百家，各有各种不同的说法。现在有人把“服”字说成“衣服”的“服”，难道“早服”是外国人说的早晨起床时所穿的晨袍吗？当然不是。我的看法，“服”就是“服食”的“服”，现代的人吃药也叫做“服药”，道家的修持方法之一叫做“服气”。所以因为啬，节省了精神、生命，就早早地将自己的生命功能保持住，如后世道家所说的，“一粒金丹吞入腹，始知我命不由天”，就是精、气、神到里面来，服用就是吃下去。后来叫做服丹药，精气神化成了“金丹”吃下去。

这一章，实际上是对上经第九、十两章的引申、注解。第九、十两章，提过一个名称——“玄德”。

“玄德”是形而上的体，道体的原理，而这里的“重积德”，是在运用上讲道的用，讲做人处世运用上的道理。

我们先要注意一点，后世将“道”与“德”连在一起，成为“道德”，而在做人处世时，一想到道德，几乎什么都不敢动，连口水都不敢乱吐，把种种约束称为道德。但事实上并不完全如此，古人的“德”字，是与“得”字同样的意义。“德者得也”，在研究上经时，已经解说过，就是成果，万事应先考虑其后果的重要性。凡是说一句话，做任何一件事情，在做以前，先考虑将会发生如何的后果，并不是完全偏重于行为上的至善。一个人的行为，的确应该做到至善，但是在记载的文字所表达的意义上，并不是完全走向“至善”这一方面的。

他说能够“重积德则无不克”，做起事来，无往而不利。“无不克，则莫知其极”，因为做事为人无往而不利，所以表面上看起来，找不到究竟的原因。例如时代的趋势，看来样样都好，究竟为什么会这样好？找不到究竟的原因。凡是找不出原因的事，通常会令人产生两种观念：一种是觉得神秘不可知；一种是觉得很阴险，使人无法了解。实际上都不是，而是圆的，都可知，不是不可知，也不是阴险，是很明白的。道理在于“啬”，也就是简化，不要加什么上去，我们可以用儒家的一个思想做参考，就更容易明白了。

孔子在《论语》上就说过，季文子这个人遇事三思而后行，孔子听了后说道：“再，斯可矣。”有的人解说，三思不够，孔子说还要再想一次，要四次思考。这一种解释并不一定对，遇事思考过度，三思而后行，容易犯错误。因为天地间的事理，只有正反两面，善与恶，是或非，倘再多做思考，则发生了对也不对，不对又对，这其间无法定论，不知道该怎么办才好。所以过分的思考，就不合“啬”的道理，这是我的解释。一件事到手，不能大意，要多思考一下，正反面经过思考后，就要有下决心的勇气；否则，越想下去，就越缺乏下决心的勇气。所以，本来可以知其极的，因为思考太多，不能“啬”，结果就“莫知其极”了。

啬的真正精神

“莫知其极，可以有国”，一般人看不出“莫知其极”的道理在哪里，认为就可以有国，有地区，有土地，有资产。在老子的时代，对于所谓的“国”，并不代表现代观念中的国家，而是代表了资产，也包括了精神智慧等形而上的资产。

“有国之母，可以长久”，这个“国之母”，就是生生不已最原始的根源，在形而上就是道，在形而下的起用就是简，这样才可以长久。所以，不但想求长生不老之道应该如此，处人处世，也应该注意简约。现在大家风靡的学道，学静坐，学瑜珈，学禅，都是想求长生不老；又求神秘，求神通，搞了许多麻烦的方法，永远也搞不好，就是因为搞得太复杂了，不知道“啬”的原则。如果知道这种原则，“有国之母”基本上就是“简”。

这一章的基本精神就是“啬”，上面已经讨论过，道家、佛家、儒家三家的精神不同。后世的道家或道教往往根据《老子》的这一章，始终犯了一个毛病——神秘，舍不得传人，恐怕泄露天机。而且“六耳不同传”，六个耳朵，就是三个人在一起的时候，就不传道了。就算在两人相传时，还要附耳恭听，把耳朵靠到传道人的嘴边，变得神秘化。这就是受了《老子》这一章的影响，没有把“啬”的精神全盘理解清楚的原故。

下面讲做人处世的道理与修道的关系，都连接在这个大原则之下：“是谓深根固柢，长生久视之道。”先说文字方面，现在有人写成“深根固蒂”，这个“蒂”字是错误的，“柢”也就是根的意思，根的尖端叫做“柢”。

为人处事，乃至于修道，“深根固柢”是基本上的要求。以道家修道的方法而言，上经第十章中说：“专气致柔，能婴儿乎”，第十六章说：“归根曰静，是谓复命”，甚至于到了呼吸停止的胎息了。在佛家来说，这个情形是到达三禅与四禅的境界；道家则是到达了“深根固柢”，也叫做“胎息”。胎儿在母胎中不是用鼻子呼吸，是用肚脐呼吸的，也叫做“内息”，就是内呼吸。修持的人做内呼吸时，鼻孔及皮肤的呼吸就会渐渐停止。

佛家天台宗修数息观，数了几千次，一直在数。我问他们是在学会计，还是学统计，还是在做生意？数息只是第一步，将外驰的心念收回来，不打妄想，归于宁静的一个方法。待宁静后，就不需再数下去了，如果再数下去，又变成繁忙了。一数二随，心息相依，心念跟着呼吸为随，再慢慢进入第三步，呼吸心念静止，就到达止的境界。此时，鼻孔的呼吸可以暂停，而停的时间长短，又因工夫的深浅而不同。

假如鼻息能停止到一个小时以上，大概掉到水里淹不死了，遇到烈火也不大容易烧过来，因为这时身体的气与光放射出去，可以到达手臂伸出去的长度范围，而挡住了火的力量。这是一种合乎科学原理的现象，不是什么神秘的事。

这一章老子首先说明“治人事天”的道理，“治人”就是做人处世；“事天”就是修道。这个天并不是宗教的天，也不是自然科学中物理方面的天，而是哲学上抽象观念的天，代表了道体，是本体的作用。

在“治人事天”上做到了“深根固柢”，自然可以返老还童，“长生久视”。

什么是长生久视

“长生久视”，又是一个大问题，是几千年来讨论纷争，一个解决不了的道家问题。例如“祛病”是道家的工夫，起码少病或无病，绝对健康，“延年”是活得更长久。而道家标榜的“长生不死”，这个不死的观念有问题。死是要死，可以活得长久一点，或者活上千把年也许可能。

但正统的道家，像老子，很少说“不死”这两个字。老子曾经说过：“出生入死，生之徒十有三，死之徒十有三，人之生，动之死地亦十有三。”生死的机会相等，两者都是十分之三，是平等的，不生不死也是十分之三的机会，要看各人自己的修养。他并没有提出不死的道理来，他只说可以长生，活得久。但久到什么程度？后来的道家则说可以“与天地同休，与日月同寿”。

世界上很多宗教，许多哲学、科学，也都追求生命的根源，但所有的宗教，哲学与科学，都不敢说现有的生命可以延续不死。所有的宗教，都劝人不怕死，早一点脱离这痛苦的人世，到那个宗教的天堂去；人要在死后，才可以得永生。

只有中国文化的道家，提出一个口号，不需要经过死亡这个阶段，现有的生命，即可“长生久视”。不管是不是能成为事实，只有中华民族叫的口号有如此大胆，敢说现在自己的生命，自己可以把握，自己的生命可经由自己维持长久。所以叫做“长生不老”之道，或“长生不老”之术。

而老子的讲法，为“长生久视之道”。要注意“久视”两个字，我们的眼睛是不能久视的，每个人的眼睛也许看了一两秒钟，就要眨两三次，不能久视。真修道的人，眼睛的神光不变不退，就可以久视，乃至可以透视，这时对于维持自己的生命，就有点可能了。

根据道家的思想学说，比老子更早的黄帝所著的《阴符经》上说：“天性人也，人心机也”，又说：“心，生于物死于物，机在目。”姑且以自然科学的物理现象来解说，一个人的心近似发电厂，而要用电时，则必须有插座，而人的眼目则等于是插座。佛家的《楞严经》所说的明心见性，其中提到“见”，由眼睛的“见”，说到理性的“见”，“见”是一个实际的东西。人到夜里疲倦想睡，眼睛就先闭上，先要眼睛入睡，脑筋才能入睡，如果眼睛不先入睡，脑筋就无法入睡。人死也是眼光先落地看不见，眼神先散，瞳孔放大在先。

所谓“长生久视之道”，从来道家的解释“久视”就是内视，等于佛家修行的观想，道家叫做“内照形躯”。所以“长生久视之道”就是精神永远明亮，就是见道。久了以后，因功力到了“深根固柢”，神光返照，内脏活动，甚至血液流动的情形可以看得非常清楚。这时，就会知道什么地方出了毛病，乃至知道毛病的程度，自己克服不了，大约什么时间可以结束，到时候就丢了这个身体走了。

因此就要知道，在工夫上如何达到“久视”才能长生，能够长生，才能到达“深根固柢”，这个生命就在自己手中控制了。

至于说为人处世的“深根固柢”，就是做任何一件事情，不要草率，不要任性，不要冲动，不妨慢半拍，慢一拍，必须要慎重。对一件事情，知道动因，就要考虑后果，就会“深根固柢”，以后才能“长生久视”，永远存在，永远看得见，才能长久。

第六十章

烹小鲜的道理安在
如何降鬼伏魔

治大国若烹小鲜，以道莅天下，其鬼不神；非其鬼不神，其神不伤人；非其神不伤人，圣人亦不伤人。夫两不相伤，故德交归焉。

烹小鲜的道理安在

本章等于上经第十章的引申。这一章中，有老子的名言，就是中国政治思想史及政治哲学上一句很重要的话："治大国若烹小鲜"。这句话发挥起来，可引述的道理及实例很多，简单地说，"小鲜"像是小鱼，或一块小肉之类的。要注意"烹"这个字，什么叫做"烹"？我们都晓得，做中国菜叫"烹调"，文火叫"烹"，大火就叫"炒"。所以炒菜的火叫"武火"，尤其炒牛肉丝、猪肝都要大火，火开得很大，东西一倒下锅，炒两三下，就要把锅提起，离开大火远一些，否则炒得老了不好吃。从前学厨师，膀子的力量是要有工夫的。尤其在大丛林里用很大的锅，一样菜要分装二十几大碗，一倒下锅，炒两下，一只手端起来炒，将整锅菜抛向空中，打一个转再落下，那种本事就是少林寺、武当派的武功都比不上；那真有本事，手法快得很，那是炒。

所谓"烹"，是文火、细火，慢慢熬炖。像现在人喜欢吃白木耳，我们现在是电器化了，一般电饭锅煮出来的白木耳，是半个钟头熬出来的，不是烹出来的。以前如何烹呢？从很早五更天亮前开始，油灯点上三四根灯草，上面放一小碗四川万县乌山的白木耳，在阴湿的地方炖，一直到天亮油烧干了，白木耳也炖好了，再放进冰糖，吃到嘴里好像没有东西，一溜就下去，咽都不要咽的，与现在的白木耳味道绝对不同。所以这叫“烹小鲜”。很多名菜都是如此烹出来的，甚至用文火烹上一天两天才好。中国老土话说：“请客三天忙，盖房子三年忙，讨个老婆一辈子忙。”精美的菜是要细心烹调的。

讲到“烹小鲜”的道理，是用文火慢慢地、小心谨慎地炖。“大鲜”就不是这样一回事了，大火烹又是另外一种做法，要猛火煎炸。小火是调理“小鲜”，这个道理就像前面所谓“治人事天，莫若啬”，一点点慢慢地烹出来。为什么说“治大国若烹小鲜”呢？是告诉我们，处理大事要特别小心，要慢一步，不能匆忙大意。青年们前途无量，将来如果做什么大事，不管工商界、学术界，一个大问题到手的时候不能大意，要谨慎小心。但谨慎小心又不要过分，太过分用心，火又太大了，味道就不同了。如果完全不管，则火熄就不成功，所以是“无为而无不为”，也就是“烹小鲜”的道理。

其实我们每人各有不同的人生境界，在遭遇任何烦恼问题时，在很困扰的时候，记住老子这一句话，治大问题“如烹小鲜”，冷静地思考，慢慢地清理，不要怕艰难。大部分的人没有这种修养，当问题来时就被烦恼困住，一下就被打倒了。所以，要懂得“如烹小鲜”的道理。

如何降鬼伏魔

“治大国如烹小鲜”，这是老子对于政治运用上的名言，但是要怎么烹呢？“以道莅天下，其鬼不神”，《老子》上经说，以道的修养来治理天下国家，就等于儒家所标榜的尧、舜、禹三代的以道治天下。三代不是用政治手段及制度来治天下的，而是着重道德与诚信。能够“以道莅天下”时，鬼都不灵，就是“其鬼不神”的道理。政治道德是至高无上的，做人的道德就是“诚”，这是儒家《中庸》所讲的“诚”。至诚之道，可以前知，老子的表达是用不同名词而已。

什么是“道”呢？清净无为。清净无为何以能治天下呢？这中间产生很多问题，回过来看，上一章已做了一个回答，就是必须要“重积德”。如何才能“重积德”呢？答案是“治人事天，莫若啬”，也就是无为之用——“简化”。所以“以道莅天下，其鬼不神”，鬼都不灵光了。换言之，“神”归位了，“鬼”就不灵了，没有人可以来捣乱，因为你是清净——空的。比如说，有人想在这房间捣毁东西，但房间内空无一物，没有东西可捣毁。这就是说，碰到一个清净无为就无法捣乱了。在道德上，也就是大公无私。

我们人为什么怕鬼？因为心中有鬼。现在台湾乡下还有从广东、福建带过来的文化，都是一样的画符念咒。我们大陆当年也有许多这样的人，四川人叫“端公”，长江一代叫“师公”，家里有人生病了，晚上请他来画符念咒，收妖捉怪，方法很多。有一家人被鬼迷住了，请师公去收妖，当时一些少年去看，又害怕又想看，几个人背靠背一起看。其实什么鬼都没有，他们吹牛角，有些人吹海螺，“呜！”那个声音在夜深人静时听来，很是凄惨，很恐怖的。真是小说上写的阴风惨惨，鬼气森森，再加上道士头戴的帽子，上面的铃子叮叮地摇起来，那种气氛，没有鬼都有鬼了。

曾经有一位很有名的道士，传说法术很高，收了半天妖怪以后，碰到调皮的少年，暗中在他衣服后面缝上一条绳子拖着，等到他作法完毕回家，已深夜三四点钟了。这个道士一个人走路，后面传来沙沙的声音，回头察看没有东西，也没有人。再走几步，响声又出来了，他自己也害怕了，拿出铃子摇，后面越响得厉害，无论用什么法术，既收不了妖，也捉不了鬼。最后，他把宝剑拿出来，一边念咒子，脸都变绿了，然后用剑往后一挥，把自己的袍子割掉一半，才没有声音。回家病了三个月，附近传开来，成为笑谈。后来看古人的笔记，记载的真有此事。

这是讲到“其鬼不神”的故事，所以，鬼神有没有？有，可是，以精神文明的立场，要记住两句话，同时也是佛家、道家相同的一种精神：“魔由心造，妖自人兴。”什么是魔呢？你自己的心，你自己的思想，就是真正的魔，走火入魔就是自己的心理作用。“妖自人兴”，妖怪都是人把他兴起来的。前几年报纸上讲，乡下的石头是土地公，乡人对石公一拜，香火就旺起来，而且说是很灵。这是“妖由人兴”，都是人玩的把戏，人的唯心作用。所以，“以正道莅天下”，其鬼就不灵了。

“非其鬼不神，其神不伤人”，不是鬼不灵，是鬼所依靠的神灵——鬼的精神没有了，他所依赖的成自身生命的力量没有了，也就是能作怪的力量没了。

“非其神不伤人”，注意这一句话，这是讲人位的价值。道家并不迷信，不像一般宗教，他是讲究人位的价值。什么是人位价值？就是心的价值。不但是鬼不灵了，神也不能伤人了。

“非其神不伤人，圣人亦不伤人”，为什么会这样呢？因为人到达清净道德的境界，就天人合一了。这时鬼神与你同体，而无法相伤。“夫两不相伤，固德交归焉”，鬼也伤不了你，神也伤不了你，当然你也伤不了鬼，你也伤不了神，因为彼此不相害，彼此互谅，彼此互存，同体而共存。这是“道”的道理，也就是庄子所说的“天地与我同根，万物与我一体”。佛家叫做“空”，“空”就是描写“天地同根，万物一体”的境界，这也就是“道”的道理。

第六十一章

水唯能下方成海

风尘三侠的故事

大小相处之道

大国者下流，天下之交，天下之牝。牝常以静胜牡，以静为下。故大国以下小国，则取小国；小国以下大国，则取大国。故或下以取，或下而取。大国不过欲兼畜人，小国不过欲入事人。夫两者各得所欲，大者宜为下。

水唯能下方成海

这一章也是上经十一、十二章的引申，讲到政治哲学运用的原理，他讲："大国者下流，天下之交，天下之牝。牝常以静胜牡，以静为下。"看文字我们觉得很滑稽，说大国是下流。这是他的形容之辞，"下流"代表谦虚之德，像水一样向下流。俗话说："人向高处走，水向低处流。"流水流到最低处时就是海。"下流"是形容像大海一样，包容万象，包容一切；因为天下一切的细流，清、浊、好、坏都归到大海为止。一个真正泱泱大国的风度，要像大海一样，接受一切，容纳一切，善恶是非都能够融化，这也是做人的道理。如果从人道来讲，只换一个字就行了，"大人者下流"。不是大人要学下流，而是学大海一样地包容一切。

从这里可以看到儒、道两家的思想是一致的。古人有一副对联“水唯能下方成海，山不矜高自及天”，成为后世做人做事的修养标准，也是口中常念的成语。天下的水，因为能谦下不傲慢，都向下走，低于一切，因此，它能成其大，变成大海，容纳了一切，这是讲谦虚的道理。

人类的文化思想是正反相对的，谦虚只是一面，倘使谦虚到没有骨气的程度，没有自己独立的人格，软到像烂泥一样，那就像普通说的“下三烂”了。人自己要有自我超然独立的人格，但并不是傲慢，要像山一样，独立如山。山永远不矜，“矜”是自我的崇拜，山之所以那么高，因为山没有觉得自己很高，高与不高，是人为的观念比较。山自己本身不认为自己高，因为高山的顶上还有最高的那一点泥巴。爬到高山顶上，你觉得还是站在平地一样，所以山高到与天一样的高，就是比喻我们为人与做事的态度与方法，不能傲慢，要学谦虚，但要建立我们自己的人格，有独立不移、顶天而立地的精神，所以“山不矜高自及天”。

这两句话看起来是矛盾，其实一点都不矛盾，是有两重的意义，这是由“大国者下流”说明的。

下面讲“天下之交”，是指大海，因为它能够谦下，所以变成全天下的细流都交汇到那里。“天下之牝”，“牝”是指母性，“牡”是男性。“天下之牝，常以静胜牡”，母性的东西都比较慈祥，比较安静；因为它安静柔弱，就战胜刚强，安静克服了一切的动乱。所以“牝常以静胜牡，以静为下”，静态的东西能克服了一切动态的困难，这是静态的伟大，也就是老子讲的“阴”，属于冷静、暗的、清静的。

“故大国以下小国，则取小国”，历史上真正太平鼎盛的时候，大国对于小国或附庸国反而表示谦虚。在我们中国历史上，汉朝的文景时代就是最好的证明。唐朝在太宗、高宗鼎盛时代，对于小国家，有著名的一则故事，就是风尘三侠的事迹，虽然正史上无法找到。风尘三侠这三个人，是虬髯客、红拂女和李靖。红拂女是很美的长发女郎，当时南北朝隋朝的末代，天下大乱，虬髯客有心要做皇帝，准备好即将发难时，遇到有名的女豪侠红拂女。那时的红拂女认为李靖是天下英雄，就与李靖两人私奔，骑两匹马逃走，争取婚姻自由。

风尘三侠的故事

这一对侠侣住在旅馆，红拂女清晨起来，对镜梳妆，长发散开拖地，相术认为是大贵之相。此时虬髯客正巧从窗外经过，就目不转睛地看着红拂女。李靖见他这样呆望，就要拔剑相向，红拂女赶紧把李靖按住，用眼睛暗示他不要动。李靖素来佩服她的智慧，把剑还鞘，反而出来招呼。虬髯客就下马互通姓名，并问李靖，这位是你的妹妹还是太太？然后说："了不起，将来二位是国家的栋梁、一品夫人之相，大富大贵。"相谈之下，知道红拂女与他是同宗，就认她为义妹，虬髯客成了李靖的大舅子了，于是约定先后都去太原。

当时李世民的父亲李渊在山西虽有西北半个天，但是没有造反。虬髯客看到李渊父子后，心里很难过，自问将来皇帝是我吗？还是姓李的呢？有一天李靖夫妻备餐邀李世民，历史上描写当时李世民"不衫不履"，衣着随便，穿了一双拖鞋就过来了。可是虬髯客本来看自己是帝王之相，所以他想做中国第一人；再一看李世民，知道将来中国老板是这个年轻人，不是自己，心里很难过地走了，也没有谈话，只告诉红拂女代约李世民隔天到某处下棋。因为虬髯客还有一位师兄是道人，上通天文，下通人情、地理，更精于《易经》数理、算命、卜卦之学。

这一天，老道先来了，与虬髯客下棋，手里拿了棋子，正准备放下的时候，李靖陪李世民来了。学道的人眼睛都有神光，早已经看到了，然后把棋盘一推，对虬髯客说："师弟我们走吧！这一盘棋输了。"就是告诉虬髯客江山有主了，就是此公，不是你。这个道人本来要做虬髯客的诸葛亮，现在成了诸葛暗了。

虬髯客当天就把李靖两夫妻找来，说他有多少兵器，多少财产；武器足够一百万部队用的，白银黄金多少，都交给你们。你们既然是我的妹妹与妹夫，你们两人辅助李世民，帮助天下吧！我走了。就这样他离开了中国。李靖帮助李世民成功，后来在唐朝出将入相，开创了唐代的历史。

有一天，唐太宗李世民接到边疆来的报告，应该是属于高丽——韩国的地方，说有一个一脸胡子的中国人，带了兵舰几百艘占领了那里一个国家，自称为王。唐太宗看到报告，一声不响，只把李靖找来，说："我们那位老兄他成功了。"就是指虬髯客，他也在一个小国当上皇帝了。李世民还替他高兴，没有说"你要来投降我，皈依我"，当然最后还是向唐朝靠拢，这是当然的道理。

像这一类的故事，就是"大国以下小国，则取小国"，小国自然归服了；相反地，“小国以下大国，则取大国”。历史的经验说，周文王父子，当初不过只有一百里的土地，等于一个小县，因为父子留心于国家的政治，爱民养民，所以国富民强，创立了周朝八百年的天下和统治。这就是“小国以下大国”，这其中的重点就是谦下，不是傲慢，傲慢只可以斗一时之气。以个人言，在西门町打一架，结果被警察抓去，判了几年徒刑，也算是“下”了，但是那个“下”没有用，要道德的谦下才对。所以，“大国以下小国”是包容了小国；“小国以下大国”，如同文王的父亲，“则取大国”。

“故或下以取，或下而取”，这是古文的写法。“或下以取”，等于由桌子上抓起来；“或下而取”，从下面转个弯，把上面也包上来了，也把你拉上来了。所以，“或下以取，或下而取”，有两个字是虚字。古文虚字的用法要注意，“以”是介词，没有理由，这两句话等于我们讲“哦”，这个都是没有道理的，还在想呢！也是中间媒介之词。但是，中国虚字的用法，意义就不同了。

大小相处之道

“大国不过欲兼畜人，小国不过欲入事人。”一个大国，总是想兼并人家，是侵略性。“畜人”等于家庭富了财产多了，收两个干儿子没有关系，养两个孤儿，更有道德。大国兼畜人不是想并吞你，而是保护你，这是中国政治的特色。

我经常对外国朋友讲，中国过去的历史，实在民主，不想侵占别人家的土地。到一个承平的时候，是会帮忙人家“兴灭国，继绝世”，替别国整理好内部，由该国自己选出一个皇帝领袖来交给他们，便退兵了。并没有要求什么条件，只要年年进贡，岁岁来朝，每年来看我们一下就可以了。实际上那是亏本的生意，别国派一个大使，从南洋送进来一只长颈鹿，一路上政府还要派人保护，直到京城给皇帝为止。而回送的东西更加上好多倍！那个时候琉球、高丽、越南、暹罗、泰国、爪哇等等，本来都是如此，现在暂时不谈了。

大国不过是“兼畜人”，小国呢？“欲入事人”，找个牢固的依靠稳当一点，这是小国的目的。“夫两者各得其所”，小国既然来依靠你，希望你保护他，你就要尽到做长辈大国的责任，真正能够保护他的安全，他国家人民财产生命，都要归入保护之列。这种保护的道德政治，更要有谦虚心、怜悯心，更要有仁慈心，这样则“两者各得其所”。

我们现在看到的大国，像美国、苏联，照老子的说法，不足道也！这个道理他们绝对不懂。虽然英国人比较了解一点，但英国一向是走侵略路线的，把老庄道家的政治思想反过来用，变成可怕，也偏差了。所以，我们自己身为中华儿女，要深深懂得最高的政治道德和政治哲学。

未来的天下，中国的前途不可知，如果自己没有真正政治道德的基本修养，一旦思想观念错误，大国就成为害天下，小国就变成小喽啰，变成洋化，随时会被人消灭了。这是今天的世界，今天的局面。

老子这本称为《道德经》的书，是政治道德哲学，他始终告诉我们谦下、包容、爱护他人。

第六十二章

好人要救助 坏人更要救助
财富名位比不上坐进此道
如何消免自己的罪过

道者，万物之奥，善人之宝，不善人之所保。美言可以市，尊行可以加人。人之不善，何弃之有？故立天子，置三公，虽有拱璧以先驷马，不如坐进此道。古之所以贵此道者何，不曰以求得，有罪以免邪，故为天下贵。

好人要救助 坏人更要救助

这一章转而谈及政治哲学的原理，牵涉到上古的政治制度，也是引申上经第十三章，与这个地方相互都有关联。

“道者，万物之奥，善人之宝，不善人之所保。”这是非常重要的政治道德哲学，也是个人最高的道德哲学，所以人要懂得“道”，要修“道”。至于“道”是什么，上经已经讨论过了，现在讲的是“道”的作用。“道”是万物的奥秘，天地间最高的奥秘，包容一切万象，也是“善人之宝”，因为善人本身就有“道”，也可以说，因为有“道”当然是善人。但是不善的人，或坏人，也不能离开“道”，因为“道”是“不善人之所保”，是使坏人能得到救助的。“道”是对好人要救，对坏人更要救。要如何去救助坏人呢？就是教化他，使他变成好人。所以不是只对好人要爱要教，对不好的人，也不会弃而不顾。

“美言可以市，尊行可以加人”，说好听的话，可以使人相信、喜爱，乃至买到别人的性命。好话是可以收买人心的，历史上有记载，皇帝美言鼓励几句话，臣子一辈子就被骗定了。满清末年，打垮了太平天国，有一个将领被慈禧太后召见，太后说：“听说你这只手作战受伤了，袖子卷起来我看看!”慈禧太后就摸摸他受过伤的左手。事后，这位将领用最好的黄绫将这只手包起来，认为是太后摸过的，别人不能动，以免亵渎。这就是“美言可以市，尊行可以加人”，太后的赞赏行为，把这只手都卖掉了，当然这条命也可以卖掉。

“人之不善，何弃之有”，不抛弃任何一个不善之人，也不抛弃任何一位众生，这是讲“道”的重要。“故立天子，置三公”。上古的政治制度对现在的影响仍然可以见到，比如现在的国策顾问，是国家元首的顾问，这是上古的“师道”政治。以前中央政府的皇帝又称天子，表示是秉承上天的意旨来治理国家，而最高的官位是三公。最初只有一位，后来渐渐有两三位，都叫做三公。国之三公，也就是国家之大老。大老管什么呢？什么都不管，也什么都管，现在不管部的部长还没有他的地位高。现代所讲“不管部”，还属于内阁，在阁员之下，也相当于行政院的政治委员。上古的三公与皇帝平起平坐，一般大臣见皇帝时都要跪下，而三公就不必跪了。

国之大老与皇帝平起平坐，谈的是“内圣外王”之道，只讲原理，作为皇帝内心道德的修养。比如儒家的《大学》、

《中庸》是属于内圣之学，这些学问由三公告诉皇帝，据之以做内养工夫。这是三公的制度。到了周朝中叶以后，有些变动了，秦汉以下，三公就变成有名无实了。就历史哲学立场来看，真正的三公，是我们精神上永恒的三公，那就是孔子、释迦牟尼、老子。这三位儒释道的大老师，就是中华民族的三公，也是我们每一个人的三公。

古代的三公所走的路，就是这三位大师的道路，可以指出帝王的错误，只有三公可以直言不讳地讲。所以，上古的政治制度有其特别之处，也有其绝妙之处。

老子说，虽有三公的制度，不如有"道"的重要；国家的元首，对于养生修道，都是最为看重的。

财富名位比不上坐进此道

"虽有拱璧以先驷马"，老子说一个国家虽有财富，有稀奇古怪的珍宝，所谓价值连城的"拱璧"以及"驷马"。古代的战争靠马匹，"驷马"是最好的良驹战马武器等，也是皇帝的交通工具，但仍不如"道"的重要。佛经上说，转轮圣王有天生最好的良马，也就是前面提到过的中国周朝的历史故事。周穆王的千里马日行三万里，大家看到故宫博物院的《八骏图》，就是八匹马，历代都有"八骏"。除了周穆王以外，唐太宗因为以战功得天下，有良马无数。所谓千里马，是仿造历史上的"八骏"，也是纪念为他立战功而殉身的良马。

唐人有诗说："八骏日行三万里"，以赞叹周穆王有这样好的交通工具。佛经上记载转轮圣王的马比飞机还要快，但另外也有一句诗幽默地说："穆王何事不重来"，意思是说周穆王已经死了，八匹马也带不走，你周穆王马跑得那么快，现在为何不再骑到这个世界上来看看呢？

人的生命就是如此，当时的生命结束了，你再也不会回来了。要想再回到这个世界，还要再找一个妈妈，多麻烦！所以"八骏日行三万里，穆王何事不重来"。年轻人喜欢学诗，诗的学问很深，读一次毫无道理，细读、精读后，懂了它的意思，才发觉这首诗原来那么挖苦，那么幽默。不但挖苦带幽默，并且说明了生死的哲学，人死了就不会再回到这世界来了。也许他又来了，可是，我们没有看见。

"虽有拱璧以先驷马，不如坐进此道"，这是领导人的哲学，商店老板也是一样，每天总要有一点很短的时间，自己能够真正冷静下来，清净无为，不是思考问题，思考都不思考，绝对宁静。这短暂的静定，引发自己智慧的灵光，才能去处理要紧的事情；国家领袖则是处理天下大事，天天这样进步就行了。所以老子说有财富和国宝都"不如坐进此道"，不如每天坐而修养道德。当然，"坐进此道"也许是叫我们打坐，不过老子从来没有提打坐的话，"坐"是宁静下来，住于此道。

"古之所以贵此道者何，不曰以求得，有罪以免邪，故为天下贵。"古人为什么对"道"看得那么重、那么珍贵？"不曰以求得，有罪以免邪"，为什么不说要求得就可以得，要免罪就可以免？许多年轻同学所谓求道的，都犯这两重错误，以有所求之心求清净无为之果，这是背道而驰。如果有求就有得的，那是邪道，而道是要自己心中一无所求，清净无为到极点，因为道就在清净无为中。所以佛家的《金刚经》教人无所求，无所住，就是这个道理。如有所求，像做生意一样，求财就得财，要命就得命吗？人家不一定把命给你。尤其是道，认为财与命还是“有为法”，不是无为之道。换一句话说，道不是向外面求来的啊！是一个人自己内在本来的，道是要从自己里头找出来的，如想向外求就错了。

如何消免自己的罪过

所以佛家常讲“外道”，什么叫做“外道”呢？佛家、佛教与其他宗教不同，其他宗教认为与自己不同的宗教叫做“外道”，认为你的理论与我不同，你就是“外道”、“魔道”。由佛法看来只觉得这是好笑的。佛家所说的“外道”，是指向心外去求法的就是“外道”。因为“道”就在你自己那里。

比如基督教就讲“上帝就在你的心中”，为什么不相信自己？道无所不在啊！处处皆在，充满在这个宇宙之间，你反而拼命去求，这不是道了，不是上帝的至道。

同样的道理，天下的真理只有一个，到达的方法不同，如果有两个真理的话，那就不是真理。所以，佛家说“不二法门”，真理没有两样，表达的方式不同而已，你不要被骗了。民族不同，地区不同，言语、文化不同，思想方式不同，表达方式自然就不同。真理是没有不同的，可是一般搞宗教哲学的，用不同的形态、习惯去解释那个没有形相的真理，那不是自己变成魔鬼了吗？那是背道而驰。所以，“道”不可以求得，不是向外求的，个个有道，你自己悟去。

“有罪以免邪”，一般人求道都是要求菩萨保佑我，上帝保佑我，把我的罪免掉，那上帝与菩萨不就是贪污吗？求他就免罪，不求他就降罪，做人也不可以这样，更不要说是上帝、是菩萨了！你想想看，有罪想免，如何可以免？“反求诸己”，要你自己内心的反省，道在你那里，你要免自己的罪，自己真忏悔，真反省，把罪恶反省忏悔干净。自己真正的站起来，建立自己完美的人格，建立“善人之宝”，做一个真正的善人，不是外来菩萨、上帝的力量给你免掉的。外来的力量高兴给你免就免，不高兴给你免就不免，那成什么话！那就是魔的行为了。

所以老子的道理很清楚告诉我们，“古之所以贵此道者何”，“道”之所以可贵，因为它无偏私，也不稀奇；就因为不稀奇，所以可贵。“道”就在你那里，为什么你找不到呢？就因为在你自己那里，所以你找不到了。等于我们眼睛在自己脸上，你能够看到自己的眼睛吗？你看镜子看到的，那只不过是镜子里的幻影啊！不是你真实的眼睛。当然也看不到自己的鼻子！

禅宗所说开悟了，是悟到了自己鼻子原来是向下的。我们的眼睛、鼻子在自己脸上，自己看不见，我们内脏在自己的身体里头，你也没有看见过，外面也看不见，里面也看不见，人最差劲了。“道”就在你这里，你要找到这个，外面的不是，不要以为“眼观鼻，鼻观心”，把鼻子看破了也不是。也不是搞转河车、气脉、拙火，都不是，只是在你自己那里，是这个道理。“故为天下贵”，因此说这个“道”为天下之贵，是最崇高伟大、至高无上的，至贵而高不可攀的。

第六十三章

平淡处事的一流人才

对人生茫然的人们

以德报怨的问题

大事不难 小事不易

谁是轻诺寡信的人

为无为，事无事，味无味。大小多少，报怨以德。图难于其易，为大于其细。天下难事，必作于易；天下大事，必作于细。是以圣人终不为大，故能成其大。夫轻诺必寡信，多易必多难，是以圣人犹难之，故终无难矣。

平淡处事的一流人才

“为无为，事无事”，这是说，一个人看起来没有做什么事情，可是一切事情无形中都做好了。这是讲第一流的人才，第一流的能力，也是真正的领导哲学。下面加一句“味无味”，世界上真正好的味道，就是没有味道的味道，没有味道是什么味道？就是本来的真味，淡味，那是包含一切味道的。

世界上的烹饪术，大家都承认中国的最高明，一般外国人对中国菜的评价，第一是广东菜，第二是湖南菜，第三是四川菜，等而下之是淮扬菜、北方菜、上海菜等。这种评论是很不了解中国的烹饪。真正好的中国菜，无论标榜什么地方味道，最好的都是“味无味”，只是本味。青菜就是青菜的味道，豆腐就是豆腐的味道；红烧豆腐，不是豆腐的味道，那是红烧的味道。所以，一个高手做菜，是能做好最难做的本味。

有一个学者朋友，也做过校长，大家都晓得他会做菜，但他不轻易为人做菜。临时到他那里，他只好自己动手了。随便一个蛋放上一点盐巴，东一下西一下地炒，味道就好吃得很。那是靠火候，就有很好的本味。

中国人讲交朋友，“君子之交淡如水”，好朋友不是酒肉朋友，不是天天来往，平常很平淡。但这并不是说冷漠无情；朋友碰到困难，或生病之类的事，他就来了。平常无所谓，也许眼睛看看就算打招呼了，可是有真热情。这就是我们中国人所谓的“淡如水”，友情淡得像水一样。大家都喝过水，试问水有没有味道？粗心大意的人一定说水没有味道，那就错了。水是有味道的，什么味道？“淡味”，也就是“无味”。老子上面讲了“为无为，事无事”，我们容易懂，但后面为什么加一句“味无味”呢？难道老子教我们当厨师吗？这句话，其实也就是解释上面二句，说明真正的人生，对于顶天立地的事业，都是在淡然无味的形态中完成的。这个淡然无味，往往是可以震撼千秋的事业，它的精神永远是亘古长存的。

比如一个宗教家，一个宗教的教主，在我们看来，他的人生抛弃了一切，甚至牺牲了自我的生命，为了拯救这个世界。他的一生是凄凉寂寞、淡而无味的。可是，他的道德功业影响了千秋万代，这个淡而无味之中，却有着无穷的味道。这也是告诉我们出世学道真正的道理，同时也是告诉我们学问修养，以及修道的原则。

对人生茫然的人们

最近一位美国教授来，他是代表美国一个大使接洽有关外交的事务，对我则为私人晤谈。他谈到，今天无论是独裁的国家，或民主国家、自由世界欧美各国，他都去看过，他深深感到民主与独裁这两个迥然不同的世界，都有相同的毛病，都治不好的。他与独裁国家高级干部接触过，他说一谈到实际的情形，就感觉他们不讲一句真话，但他们无形中也告诉我一句真话，就是对一切都感到茫然！所以，在各国走了一圈，看到男女老幼，只有一个结论，就是对人生的茫然，事实的茫然。他说在民主自由世界，工商业发达的社会里，男女老幼也是茫然。所以说，这个时代是失落的时代，因为掉了心，没有中心。

他来访问我时，希望我到美国去，他说大家认为中国文化中的“禅”是一个中心，现在都在找这个东西。这一事实，就说明一个学道者的事业之所在，所以他现在也组织了一个世界禅学精神生命科学研究中心，正在研究生命的超能力，超感作用。

据他告诉我，世界上有好几个地方在研究超能力，他们专门训练小孩子，最初训练十几个，现在达到几十个了。还有一个妈妈带了几个孩子，把眼睛整个地蒙起来，耳朵可以看东西，而且可以分辨颜色，现在，已经训练到用手可以看东西。他也曾亲自测验受训的孩子们，当时心理学家、电脑、心电图，各种测验都参加，用红笔、绿笔各写一个字，被试验的人眼睛遮住用耳朵看，能正确指出字的颜色。

这是《楞严经》上讲的“六根互用”，人的五官可以互相起作用，耳朵、鼻子也可以当眼睛，脚底心也可以当眼睛，眼睛也可以当耳朵。

这次我只能抽出很短的时间与他谈话，来不及做结论。如他所说，现代的各种方法，纵然把生命的功能，超感觉的力量发挥出来，还是没有找出人的生命根本，道体的根本。找不到道体的根本，还是失落的一代——茫然！所以一切都是茫然。

我们在台湾这一代的青年们，同样也有茫然之感，这是一个时代的病态，是文化思想上的基本问题。我曾在十几年前对几个大学联合演讲时，大声疾呼：我们二十世纪数十年来，国内外究竟有多少人的学术思想影响了世界？如果有所谓影响，也只是跳动，只是波动时的波浪，对人类历史文化都交了白卷。如果要在文化史上真正有一个交代，尚待我们的努力。

讲了那么多废话，不外说明一件事，就是很多青年人到处在学打坐、学佛、修禅，以及研究一切宗教，找科学超生命的力量。这样的年轻人，中外都有，但都犯了一个基本的错误，就是方法上错了，都是以有为法去做，因此，不能接触到最高的道体。所以，必须要“为无为，事无事”，学道也要“味无味”，以这个原则，慢慢才可能接近形而上的道体。所以，不论是想打通任督二脉，或者是用其他各种的方法，都是有为法，都是“无事生非”。像一则笑话说，《三国演义》中张飞的妈妈是谁，回答姓“吴”，因为“无（吴）事生非（飞）”。诸葛亮的妈妈是谁？周瑜说，“既生瑜何生亮”，所以诸葛亮妈妈姓“何”，周瑜的妈妈姓“纪”。这个笑话也是说明，很多人学道学佛上不了路，都是《三国演义》中的“既生瑜”、“何生亮”、“无事生非”，不能做到“为无为，事无事，味无味”的境界。因此，虽然在修道，却离道越来越远。

以德报怨的问题

“大小多少，报怨以德”，这句话很有意思，我们不谈老子“道”的哲学，以老子的文学思想来讲，只有两个对子：“大对小”，“多对少”，他已经对好了。“大小、多少”这四个字又是什么意思呢？这不是说大事也好，小事也好，多事也好，少事也好，这是说研究中国文化要先认识“字”。我曾再三提到，现在又再说一次，古代一个字代表了好几个观念，那个时候没有印刷，是用刀刻在竹片上，所以尽量的简化。现在我们好多的观念凑拢来代表了一个观念，这是语言文字应用的范围、工具、方法、技巧的演变，几千年相隔下来，产生的现象不同。所以，古来一个字就是一件事情。数量多与少，都说明任何事情都有正反两方面，也有互为因果的作用。大从哪里大起呢？是从很多的小累积起来的；多是哪里来？是很多的少累积起来叫做多。

不管大小多少，一切都有必然的因果律，与自然科学因果律原则相同。自然科学的因果律，种瓜得瓜，种豆得豆，宇宙间人事与精神，因果原则是一样的。但是，过程中的变化错综复杂，并不尽然相同。

老子始终是主张道德的，与人有仇，对人怨恨，不是采取报复的态度，也不是容忍，是更高一点的大慈悲的态度，就是“报怨以德”，以道德来报怨。

讲到这句话，还记起来过去的一桩事。十几年前，我在空军做巡回演讲，最后讲到这里时，那时的“总统”蒋公发表一篇“复兴中国文化的文告”。实际上，早在一两个月前，我就拼命鼓吹中国文化的复兴，曾经在台中的空军基地讲过，到今天为止，起码有十年了。我在《禅与道概论》这本书中也提到。说到中国文化有一股很难描述的味道，因为从白话文教育入手的人，打不开固有文化仓库的库门，进入不了。中国文化都记载在古书中，而古书都是用古文写的。从白话文入手，教育“老师早，老师好，老师不得了”，那是没有用的；只有从“人之初，性本善”、“天地玄黄，宇宙洪荒”那种“六书”之学的古文教育入手才行。所以，我只好很抱歉地说，复兴中华文化，恐怕六十岁以下的人都成了问题。我当时讲这些话的时候，蒋先生也正在那个地方。

我们抗日战争胜利，中国对日本的决策就是“以德报怨”的老子思想。孔子是主张“以直报怨”的直道而行，你打我一拳，我踢你一腿总可以吧！你打我一个耳光，我原谅你吐一口唾沫还你总可以吧！你打我，我当然不痛快，我当然还你一个颜色，这是孔孟儒家的思想。道家的思想不然，是“报怨以德”。用西方基督教《圣经》上的话来说，你打我右边的脸，我再把左边的脸向过去。这只是容忍的态度而已。老子与佛家的思想是大慈悲，以仁慈去感化对方。

不过，“报怨以德”是不是真的能够做得到呢？那就要看个人的修养了。所以，上面这句话非常灵活，它并不是规定你非“报怨以德”不可，这中间有大小、多少之别，还有这个事情的因果、重点，要先看清楚。

大事不难 小事不易

“图难于其易，为大于其细”，这十个字的两句话，又是一副对联，天下最困难的事，对于真有智慧的人来讲，处理时“于其易”，会找到事情的关键点，处理起来就很容易。我经常给年轻同学讲笑话，要他一个人去搬个桌子那样大的石头，他们都面有难色，认为至少需要六七个人才搬得动；告诉他一个人就可以了，不必要把它悬空搬，是要想办法把它转动，走圆圈的转动，几个指头也可以慢慢转得动。只要动了，走圆圈的方法就成功了。

做事情的道理也是如此，先要找出要点，如果用力去做，是非常笨的方法，要用“势”。“势”不是力，譬如一个手表很轻很小，就是打到我们也不过是小疙瘩而已。但是，如果远远一掷，加上力学的作用，打到身上可能是几十斤的力量；甚至刚好打到一个要害的穴道，就可致人于死，这是“势”的道理。所以用“势”与用力不同。

天下没有困难的事，这是拿破仑吹牛的话，但他最后还是死于困难。天下处处都是困难的事，不要听拿破仑乱吹，还不如《中庸》说得好，看天下没有一件容易的事。这样才可以容易完成，也就是“图难于其易”。能把握要点，找到关键，才容易成功。

“为大于其细”，一件伟大的成就，是从小地方做起的；最伟大的建筑，是从一颗颗沙石堆积起来的。

下面是引申的道理，我们懂了这两句话的原则，下面就容易懂了。

“天下难事，必作于易”，相反的道理，天下最困难的事情就是容易的事。这里告诉我们后一代的人，不要把天下事看得太容易了，你认为容易做，最后遭遇了大困难。许多事看来太轻易了，事实上天下没有一件容易的事，即使我们端着饭碗，把菜送进口里，似乎是很容易的事，可是有时候还咬到舌头，或者筷子夹的东西掉下来了，因为我们轻视这个动作，觉得它很容易办到。所以不论任何事，看得容易的话，反而困难。

“天下大事，必作于细”，我们经常引用曾国藩的话“大处着眼，小处着手”，因为曾国藩深懂老子的道理，深懂道家。也有的人说只看大处，不必斤斤于小处；当然做事不能斤斤计较于小的地方，要顾全大局。但小处也要注意到，因为“天下大事，必作于细”，很小的、不相干的事，常常会产生大纰漏。甚至于养生之道，也是如此。

天气热的时候，很多人生病，常看到青年同学因天热而贪凉，我告诉他小心啊！不要吃冰的东西，回来喝杯午时茶。同学们有时候笑笑，他们心里想，老师就是这样，把我们看得好像都很脆弱。过了几天，很多人都在吃药了，而我老头一点事也没有。所以说饮食气候种种，尤其在立秋、立夏这些节气前后，气候无常，一些学佛的人，应该晓得李清照的词——“乍暖还寒时节，最难将息”，“将息”就是保养。这是春天写的一首词，到了秋天可改为“忽冷还热时候，最难将息”。李清照就是写“寻寻觅觅，冷冷清清，凄凄惨惨……”的那位小姐。可是“乍暖还寒时节，最难将息”这两句，是很好的人生修养哲学。所以，这一首词在我们生活当中，尤其是关于修道，非常重要。你不要认为打坐可以治百病，不要忽略了生活的细节，一忽略了细节，往往变成重病。

比如最近有一位朋友，一向静坐工夫很好，很自恃，我注意到了，就吩咐他小心啊！他说：“不会啊！不对我就打打坐！”我只好对他笑了。结果，这两天倒了，不是打坐倒了，是倒在床上了。这就是忽略了“大事必作于细”的原故。所以人生要想成功一件事情，没有任何一点小事可以马虎的。

欧阳修有两句名言，我经常上课时引用。他说：“祸患常积于忽微”，大祸经常出在小地方，很不注意到的地方。那些毫不相干的小毛病累积起来，就成为大毛病。还有一句，“智勇多困于所溺”，一个人有智慧，有学问，有大勇，可是他有时一点都用不出来，因为你有所溺爱，就会有偏向。甚至情绪上的一点偏向，习惯上的一点偏向，就把你蒙蔽了，你的智慧判断就错误了。这是“祸患常积于忽微，智勇多困于所溺”的道理，所以“大事必作于细”，也就是这个道理。

“是以圣人终不为大，故能成其大”，一个真正的圣人，不吹大牛，不说大话，不狂妄，只是小心谨慎。关于这一点，有人拿历史上的两个人物说明一个做人的道理——“诸葛一生唯谨慎，吕端大事不糊涂”。诸葛亮一辈子的长处，成功要点，就是小心谨慎。吕端是宋朝的一个名臣，大宰相，在历史上这两个人物的处事态度，构成一副很好的对子。吕端这个人平常看起来糊里糊涂，马马虎虎，但是他不是真马虎，他是大智若愚，是真精明假糊涂。他处理大事一点都不糊涂，他说："我小事马虎，大事不糊涂。"那是自吹的话，真能够对大事不糊涂的人，小事一样看得清楚。就像一个人眼睛很亮的时候，一眼看出去，整个的场面统统都看清楚了，小地方也都看到了。

大圣人因为他不自以为是，不傲慢，不自骄，故能成为真正的伟大。所以圣人之所以成为圣人，就是因为谨慎小心，不狂妄，不傲慢。因此，老子与孔子一样，告诉我们许多做人的名言，也涉及历史上观察人的相术。孔子在《易经》上也讲了很多，孟子也说得不少。

谁是轻诺寡信的人

"夫轻诺必寡信，多易必多难，是以圣人犹难之，故终无难矣。"这是老子把人世间的经验累积起来，告诉我们，一个轻诺的人必定寡信。我经常告诫年轻的同学们，不可随便答允别人的请托。有人托你上街代买一块豆腐，另有个人托你带一包盐巴和糖，你都说可以，结果回来时都忘了，反而害得人菜炒不成，咖啡喝不成，误了别人的事。随便允诺所请则难守信。换句话说，观察一个人，如果是轻诺者，此人多半寡信。

历史上有"侠义道"之说，就是中国的"任侠使气"。喜欢讲义气管闲事的人又叫侠客，这类人脾气大，看不惯不公平的事，自己吃饱饭没有事，喜欢替别人抱不平，坐在家里也吹胡子瞪眼睛。这种"任侠"的人必定"使气"，因为养气不够之故。但是，一个真正"任侠"的人，一定是"重然诺”的。

比如季布，历史上写这个人“重然诺”，就是很重视承诺，你要求他一件事，他不轻易答应，只要答应就一定做到。这种任侠使气的作风演变成后来的帮会流传。现代青年喜欢谈帮会，但并不懂什么是帮会。西门町帮会，那是西门“疗”，那不是帮会。真正的所谓帮会，有个名词“三刀六眼”，就是“重然诺”。当朋友双方有意见吵架时，第三者答应出来调解，这一个答应的人，就要准备把一条命赔进去了。如果两方面不听劝解言归于好，自己抽出刀来，在大腿上插三刀对穿成六个洞眼。这三刀六眼很严重，整个帮会的人再没有不听他调解的话了。任侠使气是为什么？为了别人两方的平安和谐。

司马迁在《史记》上写的《刺客列传》，只举了荆轲这一个人的例子，其实历史上还有很多这样的事例。有人对于人家对自己的好处都不理，等到最后自己老母亲死了才对那人说，你一直对我好，我几十年都记得，为什么不理？因为还有母亲在，现在母亲过世了，我已无牵挂，现在我这条命也是你的，这叫做“重然诺”。所以为人之道，不可轻诺而寡信。人生在世，常想做很多事，帮很多人，结果一样都办不成，因为自己没有那么多的精力，没有那么多的时间。

《论语》上面记载，子贡问孔子：“如有博施于民而能济众，何如？可谓仁乎？”孔子答道：“博施济众，尧舜其犹病诸。”想要布施，救天下的人，少吹牛了，救一个算一个，还算切实一点。有一些人动不动要学佛度众生，而事实上自己的太太或先生都度不了，还度什么众生呢？所以，学佛的人注意，随便发愿度一切众生，犯了一个戒，就是轻诺寡信，这是不可以的。

“多易必多难”，把天下事看得太容易了，认为天下事不难，最后，你所遭遇的困难更重。天下事没有一件是容易的，都不可以随便，连对自己都不能轻诺。有些人年轻的时候想做大丈夫，救这个国家，劝他慢慢来，先救自己，有能力再扩而充之；否则自己都救不了，随便吹大牛，就是轻诺。

今天一位在国外教学回来的人感慨地说：“我们从小读书到现在，读了一辈子书，又做几十年事，对于父母所给予恩惠的这笔账，一毛钱也没有还过。”他所说的一毛钱，当然不是完全指的金钱，是说一件事情都没有做好，正如《红楼梦》贾宝玉对自己的描述，“负父母养育之恩，违师友规训之德”。许多人，甚至几乎所有的人，活了几十年都还在这两句话中，违背了老师朋友们所规训的道德，一无所成。我们年轻人都应立志，结果，几十年都没有做到自己所立的志向，这也是轻诺。所以，人生要了解，天下事没有一件是容易的。

“是以圣人犹难之，故终无难矣。”圣人之所以成为圣人，因为重视天下事；他不但不轻视天下事，也不轻视天下任何人。因此，才不会有困难，才能成其为圣人！

这第六十三章讲困难与容易的问题，归结起来，这一章是解释上经第十三章的原理。老子真正告诉我们的，是天下无难事，但是，要大智慧去找出容易的关键，否则都是难事，没有一件事是容易的。

第六十四章

宜未雨而绸缪 勿临渴而掘井

闲棋一着

万丈高楼从地起

智慧 从势 待时

将成功时反致失败

圣人的欲望是什么

其安易持，其未兆易谋。其脆易泮，其微易散。为之于未有，治之于未乱。合抱之木生于毫末，九层之台起于累土，千里之行始于足下。为者败之，执者失之。是以圣人无为故无败，无执故无失。民之从事，长于几成而败之，慎终如始则无败事。是以圣人欲不欲，不贵难得之货；学不学，复众人之所过，以辅万物之自然，而不敢为。

看起来这些文字很美，常会轻易把它读过去，其中告诉了我们一个重要的原则，尤其是在政治哲学上，如果想立功创业，就要注意“其安易持”这一点。这是什么意思呢？是说平常的事情，如果要继续保持平常是非常难的。所以十多年来，我给人写信，最后的祝福语都是写“恭祝平安”。人生最难得是平安，人生平安就是福气。古人说：“百年三万六千日，不在愁中即病中”，人的一生，不是烦恼愁苦就是生病，今天感冒，明天腿痛抽筋，都在生病。所以平安最难，永远保持平安前进是最困难的，真能保持平安，才能保持长久。

宜未雨而绸缪 匆临渴而掘井

“其安易持”，无论是个人事业，或者天下国家大事，要能求到长治久安，就很不容易。政治的处理或者公司、行号能保持永远的常态，没有大的变动，已经是莫大的功劳了。创业艰难，守成也不容易，能够保持到长治，“其安易持”，做到平安，才容易保持长久。

“其未兆易谋”，一件事情，国家大事与个人事业都如此，当一个兆头还没有发生时，一个现象还没有出来以前，容易想办法，这是老子“为无为”之道。为什么中国历史上，每逢乱世出来平乱的大半都是道家人物？因为他能够把握“未兆”的原则。一个社会看来很安定的时候，在道家的观点来看，却正是可怕的先兆。比如我们现在的社会，国富兵强，生活富足，然而在我们看来正是很令人担忧的。因为后一代的青年，不知道困苦艰难，没有受过挫折，社会国家一旦发生问题，马上抵抗不住了，这是很严重的。

“未兆”，就是“兆头”之前。我们可以引用两句古诗：“山雨欲来风满楼”，“万木无声知雨来”，这比气象台还要灵验。夏天雷雨要来之前，高楼上的风先来，接着就是雨了，风先雨而来，这是“兆头”。什么叫“未兆”呢？就是当兆头一点影子都没有时，也就是“万木无声”的时候。有人希望学到求雨的方法，我告诉他们不必求，因为台湾只有这么一点地方，纵然求雨有灵，一场大雨又可能闹水灾了。因为他们都是虔诚的佛门弟子，我叫他们只一心念佛就行了，不几天果然下雨了。当时我站在高楼上，极目所视，各马路上的树木连树叶也没有一片动的，那股闷气太闷了，地球的气向上蒸，慢慢碰到冷气流，当然会下雨。如果夏天登山或者在野外健行，忽然碰到很闷热的天气，树叶子动都不动，那要晓得，后面马上来的是一阵大雨，这就是“万木无声知雨来”。

所以讲中国哲学很难，诗与词中就有高深的哲学道理，因为中华民族非常爱美，尤其对文字的美更讲究，常把最高深的学问放在诗词之中。如果只当文字欣赏那就体会不出来了。我经常说，欲懂中国哲学，必须要先懂诗词，先懂历史，就是这个原故。

刚才讲到“万木无声”就是“未兆”，没有一点下雨的影子，这时候就应该“知雨来”，晓得不久要下雨了。如果要出门，就赶快带雨伞。遇到天气很闷的时候，有同学出门，一定问他到哪里去，倘使他走得远，就吩咐他带雨伞。不听话的同学，心里一定在笑，老师神经，这么大热的天气，叫我带雨伞！其实纵然不下雨还可以挡太阳，带雨伞总归是好的。几十年前出门读书时，老祖母一再叮咛带雨伞，夏天出门则叮咛带棉袄。在那个时候出外念书，不像现在是台南到台北来读书，几个钟头就到了。当年交通困难，往往三两天以上的路程，说不定在路上忽然来一个寒流，所以夏天出门带棉袄，就是“其未兆易谋”。小至个人创业，大至于治国平天下，就是我们中国文化中的四个字——“深思熟虑”。要好好的想，深深的思考而熟虑，不能马虎，也就是老子讲的“图难于易”。

闲棋一着

“其脆易泮，其微易散”，一个很脆的东西，容易破碎，所以越脆的东西越弱，容易打破，破碎后变成又多又细小的微末。

这几句话，深刻发挥的话，要引证很多历史的故事，尤其在政治策略方面，古人用得非常多，尤其学道家哲学的人，运用得更为巧妙。有先知的人，用智慧预为防止可能发生的问题，使社会能够得到长久的安定。所以，一个大政治家处理事务，如果决策完善，则功德无量，所造成的影响不止一个地区，不止几十年。有时候好的政策可使社会安定几百年之久，其中的道理，都是在这个地方。

“为之于未有”，真正做事业的人，在开始还没有一点影子的时候，已经把基础打好了，这就是高明的人在处事。那和下棋一样，好像随便下一个不相干的棋子，这颗棋子，文学上形容叫做“闲棋一着”。什么叫闲棋？下的这个棋子没有道理，可以下，也可以不下。忽然放一个棋子在那里，看来是不起任何作用的一着闲棋，而实际上是经过“深思熟虑”，预先计算的。多年以后，发展到某个阶段，这里已经有预先的准备，起了大作用，收到大功效，政治上则可以使天下不乱。这就是“为之于未有”。我常常要同学们去做某些事，有人觉得我啰唆厌烦，有些同学问这是什么意思，我告诉他们，一旦发生问题就大有关系。这就是“为之于未有”，问题没有来，但要先做安排。

“治之于未乱”，大政治家在天下未乱的时候，已经把乱源，乱的根源先平掉了。社会上有人犯罪，把犯罪的人捕获，绳之以法，不错，执法的人很有功劳。但是，真正的大功劳是使人根本不会犯法，这就是法治的道理，出于道家的精神。所以“立法”的目的，能使民众不会犯法，那就是天下之大法；等到人犯了法再去惩罚，已经是下策，不是上策了。上乘道是“为之于未有，治之于未乱”，可是如何做到呢？其中就有大学问了。

万丈高楼从地起

“合抱之木生于毫末”，原始森林中，有如阿里山的神木，一个人抱不了，要许多人联手合围才能环抱。这样的大树如何长大的？“生于毫末”，也是从一株秋毫小苗长起来的。初生婴儿身上的毛，若有若无，叫做毫毛，在毛的顶巅上一点点，显微镜才看得见的，叫做“毫末”。树苗刚刚生出来的，也是毫末一样。

讲到这里，我也经常引用古人这首诗，鼓励青年们要注意，这首诗可以背起来：

自少齐埋于小草　而今渐却出蓬蒿
世人不识凌云干　直到凌云始道高

人不要动不动想去自杀，我一点都不同情这种人，没出息嘛！父母给你一个身体，不能做顶天立地的事情，想不开有什么用呢？看了古人这首诗，就要懂得这个道理。这一首诗是哲学，所以中国的哲学都在诗里，虽是写一棵松树，实际的意思是要我们懂得人生。山上一棵大松树，大陆上有些古松，在空中看来像一条龙一样。这棵松树在小的时候，“自少齐埋于小草”，如老子说的“合抱之木生于毫末”，它与一般草一样，种在那里。它缓缓慢慢地长出来了，渐渐出蓬蒿，顶天立地，像阿里山那棵神木一样，许多人对它还要烧香顶礼膜拜呢！

可是，当这棵树小的时候，看它很平凡。“直到凌云始道高”。一般人只是看成果，不晓得看前因；等到树木长到天一样高，仰头来看，头上的帽子都因仰头掉下来，这时才说：哦！好高啊！绝不会在幼小的时候看出它的高，这就是人生。所以，青年同学们要注意，人贵自立，要自己站起来，不要刚刚出头，就想要别人赞美你高，那是高不起来的；等自己真的长高了，别人自然会说，好高啊！

这说明了人生的道理，也是解释“合抱之木生于毫末”的道理。另外一首诗，我也经常引用，要青年同学们注意：

雨后山中蔓草荣　沿溪漫谷可怜生
寻常岂藉栽培力　自得天机自长成

这些都要背熟，自己遇到困难的时候，高歌一曲，困难所产生的苦闷就化解了，也得到无比的鼓励；这和祈祷上帝或跪在菩萨前面一样的好。一阵大雨过后，到山中一看，沿着山谷流水边，蔓草已经长出来了。这些草也不靠人浇肥料，无人帮忙，是靠它自己的生命力，满山满谷在生长，那是自得天机，自然得到天地生命的力量，自我站起来的。一个人的成功，也须具备这样大的勇气。

这两首诗，我从小几岁背到现在。有时候，自己碰到真正困难的事情，念佛、祷告上帝仍无法定下来的时候，“寻常岂藉栽培力，自得天机自长成”，要有这个勇气，要有这个魄力，这才真是懂得中国文化的精神。人不必希望别人的恭维，要自己站起来；能站起来，自然有人仰头看，叫好拍掌的都来了。可是到那时候，千万不要受到掌声的影响，试看那大树旁有人又唱歌，又跳舞，又烧香膜拜，大树也是置之不理啊！

“九层之台起于累土”，所谓“九层”，中国文化古代就是指高楼。九层并不代表“九”，代表的是数的极点，从一开始，最后的数字是九；到十又是另外一位数的一，所以数的最高是九。《易经》的数理哲学，最初是“零”，零代表了没有数，也代表了无数、不可知之数、无比、无量，所以零代表的是“空”，也代表了万有充满其中。而数的极点就是“九”，“九层之台起于累土”，最高的建筑也是从地上开始建造的；“千里之行始于足下”，走一千里，也是从脚下第一步开始的。

智慧 从势 待时

下面的二句很妙，“为者败之，执者失之”，一个人太懂得有所作为，反而会失败。为什么呢？孟子也讲过“揠苗助长”的故事，说宋国有一个人种田，种下以后，天天去看，感觉不到禾苗在长，心里很急，干脆帮忙把禾苗拔高一点。被他这样一拔，结果稻子都死掉了，这是说有所作为反而失败的道理。必须要慢慢地等待，成功不是偶然的，有时要分秒必争，有时则是分秒不可争。必争者是我们人自己分秒都要努力；不可争者，因为时光是有隧道的，要分秒都到了才可以。不要早晨起来就希望天黑，这是不可能的，太阳的躔度是一点一滴慢慢来的。

我经常以自己的经验以及年轻时的感受，替青年们着想，所以劝青年人凡事慢慢来，大概要等十年以后再看如何。当我二十岁左右的时候，有人告诉我：你这样子大概三十岁或许会有成功的希望。听了这话很灰心，好泄气，以为还要十年的时间，哪能等那么久！谁知道一回头，现在都已过了几十年了，这是没有办法的事，只有自己去体会，急是急不来的。孟子也说过：“虽有智慧不如乘势，虽有镃基不如待时。”时空两个因素是无法忽略的，尽管急切，却一点办法也没有。如果忽略时间与空间的因素，非要立刻做到某种程度不可，结果只有“失之”了。这是因为有为而失败，不是“为无为”，所以是“执者失之”。

但是，你不要受骗，不要固执这个原则，因为，天下事不断在变，时空也不断在变，天地万物一切人与事都是随时在变，随地在变，没有不变的。有时讲错了话不禁脸红，转念一想没有关系啊！就不脸红了；再过片刻，自己还越想越有道理，还有支持自己的理由呢！所以时空随时在变，若执着呆定不变当做法则，就错了。

“执者失之”，抓得太紧也是错的，“是以圣人无为故无败，无执故无失”。这是告诉我们人生大哲学，也是做人做事的一个大原则。他说我们上古圣人有道之士，懂得了这个原则，“是以圣人无为故无败”，所以圣人是处“无为”之道。什么是无为之道？就是“为无为”。千万把握这个重点，否则很容易误认“无为”等于什么都不管。我们这一代，很多讲哲学的人，解释老子“无为”就是万事不管，这种解释影响了这一代青年，使他们走上错误之途，那是可叹的事。圣人因为懂得无为之理，不积极求有所为，所以他不败。

“无执故无失”，因为知道宇宙万事万物随时都在变化，所以圣人不固执成见，而是随时应变、通变。人事更是随时都在变，每一刹那都在变易之中，最重要的是知道应变；应变还不行，要通变，配合变去变，这就是“为无为”。圣人因为能“无执”，能应变、通变，不执着，所以，他不会失败。

将成功时反致失败

“民之从事，常于几成而败之”，圣人懂得“道”的用，所以成其为圣人。佛经常拿“无常”的道理示人，大家同样研究佛法、佛学，可是常戴一副有色的眼镜，对于世间的无常都持悲观的看法。实际上，释迦牟尼的印度文化所讲的“无常”，就是中国文化的“变”，天地万物没有不变的，不是永恒固定的。所以，生死是无常，人有生就有死，就变去了，这是必然的变去，所以教我们认清这个“变”。《易经》讲变是个基本原则，印度文化讲的是“现象”，叫做“无常”。一般圣人懂得这个道理，所以，永远是成功的，不会失败。

“民之从事”，这个“民”，不是站在官的立场，是指老百姓而言，是代表普遍的一般人，或者可解释为“人类”。

一般人做事“常于几成而败之”，快到成功的时候失败了，爬楼梯还剩一阶就要爬到顶上，突然跌下来，骨头也跌伤了，照X光打石膏，这是“几成而败之”。做一件事情，无论小事或大事，快要成功时就是最危险的时候。因为快成功会使自己昏了头，一高兴，眼前的成功反而成为“一失足成千古恨，再回首已百年身”。纵然不死，却要再重新开始了。所以说一般人多半是“几成而败之”，在几乎快要成功的时候反而失败了。

但是，要注意“几”字，再进一步做更深一层的讲，成败都有它的先机，有它的关键。先机是什么？是“未兆易谋”那个兆头。一件事情的成败，常有些前后相关的现象，当你动作的时候，它已经有现象了，自己没有智慧看不出来；如能把握那个“机”，就不至于失败。所以，一般的人们“几成而败之”，是因为把坏的机看成成功的机，自己看不清楚，结果失败了。这是进一步解释“几”的道理。

我经常说中国文化包括《易经》以及孔孟、老庄等的思想，中国与希腊、埃及、印度为四大古老民族的文化。这四大文化体系有一个共同的原则，就是注重因果律。再进一步研究，为什么这四大古国文明都有这个共同点呢？那就要注意上古以及远古时期了。这也就是说，上一个冰河时期的人类，可能文化已经发展到最高智慧的共同结晶了。在人类文化达到最高智慧的冰河期时，地球毁了，剩下来少数的人类，则把先民文化结晶的一点原则留传下来。我经常说，《易经》八卦的图谶就是这样来的，那个所谓的伏羲，是恍兮惚兮一样，搞不清楚是从哪里来的。

老子再告诉我们“慎终如始”，青年同学们对这几个字要好好记在脑海里，这是一生成功的大原则。他告诉我们，到了成功的时候，你要保持开始时的那个态度，那个本色。即使做了最伟大的事，戴上皇冠，坐在皇位上的时候，也要心中无事，就像在妈妈怀抱里一样的平凡，那就真的成功了。更要知前因后果，不要因为成功就得意，因为学问、事业有成就而满足得昏了头。这样马上就会“几成而败”，失败了。在爬到最高的时候，始终保持开始时那个心情，你就永远是成功，因为你不自满不骄慢，很平凡。“慎终如始，则无败事”，任何的成功不要满足，永远保持开始第一天那样的心情，则永远没有失败，永远是进步的。

圣人的欲望是什么

“是以圣人欲不欲”，真正的大欲望是什么？就是消灭我们心中意识上小的欲望。真正做到“无欲”，一切都无所求，那是个大欲望，那是欲为圣人、超人。超人对于物理世间的一切欲望不放在心上，就因为能如此，才能成为超人，超越于一般常人。所以“圣人欲不欲，不贵难得之货”，“货”就是物质的东西，不要被物质世界的稀奇物品所迷惑了。我们人最容易被物质所骗，钞票、财富代表物质，如被这些东西骗着，人生就变得有限了。充其量多几个钱，如果认为有钱才能享受，那只是人的想象罢了。穷人没有大钱，不知道钱多时的实情，假如富有真到了某一个阶段，对于钱，看都不看，觉得没有意思。当然我们一个月收入几万元，觉得不错了，觉得钱很重要，那些有多少亿的人却不晓得怎么办才好！这么多钱干什么用？吃的穿的用的，差不多都够了，生不带来，死不带去，实在没有道理。所以，圣人“不贵难得之货”，不被物质的东西所迷惑。

“学不学，复众人之所过”，人们在求学的阶段，要有学问有知识；其实那是半吊子，真正有学问时，中国有句话“学问深时意气平”，学问真到了深的时候，意气就平了，也就是俗话说的“满罐子不响，半罐子响叮当”。从佛学来说，大阿罗汉或者菩萨没有成道以前，都是“有学位”。成了佛叫做“无学位”。这个“无学位”不是戴方帽子的学位，是已经达到不需要再学的位阶了，已经到顶，最高最高了。但是最高处也是最平凡处，最平凡处也是最高处。所以，真正的学问好像是“不学”——没有学问，大智若愚。“复众人之所过”，恢复到比一般人还平凡。平凡太过分了，笨得太过分了，就算聪明也聪明得太过分了，都不对。有些朋友相反，就是又不笨又不聪明得太过分。真正有道之士，便“复众人之所过”，不做得过分，也就是最平凡。真正的学问是了解了这个道理，修养修道是修到这个境界。

“以辅万物之自然，而不敢为。”“道”的境界到达这个地方，与物理世界万物一样，“万物”是“自得天机自长成”的，自然的成就，自然的衰败，自然的生生不息，不加一点造作，不加一点人为。修道做学问修养，能够了解了这个原理，修到了这个境界，就是“以辅万物之自然，而不敢为”，没有加一点人为有为的功夫。

第六十五章

智与愚

从商鞅到刘邦到文景之治

了解楷式 知道变通

古之善为道者，非以明民，将以愚之。民之难治，以其智多。故以智治国国之贼，不以智治国国之福。知此两者亦楷式，常知楷式，是谓玄德。玄德深矣，远矣，与物反矣。然后乃至大顺。

这一章与上面一章一样，都是上经第十五章的发挥。不过到了这一章就碰到一个严重的问题了。“古之善为道者，非以明民，将以愚之”，这一段研究中国政治哲学思想的人，素来认为老庄之道与儒家哲学思想是为帝王们铺路，走的是“愚民政策”，希望老百姓没有知识，越笨越好。所谓“非以明民，将以愚之”，文字表面上是说上古以来善于运用政治哲学道理的人，不是要老百姓智慧高，而是希望他们智慧低；好像老子就明白地这样讲。

智与愚

“民之难治，以其智多。故以智治国国之贼，不以智治国国之福。”他说社会人民之所以难治，是因为一般人知识太多了，如以提高知识来治国，那是“国之贼”，是错误的；不用智慧来治国，才是国家之福。照这一段文字解释，很明确就是这样讲的。但是，大家忘记老子还说过“大智若愚”这句话，愚并不一定是愚笨。尤其古书上讲到愚，往往不用“愚”字，因为愚有诚实、朴素的意思。所以，上古古典的书籍，“愚”字不太当“笨”字解，而是老子思想所主张的朴实、厚朴。

朴实并不是笨，因为一个笨人并不一定不朴实，但笨人会捣乱，会调皮，自以为聪明，便自作聪明。这些人大处愚笨，使小聪明，所以笨人做的事情，常会把人气坏了。现代一些犯罪的青少年，就是如此。那并不是朴实，朴实与“愚”与“诚恳”两个字往往一起用。“愚钝”有同等的意思，是非常纯朴诚实的意思，所以老子曾讲到“大智若愚”。后面第七十一章，老子有几句话，下面先引用来解释“智”与“愚”的问题。

“知不知，上，不知知，病。夫唯病病，是以不病，圣人不病，以其病病，是以不病。”

他说真正智慧高到了极点，就是“不知”，不是真的不知，是好像不知，好像没有智慧；也就是以前提到过的半罐水响叮当，满罐子水就不响了。智慧到了最高时，似乎是“不知”。“不知知，病”，一般人就犯这个毛病，自己跟自己过不去，自以为学问很好，智慧很高，“不知强以为知”，根本不懂而以为自己真的懂了，这是一个大毛病。“知不知”，智慧到了最高处，一切事情都知道了，心情反而很平淡，等于普通一个不知的人一样，这是最上智的人。我们引用了这两句话先来说明，现在回过来再看这一章，就明了老子所说“古之善为道者，非以明民，将以愚之”这句话的道理了。

我们的文化，过去有一个阶段，文盲太多，乡下没有几个人读书，斗大的字难认识一担。如果问他读过书没有，他说是跟孔夫子师母学的，孔夫子没有教过他，这是以前没有上过学的笑话。那个时候，满地都是文盲，所以必须要普及知识，普及到几十年以后的今天，真正高度知识教育没有完成，只是增强了一般国民的普遍知识。但是政治思想也是半通不通的，好像什么都接受。我们几十年来，看过无政府主义、共产主义、虚无主义、自由主义……一大堆刊物的小本子偷偷塞过来，许多人都偷着看，大家是生活在这样的混乱时代，这样的痛苦之中。这也使我们想到老子的话“古之善为道者，非以明民，将以愚之”了。

老子这个感想也是从历史经验中得来，我们要注意的是，老庄与孔孟，都出生在历史变乱的时代，他们连续经历了一两百年的变乱，比我们现在变乱的痛苦还要大。其实，真正春秋战国的战乱有四百年之久，什么人都忍受不了。再看世界各国文化历史，各种思想的发展普及和蓬勃，都是在极变乱、极痛苦的时代。

我们中国文化诸子百家的思想，各家学术著作发达的时候，都在春秋战国这个阶段。因为变乱痛苦的社会促使了哲学思考，要追寻宇宙人生的奥秘，为什么上天生了人？人为什么那么残酷？那么捣乱？那么痛苦？追寻究竟的道理，各家有各家的见解，就形成了学术思想的发达昌明。在文化史上，我国那个时代是光辉灿烂的时代，百家争鸣，各家的思想正的、反的，乱七八糟的思想都有，目的都是救国救民，乃至救天下，每一种思想都构成了一种学术。

可是，站在历史的观点上看，这个惨痛的时代，许多人生命血汗的牺牲，才刺激了人的头脑，产生各家的学术与思想。这个代价太大了，是许多活生生的生命换来的。由于老庄、孔孟都生在这么一个时代，所以读他们的书，首先要真正了解他们的时代背景；拿到这本书的时候，应该晓得这是一本在痛苦中诞生的书，不像是我们坐在冷气房间，连只苍蝇蚊子也没有，一尘不染的舒适时代。因此，老子才告诉我们“民之难治，以其智多”，社会、国家、天下之所以混乱，就是意见太多。知识越普及，意见就越多，因而形成社会世界的混乱。

“以智治国国之贼”这句话，是讲领导人思想的道德，当社会思想很乱的时候，唯一的办法是不玩弄聪明，要非常诚实。我常说，几十年来的历史教育下，结果是人人玩聪明、动脑筋、玩手段，一个比一个厉害。年轻一代比老的一代更聪明，更厉害，也更麻烦，都到达登峰造极之势。将来真正成功的人，一定是诚实的人，因为大家都狡猾，老实人反倒受欢迎了。所以老子才讲，“以智治国国之贼，不以智治国国之福”。

从商鞅到刘邦到文景之治

“知此两者亦楷式，常知楷式，是谓玄德”，我们读《老子》，不能随便抓住中间一句话或一节，认定是老子的思想。读任何书都要融会贯通，才能找出其中的中心点来。从表面上来看，可能认为老子是愚民政策，希望老百姓没有智慧，好去统治，但这不是老子的意思。“以智治国国之贼，不以智治国国之福。知此两者”，这两头的道理，一头是智慧，一头是愚笨，“亦楷式”，这只是现在学科学的一个公式，一个原理。“常知楷式”，要常了解这只是一个公式，“是谓玄德”，才会真正懂得历史最高政治的标准，政治最高的道德标准。

以前讨论《孟子》的时候，我曾提到过，战国时的秦国，经过约一两百年的努力，到秦始皇时代严刑峻法，法律之严密，无以复加。在秦始皇的上代，商鞅变法之后，用法制管理得非常好，国富兵强。后来因为政权的变动，商鞅垮台后，要逃出秦国，在关卡拿不出过关的文牒；关吏说，我们秦国的法律是宰相商鞅所定的，没有过关文牒，谁都不准出去。商鞅自己造的孽，只好自受，被提回去受五马分尸之刑。实施严刑峻法的人，结果都很惨。

汉朝有些酷吏，史书上用四个字形容——“深文周纳”，他们根据法律的条文，引用最严重的一面解释案情。比如说，法律规定犯法判刑六个月至二年之间，其中有伸缩，可以放宽；但是“周纳”者却搜罗各种案例、条文，甚至与案情无直接关系的规定，以个人的主观，将只要判刑六个月的案子，非要判人家一年不可。很周详细密地把人拉进犯罪的范围去，这就是一般酷吏的做法。

我们中学的课本有《李陵答苏武书》，李陵说不敢回来，因为这些刀笔之吏弄其文墨，坐在办公桌上，并不晓得前方的情形。我虽然打了败仗，可是一旦回来，在法律之前，被那些酷吏弄其文墨，可能被捉拿，那就完了，所以不如不回来。由此可知“刀笔之吏，弄其文墨”，有时候比用刀杀人还要厉害。这说明了法制之下就可能有酷吏，有酷吏，自然会有严苛的结果。

高祖推翻了秦始皇的政权，一进咸阳就约法三章，简单地说，杀人者抵命，所以法令只有三条，不偷、不抢、不杀三件事，其他则马马虎虎。这一下子老百姓就舒服了。秦朝捆得太紧，放松就舒服。但是，汉朝的初年，政令太宽了，一直到汉文帝、汉景帝以后，慢慢地就需要收紧。再看历史上清朝入关，由顺治到康熙，比较宽松，那是因为天下尚未定，等到安定以后，乾隆、嘉庆开始，逐渐收紧法网。实际上，政治的道理是一种艺术，像打鱼一样，鱼小的时候，网就宽松一些，让鱼慢慢长大，鱼太多了，网就要收紧。所以捣乱的人太多时，法网就要收紧，只需轻轻一举，便入网中，并没有固定不变的方法。

了解楷式 知道变通

中国文化中，法家主张法治，儒家主张礼治，道家根据老子道理，主张无为而治。这些主张，等于现在人的独裁或民主，以及各种自由思想，不过都还在变化之中。其实都有道理，也都没有道理，因为“此两者亦楷式”，都是一种格式，一种原则，所以聪明与愚笨也只是两头的一种格式。人有时候过度用聪明时会疲惫；最舒服的时候，反而是脑筋不思想的时候。有人好像一辈子头脑没有成熟，笨笨的，忽然一念灵光来了，他就无比的高兴。所以，这是两个极端，不要“执一”，执着一端就错误了。老子要我们懂得原则并不是呆板的，要活的运用，所以“常知楷式，是谓玄德”，这也就是道德的运用。等于医生的一把刀，看来似乎蛮残酷的，但是这一刀下去是救人的，所以同样的一把刀，可以救人也可以杀人。智愚之辨，也要从这个角度去看，才会了解其中的区别。这也就是要活的运用，所谓活的运用，等于医生治病一样，这个时代犯了什么病，就用适合时代的方法去治。

“玄德深矣，远矣，与物反矣”，在表面上看来，这与一般的常理、事理、人情相反。一个时代，当大家都在疯狂地追求某些东西时，比方说追求民主到了疯狂的程度，这时这个民主就变成问题了，可能变成历史、政治、社会上的癌症了。但是，在这个时候，如果一个领导政治的人不用民主的方式，结果会很严重。所以说，不可以违反时代的趋势，必须要有方法，才能把时代的病态修正过来；这中间的运用，就在于自己高度的智慧了。所以，下面的结论是讲这个道理，当善于运用智慧扭转时代的病态时，“与物反矣”，就同人情事理上看起来相反；因为是相反，“然后乃至大顺”，才能把过分的这一面拉回来走上正途。

中国的政治哲学，始终重视医道，用医学的道理与政治艺术相提并论。《三国演义》这部小说中，诸葛亮在江东谈论政治时，就用医学的道理做比喻，所以后来宋朝的名儒大将范仲淹就有“不为良相，则为良医”的名言。一个青年立志，就要成为救国家救时代，挽回历史命运的领袖人物，不然就要做一个真正好的医生。这两个目的都是在救人，这就是“不为良相，则为良医”的道理。

第六十六章

谦和慈悲又不争的领导

江海所以能为百谷王者，以其善下之，故能为百谷王。是以欲上民，必以言下之；欲先民，必以身后之。是以圣人处上而民不重，处前而民不害，是以天下乐推而不厌。以其不争，故天下莫能与之争。

谦和慈悲又不争的领导

这些道理，就是根据前面所讲的“上智下愚”政治艺术之变，也是说明帝王学——领导人的哲学原则。这是上经第十六章与十七章的引申。

“江海所以能为百谷王者”，江海包含了一切的山谷水流，百川皆归于海，海能容纳一切细流，所以称之为海。老子再三用海来比喻，形容一个人的学问、道德、品格的修养。“以其善下之”，因为大海是世界上最低的地方，容纳了来自各处的淡水、咸水、清水、脏水等一切的水，“故能为百谷王”，而成为土地上最大的海洋。这是物理自然的道理，因此人的修养要像海洋一样，能包容一切。

“是以欲上民”，要想做一个领导人，一个居上位的人，“必以言下之”，最少要做到说话不刻薄，态度也要尽量谦虚。我们已经再三提过，历史小说上也写过，中国的皇帝自称“寡人”、“孤家”，在汉朝的时候，最喜欢称孤道寡，“孤”就是“寡”，“寡”就是“孤”。广东人骂人“孤寒”或“孤寒鬼”，被骂的会很生气；而先王自称“寡人”、“孤家”，就是谦虚，表示全国百姓你们诸位都好，我自己是倒霉鬼。假使古代皇帝自称倒霉鬼，老百姓就不敢称自己倒霉了。当时如果老百姓自称“孤家”、“寡人”，那是要杀头的，所以后来在历史文化上“孤”、“寡”成为专有名称。

这也是由“必以言下”的谦虚态度，表示一切老百姓是主人，我这个寡人是奴仆，寡德之人，来替你们做事的意思。“欲先民，必以身后之”，想领导大家，自己必须把本身的利益摆在后面。这句话要注意了，年轻人读到这里，不要误以为要打仗的时候，你们先上前线，我在最后面打。这话不是这个意思，而是指本身的利益放在最后。老子在上经已经讲过，“后其身而后身先”，有好处时，领导人要让被领导的人先得，剩下来才自己去拿；如果没有剩下来也没有关系，我就不要了。假使遇到困难时，我先去面对，你们在后面一步，这就是领导的原则，也是领导人的道德。

上古的这些圣人、政治领导的做法与道德，就能“处上而民不重”，他虽然居在上面最高的地位，“而民不重”。这是说老百姓感觉到没有重压，没有觉得有压力。“处前而民不害”，领导人站在最前面，一般人并不觉得他占了先，也没有妨害了大家。“是以天下乐推而不厌”，因此，古代历史上的圣君明王，天下归心，那是自然而来的。

“以其不争”，因为他不与人争，就是无论什么都不与人争。我们看到年轻人写关于老子的文章，说老子的“不争”

好像躺在床上就可以治天下，就是动都不要动，便可以到手了。实际上，圣人的不争，是对于利益不争，利益由别人先得，坏事情别人不要去，由他先面对。这个“不争”是不争好处，并不是不做事。由于圣人之道是处不争之位，“故天下莫能与之争”，世界上没有人敢与他争。不是不敢与他争，而是不想争，因为他接受的都是倒霉的事情，所以别人不会来抢了。这是上古传统的政治哲学以及政治艺术的道理。

第六十七章

老子的道与三宝
打胜仗的主帅

天下皆谓我道大，似不肖。夫唯大，故似不肖。若肖，久矣其细也夫。我有三宝，持而保之：一曰慈，二曰俭，三曰不敢为天下先。慈故能勇，俭故能广，不敢为天下先，故能成器长。今舍慈且勇，舍俭且广，舍后且先，死矣。夫慈，以战则胜，以守则固。天将救之，以慈卫之。

这章是上经第十七章正面的解释。

老子的道与三宝

“天下皆谓我道大”，他说，天下人都说我讲的“道”很大，包括了中国先民传统所讲的“道”，“似不肖”，好像不大对。“夫唯大”，就因为太大了，大到没有边际，摸不着，看不见，“故似不肖”，所以好像不大对。大家笑我们这个“道”不像一个东西，讲不出一个道理来，听了半天，不晓得说些什么。这句话好像讲得与佛学一样，一会儿讲有，一会儿讲无，东讲西讲，不晓得讲些什么，讲得天地都没有他大。道大、天大、地大、王大，很好听，吹了半天，究竟这个“道”是什么，也说不出道理来。“故似不肖”。因为形而上的道体太伟大了，超越了精神与物质两重世界，而人都拿物质世界和自己的心理思想去推测“道”，所以就越想越不像了。

“若肖，久矣其细也夫”，好在这个“道”什么都不像，如果这个“道”像一个东西一样，也就一点都不伟大了。假使这个“道”可以讲得出来，可以让人看得见，那老早就没有了，也就不是“道”了。

讲了半天，“道”究竟是什么，他还是讲不出来。他只好告诉我们是“不肖”，画不出来，讲不出来；可是他还是“肖”，他画了一个样子给我们。

“我有三宝”，老子讲的“三宝”，后来佛教仿效中国文化，把佛、法、僧也称为三宝。“三宝”这个名词是借用老子的，不过借久了就不归还，直用到如今。老子也不算利息，就让佛教用了。

老子说“我有三宝”，谁拿到谁就有办法，能够把握得住，就可以得到保佑，那就功德无量。“功德无量”这句话最早出在《尚书》，后来佛家借用了，也是久借而不归；很多地方都是这样，像刘备借荆州，借来就“持而保之”。

老子的“三宝”是什么？不是佛、法、僧，而是“一曰慈，二曰俭，三曰不敢为天下先”。老子告诉我们三件法宝，不管做人做事，创业立功，上至帝王领导了全世界，下至在家里做家长，都离不开这三宝。

第一件宝“曰慈”，对人对事无不仁慈，而且要爱人，处处爱人，处处仁慈，这是第一件宝。

第二件宝“曰俭”，依我看来，每一个人都是非常节俭的，三个人出去吃饭付钞票时要掏半天，这可不是老子的俭。老子说的俭，是指精神的消耗；言语、行为、时间都要节省，都要简化，话不要啰唆，要简单明了。所以一个善于处世的人非常简单明了，也就是老子的“无为”之道，因为太简化了，看不出他有所作为。当然有些人简化到使人搞不清楚，问他对不对？好不好？他也不说一个字。我说：你讲话啊！只要他点一个头代表“对”或“不对”就行了。这像是简化到无为，连开口都懒得开了。也有些人是这种个性，又过于俭了，也不对。但是，比不简还是好些。

第三件宝是“不敢为天下先”，这句话的意思并非自甘堕落。比方我有一个朋友，两夫妻都非常好客，经常宾客满座，有时我去了，他家已宾客盈门，座无虚席，我不要他招呼，就径自上楼去，叫佣人煮一小碗面吃了就好。有一次他告诉我，你学佛真学得好，将来不要念佛就会升天成佛！

我请教他什么意思，他说，就凭你到我家来就可以看出来了！你一看到人多就上楼，又不要我招呼，随便吃一小碗就好了，这种态度，就够资格成佛了。但是我深深得到一个经验，做客一定要先到，可不必主人家久等，到了以后，看到人多位子不够坐，明明饿着肚子，也表示自己吃过了；或推说别的地方还有应酬，谢了主人就走。这两件功德做到的人，不要念佛一定往生西方。中国有句谚语：“见官莫在前，做客莫在后”，打官司不要站在前面，做客不要迟到，人家吃完你才去，那多难堪！所以做客宁可先到。做客的时候，应该记住“不敢为天下先”；这句话的反面当然是“为天下先”，也就是说，第一个早到，但不是有好菜先吃，有好酒先喝。

“不敢为天下先”，是否应该为天下后呢？那又不行，所以老子讲的还是中庸之道。一件事情，智慧太过，话说得太少，在后面跟着，结果什么也得不到。所以，既“不敢为天下先”，也不可以为天下后，要恰到好处就成功了。

大家经常研究历史，尤其喜欢讲秦汉历史。最初陈胜、吴广揭竿而起，为天下先，接着是项羽，都是为天下先。可是为天下先的在历史上都下去了，不先不后的是汉高祖刘邦成功了，在后面来的又来不及了；就是朱元璋起来也是不先不后从中间来的。所以，不要解释错了，认为“不敢为天下先”就应该为天下后，太后就没有份了，要恰为天下中，恰到好处。不过，这可就难了，所以“运用之妙存乎一心”，原则都讲了，我们人生如何去运用去创造，如何去做事，在于个人的智慧。这就是老子说的“三宝”——“曰慈、曰俭，曰不敢为天下先”。

老子自己又在这里解释“三宝”的道理，第一是“慈”，他说，“慈故能勇”，一个人真具备了仁慈、才能、大仁大勇，具有爱天下人的心，才有牺牲自我的勇气；真仁慈才有真正的大勇，小仁慈没有真胆子。当然，他讲的“慈”是以天下人为对象的“道”，老子的“道”是天下之大道，不是讲“妇人之仁”的小仁小义。

“俭故能广”，因为能够简化，所以发挥起来更为广大。比如一个人，假使不简化自己，什么事情都过分的复杂又啰唆，因为精力是有限的，能用的就不广博了。所以能够简化，才能够广博。

“不敢为天下先，故能成器长”，因为不想为天下先，凡事开始就有这样的想法，所以，他能够成为“器”，成为一切事一切人的领导。正如清朝有名的诗人龚定盦诗中的一句，“但开风气不为先”。胡适之就经常引用他这一句话作为处世的准则。胡适之也许受龚定盦的影响很大，不过这句话也只是开一个风气而已，也就是“不敢为天下先”的意思。先者，并不是开始，而是站在人的最前面，这是“为先”的含义。如果能做到“不为天下先”，就能够成长一切事物，“成其器长”，这是领导哲学最重要的地方。

“今舍慈且勇”，这个“今”字，在时间观念上，不是现在的今年、今天，是指他当时的时代，指当时这些君主们以及社会风气现状。现在一般人没有真正仁慈的精神，舍弃了慈，只晓得好勇去侵略统治别人。战国时代，那种战争的残忍暴戾，都是因此而来的。

“舍俭且广”，自己的心理状态不但没道德，也没有简化，欲望更是越来越广越大。

“舍后且先”，把个人的利益放在前面，“死矣！”只有一个“死”字，这个时代就完了，“死矣”是老子对他当时的时代所作的批判。

我们讲到老子的“三宝”，也想到现代青年研究佛道、打坐、学禅的，很多都是同样的道理，心中不能真正发慈悲心，不能真正做到简化；自己虽然在学佛、研究禅，自己的欲望却大得很，又想眼通，又想耳通。结果眼通通不了，耳朵也通不了，想打坐入定，结果两腿麻痹胀痛，连路也走不动了，这就是不能“俭”。

“俭”等于佛家所说的“放下”，就是一切欲望都摆脱、都空掉的道理。不过，老子不谈“空”或“无”，他只讲“简化”，因为绝对的“空”以及绝对的“无欲”，一般人是做不到的，所以老子只告诉我们“清心寡欲”。佛家动辄讲“无欲”，绝对没有欲望，那是很难做到的，因为成道也是一个欲望啊！想开悟更是一个大欲望。所以说，老子只能教人“清心寡欲”，“寡欲”也就是“道”的一个修养了。

打胜仗的主帅

“夫慈，以战则胜，以守则固。天将救之，以慈卫之。”他这句话指出慈悲的重要。我们晓得中国文化的所谓三家，在秦汉以前的三家为儒家、道家、墨家；唐宋以后的三家则为佛、道、儒。不管中国文化如何说，在老子作此书时，佛教尚未传来中国，佛教是在《老子》这本书问世后数百年才传入中国的。但远在老子时代，已先提出慈悲观念的重要。后来佛家传入中国，一面与老庄思想，一面与孔孟思想，好像强力胶一样粘牢在一起了。主要的原因是太多观念相同，自然就构成了东方文化的“大器”。“慈悲”是佛家最重要的基本，可是，真正开始讲的是老子。老子说，唯有真正的慈悲，战争才不会打败仗，都是打胜仗的。

假使我们没有好好研究军事哲学，没有好好研究兵法，对于老子所说的慈悲会打胜仗这句话，一定觉得奇怪。中国人有两句老话，“慈不将兵，义不掌财”，慈悲的人不可以带兵，慷慨的人不能掌握财政，因为他的口袋很松，看到有人可怜，就把钱拿去做好事了。

但是，老子为什么却说“夫慈以战则胜”呢？这要深入研究军事哲学了，更要深通兵法，才会晓得兵家这一种思想的崇高伟大与重要。中国的军事哲学思想，除了老子还有后面的孙子。孙子可说是中国的第一位军事思想家，世界各国的军事包括苏联的陆军大学，也都是非研究《孙子兵法》不可。

我们这个国家民族，上有老子、下有孙子，中间有“倪子”，倪子就是儿子，这都是全世界文化研究的题目。

一般学军事的人，很少提到“慈”，更少提到慈可以打胜仗；可是《孙子兵法》中则提到“仁”。中国文化“慈”与“仁”有时是同义字，只是两个名词的变化，由于时代不同，语言文字表达的不同罢了。大丈夫假如没有仁爱之心，没有爱天下人之心，不能为大将。至少在带领自己的部下时，如果没有仁慈之心，不能视部下如自己的子弟，那是无法打仗的。

中国历史上的战争，都推崇自己的子弟兵，所谓子弟兵，当然不都是自己的子弟，而是自己的部下，都视同自己的子弟一样。历史上项羽的八千子弟兵，都是项羽的家乡人，项羽对部下是仁慈的，只是脾气太暴躁而已。但是，乌江一战打败了，而他的八千子弟没有一个人投降。由此说明，项羽带领部下就很了不起了。那时的人口远比现在的少，而他能拥有八千子弟兵，实在是一个庞大的数字。而且这八千子弟，战败没有一个人投降，确实不是偶然。

又如田横的五百子弟兵，当领导人战死，则统统自杀，一个不留。这就说明带领部下如果不是真仁慈，不是真做到如父母爱儿女一样的仁爱，是不会有如此结果的。不但作战带兵是如此，就是领导一个机构，领导一个工厂、一个公司，对部下也是应该如此。

不过，仁慈并不是如带娃娃一样，下雨了赶快把他抱起来，天热了赶快为他脱衣服。仁慈是真教育，真爱护，对就是对，不对就是不对。所以能“以战则胜，以守则固”，不作战处于防御时期时，则是万众一心的坚固团结。

中国文化中有一句成语，天心仁爱——天地之心，生生不息。天地的心在哪里？天地无心，看不到一个心脏，也看不到一个思想，天地的心在万物上面表现出来，它生生不息。万物的生命靠天地而生，这就是“天心仁爱”，所以，“天将救之，以慈卫之”。一个人真到达了慈悲心充沛于内在时，上天便自然保佑你。这个上天，称之为上帝也好，菩萨也好，乃至于鬼神也好，都在保卫你，保卫万物。

第六十八章

武士的精神和修养

以静制动 借力使力

善为士者不武，善战者不怒，善胜敌者不与，善用人者为之下。是谓不争之德，是谓用人之力，是谓配天，古之极。

这一章是上经第十八、十九章的引申，读古书不能像现在考试的是非题或填空改错那样，随便抓到一句做解，必须将前后文连起来读，才能读懂读通。

武士的精神和修养

“士”，在我们现在看是读书人，代表了知识分子，受过教育的人。我在《论语别裁》中曾经说过，上古政治制度下的农业社会，地方上乡里之间，十个青年之中，推选一个出来为公家做事，为大众谋福利，这个被选出的人称为“士”。古代的士是文武两方面都要学的，“止戈为武”，拿武器保卫国家，所以要学武。文的方面，那个时候，教育事业都由公家政府负责，所以，上古的知识分子文武兼备。

文人的代表如孔子，孔子在画像上带剑，因为古代的文人文武并重，没有偏废。另一个观念，所谓“士”，代表了“士卒”，就是作战的战斗成员，后来古书上叫做“侠客”。

另外武功好的人，古代称为“壮士”或“勇士”。老子说“善为士者不武”，不是说他们不会武功，而是说勇武之士平常并没有粗暴的行为。我们国家在军事方面的训练，是教导一个军人要行为良好，不可以有粗暴的行为，应该有“士”的修养。现在写武侠小说的人不一定懂得武功，更少了解“士”的修养，只是凭他们自己的想法去写，所以并不一定正确。

有一次大家聚会，差不多著名写武侠小说的人都在座，大家在谈笑之间，我说你们不要写太外行的话好不好！据我所知，学生有爱看武侠小说的，简直入了迷，还照着小说上描写的拳法去打，比手画脚伸拳出去，结果第二拳两个人背靠背，向空气乱打一阵。当时那本小说的作者也在座，他说我们本来不懂武功，所以乱写，把想得到的以及听来的武术名词都写上去。他又说：“现在我们武术名相都写光了，把建筑工程也写上去了，很多化学药品也写上去，简直没有东西写了。”但是，他们写小说还算能为社会服务，写到最高的武功，看不到粗暴的行为。

我们读《史记》的《刺客列传》，司马迁写了很多刺客，第一个刺客是荆轲。燕国的太子丹到处找刺客，要去刺杀秦始皇，有武功的人都不敢来，后来总算找到荆轲，千古留名。但是荆轲的武功，如果拿武侠小说来比较，并不算高，但是他很有勇气。另有一个真的高人，就是盖聂，他本是一位侠客，个子又小，矮矮的，很粗重的一个人。荆轲去看盖聂，轻视他言不压众，貌不惊人，要找他比武功。荆轲把剑一拔，那个样子很难看，大概胡子头发都竖起来，眼睛睁得像铜铃那么大。可是盖聂站在那里双手一叉，只用两只眼睛盯住他，荆轲的剑就拔不出来了，只好把剑还进鞘里，转身走了。所以，司马迁在《史记》上这段描写，形容荆轲只有一句话——“不行”。因为荆轲的神没有练好，盖聂的神把他一盖，也就是眼睛那么一看，就把他看垮掉了，他的武器就出不来了。所以，我们看了《刺客列传》、《游侠列传》，归纳的结果，就懂得“善士者不武”的意思。真正的大勇，有武功的高人，看不见他有粗暴的行为。那些刚刚学了三天柔道、跆拳道的人，就在手腕上包一个皮圈，站在那里斗狠，好像要打出去的样子。

第二句话很重要，“善战者不怒”，做一个大将军，他的修养是温和好像没有脾气，不轻易动怒。他有高度的智慧，有真正的智慧，也就是具备了战略最高中心的领导能力，所以“善战者不怒”。

以静制动 借力使力

“善胜敌者不与”，善于战胜敌人的人，不给敌人任何一点机会，没有一点漏洞。比方刚才讲武功练好的人，像盖聂在那里一站，荆轲的剑就拔不出来了，这就是“善胜敌者不与”。盖聂的气势，荆轲没有办法抵御，虽然他动都没有动，正因为他不动，所以没有漏洞。如果一动有漏洞出来，随便你如何高明，动辄有漏洞出来，所以静如泰山就没有漏洞。不动的哲学道理，应用到人生，应用到做事做人，都要有高度的智慧去体会，并不是光看书就能做到。书是老子写的，不是我们的学问经验，我们要把老子的东西变成我们自己的才行。

“善用人者为之下”，善于做领导的人，要比干部姿态低下才好。这个“下”并不是不站在上面，是态度客气不傲慢。所谓“下”，历史上许多名将所秉持的行为是“身先士卒”。任何冒险犯难的事，我自己先来，也就是老子所说的，一切的利益由别人先拿，痛苦困难自己先来。这是“善用人者为之下”的道理，能够做到了，才懂得道德的真正含义，“是为不争之德”。《老子》上半部所讲的“道”，是形而上的道体，下半部专门讲“用”，你懂得了“为之下”，才懂得老子所讲的“无为”、“不争”的道理。

“是谓用人之力”，这句话是手段吗？也可以说是真正厉害的手段。善于用人的力，也就是太极拳善于用对方的力量。太极拳的打法，不是与人比力气的，是“用人之力”，借对方的力量打对方的。一般的对抗，对方一拳打过来有五十斤力量，自己起码要有五十斤力量才能对抗，甚至要六十斤、一百斤的力量才能打败对方。太极拳不是如此，太极拳“是谓用人之力”，对方打出五十斤力，自己只用一两之力拨动就行了。对方用全身的力量打出来一拳，只要一躲开，再用两个指头一拉，就变成一百斤力量，使对方受伤了。那就是借对方的力量，所谓四两拨千斤，也就是“用人之力”的道理。

或者说，老子的确是很阴险的，这是一种权术，不是道德了。其实不然，老子所说“用人之力”，是借力打力以完成大家的愿望。

“是谓配天”，这一个道理千万要记住，否则，“用人之力”就变成手段了。这个行为是以仁慈道德为基础的，这样了解原理，才够得上“配天”，与天一样的伟大。天有什么伟大呢?“天何言哉！天何言哉!”当人们希望下雨时不下，天也不是人们请才做的，天是生生不息的，自然的法则，是一个必然的道理，这个必然的道理，也是说明了生生不息。只有仁慈，懂得了这个仁慈——付出并不收回的道理，才懂得老子所讲的“德之用”，否则就学坏了，变成阴柔手段。因此，他加一句话，“古之极”，这是中国上古老祖宗的传统文化，至高无上的，不可变异的原则。因为它高到了极点，所以这个原则是不可以变动的。

第六十九章

兵法中的道德应用

不战而胜 轻敌致祸

用兵有言："吾不敢为主而为客，不敢进寸而退尺。"是谓行无行，攘无臂，执无兵，扔无敌。祸莫大于无敌，无敌几丧吾宝。故抗兵相加，哀者胜矣。

兵法中的道德应用

这一章是老子引用兵法，以说明道德应用的原理。在后世的军事哲学与兵法运用方面，老子这一段话是极其重要的，更是军事哲学思想的中心之一。老子这一段话，不是老子自己的创作，他自己在文章中表明是"用兵有言"，说是抄录下来的。但是，也可能是说，这是汲取老祖宗传统文化的精髓，所以"用兵有言"，是上古老祖宗们对军事哲学的研究。这个兵法，在世界军事哲学上也公认是最高的。

"吾不敢为主而为客"，这句话的意思是统帅的大军，表面上看来不做主动，都是在被动地应战。但是，如果依文释义，就被文字骗住了，这样去研究军事哲学也就错了，这与其他兵书上的说法也是有冲突的。老子在这里是讲战争的艺术，等于战争的应用哲学，看起来是不争取主动，绝对是被动。实际上的意思是不主观，不固执成见，而是绝对的客观。其中哲学的道理，是要进一步了解真正的客观形势。

真正的主动是中心不动，不受环境的影响，所以说，“不敢为主而为客”。俗话说“知己知彼，百战百胜”，视客观的形势而动，不固执自己的主观，历史上很多人物把握了这个道理获致成功。有人用了这一节的道理去创业即大获成功，做生意大发财的则屡见不鲜。所以，“不敢为主而为客”这句话，就是善于适应环境，把握时代的脉动，把握一切的条件，而顺着环境自然趋势，达到自己的成功。

“不敢进寸而退尺”，这个道理，后世发展成一句名言——以退为进。上古用兵的最高哲学，常常不求进一寸而是退一尺，退就是真正的进。在我们中国的战争史上有很好的例证，故意退兵，结果是打胜仗，因而产生了一个战争的原理——骄兵必败。一般来说，一个屡战屡胜的部队，打到最后，眼睛打红了，头打昏了，嘴笑开了，接下去也就完了。有时候敌人故意引诱你，故意让你每打必胜，培养你轻敌的骄气，对方所引用的，就是“不敢进寸而退尺”的原则。让你嘛！让你胜利到昏头的时候，然后一包围，你就整个完了。

“不敢为主而为客，不为进寸而退尺”，这两句话是老子之前上古时代的兵法，老子也做了文抄公。在这本《道德经》中，老子做了两次文抄公，本来千古文章一大抄，这也没有什么稀奇的。他在上经中提到“建言曰”，所谓“建言”就是中国古代的格言。第二次文抄公是这里的“用兵有言”，引用四句名人的话来说明他自己的道理。

老子所讲道德的道理，就是生活的艺术。真正懂得道德的人，就是“行无行”，做了等于没有做。也就是说，中国人讲的做功德好事，不是明做的，而是“阴功积德”。古来的教育，做好事别人不知道，这种阴功慢慢累积起来，留给后代，留给子孙；实际上，留给后代子孙的还是教育。一个人真正的道德是不求人知的，所以，“行无行”就是无为之道。

不战而胜 轻敌致祸

“攘无臂，执无兵，扔无敌”，这就要晓得太极拳了。太极拳把对方挡开了，而对方还不知道，这才是善于运用。手都不必动，已经把人挡开了，只有太极拳才办得到；搠挤按，一转一扭就挡过去了。这是要真功夫的，看不出来的道理，也无人可敌。把敌人丢开了，别人还没有看到你用的手法，还不知道是如何被你丢开、被你打败的，这是最高的功夫艺术。

“执无兵”，“兵”就是武器，手里拿着武器，你还看不出他手里有武器，现在武侠小说叫做“无影神剑”，没有影子，看不见剑。小说描写小和尚专门放无影剑，手一丢，对方的脑袋就掉下来了，连一道白光也看不见，那是最厉害的，不需要武器而可以打垮敌人。这种无形武器，也可以说就是聪明才智。

上面这一番道理，讲起来每一句话都很深刻，我们现在只说道理，如果这三个字要加以发挥的话，必须加上历史的经验，引证很多的事实，才能说明这个道理。现在看到的“行无行”，只是哲学性的文章，理论性的讲法，如果没有引证历史的经验事实加以说明，很容易被文字骗住。“行无行，攘无臂，扔无敌”，大家都会念，会要嘴皮子的“口头禅”都会讲，可是忘记了整篇的原则和内容。

“祸莫大于轻敌”，这是一个原则性的说明，我们曾引用过一句历史上的名言，“诸葛一生惟谨慎”，仔细研究诸葛亮，他唯一长处是一辈子谨慎小心。《老子》这章最后的结论，“祸莫大于轻敌，轻敌几丧吾宝”。做人做事也是这样，甚至于碰到一件小事，得到了十块钱，一样要小心谨慎处理。所以真要做到庄严而艺术的人生，就不要忽略每一件小事，也就是不可以轻敌。

这个“敌”字，并不一定指敌人，外来的境界就是敌，佛家所讲的“依他起”，也是这个意思。中国文字中的所谓“敌体”，就是外在的环境，你的对方也是，所以不要轻视任何人、任何事。能够这样的话，你庄严的态度自然产生优良的品格，品格达到了最高处，就是最大的艺术。所以老子告诉我们“祸莫大于轻敌”，如果轻敌的话，“几丧吾宝”，连宝贵的生命都会丧失丢掉。老子的三宝“慈、俭、不敢为天下先”，也不违反这个原则。

这一章引用上古的军事哲学思想做开端，最后又讲到军事方面，“故抗兵相加，哀者胜矣”。遭受侵略的一方，不得不抵抗；起来抵抗侵略的这一方，叫做“抗兵”。我们的现代史，对抗日本侵略叫做“抗战”或“抗日战争”，中国就是抗兵。日本对我们无端侵略，就是“抗兵相加”。“哀者胜矣”，八年抗战，我们处在哀兵的地位，全国的人悲惨可怜，受尽欺压，人们心中充满了愤怒悲痛，宁死也不做亡国奴，这是哀兵。换句话说，像我们打牌的，输家要十分注意，因为赢家赢惯了，可能轻敌，一张牌打错，反而输了，所以说“哀者胜矣”。后世的人常用这个道理处事，大家读了《老子》，就知道古今都是一样，现在许多的俗语、成语都是从古书上出来的。

老子《道德经》最后十二章，是全书的总结论。从七十章到八十一章的十二章，是否就是老子本人当时所分的章节，在学术上一直是一个大问题。反正儒道两家在当时的传统观念上雷同，并未严格分家。这本《道德经》是根据数理的观念而定的分章，所谓九九八十一是阳极之数。在这十二章当中，除了对前面各章的学术引申之外，处处显示老子对那个时代的批判，也是对他所处时代的一种讽刺。由此可以充分看到春秋战国时代的混乱，以及老子对时代状况的观点。从老子这本著作中，人们可以发觉那个时代的错误，对我们后世的人，千百年后的人，都可以作为借鉴，因为，这是老子对历史时代深刻批判的一种哲学思想。

第七十章

平凡的老子 难懂的老子

老子与佛教的因明

无知的智慧是什么

老子《参同契》隐士

吾言甚易知，甚易行。天下莫能知，莫能行。言有宗，事有君。夫唯无知，是以不我知。知我者希，则我者贵，是以圣人被褐怀玉。

平凡的老子 难懂的老子

“吾言甚易知，甚易行。天下莫能知，莫能行。”老子他自己说，我上面所讲的理论平凡得很，非常容易懂，也容易做到；可是事实上，天下没有人知道，看了也不懂，也做不到。这几句话等于是先知的预言，老子只写了五千言，而我们已经研究了几千年。古今中外，尤其现在这个时代，讨论研究老子文章的五花八门，究竟哪一个人说的合于老子的本意呢？谁也不知道！

例如，我们在这里研究的老子《道德经》，与多数学者们一样，大半是借题发挥的；是不是老子的本意呢？那就在乎各人自己的修养，自己的智慧，以及自己的造诣与看法了。所以，老子说他的话本来很容易懂，可是天下没有人懂，后世有那么多研究老子的书，这一句话对研究老子的人真是一个很大的幽默。而且老子自己只写了五千字，我们后世到现在为止，关于这五千字的讨论著作，几千万字都有了，那也是很滑稽的一桩事。

这在哲学的理论上，使我们得到一个概念，就是天下的事物最平凡最平淡的，就是最高深的。真正的智慧是非常的平实，因为古今中外的人类都有一个通病，都把平凡看成简单，都以一种好奇的心理自己欺骗自己，认为平凡之中必有了不起的高深东西，以致越走越钻到牛角尖里去了。

我们千万要记住，什么是伟大？什么是高深？最平凡的就是最伟大，最平实的就是最高深，而人生最初的就是最后的。无论多么高的宗教哲学，任何一种思想，最高处就是平淡。所以，我们只要在平淡方面留意，就可以知道最高的真理。老子不过是用一种不同的方法讲出来，所表达的形态较为不同罢了。他只说我的话很容易懂得，也很容易做到，可是天下人反而不知道，也做不到。这不但代表了老子自己的学术思想，也是给古今中外的高明思想做了一个总结论。

老子与佛教的因明

“言有宗，事有君”，这两句话老子先提出来，可是与汉末佛教传来翻译的经典大有关系。因为佛教注重因明，就是现在所谓的逻辑。西方的逻辑，本来是从印度因明思想而产生的，共有三支：第一是“宗”，就是讲话有前提有宗旨；第二是“因”，就是申述理由；第三是“喻”，是用比喻说明使人了解。

在表达或思考一件事情时，先要掌握中心——“宗”，然后引申检讨相关的理论——“因”。比如有同学说，老师我有事找你，这句话不是宗旨，他说我要研究老子《道德经》，这才是一个宗旨。为什么要研究老子？如何研究老子？这是你今天要表达的，这个是“因”。但是，常常是“宗”、“因”都明白了，可是仍旧不太清楚，因为世间的语言不足以表达。不但中文如此，世界上各种语言文字，有时都不足以充分表达一件事物。所以，我们常常感觉，人与人之间很多的误会，就是因为言语文字的缺陷而产生的。

一个人讲话的时候，声音还不够表达意思，还要加上眼神，还要指手画脚，甚至于还要大声吼。如果这样仍不能使人明了所表达的意思，于是高明的人，像庄子、老子，以及各宗教的教主，释迦牟尼佛、耶稣等，都会再讲些比喻，因为用比喻表达更容易使对方了解。例如说，你这个人蹦蹦跳跳像一只猴子，那就很容易被人懂得，这就是一个比喻，使“宗”、“因”都清楚了。光讲道理“宗”和“因”，没有加上“喻”，不太容易使人清楚所说的道理。

所以世界上善于说比喻的书，就是宗教的经典；佛经也好，道家的经典也好，基督教新旧约全书也好，都属于善于比喻的。而且透过一个故事比喻，使人了解后，骂了人也不得罪人。可是因为这么一骂，连听的人也骂进去了，听者粲然一笑，就了解这个道理了，这就是因明的方法。当时，佛学传入中国，翻译因明的时候，第一个提出“宗”的翻译，就是借用老子这一句话——“言有宗”。

“事有君”，任何一件事情都有一个君，就是主要的中心，有人做了很多事，但自己究竟为什么做这些事，连他自己都莫名其妙；因为他“事无君”，自己的思想没有主宰，只跟着情绪在跑。所以，老子告诉我们“言有宗，事有君”，思想要有宗旨，做事要有中心重点。

老子根据上面这几句话，做一个结论说，我的话是非常平凡，也容易懂，也容易做到，可是天下人反而不懂，反而做不到。这是当时古文写作的方法，也许是当时春秋时代的古文。“言有宗，事有君”是当时的文字，不用联系词与介词。老子是说，大家看了我的东西不懂，他就是不明白，其实我每一句话，每一件事情，每一个理论，都包括了“宗”、“因”、“喻”的道理。

无知的智慧是什么

下面又转了，说真正的智慧是什么。“夫唯无知，是以不我知”，这句话有两方面的解释，一方面照它本身的文义来说，老子是在骂人，因为人太无知了，太没有智慧了，所以不容易懂我的话，不容易了解我的意思，这也可以说是老子的一句牢骚。

另一方面，这一句话有独立的意思，是说真正的智慧是“无知”；智慧到了极点，知道无知之体，智慧之体，这才是真智慧。有一本佛学的名著《肇论》，作者僧肇，是南北朝时期鸠摩罗什的弟子之一。另一位道生法师亦受鸠摩罗什法师的影响，就是那位“生公说法，顽石点头”的生公。僧肇法师年轻时跟随鸠摩罗什做翻译工作，后来写了几篇大文章，其中一篇就是《般若无知论》，被誉为佛学最高的研究。这不是工夫，而是真智慧，走上大彻大悟而成佛的真智慧，梵文就是“般若”。真正的般若智慧的体是“无知”。

当时这篇文章震动了学术界，一般认为人人都要求智慧的成就，如果真智慧是“无知”的话，我们在追求“道”之体时，又须以智慧求到“知而不知”，才能够证道。这其中的道理实在太深了，这是般若智慧“无知”的道理。这一篇文章是用老庄的笔调手法写佛学高深的道理，文字美，哲学理论深。

另有一篇《物不迁论》，在一千多年之前就说到现在物理科学所讲“质能”的变化。一切东西没有变动过，时空也没有变动过，一切的一切都没有变动过；就是我们现在坐车从台北到高雄，在《物不迁论》的理论来说，我们没有动过，你还在本位。因为《物不迁论》——宇宙时空固定一个形态，都在周期性地转，虽然我们坐车到了高雄，但是，地球还在转，转来转去始终在空间的本位上。所以，僧肇当时的四篇名论非常震动各界。僧肇除了佛学以外，也受老庄的影响极大，原因就是老子所说的“夫唯无知，是以不我知”。如果依文字本身而言，这篇的意思是幽默人的，是讽刺人的。

“知我者希，则我者贵”，真正懂我的少，了解我太多就太贵重了。因为你不了解我，所以我才了不起。说一句笑话，老子这个时候，以普通的眼光来看，似乎有一种阿Q精神，挨了打，心里说，儿子打老子，没关系。事实上，这两句话代表了中国文化另一面的精神，这也就是他在本章的一个结论，“是以圣人被褐怀玉”。他说真正得道的大圣人，外面穿的衣服破烂，内在是无价之宝的玉石；换句话说，你不了解我没有关系，我自己有道，贵不可言。后来“被褐怀玉”这一句话影响很大，广泛被人引用。

老子《参同契》隐士

汉代以后的道家与道教，甚至于隐士之类，都受这句话的影响。道家一部名著，魏伯阳的《参同契》，在中国文化上被称为千古丹经鼻祖。书中说到自己如何做工夫修道，修炼长生不死，以能成为超凡入圣的神仙。这是修道人必读的一本书，修道的原理与方法都在里面，不过很难读懂。这部书之所以名为《参同契》，是因为修道做工夫的方法都是参合《老子》、《庄子》、《易经》这三本书的原理原则。后来道家称魏伯阳为真人，道教称他为火龙真人。

魏伯阳所著的《参同契》就引用了老子"被褐怀玉"这句话。另外书中有"外示狂夫"这句话，说一个真有道的人必须知道隐蔽自己，不表现自己有道，外表并不一定衣衫褴褛，也许外形疯疯癫癫，看不出究竟是个什么样的人。虽然外面显示是狂人，被世上的人看不起，可是，真有道的人倒是希望你看不起，这就是中国文化的另一面。

我经常说，中国文化左右了几千年的历史，而真正影响几千年历史思想与实际的是道家的文化。天下太平的时候，都是外用儒家的学问；到拨乱反正的时代，都是道家的人物出来。出来的这些道家人物属于哪一类呢？是中国文化从上古都有的一种特殊人物，就是隐士们。隐士是后世的通称，汉代称为"高士"，宋朝叫做"处士"，清朝也叫"处士"，这些隐士们本来是永远不出山的。

所谓隐士，第一都是学问特别好的有道之士，认为人的生命不是究竟，否定世间的一切。第二，没有个人的欲望希求。第三，在某一个时代，他等于西方政治上"不同意票"

的一派，始终保留自己的一票不投，也就是对现实不同意。这些人学问好、道德好，可是都跑去当隐士，永远不出来。所以庄子说，这些人“天子不能臣，诸侯不能友”。连皇帝要请他出来做臣子他都不肯，各国的诸侯想与他做朋友也做不到。而这一类的人，却深深影响一个时代的思想。

例如汉代，我们在历史上所看到的商山四皓，虽然没有做到真正道家的“被褐怀玉”，但影响了汉代早期整个的政治决策。又像东汉时的严子陵等也是一样。其实历代都有很多这样的人，他们外表上都做到了老子这一句话“被褐怀玉”，甚至于我们民间流行的济公活佛也是如此。济癫和尚当时被许多庙子赶出来，衣裤鞋子都穿不上，最后没有办法，只好去吃肉包子喝酒去了。他也是“被褐怀玉”，“外示狂夫”。所以，在表面上，儒家与道家影响了中国文化，但隐士思想的影响更为严重，因为他们的学问都是帝王师的修养。

最近有一位博士班的同学听我讲课以后，拼命搜罗资料，要写一篇隐士思想与中国历代政治关系的论文。我说，希望你三年写成，这个问题是老问题，太不简单了，可是一般人从未注意，还认为是最新的观念。

第七十一章

强不知为知 毛病真大
装聋作哑 自在无争

知不知上，不知知病。夫唯病病，是以不病。圣人不病，以其病病，是以不病。

强不知为知 毛病真大

“知不知上，不知知病。”真正高明之士，什么都知道，一切都非常了解。但是，他虽真聪明却装糊涂，虽然一切知道了，外表显露出来的是不知，这是第一等人。可是其他的人，自己根本不知，却处处冒充什么都懂，这就是“不知知”，这是人生的大病。老子这两句话，指出人类千万年来的通病。依我们读书做人几十年的感受，老子这句话极有深意。世界上“不知知”的人太多了，都是强不知以为知。明明不清楚，反而冒充非常了解，这是人们大病之所在。所以，学问真正到家，极端透彻的，他反而是无知，所以“知不知上，不知知病”。

在文字的组合形态上，后世的文字写法就不同，这是秦汉以上的文字。那个时候，写文章不像现在用笔写，都是用刀刻在竹简或石头上，所以文中的介词尽可能都省掉了。如果现在来写古文的话，应该是“知而不知是为上也，不知而知是为病也”。如果现在用白话文写的话，想写得清楚，要二十多个字，那岂不是又变成不知了吗！有时候越简化反而越容易懂。

除了说明知识以外，老子始终离不开修道的话。为什么现在大家学打坐修道都没有进步呢？因为你知道得太多了，又是禅宗，又是密宗，又练气功，又搞观想，但是任何道理都没有清楚透彻。大家都是不知而妄求知，这里任脉通了，那里督脉通了，结果都是病象而已。所以“不知知病”，就是强不知以为知。

真正的“道”，万缘放下、一念不生就到家了，非常简单。可是，现在也有许多的人都有打坐的经验，明知道要万缘放下、一念皆空，可是坐起来就是放不下，空不了。什么东西空不了呢？就是这一“知”空不了，思想观念在脑子里转个不停；分明教你放下，你却什么都放不下，所以就难在这一“知”。

以禅宗香岩禅师的公案来讲，他打坐参禅学佛二三十年，仍未悟道，他想自己没希望了，决心不再搞这个玩意，但也没有还俗，只是不再去用功参禅了。他改弦易辙去种田，想把身体练好，这样过一辈子算了。他本来参禅盘腿很用心思，后来这一改变，什么都放下不去管了。有一天挖地，挖出一块瓦片，他捡起来随便一丢，瓦片刚巧碰到一根竹子，啪地一声，他悟道了。因此做一首偈子：

一击忘所知　更不假修持
动容扬古路　不堕悄然机
处处无踪迹　声色外威仪

诸方学道者　咸言上上机

真正的“道”，用不着做工夫，诸方见道的人都说这就是上上机。自此以后，许多人学他，拿竹子来格物致知，打瓦片，打了几十年也悟不了。所以，借用他人的什么方法是没有用的。这是讲“知”，当你到达了不知之境，天地人我皆空的时候，自然就成道了。这是一个由形而下的知识，到达形而上“无知而知”的道理。

装聋作哑　自在无争

再其次，做人的方法也是这样。比如我们都晓得唐朝代宗皇帝告诉郭子仪的话：“不痴不聋，不作阿姑阿翁。”做长辈的，有时候分明知道，但知而不知，装作没有看见。如果太精明了，水太清则无鱼，人太清则无福。可是，在我也是只会说而做不到，所以，一辈子也没有福，看不见的也看见了，听不到的也听到了，始终想学“知不知”，而偏偏都知，真的很麻烦。“知不知”也是人生的厚道处，尤其是做长辈的，或者做校长的，或工厂老板的，有时候要学到“知不知”。人就是人，有时犯一点小错误，你要偶然装作看不见，下一次他就不会错了。“知不知”是真聪明、假糊涂。

“夫唯病病，是以不病”，这两个“病”字，第一个是动词，第二个就是名词。老子说圣人懂了这个道理以后，讨厌生这个病，所以他不求知，因而没有病。“圣人不病，以其病病，是以不病”，圣人因为懂了这个道理，他就不犯这个错误，所以永远不病。换句话说，一切凡夫普通人，都在病中。这个毛病在哪里呢？就在知道得太多。西方哲学有一句名言："知识越多痛苦越大，学问越好烦恼越深。"

我们看到许多学问非常好的人，既不做官又不出世，只坐在那里忧国忧民忧世间，这岂不是"病病"吗？像清朝名士袁枚引用宋人的诗："羡他村落无塩女，不宠无争过一生。"一位饱学之士，反而羡慕粗陋的乡下老太婆，一辈子过着平凡的生活，既安静也没有得宠或光荣，但是，也没有受过打击啊！"不宠无争"过了一生，真有福气。袁枚，因为他得过宠也受过惊，所以才看到别人的平凡是福气。真正乡下的老太太们，恐怕还很愿意到都市得得宠吧！所以，人没有吃过苦头，不晓得平凡是幸福；吃了苦头以后，才晓得平凡就是幸福。

又如陆放翁轰轰烈烈的一生，后世直至满清末年，都捧他为爱国诗人，成为他新的封号。但是陆放翁有一句名诗——"十年烟笼废春耕"，因为他是南宋时代的人，知识多了，对国家的爱心也就太大了，所以感慨自己当时为什么要读书，最好没有读书只是种田，天下国家万事不懂，也就少痛苦少烦恼了。这是讲形而下知识与痛苦烦恼的关系。

下面这章是老子对时代的批评，对历史发的牢骚。

第七十二章

不愚弄社会人民 自爱而不自贵

民不畏威，则大威至。无狎其所居，无厌其所生。夫唯不厌，是以不厌。是以圣人自知不自见，自爱不自贵，故去彼取此。

不愚弄社会人民　自爱而不自贵

文字的问题要先说明一下，“厌”这个字，现代普通的解释是“讨厌”之“厌”，可是，古文有时候是借用，作为“压迫”的“压”字解。“民”字，也不能看做专指老百姓或指国民。秦汉以前书中的“民”字，相当于现在白话文中的“人们”、“人类”，如果当成“老百姓”、“国民”的观念看，会把古书读错的。

“民不畏威”，一般人并不怕政治的权威，政治到达最高的成就时，就是天下太平的盛世；当道德的政治达到不需要威权的时候，人们会自动自发呈现出道德，不需要刑法了。道德的政治，做到没有任何形象上的威严时，才是真正的威严。当然，这要靠每人自动的遵守道德规范，而不是依靠外在刑法的管制。

“无狎其所居，无厌其所生。”“狎”是玩弄的意思，“居”字真正的意义是人们共同生活居住的社会。“无狎其所居”这句话，就是大政治家不玩弄这个社会，这才是真正的道德政治。

如果要严格研究这句话，需要列举古今中外某些大政治家如何玩弄这个社会。但是真正高明的政治，是不玩弄人，更不会愚弄社会，也就是后世所讲“玩人丧德，玩物丧志”的道理。人不可自以为高明而去玩弄人、玩弄天下，而丧失道德。贪图物质享受的人“玩物丧志”，自己的情操会堕落。“无狎其所居”，也是这个道理。

“无厌其所生”是不要压迫人，上天有好生之德，人类的道德能持续发展，一切自然生生不息。

“夫唯不厌，是以不厌”，前面的“厌”字应念成“压”，可是不能死啃文字。研究训诂之学，又叫做小学，所以我常说要认得中国字。例如一个“张”字，不要以为只是一个姓氏，另外还有开张大吉、紧张等等，这些“张”字都因转借而用法不同，各有其意义。上古的字，只有几千个在运用，所以，同样一个字，可以表达多种意义，多种观念。现在用白话表达的话，有时候要用好几个字才能表达一个观念。这属于外文的方式，而中国文字不同，一个字可以代表很多观念。

“夫唯不厌”，因为你不施加压力给社会人民，“是以不厌”，所以人民自己也不感受压迫，自然会好好地活下去，活得很快乐。我们看动物世界，只要合于天时地利，那些动物自然就活得很好。

“是以圣人自知不自见，自爱不自贵，故去彼取此。”这是讲一个道德领导的哲学，也就是我们自己的道德哲学。人要能够自知，要有自知之明，老子在第三十三章讲过“智”与“明”两个字，就是“知人者智”，能了解别人，那是聪明智慧；“自知者明”，了解自己的才算明。天下明白人很难找，真正的明白人，就是能够了解自己，但是，人永远不了解自己。所以说，只有圣人才能自知，不自欺，没有主观的成见，达到无我的境界。圣人也能够做到自爱、自重；能够尊重自己，才能够尊重别人，也才能够爱人。但是圣人“不自贵”，自己不认为高贵，不像一般人有了学问、有了地位、有了钱，就认为自己了不起，那就完了。那是彻底的凡夫，平凡的人。“故去彼取此”，真正的自知自爱不自贵，就是能舍弃了自贵自见，那才是圣人之道。

第七十三章

敢与不敢的勇气
那股冥冥不可知的力量
如何做到不争 不言 不召
一切都是自己的作为

勇于敢则杀，勇于不敢则活，此两者或利或害。天之所恶，孰知其故，是以圣人犹难之。天之道，不争而善胜，不言而善应，不召而自来，绰然而善谋。天网恢恢，疏而不失。

敢与不敢的勇气

“勇于敢则杀，勇于不敢则活”，这两句话非常重要，举凡政治哲学，军事哲学，经济哲学，甚至做人的哲学都包括在内，文字又非常简单。所以，也可以说老子的话非常平凡。西门町有些人被多看一眼，就会一刀刺过去的，这些人都是“勇于敢”，结果自己犯杀人之罪。所以粗暴不是真勇，勇是真勇气，如果没有智慧的判断，没有道德的修养，什么事情都敢，那就会变成糊涂的废人。当然，人们年轻的时候都可能犯下这种错误，自己认为很高明，很勇敢，什么事情都敢做了再说。但是，天下事不能做了再说，最好是说了慢慢做；先把道理搞清楚，再慢慢来做。年轻人固然不怕错，只要知错能改，但有时候想改也改不过来了。尤其是历史上的错误，没有机会改过来，所以“勇于敢”的结果是杀。

应该勇于什么呢？人生最高的勇气是慢一步，事先问一下，有没有把握？多考虑一下。多考虑一下就是勇气，看见地上有一叠钞票，只要拾起来无人看见，当然就是我的了。如果“勇于敢”，说不定刑警在后面，误认你是小偷。如果“勇于不敢”，这个钱拿与不拿，再多考虑五分钟，结果就可能不同。可是，“勇于不敢”是很难做到的，有时候被人骂懦弱；若怕被人骂懦弱，而“勇于敢”就完了。

“勇于敢则杀，勇于不敢则活”，其中“勇”是勇气，“敢”是决断。有时候讲，贸然有勇气地下决断，并不是一件好事；有勇气把事情办得圆滑一点，迟一步多考虑比较好，也就是说拖一下不算坏事。但有些事情，绝对不能拖。那么拖与不拖，以什么做标准呢？其实上帝都做不了标准。“此两者或利或害”，是利是害不一定，老子只能讲到这里，因为这完全是智慧的决断，那是要真正的智慧才可以决定取舍的。

那股冥冥不可知的力量

“天之所恶，孰知其故，是以圣人犹难之。”但是老子讲出一个道理，当唐太宗李世民要为李氏建祠堂时，根据历史学家的考证，李世民的姓氏来源及血统相当混杂；为了找一个古代有头有脸的李姓做宗祖，于是唐朝开始找到了老子李聃，封他为“李老君”。经唐朝封成了神仙以后，老子这本《道德经》就成为道教的三经之首了。再加上《庄子》称为《南华经》，《列子》一变称为《清虚经》，就像佛教的净土三经同样的道理了。《老子》这本书本来是没有宗教色彩的，但是自从到了道教手里，老子变得充满了宗教的气息，被动地当上了教主。“太上老君一气化三清”，等于佛家的三身。

事实上，老子原书《道德经》，没有一点宗教的气味，只有在这第七十三章里，点出来了一点宗教的东西，就是“智慧”的决定高于一切。但是智慧之所知，与智慧有绝对关系，后人叫这个为命运，就是宇宙间有一个不可知的东西。这个东西，各人各穿一件不同的外衣，西方就叫“上帝”、“主宰”，印度人为他穿上的外衣是“如来”、“佛”，中国人将他穿上的外衣叫“天地”。依哲学家、科学家来说，这是一个不可知的力量。古今中外人类的文化都晓得宇宙间有这么一个东西，所以，利害之间只有智慧才能判断。

这等于四个人打麻将，每人都有输或赢的可能，有一张不可知的牌，不知最后到谁的手里，只要这张牌来了，一定会赢。可是东转西转，不小心就落到别人的手中了，所以利害之间的运用纵然有高度的智慧，也只能相信形而上的一个东西。“天之所恶，孰知其故”，这是上天的意志，找不出原因，“圣人犹难之”，纵然大彻大悟得道的人，这种不可知的力量也难以把握。

西方的宗教讲上帝是全能，但以宗教哲学来讲，世界上没有任何东西是全能的，假使可以全能的话，上帝就不会无法对付魔鬼了。魔鬼与上帝是对立的，可见上帝不是全能。佛家也不敢说佛是全能的，实际上佛有三不能，第一佛不能转“定业”，就是“天之所恶，孰知其故”的道理。第二不能度无缘之人。第三不能度尽众生，这是佛的三不能。佛一切皆能，但仍有三不能。

佛的解释，“定业”是有一个时期的，或三年五年，或一百年五百年，在时空变化中，“定业”于受果报后就消失了。所以，“定业”也可转，是由自己转，不是佛替你转。不信我的人，只要骂我一声，已经跟我结缘，下一次就可能信我了。所以，不怕你骂，不怕你毁谤，我们两个人结了一个缘，这在佛学也叫“定业”，中国文化叫做“气运”。

小规模的气运叫“命运”，是时间空间所形成的，时间空间不是它的主宰，是它的现象；但时与空这两样东西，也受宇宙间这个东西的支配，这个东西就是人类生命的根源。所以老子说，掌控这一点东西非常难，不是属于智慧能完全把握的，所以说“圣人犹难之”。

如何做到不争 不言 不召

“天之道，不争而善胜”，这个“天”不是科学上天体之天，也不是宗教上的天，这个“天”在儒道二家是形而上的一个代名词，一个代号。在印度也可以叫它“如来”，反正就是这么一个东西。这个东西生长万物，不与万物争，但是宇宙万有，在它的手心里翻不过去。“天之道，不争而善胜”，永远不跟人争，可是人最后都是向它投降。形而上本体的功能，就有这样的厉害！万有最后还归于无，归到他那里，这就是“不争而善胜”。所以，老子一路说下来，叫我们效法上天无为之治，无为之道，才能做到不争之胜。假使做生意，能够做到不争，就可能大发财，坐在家里日进万金，那是第一等生意。可是谁有这个本事、这个智慧？普通人一生都在争，所以“不争而善胜”是第一等。

“不言而善应”，形而上的天道无形象，无声音，也不讲话。有些宗教人说，昨天自己灵感来了，是上帝对我说的；有些人打坐，听到菩萨对他讲话。如果这样的话，你要担心患了精神分裂症，因为这只是魔道而已。真正的天道是无言无声，也就是《中庸》上最后告诉我们的一句："上天之载，无声无臭。"照佛法来讲，这是究竟本空，涅槃清净，圆满清净，所以叫做无争。虽然无言，但"不言而善应"，是有感应的。孔子在《易经系传》上经就讲到"寂然不动，感而遂通"，就是形容这个道理。这也就是"道"、"佛"的境界，是清净空寂，如如不动的。"感而遂通"这句话是说只要你一动，他那边就有感应，一种力量的作用就出来了。

"不召而自来"，人生的祸福善恶因果之间，没有另外一个做主的，就是所谓的"无主宰"。我们中国道家的《太上感应篇》，等于是国民道德须知，也是中国古代阐述人伦道德的一本书，成为中华民族人人须知的手册，至少百年来是如此。其中有一句重要的话，"祸福无门，惟人自召"，祸与福是没有主宰的，也不是神祇。不是说吃了供养的猪头他就保佑你，没有供养的话，鬼就找你，那是空话。"祸福无门"，鬼神也做不了你的主，上帝菩萨都做不了你的主，只有人自己的心念，所谓"惟人自召"，是你自己召的。所以我们人生一切的遭遇，严格地反省下来，痛苦、幸福、烦恼等等，都是自己召来的。天道就是这样一个东西。

一切都是自己的作为

"繟然而善谋"，"繟"是像网一样的散开，如《华严经》所说帝网重重，在中国古文中就一个"繟"字。天道就像一张网一样，无所不在，可是看不见，“而善谋”，意思是有其智慧。真智慧无主宰，但又不是自然，不是物理的自然。中国的成语中，经常可以看到这两句话：“天网恢恢，疏而不漏。”上天有一个东西，无主宰，但是也非偶然。这个天、天网，叫它神也可以，菩萨也可以，佛也可以，甚至叫它鬼也无妨；它不会与你计较这些名词，因为“天网恢恢”，胸襟广大。

讲到宗教哲学，往往有人提出这样一个问题，宗教是讲是非善恶的；但是有人一辈子是好人做好事，却遭遇的打击最多，痛苦也最大，连写《史记》的司马迁也曾有如此的怀疑。司马迁为了替李陵说公道话，反而受了重刑，痛苦一生。他在《伯夷叔齐列传》上说，所谓天道是真的吗？假的吗？我就不清楚了。社会上有许多好人一辈子痛苦，而那些坏蛋的生活却舒服得很，样样好，人越坏生活越好。

对于宗教几乎所有人都提出这个问题，这个问题也确实很难解答。不过《金刚经》中曾解答说，假如这个人一生都做坏事，而一生还过得那么好，是因为前生福报尚未享完，前生的利息尚未用完；等到利息都使用光了，本钱也收回了，下一生就受恶报。不过，下一生又看不见！那很简单，一个人前生欠的账没有还完，所以今生倒霉受苦，先把账偿还，下一生就好了。

或有人说，这只能听听而已，前生及来生也都看不见嘛！关于这个疑问，只要从现实这一生去研究就会明白，“祸福无门，惟人自召”。老子刚才讲，“此两者或利或害”，很难定论，因为自己严格反省下来，就会发现遭到最大的打击就是最大的福报，如果没有招到最大的打击的话，大概命也不保了。当然人活着并不一定就是好啊！活得太长久也很难过，虽然一般人认为长寿也是福气。

由这许多道理看来，才会懂得老子这里所说的“天网恢恢，疏而不失”的意义。它没有道理，没有主宰，没有标准，可是又有一个大原则，一个标准；这个道理，在任何宗教哲学上都是最深刻的一个道理。简单一句话说明，就是因果律，自己造的因，自己自然得这个果，谁都逃脱不了。

第七十四章

生杀大权不可取代

民不畏死，奈何以死惧之。若使民常畏死，而为奇者，吾得执而杀之，孰敢。常有司杀者杀，夫代司杀者杀，是谓代大匠斵，夫代大匠斵者，希有不伤其手矣。

生杀大权不可取代

“民不畏死，奈何以死惧之。”老子说一般人并不怕死，以做生意的人来讲，中国老古话说，“杀头的生意有人做，赔本的生意没人做。”只要有钱赚他敢冒险，不怕杀头；如果不赚钱要赔本，绝对没人会干的。为什么会如此？因为“民不畏死”之故，人并不是真正的怕死，所以“奈何以死惧之”。从老子这句话看到春秋战国时代，都是以死来威胁，作为统治的方法，这是最笨的事情。现在有些集权统治的国家也是走这个路线，杀了那么多人，而人民真的怕了吗？没有。人们会怨恨反抗，就是基于这个威胁，所以说没有用，因为“民不畏死，奈何以死惧之”。

“若使民常畏死，而为奇者，吾得执而杀之，孰敢。”假使说人的心里真怕死的话，当局就可以用杀来威吓，天下岂不是就可以得到太平了吗？但是，根据历史的法则，越杀越不太平，越以杀统治越造成社会的不安和愤怒。孟子也曾说过"不嗜杀人者能一之"，"一"就是统一，政治的王道思想，不是理想主义，而是非常现实；真正的仁慈，就是最高的手段，也是最高的成功。不过，如果把仁慈视做手段运用，那就犯了错误，也就不会成功。这是老子说的道理。

"常有司杀者杀"，人们常以杀去威胁人，以为权威可以控制一切，这是绝对错误的。但是，天地间有一个真权威，宗教家把它塑造成一个神，一个魔鬼，或者一个上帝、菩萨，这些都是形象而已。任何的宗教都是反对偶像崇拜的，佛教也不例外。但是，为什么我们也礼佛呢？我们也知道那是偶像啊！礼佛是因为他使自己生起真正的恭敬心，这不是偶像不偶像的问题。如果认为拜了这个偶像就得福报，那才是错误，那是不懂宗教；任何一种真正的宗教都是不拜偶像的。偶像代表的是真心，是诚敬的精神，所以偶像并不错。

在哲学上的道理来说，宇宙间真正的赏罚就是"天网恢恢，疏而不失"，天地生万物，同时也杀万物，因为结束你的时候正是爱护你。秋天到了，万物必定凋零，今年的草木凋零了，明年的草木生长得更茂盛。不经过这一杀，就没有下一次的生，所以生杀之间或利害之间，的确很难评断。人的生死之间也是一样的道理，所以老子提出来"常"，那是一个永恒无形的存在，这个"常有司杀者"，等于管理生杀的权柄。"司杀者杀"，只有它有能力、有道德、有理，可以杀。

"夫代司杀者杀，是为代大匠斲"，但是我们人如果替代这个决杀权，那就是代。这一句话很容易解释，张献忠的"七杀碑"有他的杀人哲学，他说："天生万物以养人，人无一德以报天，杀杀杀杀……”，一连七个“杀”字。人活在世界上，哪一样事情对得起天地呢？这是他“杀”的哲学。可惜张献忠没有读过《老子》，“代司杀者杀”，张献忠说他是替天行道才杀，就是所谓“代大匠斲”。

假使他是替天行道，就是代“大匠”去杀的。可是上天真正的刽子手，它有好生之德，也有好杀之能，这是一个形而上不可知的力量。像张献忠这样自认替天行道，根本是错误的，因为老子说：“夫代大匠斲者，希有不伤其手矣!”你代天去杀，很少有自己不受伤的。试看张献忠的历史就知道了，哲学理论虽然没有错，可是你不能代表上天行道，因为这个职权并不属于你。这是宗教哲学最高的道理，也是中国政治最高的哲学，只有仁慈、仁爱，所以决不可以代杀，杀是另外一个道理。

第七十五章

老子所处的悲惨时代

民之饥，以其上食税之多，是以饥。民之难治，以其上之有为，是以难治。民之轻死，以其上求生之厚，是以轻死。夫唯无以生为者，是贤于贵生。

老子所处的悲惨时代

“民之饥，以其上食税之多”，春秋战国几百年的战乱达到了极点，可是老子没有看到战国的时代，只看到春秋的初期；那时的社会已经饥馑到人吃人的时代。庄子也曾经提到，后世必定会有人吃人的状况。大家在史书上只看正面，如果看到历史的反面，中国历史上全部人吃人的时代可以写一部专书。历史上在某一个阶段，曾把儿女互换的吃；天下大乱的时候，也有人母自杀以喂养儿女及一家人的活命。这类的悲惨事件，在历史上屡见不鲜。历史除了正面的光辉灿烂，查一查反面的记载，那就惨不忍睹了。老子当时已看到社会的贫穷，百姓的饥饿。因为春秋时各国诸侯只有富国强兵的思想，毫不顾及人民的死活；人民税赋又重，以致民不聊生，饥饿又贫穷。

“民之难治，以其上之有为，是以难治。”另一方面，诸侯的愿望太大，头脑太聪明，想统治人驾驭人，造成民穷财尽，当然“是以难治”。老子这些话，对当时的政治是一副清凉剂。其实，何止春秋战国如此，全世界每个国家每个民族，到了末代，都有这种现象。由此可以了解，老子的哲学以无为之治为药，是针对当时时代的一剂良方。

所以，我经常说，中国文化儒、释、道三家，孔子开的是粮食店，打倒了粮食店，光吃面包牛排是吃不饱的，会吃出毛病的。几十年前打了粮食店，大家的肠胃都出了毛病，所以粮食店是不能打的。道家开的是药店，不病就不需要药店，一旦生病则非要去药店不可。所以老子开的无为之治这一味药是很重要的，碰到这个病，非用这个药不可。佛家开的是百货公司，吃饱饭又没有病，有空去逛逛百货公司，没有空就不去逛。这三家店都是人类生存的必要，都不能打的，打倒了就麻烦了。可是，这个时代，岂止打了孔家店，无形中对这三家店都在打，打得我们现在很难办很麻烦了。

这是说明老子提出来社会难治的原因，以及领导人太过聪明、有为，所以难治。

“民之轻死，以其上求生之厚，是以轻死。”老子同时也说明一个现象，到了某一个时候，人们宁愿死掉，所以古时候有所谓“宁为太平鸡犬，不做乱世人民”的说法。近几十年来，这一个时代的人，生活得太幸福了；三五十年前经过变乱的人，都有乱世人命不如鸡犬的感受，活得都不想活下去了。在清朝末年，直到军阀时代，更是如此。

这种现象是谁造成的呢？老子说是人为的，上面的领导阶层自己要求生，由于他们的求生欲望太大，要求过分，就使别人活不下去，也不想活了。第二次世界大战，日本军阀发动战争，开始的时候，有一两个日本真正有学问的哲学家便悲愤自杀，因为不忍心看到自己国家走上灭亡之路。这就是当年日本军阀胡作非为，为了满足自己的欲望，而使千千万万人的生命牺牲了。

“夫唯无以生为者，是贤于贵生。”做一个领导人，不要只为自己而求生，如老子前面所讲的“无为其生，而后生”，先把自己的生命放在一边，为利益他人而做，就不怕活不下去了。就是这个道理。

第七十六章

要活就要软 想死就强硬

人之生也柔弱，其死也坚强。万物草木之生也柔脆，其死也枯槁。故坚强者死之徒，柔弱者生之徒。是以兵强则不胜，木强则兵。强大处下，柔弱处上。

要活就要软 想死就强硬

“人之生也柔弱，其死也坚强。”婴儿的骨头很软，年纪越老，骨头越硬，什么都硬，死的时候最硬。所以有些人说，什么都不怕，我这个骨头很硬；真到骨头很硬的时候，就是快要死了。人越年轻身体越轻软柔弱。

“万物草木之生也柔脆，其死也枯槁。”这是讲物理的现象，柔软是生命充沛的时候，植物与其他生物的骨骼一样，死的时候变硬。

“故坚强者死之徒，柔弱者生之徒。”老子强调用“柔”，也就是用“和平”。一般人解释老子的“柔”好像水一样，其实不是如此；“柔”是“和平”的原理，因此他说：“是以兵强则不胜，木强则兵。”这里的“兵”字，不是指部队带的兵，是指兵器、武器；武器太刚强、太硬的话，就容易折断，真正坚强的东西也是一样。所以，最坚固锋利的东西是柔软的，可以永远又锋利又长久。“木强则兵”，木头与金属相比并不太硬，但是有些木头非常坚硬，就可以做成兵器。做成兵器以后的木头也完了，反而是自伤，这是讲强弱之势的原理。

“强大处下，柔弱处上。”强大的东西常处于下，而柔软的东西则居上位。世界上什么东西最强大？地球！什么东西最柔软？生物。地球再强大、再硬，还是被我们生物踏在脚下，我们人是柔软的站在上面。比如一座塔，或一个伟大的建筑，下面的地基都是最牢固、最坚硬的。塔尖塔顶之处，金刚钻放放光，只是为着好看。

有人喜欢算命，我常说，这一代人的命，我早已算好了，是生于忧患，死于忧患。但是，我们这一代人真了不起，可以为未来的时代奠下基础，未来建筑的这个塔顶能不能造，就要看现在青年这一代的努力了。

我们今天讲《老子》，也不过是拿东西塞一下墙角上的一个漏洞，大家要用自己的智慧去挖掘出来真正的宝藏。我再三强调孔孟之道的“四书”以及《老子》、《庄子》等，文章都非常高明，大家读了之后，常被文字境界所吸引，陶醉在美妙的文学境界，而忽略了道理所在。孔、孟、老、庄等中国文化与印度佛教文化一样，原则都是说明因果关系，也就是现在老子告诉我们的。

第七十七章

什么是天之道

天之道，其犹张弓与？高者抑之，下者举之；有余者损之，不足者补之。天之道，损有余而补不足；人之道则不然，损不足以奉有余。孰能有余以奉天下？唯有道者。是以圣人为而不恃，功成而不处，其不欲见贤。

什么是天之道

“天之道，其犹张弓与？”宇宙的法则“天之道”，如拉弓射箭一样，弓拉得满，箭才能射得远。我们中国人说，一个坏人还没有受到恶报，是因为他“恶贯没有满盈”，等到坏事做得满盈，如拉弓一样，“啪”的一声就射出去了。所以，上天之道是有一个道理的，也就是为什么好人没见到好报，坏人也未见恶报。西方人也说，“上帝要他灭亡，必先使他疯狂”；中国人则说，“天将降大祸于斯人，必先厚其福而报之”。所以有时候得意不是好事，上天可能是要毁灭你，不然不会给你这么好的福气。

人不如意时，反而不会昏头，而恶贯则容易满盈，所以“天之道”像张弓一样，“高者抑之，下者举之”，弓对准目标射，太高时要往下一点，太低也不行，要拉高一点才能射到。“有余者损之，不足者补之”，天道就那么公平，你这里多了，他一定给你拿掉一点，少了又会补上一点。所以，佛学叫这个世界“娑婆世界”，译为“堪忍”，说我们这个世界是缺陷的世界。《易经》也说这个世界是缺陷的，让你有钱就不给你学问，有学问就没有钱；给你子孙满堂，就不给你别样了，所以总是有缺陷不圆满的。

我常常对人说，老兄，你又有钱又有地位，家庭妻子样样好，你又要想成佛，那我干什么啊？样样你都有了，会有这样的事吗？像他们出家要成道的，样样都舍掉了，只站在修道这一边；站到这一边，总是会少去那一边的。像汉武帝、秦始皇，都是同样的思想，既要当皇帝，又想成仙。天道不是这样的，是“损有余而补不足”，非常公平，像天平一样公平。

“人之道则不然，损不足以奉有余”，人类却不像天那样公平，人们锦上容易添花，更有损人而利己者，所以人道会受惨痛的报应。历史到了大变乱时代，大的劫运就来了，这是历史的因果。我们读二十五史就知道，如何开国，最后就如何结束，对照起来是一模一样。以因果的观点来看历史，非常有趣，像清朝满洲人，孤儿寡妇带了数万人入关，历经两百多年时间，统治了四万万人，最后还是孤儿寡妇坐火车回去了。怎么来就怎么去，怎么上台就怎么下台，一点都不差。

“孰能有余以奉天下？唯有道者。”学道的人有一个原则，佛家叫“菩萨道”，“有余以奉天下”，把我有余的都舍出来，帮助天下人，多布施给别人，只有有道的人才能做到这种事。

“是以圣人为而不恃，功成而不处，其不欲见贤。”所以老子始终告诉我们“功成、名遂、身退，天之道”。个人做事也好，为天下国家也好，不要把你的成功看成是你自己了不起；“功成”是大家的；“名遂”，出了名已经不好意思；“身退”，赶快自己退下来，这是“天之道”，是天道自然之理。所以，把一切的成功奉献给世人，布施给天下，老子叫我们效法天道，这是因果的大原理。

第七十八章

你能做到以柔克刚吗

天下莫柔弱于水，而攻坚强者莫之能胜，以其无以易之。弱之胜强，柔之胜刚，天下莫不知，莫能行。是以圣人云：受国之垢，是谓社稷主；受国不祥，是为天下王。正言若反。

你能做到以柔克刚吗

“天下莫柔弱于水，而攻坚强者莫之能胜，以其无以易之。”老子经常拿水做比喻，前面讲过，佛家的因明常用比喻，其实三家道理的最高处都是相通的。水是天下最弱的东西，没有骨头的，但是，一滴二滴不断地滴下去，滴了万年，最硬的钢铁也被水滴穿了。无论多硬的矿物，都会被水滴出一个洞来，“弱之胜强，柔之胜刚”，这个道理个个都知道，“天下莫不知，莫能行”，可是，没有一个人肯去做，都是好强好出头，自以为聪明。

“是以圣人云：受国之垢，是谓社稷主；受国不祥，是为天下王。”所以圣人说，做一个领导人，乃至于个人事业的成功，都要做到担负一切人的痛苦。甚至一个工厂公司的老板，都要能担负下面人的一切苦痛，为部下挑起全部的责任，这样才能做一个领导人。如果领导一个国家，能够做到

“受国不祥”，挑起全国的痛苦，把福气给别人，“是为天下王”，那就是天下之王了，这才是正路。“正言若反”，他说，我的正话才是真话，可是人往往做不到，看起来像是说反话。

第七十九章

把握原则 不求至善尽美

和大怨，必有余怨，安可以为善。是以圣人执左契，而不责于人。有德司契，无德司彻。天道无亲，常与善人。

把握原则 不求至善尽美

老子告诉我们人生最大的秘诀，如果人想做得面面俱到，那就绝对做不好。“和大怨，必有余怨”这一句话，说明人欢喜怨恨，爱埋怨的心理是天生的。一般人指责现代的青少年不满现实，我说不满现实是古今中外的通病，不但青少年如此，我们也一样。年轻的时候不满现实，现在老了，照样的不满现实。不满什么现实呢？不满于老年的现实，年轻人不满年轻的现实，每个时代每个世界，没有任何人安于现实满于现实的。假使有人满于现实，这个人不是圣人就是妖怪；当然圣人做得到，妖怪还做不到。所以除了圣人以外，人没有安于现实的，因为人的心理很妙，没有人是无怨的。我经常引用古文辞的话——“花落水流红，闲愁万种，无语怨东风”，一个人无事可怨时，还怨东风呢！当然，花落水流都要去埋怨一番，这是人的心理，尤其是年轻人的心理。所以，世间几乎没有一个人真是善人，善人到了“无怨亦无恨”的境界，那就是圣人、佛的境界了。

人要做到样样好是不可能的，因为把大怨化解平和了，那些小怨又会变成大怨了。“安可以为善，是以圣人执左契，而不责于人”，所以说，圣人并不要求达到天下的至善，那是办不到的。因为是非好坏，在哲学上来说，并没有一个绝对的标准；是非善恶好坏，都是时间空间的变化，以及人为的因素而定的。今天我们这件衣服漂亮，几年后就觉得不漂亮了，这都是时空环境人为的心理变化而决定的。所以上古的圣人不要求达到天下无怨，人人无怨。“左契”是指大的原则，守住大原则就可以了，不必去责备他人。孟子也说过“有求全之毁，不虞之誉”，世界上的人常常按照圣人的标准去批评对方，要求别人十分严格，但绝不那样严格要求自己，这都属于“求全之毁”。

世界上常有人突然出名，实际上那个大名不见得符合事实，这叫“不虞之誉”，是意想不到的恭维。圣人之道是把握原则，而不苛责于人。“有德司契，无德司彻”，真正懂得这个道理，那就了解了圣人之道是领导阶层的大政治家，只把握原则，不求管理。“无德司彻”，“彻”是治的意思，无德的统治就是到处设规则，也就是管理，这是无德之人的做法。

“天道无亲，常与善人”，这是老子的名言，天道很公平，并不是说你今天拿猪头拜他，他就对你好一点，他不管你拜与不拜，只要有德有善，自然得感应，菩萨也就是这个道理。但是，这两句话有人提出来怀疑，司马迁就说“天道无亲，常与善人”是真的吗？他在《伯夷叔齐列传》中说，伯夷、叔齐这两个人不是很好吗？为什么被饿死呢？司马迁就是那么幽默！这虽然是幽默的话，但是司马迁父子两人是道家的信徒，司马迁常批评儒家，儒家也批评道家。

第八十章

小国寡民就是地方自治

小国寡民，使有什伯之器而不用，使民重死而不远徙。虽有舟舆，无所乘之；虽有甲兵，无所陈之；使民复结绳而用之。甘其食，美其服，安其居，乐其俗。邻国相望，鸡犬之声相闻，民至老死不相往来。

小国寡民就是地方自治

许多写政治哲学论文的人，常提到老子“小国寡民”之治，认为老子反对大国之治。可是我们中国是大国，如果要实行道家的政治观念，是否要把大国划分成小国呢？关于这一点，大家忽略了一件事，就是春秋战国时所谓的国家，不是现在国的观念；那时的“国”，是个地方政治单位的名词，直到三国时代都是如此。到了唐太宗时代封地区领导人时，对他儿子还引用“诸侯治国”的制度，派他儿子到一地区去管理。所以，“小国寡民”这个“国”，是“地区”的意思。不要看到一个“国”字，就拿现在国家观念来读《老子》，那就不对了。

我们了解这些以后，就知道“小国寡民”就是地方自治，进一步主张要一个国家天下太平，必须国民道德充沛，人人能够自发自动，国民道德才能提升，然后才能讲自由民主，达到天下太平。这样解释“小国寡民”，才可能是老子的原意。

目前世界上只有瑞士这个国家，勉强可以称得上“小国寡民”，另外还有一个国家，全国只有三个警察，实际上那不是国家，那是他自己号称为国家而已。

“使有什伯之器而不用”，大家虽有最好的物质文明，但是重视的更是精神文化，并不太重视物质方面的文明。“使民重死而不远徙”，大家对生命看得很重，所以不冒死，而愿意过着平安的居家生活，不离开生长与生活的环境太远。“虽有舟舆，无所乘之”，虽然有良好的交通工具，并不去乘坐；以现代生活来说，虽有高速快车，没有要事，也不去乘坐。

“虽有甲兵，无所陈之，使民复结绳而用之，甘其食，美其服，安其居，乐其俗”，宁可让大家过原始纯朴自在的生活，安安稳稳，吃得好，穿得暖，住得舒服，社会安定，人与人之间道德相处。“邻国相望，鸡犬相闻，老死不相往来。”曾有过山居经验的人就知道，邻居住在对面山顶，欲相见握手，还要走三天的路；但早晨起来站在门口，彼此都可以看到，打手势招呼一下，意思说你去砍柴吗？我也要去挑水了。

我以前过边疆的生活，吃了油腻的东西，洗脸时，怕风大，就把沾油的手在脸上抹一抹，衣服上擦一擦，大家一身臭得差不多！但久而不闻其臭；又在地上睡睡，我觉得那个日子过得很好。开始不习惯，后来觉得天下昏昏，就在此地了此一生，也是最进步真实的生活了。现在有些人，家里地毯铺得厚厚的，做半天的工，工资已经够用了，下半天绝不愿意出来工作，也做到了“鸡犬之声相闻，民至老死不相往来”。有些落后地区，邮差被狗咬是第一新闻，除此之外没有其他事情；世界大战，你们去打你们的仗，与我毫不相干。

我们有一个学者去那个地区演讲，就告诉他们：“天下最危险的，恐怕就是你们的国家。”但是他们听了，以为这个人说的是疯话。所以，最落后的地区和物质文明发达富庶的国家，都是同样符合老子这几句话的道理，只不过境界是两样而已。

第八十一章

不美言　不争辩　不积财　多付出　效法天地

信言不美，美言不信。善者不辩，辩者不善。知者不博，博者不知。圣人不积，既以为人己愈有，既以与人己愈多。天之道，利而不害。圣人之道，为而不争。

不美言 不争辩 不积财 多付出 效法天地

“信言不美，美言不信”，好话听起来都不好听，而好听的话却都是不可靠的。“善者不辩，辩者不善”，老子自己也犯了这一条戒，他还写了五千言，还在辩论，违反了他自己说的真理没有什么好辩论的原则。所以要辩论就不是真理。

“知者不博，博者不知”，智慧到了，不读书也万事皆知。悟了道，一悟百悟千悟一样知道。但是一般知识越多，真智慧反而被知识蒙蔽，就是佛学讲的所知障，知道得越多越不能入道。所以，他说真正的圣人不自私，不占有，就是“圣人不积”的意思，不放在自己口袋里。这与佛学讲布施的道理一样，不占有，不储藏，一切贡献出来。

其实，真能布施出来，不但你自己有贡献，而且给出的越多，你的成就越高。“既以为人己愈有，既以与人己愈多”，你真为人服务的话，付出得越多，你自己则会越加富有。

“天之道利而不害，圣人之道为而不争”，这是《老子》真正的中心，要我们效法天地。天地生长万物，生生不已，只有付出，不想收回，不想得到报酬，所以天地还是天地。人处处要想占有天地，占有别人的利益，结果反而什么都得不到，这是《老子》告诉我们的原则。

附录（一）：《老子》帛书甲乙本与《道德经》古本之对照

古本道德经　德经

上德不德是以有德下德不失
德是以无德上德无为而无不
为下德为之而无以为上仁为
之而无以为上义为之而有以
为上礼为之而莫之应则攘臂
而仍之故失道而后德失德而
后仁失仁而后义失义而后礼
夫礼者忠信之簿而乱之首也
前识者道之华而愚之始也是
以大丈夫处其厚不处其簿处
其实不处其华故去彼取此

右第三八章一三一言

昔之得一者天得一以清地得

帛书甲本

□□□□□□□□□□□□
□□□□德上德无□□无以
为也上仁为之□□以为也上
义为之而有以为也上礼□□
□□□□□□攘臂而乃之故
失道而后德失德而后仁失仁
而后义□□□□□□□□□
□□□□□□□□□□□□
道之华也而愚之首也是以大
丈夫居亓厚而不□亓泊居□
□□□□□□□□皮取此

昔之得一者天得一以清地得

帛书乙本

上德不德是以有德下德不失
德是以无德上德无为而无以
为也上仁为之而无以为也上
德为之而有以为也上礼为之
而莫之应也则攘臂而乃之故
失道而后德失德而句仁失仁
而句义失义而句礼夫礼者忠
信之泊也而风之首也前识者
道之华也而愚之首也是以大
丈夫居□□□居亓泊居亓实
而不居亓华故去罢而取此

昔得一者天得一以清地得一

一以宁神得一以灵谷得一以
盈万物得一以生王侯得一以
为天下贞其致之一也天无以
清将恐裂地无以宁将恐发神
无以灵将恐歇谷无以盈将恐
竭万物无以生将恐灭王侯无
以为贞而贵高将恐蹶故贵以
贱为本高以下为基是以王侯
自谓孤寡不谷是其以贱为本
也非欤故致数誉无誉不欲碌
碌若玉落落若石

右第三九章一三九言

上士闻道而勤行之中士闻道
若存若亡下士闻道而大笑之
不笑不足以为道故建言有之

□以宁神得一以霝浴得一以
盈侯□□□□□□□□六至
之也天毋已清将恐□胃地毋
□□□恐□胃神毋已霝□恐
歇胃浴毋已盈将恐渴胃侯王
毋已贵□□□□□故必贵而
以贱为本必高□而以下为空
夫是□侯王自胃孤寡不槖此
六□□□□□□□故致数与
无与是故不欲□□□玉□□
□□

〔此章全缺〕

以宁神得一以霝浴得一以盈
侯王得一以为天下正六至也
胃天毋已清将恐莲地毋已宁
将恐发神毋已□□□□谷毋
已□□□渴侯王毋已贵以高
将恐欮故必贵以贱为本必高
矣而以下为坑夫是以侯王自
胃孤寡不槖此六贱之本与非
也故至数舆无舆是故不欲禄
「若玉而硌」若石

□□□道堇能行之中士闻道
若存若亡下士闻道大笑之弗
笑□□以为道是以建言有之

曰明道若昧夷道若类进道若
退上德若谷大白若黩广德若
不足建德若媮质真若输大方
无隅大器晚成大音稀声大象
无形道隐无名夫惟道善贷且
成

右第四一章九七言

反者道之动弱者道之用天下
之物生于有有生于无

右第四〇章二一言

道生一一生二二生三三生万
物万物负阴而褒阳冲气以为
和人之所恶惟孤寡不谷而王
侯以自称也故物或损之而益

□□□道之动也弱也者道□
□□□□□□□□□□□□
□

□□□□□□□□□□□□
□□□□□□□□冲气以为
和天下之所恶唯孤寡不橐而
王公以自名也勿或敗之□□

曰明道如费进道如退夷道如
类上德如浴大白如辱广德如
不足建德如□质□□渝大方
无禺大器免成大音希声天象
无刑道隐无名夫唯道善始且
善成

反也者道之勤也□□者道之
用也天下之物生□有=□于
无

道生一=生二=生三=生□
□□□□□□□□□□以为
和人之所亞□□寡不橐而王
公以自□□□□□□之而益

或益之而损人之所以教我亦
我之所以教人彊梁者不得其
死吾将以为学父

右第四二章七九言

天下之至柔驰骋天下之至坚
出于无有入于无间吾是以知
无为之有益也不言之教无为
之益天下稀及之矣

右第四三章四四言

名与身孰亲身与货孰多得与
亡孰病是故甚爱必大费多藏
必厚亡知足不辱知止不殆可
以长久

右第四四章三九言

□□之而敗□所教夕议而教
人故强良者不得死我□以为
学父

天下之至柔□甹于天下之致
坚无有入于无闲五是以知无
为之益不□□教无□之□□
下希能及之矣

名与身孰亲身与货孰多得与
亡孰病甚□□□□□□□
□故知足不辱知止不殆可以
长久

□□□□□□□□□□□□
□□□□□□□死吾将以□
□父

天下之至柔驰骋于天下□□
□□□□□□□无闲吾是以
知□□□□益也不□□□□
□□□□□□□□□□□矣

名与□□□□□□□□□□
□□□□□□□□□□□□
□□□□□□□□□□□□
□□□

大成若缺其用不敝大满若盅
其用不穷大直若诎大巧若拙
大辩若讷躁胜寒靖胜热知清
靖以为天下正

右第四五章四二言

天下有道却走马以播天下无
道戎马生于郊罪莫大于可欲
祸莫大于不知足咎莫憯于欲
得故知足之足常足矣

右第四六章四五言

不出户可以知天下不窥牖可
以知天道其出𨇨远其知𨇨尠
是以圣人不行而知不见而名
不为而成

大成若缺六用不敝大盈若盅
六用不𥨊大直如诎大巧如拙
大[赢]如炳趮胜寒靓胜炅请靓
可以为天下正

·□□有□□□□□粪天下
无道戎马生于郊·罪莫大于
可欲𢡆莫大于不知足[咎]莫憯
于欲得□□□□□恒足矣

不出于户以知天下不规于牖
以知天道六出也弥远六□□
□□□□□□□□□□□□
□□为而□

□□□□□□□□□盈如冲
六□□□□□□□□□□□
□巧如拙□□□绌趮朕寒□
□□□□□□□□□□□

□□□[道][却][走][马][以][粪]无道戎
马生于郊罪莫大可[欲][祸]□□
□□□□□□□□□□□□
□□□□足矣

不出于户以知天下不規于□
□知天道六出籋远者六知籋
□□□□□□□□□□□而
名弗为而成

右第四七章四〇言

为学者日益为道者日损损之
又损之以至于无为无为则无
不为将欲取天下者常以无事
及其有事又不足以取天下矣

右第四八章四八言

圣人无常心以百姓心为心善
者吾善之不善者吾亦善之得
善矣信者吾信之不信者吾亦
信之得信矣圣人之在天下歙
歙焉为天下浑浑焉百姓皆注
其耳目圣人皆咳之

右第四九章六八言

〔此章全缺〕

□□□□□以百□之心为□
善者善之不善者[亦]□□□□
□□□□□□□□□□□□
信也□□之在天下翕=焉为
天下浑心百姓皆属耳目焉圣
人□□□

为学者日益闻道者日云=之
有云以至于无□□□□□□
□□□取天下恒无事及云有
事也□□足以取天□□

□人恒无心以百省之心为心
善□□□□□□□□□□善
也信者信之不信者亦信之德
信也耶人之在天下也欲=[焉]
□□□□□□□[生]皆注云□
□□□□□□

出生入死生之徒十有三死之
徒十有三而民之生生而动动
皆之死地亦十有三夫何故以
其生生之厚也盖闻善摄生者
陆行不遇兕虎入军不被甲兵
兕无所投其角虎无所措其爪
兵无所容其刃夫何故也以其
无死地焉

右第五〇章八八言

道生之德畜之物形之势成之
是以万物莫不尊道而贵德道
之尊德之贵夫莫之爵而常自
然故道生之德畜之长之育之
亭之毒之盖之覆之生而不有
为而不恃长而不宰是谓玄德

□生□□□□□□□□□□
徒十有三而民生=勭皆之死
地之十有三夫何故也以六生
=也盖□□执生者陵行不□
矢虎入军不被甲兵矢无所椯
六角□□所昔六蚤兵无所容
□□□何故也以六无死地焉

·道生之而德畜之物刑之而
器成之是以万物尊道而贵□
□之尊德之贵也夫莫之时而
恒自然也·道生之畜之长之
遂之亭□□□□□□□□
弗有也为而弗寺也长而勿宰

□生入死生之□□□□[死]之
徒十又三而民生生僮皆之死
地之十有三[夫][何][故][也]以六生
=盖闻善执生者陵行不辟冢
虎入军不被兵革冢无□□□
□□□□□六蚤兵□□□□
□□□□也以六□□□□

道生之德畜之物刑之而器成
之是以万物尊道而贵德道之
尊也德之贵也夫莫之爵也而
恒自然也道生之畜[之]□□□
之亭之毒之养之覆[之]□□□
□□□□□□□弗宰是胃玄

右第五一章七二言

天下有始可以为天下母既得
其母以知其子既知其子复守
其母没身不殆塞其兑闭其门
终身不勤开其兑济其事终身
不救见小曰明守柔曰彊用其
光复归其明无遗身殃是谓袭
常

右第五二章七三言

使我介然有知行于大道惟施
是畏大道甚夷而民好径朝甚
除田甚芜仓甚虚服文采带利
剑猒饮食货财有余是谓盗夸
盗夸非道也哉

也此之谓玄德

天下有始以为天下母既得亓
母□知亓□复守亓母没身不
殆・塞亓閟闭亓门终身不堇
启亓闷济亓事终身□□□小
曰□守柔曰强用亓光复归亓
明毋□身央是胃袭常

・使我□有知也□□大道唯
□□□道甚夷民甚好解朝
甚除田甚芜仓甚虚服文采带
利□□食□□□□□□□
□□□□□

德

天下有始以为天下母既得亓
母以知亓子既得知亓子复守
亓母没身不佁塞亓堄闭亓门
冬身不堇启亓堄齐亓□□
不救见小曰明守□□强用□
□□□□□遗身央是胃□
常

使我介有知行于大道唯施是
畏大道甚夷民甚好懈朝甚除
田甚芜仓甚虚服文采带利剑
猒食而赍财□□□□盗=杅
=非□也

右第五三章五四言

善建者不拔善袌者不脱子孙
祭祀不辍修之身其德乃真修
之家其德乃余修之乡其德乃
长修之邦其德乃丰修之天下
其德乃溥故以身观身以家观
家以乡观乡以邦观邦以天下
观天下吾奚以知天下之然哉
以此

右第五四章八六言

含德之厚者比之于赤子也蜂
虿不螫猛兽不据攫鸟不搏骨
弱筋柔而握固未知牝牡之合
而朘作精之至也终日号而嗌

□□□□拔□□□□□子孙
以祭祀□□□□□□□□□
□□□□□□□□□□□□
□□□□□□□□□□□□
□□□□□□□□身以家观
家以乡观乡以邦观邦以天□
观□□□□□□□□□□□
□□

□□□□□比于赤子蜂㓨蝎
蛇弗螫攫鸟猛兽弗搏骨弱筋
柔而握固未知牝□□□□□
□精□□也终日号而不发和

善建者□□□□□□□子孙
以祭祀不绝脩之身其德乃真
脩之家亓德有余脩之乡亓德
乃长脩之国亓德乃夆脩之天
下亓德乃愽以身观身以家观
□□□□□□□国以天下
观天下□□知天下之然兹以
□

含德之厚者比于赤子蜂疠虫
蛇弗赫据鸟孟兽弗捕骨筋弱
柔而握固未知牝牡之会而朘
怒精之至也冬日号而不嚘和

不歔和之至也知和曰常知常
曰明益生曰祥心使气则彊物
壮则老谓之不道不道早已

右第五五章八三言

知者不言也言者不知也塞其
兑闭其门挫其锐解其纷和其
光同其尘是谓玄同不可得而
亲亦不可得而疏不可得而利
亦不可得而害不可得而贵亦
不可得而贱故为天下贵

右第五六章七〇言

以政治国以奇用兵以无事取
天下吾奚以知天下其然哉以
此夫天下多忌讳而民彌贫民

之至也和曰常知和曰明益生
曰祥心使气曰强□□即老胃
之不=不道=□□

□□弗言=者弗知塞亓闷闭
亓□□其光同亓軫坐亓□□
□亓纷是胃玄同故不可得而
亲亦不可得而疏不可得而利
亦不□得而害□□□而贵亦
不可得而浅故为天下贵

·以正之邦以畸用兵以无事
取天下吾□□□□□也戋夫
天下□□□而民弥贫民多利

□□□□□常知常曰明益
生□祥心使气曰强物□则老
胃之不=道=蚤已

知者弗言=者弗知塞亓垸闭
亓门和亓光同亓坐锉亓兑而
解亓纷是胃玄同故不可得而
亲也亦□□□□□可得而
害利□□□得而害不可得而
贵亦不可得而贱故为天下贵

以正之国以畸用兵以无事取
天下吾何以知其然也才夫天
下多忌讳而民弥贫民多利器

多利器国家滋昏民多知慧而
衺事滋起法令滋章盗贼多有
故圣人云我无为而民自化我
好靖而民自正我无事而民自
富我无欲而民自朴

右第五七章九二言

其政闵闵其民偆偆其政詧詧
其民缺缺祸兮福之所倚福兮
祸之所伏孰知其极其无正衺
正复为奇善复为祅人之迷也
其日固久矣是以圣人方而不
割廉而不刿直而不肆光而不
耀

右第五八章七三言

器而邦家兹昏人多知而何物
□□□□□□□盗贼□□□
□□□□□□我无为也而民
自化我好静而民自正我无事
民□□□□□□□□□□

□□□□□□□□其正察=
亓邦夬= [illegible]福之所倚福□□
□□□□□□□□□□□□
□□□□□□□□□□□□
□□□□□□□□□□□□
□□□□□□□□□

□□□昏□□□□□□□□
□□物兹章而□□□□是以
□人之言曰我无为而民自化
我好静而民自正我无事而民
自富我欲不欲而民自朴

亓正阅= 亓民屯= 亓正察=
亓□□= 福□□之所伏孰知
亓极□无正也正□□□善复
为□□之悉也亓日固久矣是
以方而不割兼而不刺直而不
继光而不眺

治人事天莫若啬夫惟啬是以
早服早服谓之重积德重积德
则无不克无不克则莫知其极
莫知其极可以有国有国之母
可以长久是谓深根固柢长生
久视之道

右第五九章六四言

治大国若烹小鲜以道莅天下
者其鬼不神非其鬼不神其神
不伤人非其神不伤人圣人亦
不伤人夫两不相伤故德交归
焉

右第六〇章四九言

大国者天下之下流天下之交

□□□□□□□□□□□□
□□□□□□□□□□□□
□□□□□□□□□□□□
□□□□可以有=国=之母
可以长久是胃深根固□□□
□□□□

□□□□□□□□□□□□
亓鬼不神非亓鬼不神也亓神
不伤人也非亓申不伤人也圣
人亦弗伤□□□不相□□□
□归焉

大邦者下流也天下之牝天下

治人事天莫若啬夫唯啬是以
蚤=服=是胃重=积=□=
□□=□=□=□莫=知=
亓=□=□□有=国=之母
可□□久是胃□根固氐长生
久视之道也

治大国若亨小鲜以道立天下
亓鬼不神非亓鬼不神也亓神
不伤人也非亓神不伤人也□
□□弗伤也夫两□相伤故德
交归焉

大国□□□□□□牡也天

天下之牝牝常以靖胜牡以其
靖故为下也故大国以下小国
则取于小国小国以下大国则
取于大国或下以取或下而取
大国不过欲兼畜人小国不过
欲入事人两者各得其所欲故
大者宜为下

右第六一章八九言

道者万物之奥也善人之所宝
不善人之所保美言可以于市
尊言可以加于人人之不善何
弃之有故立天子置三公虽有
拱璧以先驷焉不如进此道也
古之所以贵此道者何也不曰
求以得有罪以免邪故为天下

之郊也牝恒以靓胜牡为六靓
□□宜为下大邦□下小□则
取小=邦=以下大邦则取于
□邦故或下以取或下而取□
大邦者不过欲兼畜人小邦者
不过欲入事人夫皆得六欲□
□□□为下

□者万物之注也善人之瑈也
不善人之所瑈也美言可以市
奠行可以贺人=之□□□□
□有故立天子置三卿虽有共
之璧以先四马不善坐而进此
古之所以贵此者□□□□
□□有罪以免与故为天下贵

下之交也牝恒以静朕牡为六
静也故宜为下也故大国以下
□国则取小=国=以下大国
则取于大国故或下□□□下
而取故大国者不□欲并畜人
小国不□欲入事人夫□□其
欲则大者宜为下

道者万物之注也善人之瑈也
不善人之所保也美言可以市
奠行可以贺人=之不善何□
□□□立天子置三乡虽有□
璧以先四马不若坐而进此古
□□□□□□□□
以得有罪以免与故为天下贵

贵
右第六二章八五言
为无为事无事味无味大小多
少报怨以德图难乎于其易为
大乎于其细天下之难事必作
于易天下之大事必作于细是
以圣人终不为大故能成其大
夫轻诺者必寡信多易者必多
难是以圣人犹难之故终无难
矣
右第六三章八五言
其安易持其未兆易谋其脆易
判其微易散为之乎其未有治
之乎其未乱合袌之木生于豪

·为无为事无事味无未大小
多少报怨以德图难乎□□也
□□□□□□天下之难作于
易天下之大作于细是以圣人
冬不为大故能□□□□□□
□□□□□□多难是□□人
□难之故冬于无难
六安也易持也□□□□□□
□□□□□□□□□□□□
□□□□□□□□□□□□

为无为□□□□□□□□□
□□□□□□□□□□□□
□[于其细也]天下之□□□易
天下之大□□□□□□□□
□□□□□□□□夫轻若□
□信多易必多难是以耶人□
□[之故]□□□□
□□□□□□□□□□□□
□□□□□□□□□□□□
□□□□□□□□□□□□

末九成之台起于累土千里之
行始于足下为者败之执者失
之是以圣人无为故无败无执
故无失民之从事常于其几成
而败之慎终如始则无败事矣
是以圣人欲不欲不贵难得之
货学不学以复众人之所过以
辅万物之自然而不敢为也

右第六四章一三一言

古之善为道者非以明民将以
愚之民之难治以其多知也故
以知治国国之贼也不以知治
国国之福也常知此两者亦稽
式也能知稽式是谓玄德玄德

□□□□□□□□□毫末□
□□台作于羸土百仁之高台
于足□□□□□□□□□□
□□□□□□□也□□□□
无执也[故]无失也民之从事也
恒于六成事而败之故慎终若
始则□□□□□□□□□□
欲而不贵难得之腸学不学而
复众人之所过能辅万物之自
□□弗敢为

故曰为道者非以明民也将以
愚之也民之难□也以六知也
故以知=邦=之贼也以不知
=邦□□德也恒知此两者亦
稽式也恒知稽式此胃玄=德

□□[木]□[于][毫][末][九][成]之台作
于虆土百千之高始于足下为
之者败之执者失之是以耶人
无为□□□□□□□□□□
□□民之从事也恒于六成而
败之故曰慎冬若始则无败事
矣是以耶人欲不欲而不贵难
得之货学不学复众人之所过
能辅万物之自然而弗敢为

古之为道者非以明□□□
□之也夫民之难治也以六知
也故[以]知=国=之贼也以不
知=国=之德也恒知此两者
亦稽式也恒知稽式是胃玄=

深矣远矣与物反矣乃复至于
大顺
右第六五章七四言
江海所以能为百谷王者以其
善下之也故能为百谷王是以
圣人欲上民必以其言下之欲
先民必以其身后之是以圣人
处之上而民弗重处之前而民
不害也是以天下乐推而不猒
不以其不争故天下莫能与之
争
右第六六章八五言
小国寡民使民有什伯之器而
不用也使民重死而不远徙虽

=深矣远矣与物□矣□□□
□
□□□以能为百浴王者以亓
善下之是以能为百浴王是以
圣人之欲上民也必以亓言□
□□□□□必以亓身后之故
居前而民弗害也居上而民弗
重也天下乐隼而弗猒也非以
亓无□□□□□□□□诤
·小邦寡民使十百人之器毋
用使民重死而远徙有车周无

德=深矣远矣□物反也乃至
大顺
江海所以能为百浴□□□亓
□下之也是以能为百浴王是
以耶人之欲上民也必以亓言
下之亓欲先民也必以亓身后
之故居上而民弗重也居前而
民弗害天下皆乐谁而弗猒也
不□亓无争与故天下莫能与
争
小国寡民使有十百人器而勿
用使民重死而远徙又周车无

有舟舆无所乘之虽有甲兵无
所陈之使民复结蝇而用之至
治之极民各甘其食美其服安
其俗乐其业邻国相望鸡犬之
声相闻使民至老死不相与往
来

右第八〇章八五言

信言不美美言不信善言不辩
辩言不善知者不博博者不知
圣人无积既以为人己愈有既
以与人己愈多天之道利而不
害圣人之道为而不争

右第八一章五七言

天下皆谓吾大似不肖夫惟大

所乘之有甲兵无所陈□□□
□□□□用之甘六食美六□
乐六俗安六居邻邦相朢鸡狗
之声相闻民□□□□□□□

□□□□□□□□□□不博
=者不知善□□□□者不善
·圣人无□□□□□□□□
□□□□□□□□□□□□
□□□□□□□□□□

□□□□□□□□□□□故

所乘之有甲兵无所陈之使民
复结绳而用之甘六食美六服
乐六俗安六居叟国相朢鸡犬
之声□闻民至老死不相往来

信言不美=言不信知者不博
=者不知善者不多=者不善
耶人无积既以为人己俞有既
以予人矣己俞多故天之道利
而不害人之道为而弗争

天下□胃我大=而不宵夫唯

故似不肖若肖久矣其细也夫
吾有三宝持而宝之一曰慈二
曰俭三曰不敢为天下先夫慈
故能勇俭故能广不敢为天下
先故能成器长今舍其慈且勇
舍其俭且广舍其后且先是谓
入死门夫慈以陈则正以守则
固天将救之以慈卫之

右第六七章一〇五言

古之善为士者不武也善战者
不怒善胜敌者不争善用人者
为之下是谓不争之德是谓用
人之力是谓配天古之极也

右第六八章四七言

不宵若宵细久矣我恒有三葆
之一曰兹二曰检□□□□□
□□□□□□□□故能广
不敢为天下先故能为成事长
今舍亓兹且勇舍亓后且先则
必死矣夫兹□□则胜以守则
固天将建之女以兹垣之

善为士者不武善战者不怒善
胜敌者弗□善用人者为之下
□胃不诤之德是胃用人是胃
天古之极也

不宵故能大若宵久矣亓细也
夫我恒有三琛市而琛之一曰
兹二曰检三曰不敢为天下先
夫兹故能勇检敢能广不敢为
天下先故能为成器长□舍亓
兹且勇舍亓检且广舍亓后且
先则死矣夫兹以单则朕以守
则固天将建之如以兹垣之

故善为士者不武善单者不怒
善朕敌者弗与善用人者为之
下是胃不争□德是胃用人是
胃妃天古之极也

用兵有言曰吾不敢为主而为
客不敢进寸而退尺是谓行无
行攘无臂执无兵仍无敌祸莫
大于无敌无敌则几亡吾宝故
抗兵相若则哀者胜矣

右第六九章五七言

吾言甚易知甚易行而人莫之
能知莫之能行言有宗事有主
夫惟无知是以不吾知也知我
者稀则我贵矣是以圣人被褐
而怀玉

右第七〇章五一言

知不知尚矣不知知病矣夫惟
病病是以不病圣人之不病以

•用兵有言曰吾不敢为主而
为客吾不进寸而芮尺是胃行
无行襄无臂执无兵乃无敌矣
[illegible]莫□于于无=适=斤亡吾
吾葆矣故称兵相若则哀者胜
矣

吾言甚易知也甚易行也而人
莫之能知也而莫之能行也言
有君事有宗亓唯无知也是以
不□□□□□□我贵矣是
以圣人被褐而褭王

知不知尚矣不=知=病矣是
以圣人之不病以亓□□□□

用兵又言曰吾不敢为主而为
客不敢进寸而退尺是胃行无
行攘无臂执无兵乃无敌祸莫
大于无=敌=近亡吾琛矣故
抗兵相若而依者朕□

吾言易知也易行也而天下莫
之能知也莫之能行也夫言又
宗事又君夫唯无知也是以不
我知=者希则我贵矣是以耶
人被褐而褭王

知不知尚矣不知=病矣是以
耶人之不□也以亓病=也是

其病病是以不吾病

右第七一章三二言

民不畏威则大威至矣无狎其
所居无猒其所生夫惟无猒是
以无猒是以圣人自知而不自
见自爱而不自贵故去彼取此

右第七二章四八言

勇于敢则杀勇于不敢则活此
两者或利或害天之所恶孰知
其故是以圣人犹难之天之道
不争而善胜不言而善应不召
而自来默然而善谋天网恢恢
疏而不失

右第七三章六四言

□□□

□□□□者□□□□矣・毋
闸亓所居毋猒亓所生夫唯弗
猒是□□□□□□□□□□
□□□□□□而不自贵也故
□被取此

・勇于敢者□□□□□□□
□□□□□□□□□□□□
□□□□□□□□□□□不
言而善应不召而自来弹而善
谋□□□□□□□□

以不病

民之不畏=则大畏将至矣毋
伻亓所居毋猒亓所生夫唯弗
猒是以不猒是以耶人自知而
不自见也自爱而不自贵也故
去罢而取此

勇于敢则杀勇于不敢则活□
两者或利或害天之所亚孰知
亓故天之道不单而善朕不言
而善应弗召而自来单而善谋
天罔径=疏而不失

民常不畏死如之何其以死惧之若使民常畏死而为奇者吾得而杀之孰敢也常有司杀者杀而代司杀者杀是代大匠斵夫代大匠斵者稀不自伤其手矣

右第七四章六一言

民之饥者以其上食税之多也是以饥民之难治者以其上之有为也是以难治民之轻死者以其上求生生之厚也是以轻死夫惟无以生为贵者是贤于贵生也

右第七五章六三言

□□□□□□柰何以杀愳之也若民恒是死则而为者吾将得而杀之夫孰敢矣若民□□必畏死则恒有司杀者夫伐司杀者杀是伐大匠斲也夫伐大匠斲者则□不伤亓手矣

·人之饥也以亓取食说之多也是以饥百姓之不治也以亓上有以为□是以不治·民之巠死以亓求生之厚也是以巠死夫唯无以生为者是贤贵生

若民恒且畏不畏死若何以杀曜之也使民恒且畏死而为畸者□得而杀之夫孰敢矣若民恒且必畏死则恒又司杀者夫代司杀者杀是代大匠斲夫代大匠斲则希不伤亓手

人之饥也以亓取食[illegible]之多是以饥百生之不治也以亓上之有以为也□以不治民之轻死也以亓求生之厚也是以轻死夫唯无以生为者是贤贵生

人之生也柔弱其死也坚彊草木之生也柔脆其死也枯槁故坚彊者死之徒也柔弱者生之徒也是以兵彊者则不胜木彊则共故坚彊处下柔弱处上

右第七六章五九言

天之道其犹张弓者欤高者抑之下者举之有余者损之不足者补之天之道损有余而补不足人之道则不然损不足以奉有余孰能损有余而奉不足于天下者其惟道者乎是以圣人为而不恃功成而不居其不欲见贤邪

右第七七章八七言

•人之生也柔弱其死也莅仞贤强万物草木之生也柔脆六死也椊槀故曰坚强者死之徒也柔弱微细生之徒也兵强则不胜木强则恒强大居下柔弱微细居上

天下□□□□者也高者印之下者举之有余者敗之不足者补之故天之道敗有□□□□□□□□奉有余孰能有余而有□□奉于天者此□□□□□□□□□□□□□□□□□□□□□□

人之生也柔弱六死也胷信坚强万□□木之生也柔椊六死也椊槁故曰坚强死之徒也柔弱生之徒也□以兵强则不朕木强则竞故强大居下柔弱居上

天之道酉张弓也高者印之下者举之有余者云之不足者□□□□□云有余而益不足人之道云不足而奉又余夫孰能又余而□□奉于天者唯又道者乎是以耶人为而弗又成功而弗居也若此六不欲见贤也

天下莫柔弱于水而攻坚彊者莫之能先以其无以易之也柔之胜刚弱之胜彊天下莫不知而莫之能行故圣人之言云受国之垢是谓社稷之主受国之不祥是谓天下之王正言若反也

右第七八章七三言

和大怨必有余怨安可以为善是以圣人执左契而不责于人故有德司契无德司彻天道无亲常与善人

右第七九章四一言

□□□□□□□□□坚强者莫之能□也□六□□易□□□□□□□□□□□□□□□□□□□□□□行□故圣人之言云曰受邦之诟是胃社稷之主受邦之不祥是胃天下之王□□若反

和大怨必有余怨焉可以为善是以圣右介而不以责于人故有德司□□德司彻夫天道无亲恒与善人

天下莫柔弱于水□□□□□□□□□以六无以易之也水之朕剾也弱之朕强也天下莫弗知也而[莫]□□□[也]是故耶人之言云曰受国之訽是胃社稷之主受国之不祥是胃天下之王正言[若][反]

□□□□□□□□□□为善是以[耶]人执左[芥]而不以责于人故又德司[芥]无德司[彻]□□□□□□□□

[德] [三][千][册][一]

古本道德经　道经

道可道非常道名可名非常名无名天地之始有名万物之母故常无欲以观其妙常有欲以观其徼此两者同出而异名同谓之玄玄之又玄众妙之门

右第一章五九言

天下皆知美之为美斯恶已皆知善之为善斯不善已故有无之相生难易之相成长短之相形高下之相倾音声之相和前后之相随是以圣人处无为之事行不言之教万物作而不为始生而不有为而不恃功成不

·道可道也非恒道也名可名也非恒名也无名万物之始也有名万物之母也□恒无欲也以观其眇恒有欲也以观其所噭两者同出异名同胃玄之有玄众眇之□

天下皆知美为美恶已皆知善訾不善矣有无之相生也难易之相成也长短之□□也高下之相盈也意声之相和也先后之相隋恒也是以声人居无为之事行□□□□□□□□也为而弗□□□功而弗居

道可道也□□□□□□□□恒名也无名万物之始也有名万物之母也故恒无欲也□□□□恒又欲也以观六所噭两者同出异名同胃玄之又玄众眇之门

天下皆知美之为美亚已皆知善斯不善矣□□□□生也难易之相成也长短之相刑也高下之相盈也音声之相和也先后之相隋恒也是以耶人居无为之事行不言之教万物昔而弗始为而弗侍也成[功]而弗居

处夫惟不处是以不去

右第二章九三言

不尚贤使民不争不贵难得之货使民不为盗不见可欲使民心不乱是以圣人之治也虚其心实其腹弱其志彊其骨常使民无知无欲使夫知者不敢为为无为则无不为矣

右第三章六八言

道盅而用之又不满渊兮似万物之宗挫其锐解其纷和其光同其尘湛兮似或存吾不知谁之子象帝之先

右第四章四二言

也夫唯居是以弗去

不上贤□□□□□□□□□□□□□□□□□□□使民不□是以声人之□□□□□□□□□□□□□□□□□□□□□□□□□□□□□□□□□□□□

□□□□□□□盈也潇呵始万物之宗锉其解其纷和其□同□□□□□或存吾不知□子也象帝之先

也夫唯弗居是以弗去

不上贤使民不争不贵难得之货使民不为盗不见可欲使民不乱是以耶人之治也虚亓心实亓腹弱亓志强亓骨恒使民无知无欲也使夫[知]不敢弗为而已则无不治矣

道冲而用之有弗盈也渊呵佁万物之宗锉其兑解其芬和其光同其尘湛呵佁或存吾不知其谁之子也象帝之先

天地不仁以万物为芻狗圣人
不仁以百姓为芻狗天地之间
其犹橐籥乎虚而不诎动而俞
出多言数穷不如守中

右第五章四五言

谷神不死是谓玄牝玄牝之门
是谓天地之根绵绵若存用之
不勤

右第六章二六言

天长地久天地所以能长且久
者以其不自生故能长生是以
圣人后其身而身先外其身而
身存不以其无私邪故能成其
私

天地不仁以万物为芻狗声人
不仁以百姓□□狗天地□□
□犹橐籥与虚而不淈踵而俞
出多闻数穷不若守于中

浴神□死是胃玄=牝=之门
是□□地之根緜=呵若存用
之不堇

天长地久天地之所以能□且
久者以其不自生也故能长生
是以声人芮其身而身先外其
身而身存不以其无□与故能
成其□

天地不仁以万物为芻狗耶人
不仁以百姓为芻狗天地之闲
亓猷橐籥与虚而不淈动而俞
出多闻数穷不若守于中

浴神不死是胃玄=牝=之门
是胃天地之根緜=呵其若存
用之不堇

天长地久天地之所以能长且
久者以亓不自生也故能长生
是以耶人退亓身而身先外亓
身而身先外亓身而身存不以
亓无私舆故能成其私

右第七章四九言

上善若水水善利万物而不争
居众人之所恶故几于道矣居
善地心善渊与善人言善信政
善治事善能动善时夫惟不争
故无尤矣

右第八章五二言

持而盈之不如其已敳而棁之
不可长保金玉满室莫之能守
富贵而骄自遗其咎成名功遂
身退天之道

右第九章四一言

载营魄袌一能无离乎专气致

上善【治】水= 善利万物而有静
居众之所恶故□□□□□□
□心善潇予善信正善治事善
能蹱善时夫唯不静故无尤

植而盈之不□□□□□□□
不可长葆之金玉盈室莫之守
也贵富而骄自遗咎也功述身
芮天□□□

□□□□□□□□□□□□

上善如水= 善利万物而有争
居众人之所亚故几于道矣居
善地心善渊予善天言善信正
善治事善能动善时夫唯不争
故无尤

植而盈之不若六已[扌+盈]而允之
不可长葆也金玉【盈】室莫之能
守也贵富而骄自遗咎也功遂
身退天之道也

戴营袙抱一能毋离乎槫气至

柔能如婴儿乎涤除玄览能无
疵乎爱民治国能无以知乎天
门开阖能为雌乎明白四达能
无以为乎生之畜之生而不有
为而不恃长而不宰是谓玄德
右第十章七二言

三十辐共一毂当其无有车之
用埏埴以为器当其无有器之
用凿户牖以为室当其无有室
之用故有之以为利无之以为
用
古第十一章四九言

五色令人目盲五音令人耳聋
五味令人口爽驰骋田猎令人

□能婴儿乎脩除玄蓝能毋疵
乎□□□□□□□□□□□
□□□□□□□□□□□□
□□□生之畜之生而弗□□
□□□□□□□德

卅□□□□□其□□□之用
□然埴为器当其无有埴器□
□□□□□□□无有□□用
也故有之以为利无之以为用

五色使人目明驰骋田腊使人
□□□难得之價使人之行方

柔能婴儿乎脩除玄监能毋有
疵乎爱民栝国能毋以知乎天
门启阖能为雌乎明白四达能
毋以知乎生之畜之生而弗有
长而弗宰也是胃玄德

卅楅同一毂当亓无有车之用
也燃埴而为器当亓无有埴器
之用也凿户牖当亓无有室之
用也故有之以为利无之以为
用

五色使人目盲驰骋田腊使人
心发狂难得之货使人之行仿

心发狂难得之货令人行妨是
以圣人为腹不为目故去彼取
此
右第十二章四九言

宠辱若惊贵大患若身何谓宠
辱若惊宠为下得之若惊失之
若惊是谓宠辱若惊何谓贵大
患若身吾所以有大患者为吾
有身苟吾无身吾有何患乎故
贵以身为天下者则可以讬天
下矣爱以身为天下者则可以
寄天下矣
右第十三章八八言
视之不见名曰夷听之不闻名

五味使人之口㖼五音使人之
耳聋是以声人之治也为腹□
□□□故去罢耳此

龙辱若惊贵大梡若身苛胃龙
辱若惊龙之为下得之若惊失
□若惊是胃龙辱若惊何胃贵
大梡若身吾所以有大梡者为
吾有身也及吾无□有何梡故
贵为身于为天下若可以迈天
下矣爱以身为天下女可以寄
天下
视之而弗见名之曰[illegible]听之而

五味使人之口爽五音使人之
耳聋是以聏人之治也为腹而
不为目故去彼而取此

弄辱若惊贵大患若身何胃弄
辱若惊弄之为下也得之若惊
失之若惊是胃弄辱若惊何胃
贵大患若身吾所以有大患者
为吾有身也及吾无身有何患
故贵为身于为天下若可以橐
天下□爱以身为天下女可以
寄天下矣
视之而弗见□之曰微听之而

曰希抟之不得名曰微此三者
不可致诘故混而为一一者其
上之不皦其下之不昧绳绳兮
不可名复归于无物是谓无状
之状无物之象是谓芴芒迎之
不见其首随之不见其后执古
之道可以御今之有能知古始
是谓道纪

右第十四章一百言

古之善为道者微妙玄通深不
可识夫惟不可识故彊为之容
曰豫兮若冬涉川犹兮若畏四
邻俨若客涣若冰将释敦兮其
若朴旷兮其若谷混兮其若浊
孰能浊以澄靖之而徐清孰能

弗闻名之曰希捪之而弗得名
之曰夷三者不可至计故[束]而
□□= 者其上不攸其下不忽
寻= 呵不可名也复归于无物
是胃无状之状无物之□□
□□□□□□□□□而不见
其首执今之道以御今之有以
知古始是胃□□

□□□□□□□□□深不
可志夫唯不可志故强为之容
曰与呵其若多□□□□□□
畏四□□□其若客涣呵其若
凌泽□呵其若楃湷□□□□
□□□若浴浊而情之余清女

弗闻命之曰希听捪之而弗得
命之曰夷三者不可至计故绪
而为一= 者其上不谬其下不
忽寻= 呵不可命也复归于无
物是胃无状之状天物之象是
胃汤塱隋而不见亓后迎而不
见亓首执今之道以御今之有
以知古始是胃道纪

古之[善]为道者微眇玄达深不
可志夫唯[不]可[志]故强为之容
曰与呵亓若冬涉水猷呵亓若
畏四𠷎严呵亓若客涣呵亓若
凌泽沌呵亓若朴湷呵亓若浊
湛呵亓若浴浊而静之徐清女

安以久动之而徐生保此道者
不欲盈夫惟不盈是以能敝而
不成

右第十五章九八言

致虚极守靖笃万物并作吾以
观其复凡物䖸䖸各归其根归
根曰靖靖曰复命复命曰常知
常曰明不知常妄作凶知常容
容乃公公乃王王乃天天乃道
道乃久没身不殆

右第十六章六七言

太上下知有之其次亲之其次
誉之其次畏之其次侮之故信
不足焉有不信犹兮其贵言哉

以重之余生葆此道不欲盈夫
唯不欲□□□□□□□成

至虚极也守情表也万物旁作
吾以观其复也夫物云= 各复
归于其□□□□□= 是胃复
=命= 常也知常明也不知常帝
=作凶知常容= 乃公= 乃
王= 乃天= 乃道□□□ 沕身
不怭

大上下知有之其次亲誉之其
次畏之其下母之信不足案有
不信□□其贵言也成功遂事

以重之徐生葆此道□□欲盈
是以能斃而不成

至虚极也守静督也万物旁作
吾以观亓复也夫物秐= 各复
归于亓根曰静= 是胃复= 命
= 常也知常明也不知常芒=
作凶知常容= 乃公= 乃□=
□天= 乃道= 乃□没身不殆

大上下知又□亓□亲誉之亓
次畏之亓次母之信不足安有
不信猷呵亓贵言也成功遂事

功成事遂百姓皆曰我自然
右第十七章四七言

大道废焉有仁义智慧出焉有大伪六亲不和有孝慈国家昏乱有贞臣
右第十八章二八言

绝圣弃知民利百倍绝仁弃义民复孝慈绝巧弃利盗贼无有此三者以为文而未足也故令有所属见素衺朴少私寡欲
右第十九章四七言

绝学无忧唯之与阿相去几何美之与恶相去何若人之所畏

而百省胃我自然

故大道废案有仁义知快出案有[大]伪六亲不和案□畜兹邦家闅乳案有贞臣

绝声弃知民利百负绝仁弃义民复畜兹绝巧弃利盗贼无有此三言也以为文未足故令之有所属见素抱□□□□□

□□□□唯与诃其相去几何美与恶其相去何若人之所□

而百姓胃我自然

故大道废安有仁义知慧出安有[大]□六亲不和安又孝兹国家闅凢安有贞臣

绝耶弃知而民利百倍绝仁弃义而民复孝兹绝巧弃利盗贼无有此三言也以为文未足故令之有所属见素抱璞少[私]而寡欲

绝学无忧唯与呵其相去几何美與亞亓相去何若人之所畏

不可不畏荒兮其未央众人熙
熙若享大牢若春登台我独嵬
兮其未兆若婴儿之未咳儡儡
兮其不足以无所归众人皆有
余我独若遗我愚人之心也哉
沌沌兮俗人皆昭昭我独若昏
俗人皆詧詧我独若闵闵淡兮
其若海飘兮似无所止众人皆
有以我独顽且图吾独欲异于
人而贵食母

右第二〇章一三七言

孔德之容惟道是从道之为物
惟芒惟芴芴兮芒兮其中有象
芒兮芴兮其中有物幽兮冥兮
其中有精其精甚真其中有信

亦不□□□□□□□□□
□□□若乡于大牢而春登
台我泊焉未兆若□□□□
□□□□□□皆有余我独
遗我禺人之心也□=呵□□
□□□□閒呵鬻人蔡=我独
閟=呵惚呵其若□□朢呵其
若无所止□□□□□□□
以悝吾欲独异于人而贵食母

孔德之容唯道是从道之物唯
望唯惚□□□呵中有象呵坚
呵惚呵中有物呵灣呵鸣呵中
有请也其请甚真其中□□自

亦不可以不畏人朢呵亓未央
才众人巸=若乡[于]大牢而春
登台我博焉未垗若婴儿未咳
累呵佁无所归众人皆又余我
愚人之[心]也湷=呵鬻人昭=
我独若閩呵鬻人察=我独閩
=呵沕呵其若海朢呵若无所
止众人皆有以我独门无以鄙
吾欲独异于人而贵食母

孔德之容唯道是从道之物唯
朢唯沕=呵朢呵中又象[呵]朢
呵汤呵中有物呵幼呵冥呵亓
中有请呵其请甚真亓中有信

自今及古其名不去以阅众甫
吾奚以知众甫之然哉以此
右第二一章七一言

企者不立跨者不行自见者不
明自是者不彰自伐者无功自
矜者不长其在道也曰余食赘
行物或恶之故有道者不处也
右第二四章四八言

曲则全枉则正窪则盈敝则新
少则得多则惑圣人褒一以为
天下式不自见故明不自是故
彰不自伐故有功不自矜故长
夫惟不争故天下莫能与之争
古之所谓曲则全者岂虚言也

今及古其名不去以顺众仪吾
何以知众仪之然以此

炊者不立自视不章□见者不
明自伐者无功自矜者不长其
在道曰粽食赘行物或恶之故
有欲者□居

曲则全枉则定洼则盈敝则新
少则得多则惑是以声人执一
以为天下牧不□视故明不自
见故章不自伐故有功弗矜故
能长夫唯不争故莫能与之争
古□□□□□□□□语才诚

自今及古六名不去以顺众父
吾何以知众父之然也以此

炊者不立自视者不章自见者
不明自伐者无功自矜者不长
六在道也曰粽食赘行物或亞
之故有欲者弗居

曲则全汪则正洼则盈嫳则新
少则得多则惑是以耶人执一
以为天下牧不自视故章不自
见也故明不自伐故有功弗矜
故能长夫唯不争故莫能与之
争古之所胃曲全者几语才诚

哉诚全而归之

右第二二章七八言

稀言自然故飘风不崇朝骤雨不崇日孰为此者天地也天地尚不能久而况于人乎故从事于道者道者同于道从事于得者得者同于得从事于失者失者同于失于道者道亦得之于得者得者得亦得之于失者失亦得之信不足焉有不信

右第二三章九二言

有物混成先天地生寂兮寞兮独立而不改周行而不殆可以为天下母吾不知其名故彊字

全归之

希言自然飘风不冬朝暴雨不冬日孰为此天地□□□□□□□□故从事而道者同于道德者同于德者者同于失同于□□道亦德之□□失者道亦失之

有物昆成先天地生繡呵缪呵独立□□□可以为天地母吾未知其名字之曰道强为之名

全归之

希言自然薊风不冬朝暴雨不冬日孰为此天地而弗能久有兄于人乎故从事而道者同于道德者同于德失者同于失同于德者道亦德之同于失者道亦失之

有物昆成先天地生萧呵谬呵独立而不玹可以为天地母吾未知其名也字之曰道吾强为

之曰道彊为之名曰大大曰逝
逝曰远远曰返道大天大地大
人亦大域中有四大而王处其
一尊人法地地法天天法道道
法自然

右第二五章八七言

重为轻根靖为躁君是以君子
终日行不离其辎重虽有荣观
宴处超然如之何万乘之主而
以身轻天下轻则失本躁则失
君

右第二六章四九言

善行者无彻迹善言者无瑕谪
善数者无筹策善闭者无关键

曰大□□□＝曰远□□□□
□天大地大王亦大国中有四
大而王居一焉人法地□法□
□□□□法□□

□为巠根清为趮君是以君子
众日行不离其甾重唯有环官
燕处□□若＝何万乘之王而
以身巠于天下巠则失本趮则
失君

善行者无𧗳迹□言者无瑕适
善数者不以梼𥳇善闭者无闆

之名曰大＝曰筮＝曰远＝曰
反道大天大地大王亦大国中
有四大而王居一焉人法地＝
法天＝法道＝法自然

重为轻根静为趮君是以君子
冬日行不远亓甾重虽有环官
燕处则昭若＝何万乘之王而
以身轻于天下轻则失本趮则
失君

善行者无达迹善言者无瑕适
善数者不用梼笇善数闭者无

而不可开善结者无绳约而不
可解是以圣人常善救人故人
无弃人常善救物故物无弃物
是谓袭明故善人者不善人之
师不善人者善人之资不贵其
师不爱其资虽知大迷此谓要
妙

右第二七章九七言

知其雄守其雌为天下谿为天
下谿常德不离复归于婴儿知
其白守其黑为天下式为天下
式常德不忒复归于无极知其
荣守其辱为天下谷为天下谷
常德乃足复归于朴朴散则为
器圣人用之则为官长大制无

籥而不可启也善结者□□约
而不可解也是以声人恒善怵
人而无弃人物无弃财是胃忡
明故善□□□之师不善人善
人之齎也不贵其师不爱其齎
唯知乎大眯是胃眇要

知其雄守其雌为=天=下=
雞=恒=德=不=离=复归
婴儿知其白守其辱为=天=
下=浴=恒=德=乃=□□□
□□□知其守其黑为=天=
下=式=恒=德=不=貣=
复归于无极楃散□□□□人

关籥而不可启也善结者无纆
约而不可解也是以耶人恒善
怵人而无弃人物无弃财是胃
申明故善=人=之师不善人
善人之资也不贵亓师不爱亓
资虽知乎大迷是胃眇要

知亓雄守其雌为=天=下=
雞=恒=德=不=离=复□
□□□□亓白守亓辱为=天
=下=恒浴=恒=德=乃=
足=复归于朴知其白守亓黑
为=天=下=式=恒=德=
不=贷=复归于无极朴散则

割

右第二八章八五言

将欲取天下而为之者吾见其不得已夫天下神器不可为也为者败之执者失之凡物或行或随或噤或吹或彊或剉或培或堕是以圣人去甚去奢去泰

右第二九章六〇言

以道佐人主者不以兵彊天下其事好还师之所处荆棘生焉大军之后必有凶年故善者果而已矣不敢以取彊焉果而勿矜果而勿伐果而勿骄果而不得已是果而勿彊物壮则老是

用则为官长夫大制无割

将欲取天下而为之吾见其弗得已□□□器也非可为者也为者败之执者失之物或行或随或炅或□□□□□或培或撱是以声人去甚去大去楮

以道佐人主不以兵强□□□□□□□□所居楚□生之善者果而已矣毋以取强焉果而毋骄果而勿矜果而□□果而毋得已居是胃□而不强物壮而老是胃之不＝道＝蚤已

为器耶人用则为官长夫大制无割

将欲取□□□□□□□□得已夫天下神器也非可为者也为之者败之执之者失之载[物]或行或隋或热或䂳或陪或墯是以圣人去甚去大去诸

以道佐人主不以兵强于天下六□□□□□□[棘]生之善者果而已矣毋以取强焉果而毋骄果而勿矜果而□伐果而毋得已居是胃果而强物壮而老胃之不＝道＝蚤已

谓非道非道早已

右第三〇章七九言

夫美兵者不祥之器物或恶之故有道者不处是以君子居则贵左用兵则贵右兵者不祥之器非君子之器不得已而用之以恬憺为上故不美也若美必乐之乐之者是乐杀人也夫乐人杀人者不可以得志于天下矣故吉事尚左凶事尚右是以偏将军处左上将军处右言居上势则以丧礼处之杀人众多则以悲哀泣之战胜者则以丧礼处之

右第三一章一三五言

夫兵者不祥之器□物或恶之故有欲者弗居君子居则贵左用兵则贵右故兵者非君子之器也□□不祥之器也不得已而用之铦庞为上勿美也若美之是乐杀人也夫乐杀人不可以得志于天下矣是以吉事上左丧事上右是以便将军居左上将军居右言以丧礼居之也杀人众以悲依立之战胜以丧礼处之

夫兵者不祥之器也物或亚□□□□□□□□□□[子]居则贵左用兵则贵右故兵者非君子之器兵者[不][祥]□[器][也]不得已而用之铦龙为上勿美也若美之是乐杀人也夫乐杀人不可以得志于天下矣是以吉事□□□□□[右]是以偏将军居左而上将军居右言以丧礼居之也杀□□□□□立之单朕而以丧礼处之

道常无名朴虽小天下莫能臣
王侯若能守万物将自賓天地
相合以降甘露民莫之令而自
均焉始制有名名亦既有夫亦
将知止知止所以不殆譬道之
在天下犹川谷之与江海也

右第三二章七一言

知人者智也自知者明也胜人
者有力也自胜者彊也知足者
富也彊行者有志也不失其所
者久也死而不亡者寿也

右第三三章四六言

大道汎汎兮其可左右万物恃
之以生而不辞功成而不居衣

道恒无名楃唯□□□□□□
□□王若能守之万物将自宾
天地相合以俞甘洛民莫之□
□□□□□□□□□□□□
□□□□□□□□□□□俾
道之在□□□□□浴之与江
海也

知人□□□□□□□□□□
者有力也自胜者□□□□□
□也强行者有志也不失其所
者久也死不忘者寿也

道□□□□□□□□□遂事
而弗名有也万物归焉而弗为

道恒无名朴唯小而天下弗敢
臣侯王若能守之万物将自宾
天地相合以俞甘洛□□□令
而自均焉始制有名=亦既有
夫亦将知=止=所以不殆卑
□□[在]天下也猷小浴之与江
海也

知人者知也自知明也朕人者
有力也自朕者强也知足者富
也强行者有志也不失亓所者
久也死而不忘者寿也

道渢呵亓可左右也成功遂□
□弗名有也万物归焉而弗为

被万物而不为主故常无欲可
名于小矣万物归之而不知主
可名于大矣是以圣人能成其
大也以其终不自大故能成其
大

右第三四章七三言

执大象者天下往往而不害安
平泰乐与饵过客止道之出言
淡兮其无味视之不足见听之
不足闻用之不可既

右第三五章四四言

将欲翕之必固张之将欲弱之
必固彊之将欲废之必固兴之
将欲夺之必固与之是谓微明

主则恒无欲也可名于小万物
归焉□□为主可名于大是□
声人之能成大也以其不为大
也故能成大

执大象□□往=而不害安平
大乐与饵过格止故道之出言
也曰谈呵其无味也□□不足
见也听之不足闻也用之不可
既也

将欲拾之必古张之将欲弱之
□□强之将欲去之必古与之
将欲夺之必古予之是胃微明

主则恒无欲也可名于小万物
归焉而弗为主可命于大是以
耶人之能成大也以亓不为大
也故能成大

执大象天下往=而不害安平
大乐与□过格止故道之出言
也曰淡呵亓无味也视之不足
见也听之不足闻也用之不可
既也

将欲擒之必古张之将欲弱之
必古张强之将欲去之必古与
之将欲夺之必古予□是胃微

柔之胜刚弱之胜彊鱼不可侻
于渊邦之利器不可以示人
右第三六章五九言

道常无为而无不为王侯若能
守万物将自化化而欲作吾将
镇之以无名之朴无名之朴夫
亦将不欲不欲以靖天下将自
正
右第三七章四九言

友弱胜强鱼不□□□□邦利
器不可以视人

道恒无名侯王若守之万物将
自爲=而欲□□□□=□=□=
□=□=名=之=楃=夫将
不=辱=以情天地将自正

明柔弱朕强鱼不可说于渊国
利器不可以示人

道恒无名侯王若能守之万物
将自化=而欲作吾将阗=之
=以=无=名=之=朴=夫
将不=辱=以静天地将自正
道　二千四百廿六

附录（二）：历代学者对《老子》研究书籍目录

有关《老子》之版本及研究《老子》之专书论述，几过千种有余，本篇所辑自两汉以迄明、清，仅止于各图书馆及藏书家目录中之较常见到而有登录者，是故遗漏之处颇多，尤其有关近代学者及日、英、德、法等诸国学者之著述，一概从略，或俟他日收集完全，另行增刊补足，敬请涵谅。（注：此篇目录，大多选录自王有三先生编著《老子考》一书，欲求详审，请另参阅之）

老子《道德经》

老子《道德经》载于《隋书·经籍志》。按：此书《汉志》不载，而载邻氏、傅氏、徐氏、刘向四家说。于《老子邻氏经传》下注云：“姓李名耳，邻氏传其学。”亦未著书名及卷数。《史记·老子传》曰：“著书上下篇，言道德之意，五千余言。”以此最为先见。老子书古本甚多，有六朝唐人写本，有唐宋刻石本，有宋刊本，以及最近出土之马王堆帛书甲乙本。

《史记》老子本传：老子者，楚苦县厉乡曲仁里人也。姓李氏，名耳，字聃，周守藏室之史也。孔子适周，将问礼于老子，老子曰：“子所言者，其人与骨，皆已朽矣，独其言在耳！且君子，得其时则驾，不得其时，则蓬累而行。吾闻之：良贾深藏若虚，君子盛德，容貌若愚；去子之骄气与多欲，态色与淫志，是皆无益于子之身，吾所以告子，若是而已。”孔子去，谓弟子曰：“鸟吾知其能飞，鱼吾知其能游，兽吾知其能走；走者可以为罔，游者可以为纶，飞者可以为矰，至于龙，吾不能知其乘风云而上天！吾今日见老子，其犹龙邪？”老子修道德，其学以自隐无名为务。居周久之，见周之衰，乃遂去。至关，关令尹喜曰：“子将隐矣！强为我著书。”于是老子乃著书上下篇，言道德之意，五千余言，而去。莫知其所终。或曰：老莱子亦楚人也，著书十五篇，言道家之用，与孔子同时云。盖老子百有六十余岁，或言二百余岁，以其修道而养寿也。自孔子死之后百二十九年，而史记周太史儋见秦献公曰：“始秦与周合，合五百岁而离；离七十岁而霸王者出焉。”或曰儋即老子，或曰非也，世莫知其然否。老子，隐君子也。老子之子名宗，宗为魏将，封于段干。宗子注，注子宫，宫玄孙假，假仕于汉孝文帝。而假之子解，为胶西王印太傅，因家于齐焉。世之学老子者则绌儒学，儒学亦绌老子，道不同不相为谋，岂谓是邪？李耳无为自化，清静自正。

《汉书·扬雄传》赞引桓谭语：昔老聃著虚无之言两篇，薄仁义，非礼学，然后世好之者尚以为过于五经。自汉文景之君，及司马迁，皆有是言。

牟子《理惑论》：老子绝圣弃智，修身保真，万物不干其志，天下不易其乐，天子不得臣，诸侯不得友，故可贵也。又曰：夫转蓬漂而车轮成，窊木流而舟檝设，蜘蛛布而蔚罗陈，鸟迹见而文字作，故有法成易，无法成难。吾览佛经之要，有三十七品，老氏道经亦三十七篇，故法之焉。

阮籍《通老论》：道者法自然而为化，侯王能守之，万物将自化。《易》谓之“太极”，《春秋》谓之“元”，《老子》谓之“道”。见《太平御览》引。

陆德明《经典释文·序录》：老子者姓李名耳，河上公云名重耳。字伯阳，陈国苦县厉乡人也。《史记》云，字聃，又云曲仁里人，一云陈国相人。生而皓首。刘向《列仙传》云，受学于容成，生于殷时。为周柱下史，《史记》云为周守藏史。或言是老莱子，盖百六十余岁，或言二百余岁，众家皆云先为柱下史，转为守藏史。葛洪云，文王时为主藏史，武王时为柱下史。或云老子在黄帝时为广成子，一云为天老，在尧时为务光子，在殷时为彭祖，在周为柱下史。睹周之衰，乃西出关，周敬王时。为关令尹喜说《道德》二篇。尚虚无无为。刘向云，西过流沙，莫知所终。班固云：“道家者清虚以自守，卑弱以自持，此人君南面之术也。”汉文帝窦皇后好黄老言。有河上公者居河之湄，结草为庵，以《老子》教授。文帝征之不至，自诣河上责之，河上公乃踊身空中，文帝改容谢之，于是作《老子章句》四篇，以授文帝，言治身治国之要。其后谈论者莫不宗尚玄言，唯王辅嗣妙得虚无之旨。今依王本，博采众家，以明同异。

宋濂《诸子辨》：《老子》二卷，《道经》《德经》各一，凡八十一章，五千七百四十八言，周柱下史，李耳撰。耳字伯阳，一字聃。“聃”，耳漫无轮也。或称周平王四十二年，以其书授关尹喜。今按平王四十九年，入春秋，实鲁隐公之元年；孔子则生于襄公二十二年，自入春秋下距孔子之生，已一百七十二年，老聃、孔子所尝问礼者，何其寿欤？岂《史记》所言“老子百有六十余岁”及“或言二百余岁者”

果可信欤？聃书所言，大抵敛守退藏，不为物先，而一返于自然。由其所该者甚广，故后世多尊之行之。“视之不见名曰夷，听之不闻名曰希，搏之不得名曰微。”道家祖之。“谷神不死，是谓玄牝，玄牝之门，是谓天地根。”神仙家祖之。“吾不敢为主而为客，不敢进寸而退尺，是谓行无行，攘无臂，仍无敌，执无兵。祸莫大于轻敌，轻敌几丧吾宝，故抗兵相加，哀者胜矣。”兵家祖之。“道冲而用之，或不盈，渊乎似万物之宗。挫其锐，解其纷，和其光，同其尘，湛兮似若存，吾不知谁之子，象帝之先。”庄、列祖之。“将欲翕之，必固张之；将欲弱之，必固强之；将欲废之，必固兴之；将欲夺之，必固与之。”申、韩祖之。“以正治国，以奇用兵，以无事取天下。”张良祖之。“我无为而民自化，我好静而民自正，我无事而民自富，我无欲而民自朴。”曹参祖之。聃亦豪杰士哉！伤其本之未正，而末流之弊，至贻士君子有“虚玄长而晋室乱”之言，虽聃立言之时，亦不自知其祸若斯之惨也！呜呼！此姑置之。道家宗黄老，黄帝书已不传，而老聃亦仅有此五千言。为其徒者，乃弃而不习，反依仿释氏经教以成书。开元所列三洞琼纲，固多亡缺；而祥符《宝文统传》所记，若《大洞真》，若《灵宝洞元》，若《太上洞神》，若《太真》，若《太平》，若《太清》，若《正一》诸部，总四千三百五十九卷，又多杂以符咒、法箓、丹药、方技之属，皆老氏所不道。米巫祭酒之流，犹自号诸人曰：“吾盖道家，吾盖道家”云。

河上公《老子章句》二卷

存。四库本，道藏本，知上，作四卷。四部丛刊本，四子本，纂图互注五子本六子本，十子本，二十子本，景龙碑本，广明经幢残本，古写本。见日本足利学校《贵重书目录》。

《隋志》：老子《道德经》二卷，周柱下史李耳撰，汉文帝时河上公注；《旧唐志》：《老子》二卷，河上公注；《新唐志》：《老子道德经》二卷，河上公注；《宋志》：河上公《老子道德经注》一卷；《释文·序录》：《河上公章句》四卷。不详名氏。

王应麟《汉书艺文志考证》：《隋志》：梁有汉长陵三老毋丘望之《注老子》二卷，《汉志》不著录。晁氏公武曰："以周平王四十二年授关尹喜，凡五千七百四十有八言，八十一章，言道德之旨。其末云，使民复结绳而用之，盖三皇之道也。"东莱吕氏曰："孔子尝问礼焉，今载于曾子问者，与五千言殊不类；盖告孔子者其所职，著于书者自其所见也。"陆德明《序录》云："周敬王时西出关，为关令尹喜说《道德》二篇，尚虚无无为，汉文帝时河上公作《章句》四篇，以授帝，言治国治身之要。"《志》无河上公章句，邻氏傅氏徐氏刘向传说今皆亡。王禹玉曰，今资善堂所写御本，独无章名，章名疑非老氏之意。薛氏曰："古文老子《道德》上下经，无八十一章之辨，今文有河上公注分八十一章。"《史记》："乐臣公本师河上丈人，教安期生，再传至于臣公，其弟子盖公为曹相国师，修黄帝老子学。"则丈人者乃今所谓河上公也。自晋世已言其教汉文帝，叙述尤怪诞。景迂晁氏曰："常善救人，故无弃人，常善救物，故无弃物，独得诸河上公，古本无有也，傅奕能辨之。王弼题曰《道德经》，不析道德而上下之，犹近古欤？"叶氏曰：老氏之书，其与孔子异者皆矫世之辞，而所同者皆合于《易》。

邻氏《老子经传》四篇

佚。见《汉书·艺文志》，班固自注云："姓李名耳，邻氏传其学。"

傅氏《老子经说》三十七篇

佚。见《汉书·艺文志》，自注云："述老子学。"

徐氏《老子经说》六篇

佚。见《汉书·艺文志》，自注云："字少季，临淮人传《老子》。"

刘向《说老子》四篇

佚。见《汉书·艺文志》。

毋丘望之《老子注》二卷　《老子指趣》三卷

佚。《隋志》注：汉长陵三老毋丘望之注《老子》二卷；《隋志》：《老子指趣》三卷，毋丘望之撰；《旧唐志》：《老子章句》二卷，安丘望之撰，《老子道德经指趣》，四卷，安丘望之撰；《新唐志》：安丘望之《老子章句》二卷，又《道德经指趣》三卷；《释文·序录》：毋丘望之《章句》二卷。字仲都，京兆人，汉长陵三老。

按：焦竑《国史经籍志》，载毋丘望之《老子注》二卷，《老子章句》二卷，《老子指趣》三卷，《注》与《章句》系一书，盖焦氏重收也。又《隋志》注、《释文·序录》、《隋志》皆只载一书而名不同，疑亦本一书，新旧《唐志》又重收也。谢守灏《老君实录》，谓"安丘望之本，魏太和中寇谦之得之。"又按《后汉书·耿弇传》："父况，字侠游，以明经为郎，与王莽从弟伋，共学《老子》于安丘先生。"章怀注引皇甫谧《高士传》云："望之著《老子章句》，故《老子》有安邱之学。扶风耿况王伋等皆师事之，从受《老子》。"则安邱望之固精于《老子》之学者也。

严遵《老子注》二卷

佚。《隋志》注：汉隐士严遵注《老子》二卷；《释文·序录》：严遵《注》二卷。字君平，蜀都人，汉徵士。又作《老子指归》十四卷。

严遵《老子指归》十三卷

残。四库本，道藏本，能上中下。汲古阁本，津逮秘书本，秘册汇函本，学津讨源本，汉魏丛书九十六种本，唐宋从书本。

《隋志》：《老子指归》十一卷，严遵注；《旧唐志》：《老子指归》十四卷，严遵注；《新唐志》：严遵《指归》十四卷；《宋志》：严遵《老子指归》十三卷。

晁公武《郡斋读书志》：《老子指归》十三卷。右汉严遵君平撰，谷神子注。其章句颇与诸本不同，如"以曲则全"章末十七字，为后章首之类。按《唐志》有严遵《指归》十四卷，冯廓《指归》十三卷，此本卷数与廓注同，其题谷神子而不显姓名，疑即廓也。

马融《老子注》

佚。见《后汉书》马融本传。

《后汉书》马融本传：马融字季长，扶风茂陵人也。才高博洽，为世通儒。教养诸生，常有千数。善鼓琴，好吹笛，达生任性，不拘儒者之节。尝欲训左氏《春秋》，及见贾逵郑玄注，乃曰贾君精而不博，郑君博而不精，既精既博，吾何加焉！但著《三传异同说》。注《孝经》、《论语》、《诗》、《易》、三礼、《尚书》、《列女传》、《老子》、《淮南子》、《离骚》，所著赋颂、碑诔、书记、表奏、七言、琴歌、对策、遗令，凡二十一篇。

宋衷《老子注》

佚。见陆德明《老子音义》。

刘陶《匡老子》

佚。见《后汉书》刘陶本传。

《后汉书》本传：刘陶字子奇，一名伟，颍川定阴人。为人居简，不修小节。陶明《尚书》、《春秋》，为之训诂，推三家《尚书》及古文，是正文字三百余事，名曰《中文尚书》。拜侍御史。灵帝素闻其名，数引纳之。后疑陶与贼通情，于是收陶下黄门北寺狱，掠按日急，陶自知必死，遂闭气而死。天下莫不痛之。陶著书数十万言，又作《七曜论》、《匡老子》、《反韩非》、《复孟轲》，及上书言当世便事条教赋奏书记辩疑，凡百余篇。

想余《老子注》二卷

佚。见《经典释文·序录》。

按：《释文·序录》云："不详何人。一云张鲁，或云刘表。鲁字公旗，沛国丰人，汉镇南将军关内侯。"杜光庭《道德经广圣义疏序》云："《想尔》二卷，三天法师张道陵所注"，殆即指此书，杜氏恐系臆断，说详下。又《旧唐志》有湘注《老子》二卷，盖指此书。

张陵《老子注》

佚。见《弘明集》。

钟繇《老子训》

佚。见《世说新语·言语篇》注。

董遇《老子训注》

佚。见《三国志》注。

张揖《老子注》

佚。见《文选》注引用书目。

虞翻《老子注》二卷

佚。见《隋书·经籍志》注。按侯姚《补志》所称《七录》者，即指《隋志注》也。

姚振宗《补三国艺文志》：《吴志》本传："翻又为《老子》、《论语》、《国语》训注，皆传于世。"《释文·序录》：《老子》，虞翻注二卷。《隋书·经籍志》：梁有虞翻注《老子》二卷，亡。

王弼《老子注》二卷

存。四库本，道藏本，得上。古佚丛书仿唐卷子本，聚珍板丛书本，杭州小聚珍本，江苏小聚珍本，中立四子本六子本，二十二子本，百子本，孙鑛老庄合刻本，四部备要本，浙江书局复刻华亭张氏本，浙江图书馆复刻浙局本，闵齐伋刊本，日本明和考订本，日本享保刊本。

《隋志》：《老子道德经》二卷，王弼注；《新唐志》：《老子道德经》二卷，王弼注；《宋志》：王弼《老子注》二卷；《释文》：王弼《注》二卷；《道藏目录》：《道德真经注》四卷，山阳王弼注。

陈振孙《直斋书录解题》：《老子注》二卷，魏王弼撰。魏晋之世，玄学盛行；弼之谈玄，冠于流辈，故其注《易》，亦多玄义。晁说之以道曰："弼本深于《老子》，而《易》则末也。其于《易》多假诸《老子》之旨，而《老子》无资于《易》，其有余不足之迹，可见矣。"世所行《老子》，分《道德经》为上下卷，此本《道德经》且无章目，当是古本。

王弼《老子略论》一卷

佚。见《郡斋读书志》。

晁公武《郡斋读书志》：《老子略论》一卷。右魏王弼撰。凡十有八章。景迂云："弼有得于《老子》，而无得于《易》；注《易》资于《老子》，而《老子论》无资于《易》，则其浅深之效可见矣。"

王弼《老子指例略》二卷

佚。见《经典释文·序录》及两《唐志》。

姚振宗《补三国艺文志》：《魏志》钟会附传注：何劭为弼传曰：弼注《老子》，为之《指略》，致有理统。《释文·序录》：弼又作《老子指略》一卷。《唐书·经籍志》：《老子指例略》二卷，不著撰人；《艺文志》：王弼《老子指例略》二卷。《宋艺文志》：王弼《道德略归》一卷。

何晏《老子道德论》二卷

佚。见《隋书·经籍志》注。

姚振宗《补三国艺文志》：《世说·文学篇》："何晏注《老子》未毕，见王弼，自说注《老子》旨，何意多所短，不复得作声，但应诺诺，遂不复注。因作《道德论》。"又曰："何平叔注《老子》始成，诣王辅嗣，见王注精奇，乃神伏曰：若斯人可与论天人之际矣！"因以所注为《道德》二论。

何王等《老子杂论》一卷

佚。见《隋书·经籍志》注。

王肃《玄言新记道德》二卷

佚。见《新唐书·艺文志》。

钟会《老子道德经注》二卷

佚。严可均辑，四录堂类集本。按《铁桥漫稿·答徐星伯同年书》：钟会等《注老子》一卷，可均辑，未刻。

荀融《老子义》

佚。见《三国志》注。

范望《老子注训》二卷

佚。见《经典释文·序录》。

葛仙公《老子序次》一卷

佚。见《隋书·经籍志》注。

侯康《补三国艺文志》：葛仙公《老子道德经序诀》二卷。名玄，吴时学道得仙。玄事见《晋书·葛洪传》及《抱朴子》。《初学记》卷二十三引《道德经序诀》曰："周时复托神李母剖左腋而生，生即皓然，号曰老子。"《御览》卷六百六十七，引《道德经序诀》曰："尹喜知紫气西迈，斋戒，想见道真，及老子度关授二篇经义。"《玉海·艺文》引葛玄序："老子西游天下，关令尹喜曰，大道将隐乎？愿为我著书。于是作《道德》二篇，五千文，上下经。"《史记·老子传》索隐引葛玄曰："李氏女所生，因母姓也。"又云："生而指李树，因为姓焉。"

羊祜《老子道德经解释》二卷

佚。《隋志》注：《老子道德经》二卷，晋太傅羊祜解释；《旧唐志》：《老子》二卷，羊祜注，《老子解释》四卷，羊祜撰；《新唐志》：羊祜《注》二卷，又《解释》四卷；《释文》：羊祜《解释》四卷。字叔子，泰山平阳人。晋太傅，钜平成侯。

王伦《老子例略》

佚。见《世说新语·排调篇》注。

阮籍《通老论》

佚。见《太平御览》引用书目。

郭璞《老子注》

佚。见《文选》注引用书目。

文廷式《补晋书艺文志》：《文选·上林赋》注："张揖曰：此三字疑衍。郭璞《老子经注》曰，虚无寥廓，与元通灵，言其所乘气之高，故能出飞鸟之上，而与神俱者也。"按此条亦不似注《老子》，今姑存其目，俟考。

蜀才《老子道德经注》二卷

佚。《隋志》注：《老子道德经》二卷，蜀才注；《旧唐志》：《老子》二卷，蜀才注；《新唐志》：蜀才注《老子》二卷；《释文·序录》：蜀才《注》二卷。

按：《释文·易类》："蜀才《注》十卷。《七录》云，不详何人。《七志》云，是王弼后人。"案：蜀李书云："姓范名长生，一名贤，隐青城山，自号蜀才。李雄以为丞相。"

佛图澄《老子注》二卷

佚。见杜光庭《道德经广圣义序》。

张凭《老子道德经注》二卷

佚。《隋志》：《老子道德经》二卷，张凭注；《旧唐志》：

《老子》二卷，张凭注；《新唐志》：张凭《注》二卷；《释文》：张凭《注》二卷。

李轨《老子音》一卷

佚。《隋志》：《老子音》一卷，李轨撰；《新唐志》：李轨《老子音》一卷；《日本国见在书目》：《老子音》一卷，李轨撰。

邓粲《老子注》

佚。见《晋书》本传。

戴逵《老子音》一卷

佚。《隋志》注：晋散骑常侍戴逵选；《释文·序录》：戴逵《音》一卷。字安道，谯国人，晋散骑常侍，太子中庶子，征不就。

刘黄老《老子注》

佚。见《晋书》刘隗附传。

《晋书》刘隗附传：邵族子黄老，太元中为尚书郎。有义学，注《慎子》、《老子》，并传于世。

鸠摩罗什《老子注》二卷

佚。《旧唐志》：《老子》二卷，鸠摩罗什注；《新唐志》：鸠摩罗什《注》二卷。

孙登《老子注》二卷

佚。《隋志》：《老子道德经》二卷，晋尚书郎孙登注；《旧唐志》：《老子》二卷，孙登注；《新唐志》：孙登注《老子》二卷；《释文·序录》：孙登《集注》二卷。字仲山，太原中都人，东晋尚书郎。

孙登《老子音》一卷

佚。见《隋书·经籍志》。

王尚《老子述》二卷

佚。《隋志》注：《老子经》二卷，东晋江州刺史王尚述注；《旧唐志》：《老子》二卷，王尚注；《新唐志》：王尚《注》二卷；《释文·序录》：王尚《述》二卷。字君曾，琅邪人，东晋江州刺史，封杜忠侯。

程韶《老子集解》二卷

佚。《隋志》注：《老子》二卷，晋郎中程韶集解；《旧唐志》：《老子》二卷，程韶集注；《新唐志》：程韶《集注》二卷；《释文·序录》：程韶《集解》二卷。钜鹿人，东晋郎中关内侯。

袁真《老子道德经注》二卷

佚。《隋志》注：《老子道德经》二卷，晋西中郎将袁真注；《旧唐志》：《老子》二卷，袁真注；《新唐志》：袁真《注》二卷；《释文·序录》：袁真《注》二卷。字彦仁，陈郡人。东晋西中郎将，豫州刺史。

裴处恩《老子注》二卷

佚。见张君相《三十家老子注》。

张嗣《老子道德经注》二卷

佚。《隋志》注：《老子道德经》二卷，张嗣注；《释文·序录》：张嗣《注》二卷。

巨生《老子道德经解》二卷

佚。《隋志》注：《老子道德经》二卷，巨生解；《释文·序录》：巨生《内解》二卷。不详何人。

邯郸氏《老子注》二卷

佚。《隋志》注：《老子》二卷，邯郸氏注；《释文·序录》：邯郸氏《注》二卷。不详何人。

常氏《老子注》二卷

佚。《隋志》注：《老子》二卷，常氏传；《释文·序录》：常氏《注》二卷。不详何人。

盈氏《老子注》二卷

佚。《隋志》注：《老子》二卷，盈氏注；《释文·序录》：盈氏《注》二卷。

僧义盈《老子注》二卷

佚。《旧唐志》：《老子》二卷，释义盈注；《新唐志》：义盈《注》二卷。

僧肇《老子注》四卷

佚。见杜光庭《广圣义序》。

按：《广圣义序》："沙门僧肇晋时人，《注》四卷。"金赵秉文《道德真经集解》内，尚存其说。

刘遗民《老子玄谱》一卷

佚。《隋志》注：《老子玄谱》一卷，晋柴桑令刘遗民撰；《旧唐志》：《老子玄谱》一卷，刘道人撰；《新唐志》：刘遗民《玄谱》一卷，刘道人《老子玄谱》一卷；《释文·序录》：刘遗民《玄谱》一卷。字遗民，彭城人。东晋柴桑令。

《陶渊明集》有《和刘柴桑诗》，陶注引《莲社高贤传》云："刘程之字仲思，彭城人，汉楚元王之后。少孤，事母以孝闻。谢安刘裕嘉其贤，相荐之，皆力辞。裕以其不屈，乃旌其门曰遗民。"

玄景先生《老子道德经简要义》五卷

佚。见《旧唐书·经籍志》。

释彗观《老子义疏》一卷

佚。见《隋志》注。

按：严可均《全宋文编》："彗观俗姓崔，清河人。初谘彗远，北访罗什。元嘉中，终京师道场寺。"

释惠琳《老子道德经注》二卷

佚。《隋志》注：《老子道德经》二卷，释慧琳注；《新唐志》：僧慧琳《注》二卷；《释文·序录》：释慧琳《注》二卷。

按：严可均《全宋文编》："慧琳本姓刘，秦郡秦县人，出家住冶城寺。元嘉中，朝廷大事皆与之议。有《孝经注》一卷，《庄子·逍遥篇注》一卷，《集》九卷。"

释彗严《老子注》二卷

佚。《隋志》注：《老子道德经》二卷，释惠严注；《旧唐志》：《老子》二卷，释惠严注；《新唐志》：释彗严《注》二卷；《释文·序录》：释彗严《注》二卷。陈留人，本姓范，宋世沙门。

王玄载《老子道德经注》二卷

佚。《隋志》注：《老子道德经》二卷，王玄载注；《释文·序录》：王玄载《注》二卷。

顾欢《老子义纲》一卷《老子义疏》一卷

佚?《隋志》：《老子义纲》一卷，顾欢撰，《老子义疏》一卷，顾欢撰；《旧唐志》：《老子道德经义疏》四卷，顾欢撰；《新唐志》：顾欢《道德经义疏》四卷，又《义疏治纲》

一卷；《释文·序录》：顾欢《堂诰》四卷。一作《老子义疏》。

沈麟士《老子要略》

佚。见《南齐书》沈麟士本传。

祖冲之《老庄义释》

佚。见《南齐书》祖冲之本传。

梁武帝《老子讲疏》六卷　《老子义疏理纲》一卷

佚。《隋志》：《老子讲疏》六卷，梁武帝撰；《旧唐志》：《老子义疏理纲》一卷，《老子讲疏》六卷，梁武帝撰；《新唐志》：梁武帝《讲疏》四卷，又《讲疏》六卷；《日本国见存书目》：《老子义疏》八卷，梁武帝撰。

贺玚《老子讲疏》

佚。见《梁书·贺玚传》。

陶弘景《老子注》四卷

佚。《旧唐志》：《老子注》四卷，陶弘景注；《新唐志》：陶弘景《注》四卷。

庾曼倩《庄老义疏》

佚。见《梁书》庾诜附传。

梁简文帝《老子义》二十卷

佚。见《梁书·简文帝本纪》。

梁简文帝《老子私记》十卷

佚。《隋志》注：《老子私》十卷，梁简文帝撰；《旧唐志》：《老子私记》十卷，梁简文帝撰。按《释文·序录》："近世有梁武帝父子及周弘正讲疏"，则简文帝似尚有讲疏。但所谓《老子义》《私讲疏》等，恐系一书而异名。

梁元帝《老子讲疏》四卷

佚。见《玉海·艺文》。

张系天《老子注》

佚。

陆先生《老子注》

佚。并见敦煌新出《义疏》。

孟安排《老子注》二卷

佚。《隋志》注：《老子注》二卷，孟氏注；《释文·序录》：《孟子注》二卷。或云孟康，康字公休，安平广宗人。魏中书监，广陵亭侯。

孟智周《老子义疏》五卷

残？敦煌新出唐写本，古籍残丛本。

《隋志》：《老子义疏》五卷，孟智周私记；《旧唐志》：《老子义疏》四卷，孟智周撰；《新唐志》：孟智周《义疏》五卷。

窦略《老子注》四卷

佚。见杜光庭《道德经广圣义序》。

按：《广圣义序》："梁道士窦略《注》四卷，与武帝罗什所宗无异。"

臧玄静《老子疏》四卷

佚。见杜光庭《道德经广圣义序》。

韩壮《老子玄示》一卷

佚。《隋志》注：《老子玄示》一卷，韩壮撰；《旧唐志》：《义子玄旨》八卷，韩庄撰；《新唐志》：韩庄《玄旨》八卷。

按：《文选》注引用书目有韩庄《解老子》。

宗塞《老子玄机》三卷

佚。见《隋书·经籍志》注。

山琮《老子幽义》五卷　《老子志》一卷

佚。见《隋书·经籍志》注。

卢光《道德经章句》

佚。见《北史》卢同附传。

刘仁会《老子注》二卷

佚。见杜光庭《道德经广圣义序》。

周文帝《老子注》二卷　《老子义疏》四卷

佚。见《日本国见存书目》。

卢景裕《老子道德经传》二卷

佚。见《隋书·经籍志》。

按：《魏书》本传："卢景裕字仲孺，小字白头，范阳涿人也。注《周易》、《尚书》、《孝经》、《论语》、《礼记》、《老子》，其《毛诗》、《春秋左氏》未讫。"

梁旷《老子注》四卷　《道经品》四卷

佚。《隋志》：《老子》四卷，梁旷注，《老子道德经品》四卷，梁旷注；《新唐志》：梁旷《道德经品》四卷。

卢景裕梁旷等《老子注》二卷

佚。见《新唐书·艺文志》。

杜弼《老子道德经注》二卷

佚。见《北齐书》杜弼本传。

周弘正《老子疏》五卷

佚。见《陈书》周弘正本传。

《陈书》本传：周弘正字思行，汝南安城人。十岁通《老子》、《周易》。弘正特善玄言，兼明释典，虽硕学名僧，莫不请质疑滞。太建六年，卒于官，时年七十九，谥曰简子。所著《周易讲疏》十六卷，《论语疏》十一卷，《庄子疏》八卷，《老子疏》五卷，《孝经疏》两卷，《集》二十卷，行于世。

诸糅《老子玄览》六卷

佚。见杜光庭《道德经广圣义疏序》。

按：杜序："陈道士诸糅，作《玄览》六卷。"又张君相《集解》有褚糅，当是一人。疑作褚糅是。

张讥《老子义》十一卷

佚。见《陈书》张讥本传。

张羡《老子庄子义》

佚。见《隋书》张煚附传。

韦录《老子义疏》四卷

佚。见《隋书·经籍志》作韦处玄。

按：杜光庭《广圣义疏序》："法师韦录，字处玄，注兼义四卷。"

李播《老子注》二卷

佚。见《新唐书·艺文志》。

按：杜光庭《广圣义疏序》："隋道士李播，注上下二卷。"又《唐书·方技传》："李淳风，岐州雍人，父播，仕隋高唐尉。弃官为道士，号黄冠子，以论撰自见。"

刘仲融《老子道德经》二卷

佚。《隋志》：《老子道德经》二卷，刘仲融注；《新唐志》：刘仲融《注》二卷。

戴诜《老子义疏》九卷

佚。《隋志》：《老子义疏》九卷，戴诜撰；《新唐志》：戴诜《义疏》六卷。

无名氏《老子章门》一卷

佚。《隋志》：《老子章门》一卷；《旧唐志》：《老子章门》一卷；《新唐志》：《章门》一卷。

无名氏《老子节解》二卷

佚。《隋志》：《老子节解》二卷；《旧唐志》：《老子节解》二卷；《新唐志》：《节解》二卷；《释文·序录》：《节解》二卷。不详作者。或云老子所作，一云河上公作。

刘进喜《老子通诸论》一卷

佚。见《新唐书·艺文志》。

刘进喜《老子疏》六卷

佚。见杜光庭《广圣义疏序》。按：《旧唐书·陆德明传》："时徐文远讲《孝经》，沙门惠乘讲《波若经》，道士刘进喜讲《老子》。"

陆德明《老子疏》十五卷

佚。见《新唐书·艺文志》。

陆德明《老子音义》二卷

佚。《经典释文》本。

按：《释文·序录》云："唯王辅嗣妙得虚无之旨。今依王本，博采众家，以明同异。"

颜师古《玄言新记明老部》五卷

残。唐写本。

魏徵《老子要义》五卷

佚。见杜光庭《广圣义疏序》。

按：吕知常《进道德经讲义表》："魏徵相唐，作嵩山之《正义》"，当指此书。

傅奕《老子注》二卷

佚。《旧唐志》：《老子》二卷，傅奕注；《新唐志》：傅奕《注老子》二卷；焦竑《国史志》：傅奕注《老子》二卷。

傅奕《校定古本老子》二卷

存。道藏本。

按：晁以道跋《老子》王弼注本："常善救人，故无弃人；常善救物，故无弃物，独得诸河上公，而古本无有也，赖傅奕能辩之"；又谢守灏《老君实录》："《道德经》，唐傅奕考核众本，勘数其字"云云，盖均指此书。

傅奕《老子音义》二卷

佚。《新唐志》：傅奕《老子音义》；《宋志》：傅奕《道德经音义》二卷。

按：《新唐书》傅奕本传："傅奕，相州邺人。贞观十三年卒。注《老子》，并集魏晋以来与佛议驳者，为《高识篇》。"又《旧唐书》本传："注《老子》，并撰《音义》。"

成玄英《老子注》二卷　《道德经开题序诀议疏》七卷

佚。《旧唐志》：《老子》二卷，成玄英注；《新唐志》：道士成玄英注《老子道德经》二卷，又《开题序诀义疏》七卷；《宋志》：成玄英《道德经开题序诀义疏》七卷；焦竑《国史经籍志》：成玄英注《老子》二卷，《道德经开题序诀义疏》七卷，成玄英。

李荣《老子道德经注》二卷

佚。见《宋史·艺文志》。

贾大隐《老子述义》十卷

佚。《旧唐志》：《老子述义》十卷，贾大隐撰；《新唐志》：贾大隐《老子述义》十卷；《日本国见存书目》：《老子述义》十卷，贾大隐撰。

辟闾仁谞《老子注》二卷

佚。《旧唐志》：《老子》二卷，辟闾仁谞注；《新唐志》：辟闾仁谞《注老子》二卷。圣历司博士。

按：《唐书·张齐贤传》，辟闾仁谞武后时为太常博士。

孙思邈《老子注》

佚。见《新唐书·艺文志》。

杨上善《老子道德经注》二卷　《老子道德指略论》二卷

佚。《旧唐志》：《老子道德经指略论》二卷，杨上善撰；《新唐志》：杨上善注《老子道德经》二卷，又《老子指略论》二卷。太子文学。

宋文明《老子义泉》五卷

佚。

车惠弼《老子疏》七卷

佚。并见张居相《集解》，杜光庭《广圣义疏序》。

张君相《三十家老子注》八卷

存。道藏本，信上中下。嘉业堂丛书本。均误题顾欢著。

《宋志》：《老子道德经三十家注》六卷；唐道士张君相集解。《日本国见存书目》：《老子疏》四卷，张君相撰；焦竑《国史经籍志》：《道德经三十家注》八十卷，张君相。

晁公武《郡斋读书志》：《三十家注老子》八卷。右唐蜀郡岷山道士张君相，集河上公、严遵、王弼、郭象、钟会、孙登、羊祜、罗什、卢裕、刘仁会、顾欢、陶隐居、松灵仙人、斐处恩、杜弼、节解、张凭、张嗣、臧元静、大孟、小孟、窦略、宋文明、褚糅、刘进喜、蔡子晃、成玄英、车惠弼等注；君相称三十家而列其名止二十有九，盖君相自以为一家言，并数之尔。君相不知何时人，而谓成玄英为皇朝道士，则唐天宝后人也。以“绝学无忧”一句，附“绝圣弃知”章末，以“唯之与阿”，别为一章，与诸本不同。

卢藏用《老子注》二卷

佚。《新唐志》：卢藏用注《老子》二卷；《国史志》：卢藏用注《老子》二卷。

按：《唐书》本传：“卢藏用字子潜，幽州范阳人。长安中召授左拾遗。能属文，善著龟九宫术，工草隶大小篆八分，善琴弈。”

尹知章《老子注》

佚。见《新唐书·艺文志》。

按：《唐书·儒学传》：“尹知章，绛州翼城人。于《易》、《老》、《庄》书尤悬解。所注传颇多行于时。”

冯朝隐《老子注》

佚。见《新唐书·艺文志》。

按：《唐书·儒学传》：“长乐冯朝隐，能推索老庄秘义。终太子右谕德。”

陈廷玉《老子疏》

佚。见《新唐书·艺文志》。云：“开元二十年上，授校书郎。”

邢南和《老子注》

佚。见《新唐书·艺文志》。云：“开元二十一年上。”

唐明皇《道德经注》二卷

存。道藏本，男下。作四卷。开元二十六年易州龙兴观御注碑本，开元二十七年邢州龙兴观碑本。

《新唐志》：玄宗注《道德经》二卷；《宋志》：唐玄宗注《老子道德经》二卷；有序。《崇文总目》：《道德经》二卷，唐明皇注。

《自序》：昔在元圣，强著玄言，权舆真宗，启迪来裔。遗文诚在，精义颇乖。撮而指归，虽蜀严而犹病，摘其章句，自河公而或略。其余浸微，固不足数，则我玄元妙旨，岂其将坠！朕诚寡薄，常感斯文，猥承有后之庆，恐失无为之理，每因清宴，辄叩玄关，随所意得，遂为笺注。岂成一家之说，但备遗阙之文，今兹绝笔，是询于众：公卿臣庶，道释二门，有能起予类于卜商，针疾同于左氏，渴于纳善，朕所虚怀，苟副斯言，必加厚赏。且如谀臣自圣，幸非此流，悬市相矜，亦云小道，既其不讳，咸可直言，勿为来者所嗤，以重朕之不德。

《墨林快事》：唐玄宗注《道德经》，诸文士共成之。又是时古注俱存，有古哲之源流，而无后人之穿凿，五千言中得者十九。即本文未经浊乱，其辞既简奥，而义反精深，其为老聃之家嗣也，无可疑矣！于是遍诸区夏，多有刻石，而兹易水，独传苏灵芝之笔，他书易中多有，而不及此石之善。

唐明皇《道德真经疏》十卷

存。道藏本。效上下。

《新唐志》：玄宗《道德经疏》八卷；《宋志》：唐玄宗《道德经音疏》六卷；《日本国见存书目》：《老子疏》六卷，玄宗御制；《崇文总目》：《道德经疏》六卷，唐玄宗撰；《结一庐书目》：《道德真经疏》十卷，唐玄宗明皇帝撰。

白云霁《道藏目录详注》：唐玄宗《御制道德真经疏》，卷一之十。内分章逐句解言，穷理尽性，闭缘息想，处实行权，坐忘遗照，捐事无为，理身国理之论。

唐明皇《道德真经疏》四卷

存。道藏本。男下。

按：此书不见《道藏目录》，诸史志亦未收；惟《天一阁见存书目》："《道德真经疏》十卷，唐玄宗撰，又一部四卷，与十卷本迥异"，当即此书。

李含光《老子学记》一卷　《老子义略》一卷

佚。见《新唐书·艺文志》。

按：《新唐志》云："道士李含光《老子》、《庄子》、《周易》学记三卷，又《义略》三卷。含光扬州江都人，本姓弘，避孝敬皇帝讳改焉。天宝间人。"

尹愔《老子新义》十五卷

佚。见杜光庭《广圣义序》。

按：《唐书·儒学传》："尹愔秦州天水人。博学，尤通《老子》。初为道士，玄宗尚玄言，有荐愔者，诏对，喜甚，厚礼之。开元末卒，赠左散骑常侍。"

吴善经《道德经注》二卷

佚。见《新唐书·艺文志》。云“贞元中人”。

吴善经《道德经小解》二卷

佚。高似孙《子略》：吴善经《小解》二卷；《通志·艺文略》：吴善经《小解》二卷。

王真《道德经论兵要义》四卷

存。道藏本，下器。指海本。

阮元《四库未收书提要》：《道德经论兵要义》四卷，唐王真撰。案：真此书独取《道德经》所论兵战之要，摭拾元微。本上下二卷，后更分为四卷，与郑樵《通志》所载卷数合。元和间进之于朝，唐宪宗尝手诏褒美之，具载篇首。《老子道德经》五千言，备举大道至德修身理国之要，数十章后，乃言及于用兵，其旨微，其言博，自河上公为之训释后，若严氏指归，开元注释，固已发蕴指微，而真所著《要义》，独于论兵之法，经悉言之。夫真以朝议郎出领汉州军事，久列戎行，而考其谈兵意指，顾深求乎老子之说。唐人之书不多是宜录也存。莫友芝郘亭《知见传本书目》略同。

李约《老子道德经新注》四卷

道藏本。能上。

《宋志》：李约《老子道德经注》四卷；《国史志》：李约《道德经新注》四卷；《天一阁见存书目》：《道德真经新注》四卷，李约撰；《秘书省续编到四库阙书目》：李约注《老子道德经》四卷。

彭耜《道德真经集注杂说》：唐兵部郎李约，勉之子也。注《道德经》四卷，其说谓世传此书为神仙虚无言，不知六经乃黄老之枝叶尔。

陆希声《道德经传》四卷

存。道藏本。必上。指海本。

《新唐志》：陆希声《道德经传》四卷；《宋志》：陆氏《道德经传》四卷；《崇文总目》：《道德经传》四卷，唐陆希声撰。

阮元《四库未收书提要》：《道德真经传》四卷，唐陆希声撰。案：希声吴郡人，景融四世孙。《唐书》本传，称其善属文，通《春秋》、《易》、《老子》，论著甚多。此书见于《唐书·艺文志》，卷帙相符。赵希弁《读书附志》、陈振孙《书录解题》皆不著录，凡储藏家亦皆无之。唯见于《道藏》“必”字号。明白云霁《道藏目录详注》，称其“以事理元会通变机宜，探至精之迹，可谓神解”，其称许如此。今考此书，发明老氏之旨，条达曲鬯，视宋人之援老入佛者大不侔矣。唐人遗书传世日少，今从《道藏》校录，卷帙完善，洵可宝也。

杨上器《太上玄元皇帝道德注》二卷

佚。见《旧唐书·经籍志》。

陈嗣古《老子注》二卷

佚。《旧唐志》：《老子》二卷，陈嗣古注；《新唐志》：陈嗣古《注》二卷。

树钟山《老子注》二卷

佚。《旧唐志》：《老子》二卷，树钟山注；《新唐志》：树钟山《注》二卷。

李允愿《老子注》二卷

佚。《旧唐志》：《老子》二卷，李允愿注；《新唐志》：李允愿《注》二卷。

冯廓《老子指归》十三卷

佚。《旧唐志》：《老子指归》十三卷，冯廓撰；《新唐志》：冯廓《老子指归》十三卷。

谷神子《注诸家道德经疏》二卷

佚。见《宋史·艺文志》。

白履忠《老子注》

佚。见《新唐书·艺文志》。

符少明《道德经谱》二卷

佚。杜光庭《广圣义序》：道士符少明作《道谱荣》二卷；《宋志》：扶少明《道德经谱》二卷；《国史志》：《道德经谱》二卷，道士扶少明。

刘应真《道德经解意》

佚。见《浙江通志》。

按：《浙江通志》云：见《括苍汇纪》。

又按：杨上器以下九家，不详其年代，除谷神子、刘应真、符少明外，均见两《唐志》，故次于唐末。

胡超《老子义疏》十卷

佚。

安丘《老子指归》五卷

佚。

尹文操《老子简要义》五卷

佚。

王玄辩《河上公释文》十卷

佚。

徐邈《老子注》四卷

佚。

何思远《老子指趣》二卷　《老子玄示》八卷

佚。

赵坚《老子讲疏》六卷

佚。

贾至《道德经述义》十一卷

佚。

黎元兴《老子注义》四卷

佚。

任太玄《老子注》二卷

佚。

申甫《道德经疏》五卷

佚。

龚法师《老子集解》四卷

佚。并见杜光庭《广圣义序》。

张慧超《老子志玄疏》四卷

佚。见杜光庭《广圣义序》。

按：《宋史·艺文志》有张惠超《道德经志玄疏》三卷，当即张慧超。

张思齐《道德真经玄德纂疏》二十卷

存。道藏本。使上至覆上。

白云霁《道藏目录详注》：《道德真经玄德纂疏》，卷一之二十。唐玄宗御注并疏，河上公、严君平、李荣注，西华法师成玄英疏，蒙阳强思齐纂。言明道无为，显德有用，以道德二字为一部之关键也。

杜光庭《道德经广圣义疏》五十卷

存，道藏本。羔上至行下。

《宋志》：杜光庭《道德经广圣义疏》三十卷；《崇文总目》：《道德经广圣义》三十卷，唐杜光庭撰；《国史志》：《道德经广圣义》三十卷，唐杜光庭；《道藏目录》：《道德真经广圣义》，卷一之五十。唐广成子杜光庭述；《万卷堂书目》：《道德真经广圣义》五十卷，杜光庭。

丁丙《善本书室藏书志》：《道德真经广圣义》五十卷，明钞道藏本。唐广成先生杜光庭述。前有天复元年九月十六日序，云：老君降迹行教，远近有四：历劫禀形，随方演化，即千二百号，百八十名，散在诸经，可得征验；其二，自五太之首，逮殷周之前，为帝王师，代代应见；其三，以商阳甲之代，降神寓胎，武丁之年，诞生于亳，周昭王癸丑年，以经授关尹，世得而闻；其四，将化流沙，与尹喜期会于西蜀青羊之肆，示现降生，即昭王丁巳年也。此经自函关所授累代诠疏笺注六十余家，均有详目。后学披卷，多瞢本源，采摭众书，研寻篇轴，随有比况，咸得备书，纂成《广圣义》五十卷。《道藏目录》云：内述太上事迹，氏族，降生年代，叙经大义，解疏序，引释御注序，释题明道德义。《天一阁书目》著录此书，白纸蓝格，或即其散出之遗。

乔讽《道德经疏义节解》二卷

佚。《宋志》乔讽《道德经疏义节解》二卷；《国史志》：

《道德经疏义节解》四卷，蜀，乔讽。

徐铉《三家老子音义》一卷

佚。见《玉海·艺文》。

僧文傥《道德经疏义》十卷

佚。见《宋史·艺文志》。

司马光《道德论述要》二卷

存。道藏本，得上。刊本。

晁公武《郡斋读书志》：温公《道德论述要》二卷，右皇朝司马光撰。谓道德连体，不可偏举，故废《道经》、《德经》之名，而曰《道德论》。《墓志》载其目。“无，名天地之始；有，名万物之母。常无，欲以观其妙；常有，欲以观其徼。”皆于“无”与“有”下断句，不与先儒同。

张说《老子注》

佚。见王云《老子注》自序。

吕大临《老子注》二卷

佚。《文献通考·经籍考》：吕氏《老子注》二卷；《国史志》：吕大临《注老子》二卷。

邓御夫《老子注》

佚。见《鸡肋集》。

吕惠卿《老子注》二卷

存。道藏本。必下。

《文献通考·经籍考》：吕惠卿《注》二卷；《国史志》：吕惠卿注《老子》二卷；《道藏目录》：《道德真经传》，卷一之四。吕惠卿撰。

王安石《老子注》二卷

佚。《通考·经籍考》：王介甫《注》二卷；《国史志》：王安石注《老子》二卷。

晁公武《郡斋读书志》：右皇朝王安石介甫注。介甫平生最喜《老子》，故解释最所致意。首章皆断“无”“有”作一读，与温公同。后其子雱，及其徒吕惠卿、陆佃、刘仲平，皆有《老子注》。

王雱《老子注》二卷

佚？按道藏本《道德真经集注》梁回后序云：“参其四说，河上公、王弼、唐明皇、王雱。无复加损，刊集以行于时”，则王书固尚存也。

《通考·经籍考》：王雱《注》二卷；《国史志》：王雱注《老子》二卷。

陆佃《老子注》二卷

佚。《通考·经籍考》：陆佃《注》二卷；《国史志》：陆佃注《老子》二卷。

刘槩《老子注》二卷

佚。《通考·经籍考》：刘仲平《注》二卷；《国史志》：刘仲平注《老子》二卷。

刘泾《老子注》二卷

佚。见晁公武《郡斋读书志》。

晁公武《郡斋读书志》：刘巨济注《老子》二卷。右皇朝刘泾巨济注。泾蜀人，笃志于学，文辞奇伟，早登苏子瞻之门，晚受知于蔡京，除太学博士。

张氏《道德真经集注》十卷

存。道藏本。靡上至恃上。

白云霁《道藏目录详注》：《道德真经集注》，卷一之十。唐明皇撰序，左仙公葛玄序；唐明皇、河上公、王弼、王雱四家集注。

蒋之奇《老子解》二卷　《老子系辞解》二卷

佚。见《宋史·艺文志》。

陈象古《道德真经解》二卷

存。道藏本。知下。

宋徽宗《老子注》二卷

存。道藏本。才下。作四卷。

《宋志》：徽宗《老子解》一卷；《通考·经籍考》：《御注老子》二卷；《国史志》：宋徽宗注《老子》二卷。

江澂《道德真经疏义》十四卷

存。道藏本。莫忘两号。

白云霁《道藏目录详注》：《道德真经疏义》，卷一之七。宋徽宗注，太学生江澂疏。内逐句解，以庄易文理参证。

章安宋徽宗《道德真经解义》十卷

存。道藏本。良上中下。

贾青夷《老子义疏》四卷

佚。高似孙《子略》：贾青夷《义疏》四卷；《国史志》：《老子疏》四卷，贾青夷撰；《秘书省续编到四库阙书目》：贾青夷《道德经手疏》四卷。

陈鼻《解老子》

佚。见刘惟永《道德真经集义·诸家姓氏》。

按：高似孙《子略》有陈臬，当即陈鼻，疑作“皐”是。

李畋《老子音解》一卷《通志》作二卷。

佚。《遂初堂书目》：李畋《老子音解》；《通志·艺文略》：李畋《老子音解》二卷；焦竑《国史志》：《老子音解》一卷，李畋。

毛大可《解老子》

佚。见《遂初堂书目》。

按《中国人名大辞典》有毛友，字达可，不知即大可否？

王懋才《老子解》

佚。见《遂初堂书目》。

苏辙《老子注》二卷

存。四库本，道藏本，得下，作四卷。明刊本，宝颜堂秘笈本，两苏经解本，金陵刻经处刊本。

《宋志》：苏辙《老子道德经义》二卷；《通考·经籍考》：苏子由注《老子》二卷；《国史志》：苏子由注《道德经》四卷。

晁公武《郡斋读书志》：苏子由注《老子》二卷，右皇朝苏辙子由注。子由谪官筠州，颇与学浮屠者游，而有所得焉，于是解《老子》。尝曰：“《中庸》云：喜怒哀乐未发谓之中，发而皆中节谓之和，致中和，天地位焉，万物育焉，此盖佛法也。六祖谓不思善，不思恶，则喜怒哀乐之未发也。盖中者，佛法之异名，而和者，六度万行之总目，致中极和，而天地万物生于其间，非佛法何以当之？天下无二道，而所以治人则异，古之圣人，中心行道，而不毁世法以此耳，故解老子，亦时有与佛法合者。”其自序云耳。其解，是谓袭明以为释氏《传灯》之类。

陈振孙《直斋书录解题》：《老子新解》二卷，苏辙撰。东坡跋曰：“使战国有此书，则无商鞅韩非；使汉初有此书，则孔老为一，使晋宋间有此书，则佛老不为二。”

张耒《道德经义》

佚。见焦竑《老子翼·采摭书目》。

詹秋圃《老子解》

佚。见刘惟永《道德真经集义·诸家姓氏》，云：“宋儒林，讳节，号漫叟，作解。”

廖粹然《老子解》

佚。见刘惟永《道德真经集义·诸家姓氏》，云：“号希夷大师，作解。”

陈景元《道德经注》二卷

佚。见《宋史·艺文志》。

陈景元《道德真经藏室纂微篇》十卷

存。道藏本。欲上至难上。

邵若愚《道德真经直解》四卷

存。道藏本。改下。

《国史志》：本来子《道德经直解》四卷；《绿竹堂书目》：《老子》邵若愚直解一册；《天一阁现存书目》：《道德真经直解》四卷，宋邵若愚撰。

吴沆《老子解》四卷

佚。见《江西通志》。

叶梦得《老子解》二卷

佚。叶德辉辑本。宣统辛亥叶氏家刻本。

刘骥《老子通论语》二卷

佚。见《宋史·艺文志》。

赵实庵《老子解》

佚。见刘惟永《道德真经集义·诸家姓氏》。

按：刘惟永《集义·诸家姓氏》云："赵实庵冲真宝元大师，浮山玉虚观住持，赐紫字明举，讳道升，绍兴壬申作解。"

王志然《老子解》

佚。见刘惟永《道德真经集义·诸家姓氏》，云："王志然，号见独大师，乾道己丑作解。"

程大昌《易老通言》十卷

佚。《宋志》：程大昌《易老通言》十卷；《国史志》：《易老通言》十卷，程大昌。

员兴宗《老子解略》一卷

存。在《九华集》内。

晁公武《老子通述》二卷

佚。见《宋史·艺文志》。

按：《郡斋读书志》，《老子道德经》下，似即此书序文。谓"因以诸家本，参校其不同者近二百字，互有得失，乙者五字，注者五十五字，涂者三十八字，其间徽宗御注，最异诸本"云。

黄茂材《老子解》

佚。见刘惟永《道德真经集义·诸家姓氏》云："黄茂材，宋知荆州军事，淳熙甲午作解。”

吕知常《道德经讲义》十二卷

存。京师图书馆藏明刊本。

《宋志》：吕知常《老子讲义》十二卷；《也是园书目》：吕知常《道德经讲义》十二卷；《述古堂书目》：吕知常《道德讲义》十二卷；二本，抄。《天一阁见存书目》：《道德经讲义》十二卷，宋吕知常撰；《万卷堂书目》：《道德经讲义》十二卷，吕知常。

刘师立《老子节解》

佚。见焦竑《老子翼·采摭书目》，云：“真静子，绍熙间造。”

葛长庚《道德宝章》一卷

存。四库本，汇秘笈本，明刊本，光绪八年白云观影刊赵孟頫写本。

钱曾《读书敏求记》：白玉蟾《道德宝章》一卷。序称赵孟頫爱其言，不类诸家，手书以传。予观所注，皆修炼之言，存于道家可耳。

周中孚《郑堂读书记》：《道德宝章》一卷，汇秘笈本。宋葛长庚撰。长庚字白叟，别号白玉蟾，闽清人。为道士，居武夷山，嘉定间征赴阙下，封紫清真人。《四库全书》著录，倪氏《宋志补》作《老子道德经宝章》。是书离章析句，稍加笺注，有类禅偈。盖佛老本同源而异派，白叟并为一解，欲读者于言外领取其旨耳。前有明陆树声跋，及万历癸未适园居士二跋，而不著名氏，或即与眉公同校此书之秀水、陈诗教云。

葛长庚《道德经指玄篇》八卷

佚。见《千顷堂书目》。

曹道冲《老子注》二卷

佚。见焦竑《国史经籍志》。

按：彭耜《宋解经姓氏》云“道真仁静先生曹道冲，字希蕴，女道士。世号曹仙姑，赐号清虚文逸大师道真仁静先生。”

彭耜《道德真经集注》十八卷

存。道藏本，恃中至长上。道藏辑要本。

《国史志》：《道德经集注》十八卷，彭耜纂；《天一阁见存书目》：《道德真经集注》十八卷，宋彭耜纂。

彭耜《道德真经集注释文》一卷

存。道藏本，长下。真意堂丛书本，经学丛书本。

谢图南《道德经注》

佚。见刘惟永《道德真经集义·诸家姓氏》。

李荣《道德真经义解》四卷

存。道藏本，丝上下。道宗六书本。

丁丙《善本书室藏书志》：《道德真经义解》四卷，明刊道藏本。息斋道人解。《道藏目录》入洞神部，作《义解》四卷，注云：“九天观道士息斋李荣注。深达窍妙，出入无有。”荣字嘉谋，宋时人，行事无所考。《道藏》收其著述，亦潜心道笈之羽士也。其解顺文衍义，明白晓畅，为读王弼注之阶梯。

李荣《道德真经》四卷

存。道藏本，丝下。道宗六书本。

董思靖《道德经集解》四卷

存。道藏本，短中下。十万卷楼丛书本。作二卷。

《国史志》：董思靖《道德经集解》四卷；《万卷堂书目》：《道德真经解》四卷，董思靖。

白云霁《道藏目录详注》：《道德真经集解》，卷一之四，董思靖。引诸家句解，并太上史略。

林希逸《老子口义》二卷

存。道藏本，彼上。作四卷。鬳斋三子口义本。

《国史志》：林希逸《老子口义》四卷；《述古堂藏书目》：《老子林鬳斋口义》二卷；《绿竹堂书目》：《老子林希逸口义》一册。

丁丙《善本书室藏书志》：《老子鬳斋口义》二卷，明刊本。鬳斋林希逸。前有鬳斋自撰《发题》一篇。希逸字肃翁，福清人，官至中书舍人。鬳斋者其居室也。书以“口义”者，谓其不为文，杂俚俗而直述之也。《四库》与列子同未著录。

张冲应《老子解》

佚。

张灵运《老子或问》

佚。并见刘惟永《道德真经集义·诸家姓氏》云：“张冲应玉清上相，讳明道，宝祐癸丑造解；张灵应讳亚宋，封神文圣武孝德忠仁王，造《或问》。”又按范应元《古本集注》引有张冲应说。

徐君约《道德经解事》

佚。见刘惟永《道德真经集义·诸家姓氏》，云：“宋鄂州诸军料院，讳权，景定壬戌解事一章。”

李若愚《道德真经注》一卷

佚。见《宋史·艺文志》。

范应元《老子道德经古本集注》二卷

存。傅沅叔先生藏宋刊本，续古逸丛书影印本。

褚伯秀《老子解》

佚。见刘惟永《道德真经集义·诸家姓氏》，云：“古杭道士，作解。”

吕皓《老子支离解》

佚。见《敬乡录》。

按：余未见《敬乡录》；傅沅叔先生云：“《老子支离解》，宋永康吕皓子旸撰，见《敬乡录》。”

赵至坚《道德真经疏义》六卷

残。道藏本。悲下。原缺卷一之三。

《宋志》：赵至坚《道德经疏》三卷；《国史志》：赵至坚《老子疏》四卷；《天一阁见存书目》：《道德真经疏义》六卷，赵至坚撰，存卷四、五、六。

陆修静《老子道德经杂说》一卷

未见。《宋志》：陆修静《老子道德经杂说》一卷；《国史志》：《道德经杂说》一卷，陆修静；《秘书省续编到四库阙书目》：陆修静撰《道德经杂说》一卷。

陈焕《老子释言》

佚。见《江西通志》。

谢守灏《老子解》一卷

佚。见万历《温州府志》。

熊方《道德经注》二卷

佚。见《江西通志》。

赵令穆《老子道德经解》二卷

佚。

王顾《老子道德经疏》四卷

佚。

尹先生《老子道德经内节解》二卷

佚。并见《宋史·艺文志》。

龚士卨《老子句解》

佚。见《菉竹堂书目》。

刘辰翁《老子道德经评点》

存。刘湏溪批点九种本。

雷思齐《老子本义》

佚。见钱大昕《补元史艺文志》。

按：思齐有《易图通变》、《易筮通变》二书，《四库》著录。《提要》云：思齐字齐贤，临川人。宋亡之后，弃儒服，为道士，居乌石观，后终于广信。事迹具袁桷所撰《墓志铭》。是编前有揭系斯序，称所著有《老子本义》、《庄子旨义》数十卷云云。

张庆之《老子注》

佚。见钱大昕《补元史艺文志》。

按：《苏州府志》："庆之字子善。出入经史百氏，绝意仕进，好为山水游。著《虎丘赋》，因号海峰野逸。仿五柳先生作《海峰遗民传》，以伯夷蒋诩陶潜司空图自况。"兹亦用提要之意，列于宋末。

时雍《道德经全解》二卷

存。道藏本。罔中下。

白云霁《道藏目录详注》：《道德经全解》，二卷。亳社时雍逍遥解，言阴阳理焉。

李霖《道德经取善集》十二卷

存。道藏本。墨上至悲中。

寇才质《道德经四子古道集解》十卷

存。道藏本，过上中下。道藏辑要本。

白云霁《道藏目录详注》：《道德真经四子古道集解》，卷一之十。古襄寇才质集，其解多以《南华》、《通玄》二经理会。

赵秉文《道德经真经集解》四卷

存。道藏本，罔上中。小万卷楼丛书本。

王守正《道德真经衍义手钞》二十卷

残。道藏本。量上至墨上，原阙卷一卷二。

白云霁《道藏目录详注》谓：五峰清安逸士王守正集；序称重阳宫主玄学师，盖守正号清安逸士，曾为重阳宫主玄学师也。

休休庵《老子解》

佚。见刘惟永《道德真经集义·诸家姓氏》云："休休庵号蒙山绝牧叟，名德异，至元戊寅作解。"

牛妙传《老子或问》

佚。见刘惟永《集义·诸家姓氏》，云："牛妙传通真大师，前成都万寿宫知官提学，号澄明子。至元庚辰作或问。"

喻清中《道德经集义》

佚。见刘惟永《集义·诸家姓氏》，云："至元乙酉作解。"

杨智仁《老子解》

佚。见刘惟永《集义·诸家姓氏》，云："杨智仁号无物子，至元丁亥作解。"

李纯甫《老子集解》

佚。见《金史》本传。

刘处玄《道德经注》

佚。见《山东通志》。

按：《山东通志》云："见《海上七真人传》。"又《四库提要》有"《阴符经注》一卷，金刘处元撰。处元即王重阳七弟子之一也。"

胥六虚《老子解》

佚。见刘惟永《集义·诸家姓氏》，云："胥六虚讳元一，号六虚散人。至元辛卯作解。"

李是从《老子解》

佚。见刘惟永《集义·诸家姓氏》，云："李是从特赐纯粹先生号谷神子，造解。元贞乙未刻本。"

薛致玄《道德真经藏室纂微开题科文疏钞》五卷

存。道藏本。难上下。

薛致玄《道德真经藏室纂微手钞》二卷

存。道藏本。难下。上卷原阙。

按：刘惟永《集义·诸家姓氏》云："薛庸斋讳玄，大元河南路提学，作解。"当即薛致玄。

刘惟永《道德真经集义》十七卷

存。道藏本。染中至赞下。

白云霁《道藏目录详注》：《道德真经集义》，卷一之十七。刘惟永、丁易东编集各家解义。

按：书首题“凝远大师常德路玄妙观提点观事刘惟永编集，前朝奉大夫太府寺主簿兼枢密院编修丁易东校正。”又按以上诸序，并见《道德真经集义大旨》卷三，当即此书序跋，故移置于此，并依旧题为《大旨》序跋云。

邓锜《道德经三解》四卷

存。道藏本。改上中。

李道纯《道德会元》二卷

存。道藏本。谈上。

李道纯《道德经注解》三卷

佚。见《万堂卷书目》。

杜道坚《道德经原旨》四卷

存。道藏本。彼中。

白云霁《道藏目录详注》谓：《原旨·序》详切而渊博也。《发挥》十二章：前六章述皇帝王伯道德功力之叙，后六章述太上降生西游之略，总之不外理炁象数。有大德十年道坚自序，及弟子句章任士林后序。此帙棉纸蓝格，尤属明钞，当是甬东范氏遗籍。

杜道坚《玄经原旨发挥》二卷

存。道藏本。彼下。

白云霁《道藏目录详注》：《玄经原旨发挥》，二卷。杜道坚述。《原旨发挥》十有二章：前六章述皇帝王伯道德力功之叙，后六章述太上降生受经，西游之略，总之不外理炁象数。

刘庄孙《老子发微》

佚。见《清容居士集》。

按：袁桷《刘隐君墓志铭》："天台刘君正仲，讳庄孙，喜著书，能以词藻达幽隐。为《论语章指》、《老子发微》、《楚辞补注音释深衣考》。"

吴澄《道德经注》四卷

存。四库本，道藏本，短上中。道藏辑要本，嘉庆年刊本，粤雅堂丛书本，百子本。

按：澄字幼清，号草庐，临川人，宋咸淳末举进士，不第，入元以荐擢翰林，应奉文字，官至翰林学士，卒谥文正。是书《四库提要》已著录。考草庐为元代钜儒，群经皆有纂撰，事迹具《元史》本传。

赡思《老庄精诣》

佚。见《元史》本传。

张嗣成《道德真经章句训颂》二卷

存。道藏本，谈上。道藏辑要本。

吕与之《老子讲义》

佚。见袁桷《清容居士集》。

李衎《老子解》二卷

佚。见钱大昕《补元史艺文志》。

按：衎字仲宾，号息斋，蓟邱人。皇庆元年为吏部尚书，拜集贤殿大学士。谥文简。见《中国人名大辞典》。

王珪《道德经注》　《道德经还原奥旨》

佚。见钱大昕《补元史艺文志》。

按《苏州府志·人物志》："王珪字君璋，号中阳老人。尝以材异辟同知辰州，不起；隐于虞山。澄心观道，善鼓琴，工画，意趣幽远。"

林志坚《道德真经注》二卷

存。道藏本，丝上。元刊本。

白云霁《道藏目录详注》：《道德真经注》，二卷。玄门开真弘教大真人广陵仁斋林志坚注，以本经解本经。

许剑道人《古老子》二卷

未见。见《四库书目存目》。

按：缪荃孙《艺风堂金石文字目》，有"古文道经，高翿篆书，末有翿自记，亦篆书；李道谦跋，分书。至元辛卯立。在陕西盩厔楼观"。则此碑尚存，当即此书所本。

陈岳《老子注》

佚。见钱大昕《补元史艺文志》，云："字甫申，天台人，自称委羽山人。"

高节诚《老子臆疏判言》

佚。

杨翚《道德经注》

佚。并见《江西通志》。

按：陈岳以下三人，不详年代。

明太祖《道德经注》二卷

存。道藏本。男上。作四卷。

《明志》：太祖注《道德经》二卷；《万卷堂书目》：《道

德经注解》二卷，御制；《佳趣堂书目》：大明太祖高皇帝《御注道德经》二卷。内府旧抄，携李曹侍郎藏本。

白云霁《道藏目录详注》：大明太祖高皇师《御制道德真经》，卷一之四。此解以修齐治平为法。首序云："惟知斯经，乃万物之至根，王者之上师，臣民之宝极，非金丹之术也"。盖太祖乃万世圣君，亦尊崇道德如此。

《千顷堂书目》：帝以诸家之注，各有异见，因自为注，以发其义。洪武七年成。

朱升《老子旁注》

佚。见《千顷堂书目》。

河心山《老子注》

佚。见《道德真经集义序》。

按：危大有《道德真经集义自序》："于是将河上公及河心山等十余家注解，取其训释详明，理长义同而不牵强者，集成一部。"

危大有《道德真经集义》十卷

存。道藏本。天一阁见存书目作六卷。

白云霁《道藏目录详注》：《道德真经集义》，卷一之十。盱江危大有集。《集义》以无为自然为体，以和冲默契为用；内而葆炼存养，外而清靖临民。

黄润玉《道德集解》二卷

未见。见《明史·艺文志》。

按：《明史》本传："黄润玉字孟清，鄞人。永乐十八年举顺天乡试，授建昌府学训导。正统初，诏推举提学官。以杨士奇荐，擢广西佥事。母忧，归；起官湖广，论罢，谪含山知县。以年老归。学者称南山先生。”

郑瓘《道德经正解》

未见。见《千顷堂书目》，云：“字温卿，兰溪人。成化庚戌进士，官通判。”

无名氏《道德真经解》二卷

存。道藏本。谈下。

无名氏《道德真经次解》二卷

存。道藏本。罔下。

黄省曾《老子玉略》

佚。见《千顷堂书目》。

万表《道德经赘言》一卷

佚。见《千顷堂书目》。

按：表字民望，鄞县人，正德末武进士，见《提要》。

王道《老子亿》二卷

存。明刊本。

李先芳《老子本义》一卷

佚。见《千顷堂书目》。

按：先芳字伯承，号北山，监利人。嘉靖丁未进士。见《提要》。

薛蕙《老子集解》二卷　《考异》一卷

存。惜阴轩丛书本。

《明志》：薛蕙《老子集解》二卷；《天一阁见存书目》：《老子集解》一卷，《考异》一卷，薛蕙撰；《述古堂书目》：薛蕙《老子集解》二卷；《万卷堂书目》：《老子集解》二卷，薛蕙。

玉樵《老子解》

佚。见《千顷堂书目》。

按：樵字明逸，号方麓，金坛人。嘉靖进士，卒谥恭简。见《明史》本传。

皇甫濂《道德经辑解》三卷

佚。见《明史·艺文志》。

按：《明史·文苑传》：“濂字子约。初授工部主事，母丧除起故官，典惜薪厂。”

张时彻《老子解》一卷

佚。见《千顷堂书目》。

按：时彻字维静，号东沙，鄞人，嘉靖进士。见《明史》张邦奇附传。

陈嘉谟《老子疏述》一卷

佚。见《千顷堂书目》。

按：嘉谟字世显，号蒙山，庐陵人，嘉靖进士。与王时槐阐明良知之说，有《念初堂集》。

曾如春《道德经解》一卷

佚。见《千顷堂书目》。

按：如春字景默，抚州人，嘉靖进士。

贺沚《道德经集注》

佚。见《江西通志》。

按：沚字汝定，庐州人，隆庆庚午举人，官至苏州府同知，见《提要》。

黄洪宪《老子解》

佚。见《千顷堂书目》。

按：洪宪字懋中，秀水人，隆庆辛未进士，官至少詹事，掌翰林院事。尝奉使朝鲜，有《朝鲜国纪》一卷，见《提要》。

郭子章《老子解》一卷

佚。见《千顷堂书目》。

按：子章字相奎，号青螺，又自号曰玭衣生，泰和人。隆庆辛未进士，官至兵部尚书，见《提要》。

陆长庚《老子玄览》二卷

存。方壶外史本。

按：《丛书举要·方壶外史》下注云："明淮南参学小臣陆西星长庚谨测。隆庆年刊，昆丘外史赵宋汉序。"

张位《道德经解》一卷

佚。见《千顷堂书目》。

按：《宋史》张位本传："字明成，新建人，隆庆进士。"

李贽《老子解》二卷

存。明刊本，李氏丛书本。

《自序》：尝读韩非《解老》，未始不为非惜也！以非之才，而卒见杀于秦，安在其为善解老也，是岂无为之谓哉？夫彼以柔弱，而此以坚强；此勇于敢，而彼勇于不敢，已方圆冰炭若矣，而谓道德申韩宗祖，可欤？苏子瞻求而不得，乃强为之说，曰："老子之学，重于无为，而轻于治天下国家，是以仁不足爱，而礼不足敬，韩非氏得其所以轻天下之术，遂至残忍刻薄而无疑"，呜呼！审若是，则不可以治天下国家者也！老子之学，果如是夫？老子者非能治之而不治，乃不治以治之者也。故善爱其身者不治身，善爱天下者不治天下，凡古圣王所谓仁义礼乐者，皆非所以治之也，而况一切刑名法术欤？故其著书专言道德，而不言仁义。以仁虽无为，而不免有为；义则为之而有以为又甚矣！是故其为道也：以虚为常，以因为纲，以善下不争为百谷之王，以好战为乐杀人，以用兵为不得已，以胜为不美，以退为进，以败为功，以福为祸，以得为失，以无知为知，以无欲为欲，以无名为名，孰谓无为不足以治天下乎？世固未知无为之有益也！然则韩氏曷为爱之？曰：顺而达者帝王之政也，逆而能忍者黄老之术也。顺而达，则以不忍之心行不忍之政，是故顺事恕施，而后四达不御，其效非可以旦夕责也；逆而能忍者，不见可欲是也。是故无政不达，而亦无心可推，无民不安，而亦无贤可尚，如是而已矣。此至易至简之道，而一切急功利者之所尚也。而一切功利者欲效之而不得，是故不忍于无欲，而忍于好杀；不以忍己，而以忍人，不忍于忍，而忍于不忍，学者不察遂其原，从而曰："道德之祸，其后为申韩也如此夫!"道德之后为申韩固矣，独不曰，仁义之后，其祸为篡弑乎？古今学术亦多矣，一再传而遂失之，其害不可胜言者岂少哉，独老子乎？由此观之：则谓申韩原道德之意，亦奚不可！予性刚使气，患在坚强而不能自克也，喜读韩非之书，又不敢再以道德之流生祸也。而非以道德故，故深有味于道德而为之解，并序其所以语道德者，以自省焉。见焦竑《老子翼》附录。

焦竑《老子翼》三卷　《考异》一卷

存。四库本，老庄翼合刻本，金陵丛书本，渐西村舍刻本，光绪三十一年。郭氏重刻本，改题《老子元翼》。万历刊本，成都铅印本，日本刊六卷本。

《四库书目提要》：《老子翼》三卷，《老子考异》一卷，浙江巡抚采进本。明焦竑撰。竑有《易筌》，已著录。是编辑韩非以下解《老子》者六十四家，而附以竑之笔乘，共成六十五家。各采其精语，裒为一书。其首尾完具自成章段者，仿李鼎祚《周易集解》之例，各标举姓名，列本章之后；其音义训诂，但取一字一句者，则仿裴骃《史记集解》之例，联贯其文，缀本章末句之下。上下篇各为一卷，《附录》及《考异》共为一卷。不立《道经》、《德经》之名，亦不妄署篇名，体例特为近古。所采诸说，大抵取诸《道藏》，多非世所常行之本。竑之去取，亦特精审，大旨主于阐发元言，务明清净自然之理，如葛长庚等之参以道家炉火，禅学机锋者，虽列其名，率屏不录。于诸家注中，为博赡而有理致。盖竑于二氏之学，本深于儒学，故其说儒理者多涉悠谬，说二氏之理者，转具有别裁云。

释德清《道德经解》二卷

存。明刊本，金陵刻经处刊本，民国八年广州刻本。

《自序》：予少喜读《老》、《庄》，苦不解义，惟所领会处，想见其精神命脉，故略得离言之旨。及搜诸家注释，则多以己意为文，若与之角，则义愈晦。及熟玩庄语，则于老恍有得焉。因谓注乃人人之老庄，非老庄之老庄也。以老文简古而旨幽玄，则庄实为之注疏。苟能悬解，则思过半矣。空山禅暇，细玩沈思，言有会心，即托之笔；必得义遗言，因言以见义，或经旬而得一语，或经年而得一章，始于东海，以至南粤，自壬辰以至丙午，周十五年乃能卒业。是知古人立言之不易也！以文太简，故不厌贯通，要非枝也。尝谓儒宗尧舜，以名为教，故宗于仁义；老宗轩黄，道重无为，如云失道德而后仁义，此立言之本也。故庄之诽薄，殊非大言，以超俗之论则骇俗，故为放而不收也。当仲尼问礼，则叹为犹龙。圣不自圣，岂无谓哉？故老以无用为大用，苟以之经世，则化理治平，如指诸掌。尤以无为为宗极，性命为真修，即远世遗荣，殆非矫矫，苟得其要，则真妄之途，云泥自别。所谓真以治身，绪余以为天下国家，信非诬矣！或曰：子之禅贵忘言，乃哓哓于世谛，何所取大耶？予曰：不然！鸦鸣鹊噪，咸自天机，蚁聚蜂游，都归神理，是则何语非禅？何法非道？况释智忘怀之谈，讵非入禅初地乎？且禅以我蔽，故破我以达禅，老则先登矣。若夫玩世蜉蝣，尤当以此为乐土矣。注成，始刻于岭南，重刻于五云南岳与金陵，今则再刻于吴门。以尚之者众，故施不厌普矣。

丁丙《善本书室藏书志》：《老子道德经解》二卷，明刊本。明建邺憨山道者释德清著。前有《老子传》及《发明宗旨》、《发明趣向》、《发明工夫》、《发明体用》、《发明归趣》五篇，以佛证道，俱得元解。末有版存玉溪菩提寺本记。

王一清《太上道德经释辞》二卷

存。道藏辑要本。

程以宁《太上道德宝章翼》二卷

存。道藏辑要本。

张正学《道德经测言》

未见。见《千顷堂书目》。

沈一贯《老子通》二卷《千顷堂书目》云，一作《道德经解》。

存。明万历刊本。

林兆恩《道德经释略》六卷

存。明刊本。

田艺衡《老子指玄》二卷

佚。见《明史·艺文志》。

马应龙《道德经注解》二卷

佚。见《千顷堂书目》，云："字伯光，安丘人，万历壬辰进士，礼部主事。"

潘基庆《老庄解》

佚。见《千顷堂书目》。

吴伯与《老庄因然》八卷

佚。见《千顷堂书目》。

陶望龄《老子解》二卷

存。江南图书馆藏明刊本。

李登《老子约筌》二卷

佚。见《千顷堂书目》。

李登《篆文道德经》二卷

存。明刊本。见《八千卷楼书目》。

郑圭《老子》一卷

佚。见《千顷堂书目》。

徐学谟《老子解》二卷

存。明刊本。

董懋策《老子翼评点》

存。董氏丛书本。

归起先《老庄略》二卷

佚。见《千顷堂书目》。

归有光、文震孟《道德经评注》二卷

存。汉魏丛书本。十子全书本。

《自序》：五味辛甘不同，期于适口；麻丝凉燠不同，期适于体；学术见闻不同，要于适治。今夫天下所以不治者，贪残奢傲，吏不能皆良，民不能皆让，以及于乱；诚使不贪矣，不残矣，慈俭而让矣，天下岂有不贪不残，慈俭而让，乃有不治者乎？今夫儒者高仁义，老氏不言仁义而未尝不用仁义；儒者蹈礼法，老氏不言礼法而未尝不用礼法，以懦弱谦下为表，以虚空不毁万物为实。见素抱朴，少私寡欲，而民自化焉。故其言曰："我有三宝：特而行之，曰慈，曰俭，曰不敢为天下先。"慈非仁乎，俭非义乎，不敢为天下先，非礼乎。故用世之学，莫深于老氏。今儒者不务自治，而虚名之幻，内贪残而外仁义，处奢傲而治礼文，此乃忠信之薄，而乱之首也，而老氏之所下也。

周如砥《道德经集义》二卷

存。明刊本。

《山东通志·艺文略》：是书《县志》作《道德经注》，《墓志》作《集义》。《采访册》云：《县志》误。《册》又载傅冠序云："孔孟善存其文，老聃善存其质，先生善转法轮。"

朱得之《老子通义》二卷

存。三子通义本。

朱孟尝《道德经说奥》二卷

未见。见《四库书目存目》。

龚锡爵《老子疏略》一卷

佚。见《明史·艺文志》。

疏光岳《老子解说》

佚。见《江西通志》。

按：光岳字山仲，号三谷，江西新城人。进士，官兵部职方司员外郎，推升吏部，卒。光岳善草书，有《石波馆集》、《老子解说》。

傅占衡《老子私笺》

佚。见《江西通志》。

按：占衡字平叔，临川人。明诸生。性淡泊，耻事征逐，明亡，奉父山中，谢绝一切。有《汉书摭言》、《编年国策》、《临川记》、《湘帆堂集》。

印散玄《老子尺木会旨》二卷

存。京师图书馆善本书室藏钞本。

邵弁《老子汇注》

佚，见《千顷堂书目》。

吴伯敬《老子台悬》一卷

佚。

吴德明《老子真诠》一卷

佚。

诸万里《解老悟道编》二卷

佚。

吴汝纪《老子疏略》二卷

佚。

钟纪元《道德要览》

佚。并见《千顷堂书目》。

袁一轧《老庄辑注》

佚。见《苏州府志·艺文志》。

周士窦《道德经注疏》

佚。见《江西通志》。

袁崇友《老子注》

未见。见《广东通志》。

按：朱得之以下诸家，并不详年代。

王夫之《老子衍》二卷

存。船山遗书本。

《自序》：昔之注《老子》者，代有殊宗，家传异说。逮王辅嗣、何平叔合之于乾坤易简，鸠摩罗什、梁武帝滥之于事理因果，则支补牵会，其诬久矣。迄陆希声、苏子繇、董思靖，及近代焦竑、李贽之流，益引禅宗，互为缀合，取彼所谓教外别传者以相糅杂，是犹闽人见霜而疑雪，洛人闻食蟹而剥蟛蜞也。老子之言曰："载营魄抱一无离"，"大道汎兮，其可左右"，"冲气以为和"，是既老之自释矣；庄子曰："为善无近名，为恶无近刑，缘督以为经"，是又庄之为老释矣。舍其显释，而强儒以合道，则诬儒，强道以合释，则诬道。彼将驱世教以殉其背尘合识之旨，而为蠡来兹，岂有既与？夫之簪其悖者久之，乃废诸家，以衍其意。盖入其垒，袭其辎，暴其恃，而见其瑕矣。见其瑕而后道可使复也。夫其所谓瑕者何也？天下之言道者，激俗而故反之则不公，偶见而乐持之则不经，凿慧而数扬之则不祥，三者之失，老子兼之矣。故于圣道所谓文之以礼乐以建中和之极者，未足以与其深也。虽然，世移道丧，覆败接武，守文而流伪窃，昧几而为祸先，治天下者生事扰民以自敝，取天下者力竭智尽而敝其民，使测老子之几，以俟其自复，则有庶也。文景踵起，而迄升平，张子房、孙仲和异尚而远危殆，用是物也。较之释氏之荒远苛酷，究于离披缠棘，轻物理于一掷，而仅取欢于光怪者，岂不贤乎？司马迁曰："老聃无为自化，清净自正"，近之矣！若"犹龙"之叹，云出仲尼之徒者，吾何取焉！岁在旃蒙协洽壮日已未，南岳王夫之序。

清世祖《御注道德经》二卷

存。四库全书本，刊本。

《四库书目提要》：《御注道德经》二卷，顺治十三年世祖章皇帝御撰。《老子》载《汉书·艺文志》，而不载其有注，《隋书·经籍志》以下，注其书者著录日繁。焦竑《老子翼》，作于明万历中，所采尚六十四家，竑所未见者，不知凡几；竑以后之所注，又不知凡几也。盖儒书如培荣卫之药，其性中和，可以常饵；《老子》如清解烦热之剂，其性偏胜，当其对证，亦复有功，与他子书之偏驳悠谬者异，故论述者不绝焉。然诸家旧注，多各以私见揣摩，或参以神怪之谈，或傅以虚无之理，或歧而解以丹法，或引而参诸兵谋，群言淆乱，转无所折衷；惟我世祖章皇帝此注，皆即寻常日用，亲切阐明。使读者销争竞而反淳朴，为独超于诸解之上。盖圣人之道大，兼收并蓄，凡一家之书，皆不没所长；圣人之化神，因事制宜，凡一言之善，必旁资其用，固非拘墟之士，所能仰窥涯涘矣。

张尔岐《老子说略》二卷

存。四库全书本，刊本。

《四库书目提要》：《老子说略》二卷，编修周永年家藏本。国朝张尔岐撰。尔岐有《仪礼郑注句读》，已著录。《道德经》解者甚多，往往缴绕穿凿，自生障碍。尔岐是编，独屏除一切，略为疏通大意。

汪缙《读道德经私记》二卷

未见。见《四库书目存目》。

黄元御《道德经悬解》二卷

未见，见《四库书目存目》。

唐琯《老子注》二卷

存。雍正五年刊本。见《省立第二图书馆书目续编》。

胡与高《道德经编注》二卷

存。乾隆戊辰云水楼刊本。

徐大椿《道德经注》二卷

存。四库全书本，乾隆廿五年刻本。

金道果《道德宝章翼》

存。江南图书馆藏钞本。

未斋《老子新解》

未见。序见钱大昕《潜揅堂文集》。

牟庭绎《老子道德经释文》

未刊。雪泥屋遗书本。

《山东通志》：府志载是书云："其书以《老子章句》文

字多舛错，据他书引用者证明之。大抵谓本书皆韵语，即其合韵者断以为章，而博考古文音韵以为依据，虽不尽合，亦多证佐。至‘道可道’之‘可’，宜读为‘何’，‘却走马以粪’句，宜连下读，亦有义意。”

花尚《道德经眼》二卷

存。刊本

见《八千卷楼书目》。按：《培林堂书目》亦收是书，惟不著卷数。

王定柱《道德经臆注》二卷

存。刊本。见《八千卷楼书目》。

黄文运《道德经订注》

未见。序见王昶《湖海文传》。

吴鼐《老子解》二卷

存。昭代丛书本。

严可均《老子唐本考异》一卷

存。在《续语堂碑录》内。

毕沅《老子道德经考异》二卷

存。经训堂丛书本。

姚鼐《老子章义》二卷

存。惜抱轩全集本，吕氏刊本。

吴启昌序：《老子》分章，世率依河上公注本。河上公注，实流俗妄书，托于神仙之作，唐刘知几已辨之矣。世俗不察，猥守其本，于章句误合误分者，皆缴绕穿凿，迂其辞以曲就之，虽高识如苏子由、王介甫者，皆不免焉，是可怪矣。若夫老子之说，故间与儒通，及释氏入中国，遂窃取焉。而世之异学杂家，多附之矣。要之老子之书，自有本义，彼偶同窃附者，卒不可以为老子。世不察，而专以儒释解其书，甚者附以言兵，言刑，仙解形化之术，是见其一而忘其全，睹其末流而反遗其根本也，可乎哉？吾师桐城姚姬传先生，尝读而病之，遂取旧本，断续离合，分为数十章，正河上公之失。其或本义未明，旧解舛误，则别注数言数十言于下方。盖自六朝至今，解老者甚众，自有此本，然后分章当而析义精，老子著书之意，大略可知矣。启昌曩尝假其书，钞录而伏诵之，叹其美而不敢私也，遂刊以公同好者。先生旧有《章义序》一篇，又尝杂书数条于简首；其“杂书首”一条，与序后意略相同，盖即为序而未成者耳。今并载之。至于老子本之同异，旧凡十余家，陆德明《释文》及彭耜《集注》释文，具有专书，先生为书时，未尝备载，而间列数字于下方，今亦姑仍之，不欲改其旧云。嘉庆二十三年春二月门人吴启昌谨序。

纪大奎《老子约说》上中下续四篇

存。纪慎斋全集本。

朱敦毅《老子道德经参互》二卷

存。见《浙江公立图书馆保存类续目》，云：“稿本有红藕华庄，朱玉泉印，泉玉富贵寿康诸印。”

倪元坦《道德经参注》二卷

存。读易楼全刻本，醒吾书全本。

魏源《老子本义》二卷

存。避舍盖公堂刊本，渐西村舍丛刊本。

潘静观《道德经妙门约》

存。见马叙伦《老子核诂》引用书目。

俞樾《老子平议》一卷

存。春在堂全集本，诸子平议单行本。

高延第《老子证义》二卷

存。光绪十二年刊本，老庄正义合刻本。

陆心源《道德真经指归校补》三卷

存。潜园群书校补本。

易顺鼎《读老札记》二卷　《补遗》一卷

存。清光绪甲申宝瓠斋刊本。

王闿运《老子注》二卷

未见。序见《国朝文汇》。

陈澧《老子注》

存。闻陈援庵先生云："同乡某氏，藏陈氏手稿本。"

易佩绅《老子解》二卷

存。光绪壬辰湖北臬署大字铅印本。

杨文会《道德经发隐》一卷

存。清光绪癸卯金陵刻经处刻本。

《自序》：憨山清禅师，解《道德经》，历十五年方成，虽与焦弱侯同时，而弱侯未之见也。故其辑《老子翼》，阙憨山解，诚为憾事。弱侯所采凡六十四家。后之解者，更有多种，故经中奥义，发挥殆尽矣。予阅《道德经》，至"出生入死"一章，见各家注解，无一合者，遂以佛教义释之，似觉出人意表。复益二章，继《阴符发隐》梓之，或问孔子既称老子为"犹龙"，何以其书不入塾课耶？答曰：汉唐以来，人皆以道家目之，不知其真俗圆融，实有裨于世道人心；若与《论语》并行，家弦户诵，则士民之风，当为之一变也。光绪癸卯，季春之月，石埭杨文会识于白下深柳堂。

严复《老子道德经评点》二卷

存。光绪三十一年日本东京朱墨印本。

刘师培《老子斠补》二卷

未刊。序见《国学丛刊》。

刘师培《老子韵表》一卷

未刊。序见《国学丛刊》。

马其昶《老子故》二卷

存。秋浦周氏刊本。

李蠡《读老浅疏》二卷

存。春晖丛书本。

杨树达《老子古义》二卷

存。中华书局仿宋聚珍印本。

罗振玉《老子考异》二卷

存。永丰乡人杂著本。

罗运贤《老子集解》

未刊。序见《华国月刊》。

顾实《道德经解诂》

未刊。见《国学丛刊》。

马夷初《老子核诂》四卷

存。天马山房丛著本。

马夷初《老子失文》一卷

存。附见《老子核诂》。